C. H. BECK
STUDIUM

Frank Büttner | Andrea Gottdang

Einführung in die Ikonographie

Wege zur Deutung von Bildinhalten

Verlag C.H.Beck

1. Auflage 2006
2., durchgesehene Auflage 2009
3. Auflage 2013

4., durchgesehene und aktualisierte Auflage 2019

www.chbeck.de
Satz: Janß GmbH, Pfungstadt
Druck und Bindung: Druckerei Nördlingen
Umschlagentwurf: Atelier 59, München
Umschlagabbildung: Albrecht Dürer, Eva (Ausschnitt), 1507,
Museo del Prado, Madrid
Gedruckt auf säurefreiem, alterungsbeständigem Papier
(hergestellt aus chlorfrei gebleichtem Zellstoff)
Printed in Germany
ISBN 978 3 406 74280 4

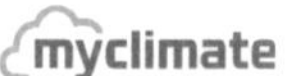

klimaneutral produziert
www.chbeck.de/nachhaltig

Inhalt

Vorwort

Anliegen dieses Buches ist es, in die Ikonographie, in die kunstgeschichtliche Lehre von den Bildinhalten einzuführen. Es entstand aus der Praxis des kunsthistorischen Unterrichts an der Universität, wendet sich aber nicht nur an Studierende des Fachs. Es lädt vielmehr alle Kunstinteressierten ein, sich mit den Darstellungsinhalten der bildenden Kunst und ihrer Deutung vertraut zu machen.

Das Wissen um Personen und Inhalte der christlichen wie der profanen Ikonographie geht, wie nicht nur die Erfahrung des kunsthistorischen Unterrichts lehrt, immer mehr verloren. Soll eine Darstellung der «Begegnung an der Goldenen Pforte» Gegenstand der Betrachtung sein, können die Wenigsten noch die Geschichte wiedergeben, die sich hinter dem Titel verbirgt. Über deren Inhalt kurz informiert und mit der Frage konfrontiert, wo die Episode vielleicht nachzulesen wäre, erhält man in der Regel die zögernde Rückfrage «In der Bibel?» – was in diesem Fall die falsche «Adresse» wäre. Dass nicht nur das Wissen um die Themen schwindet, sondern auch die Kenntnis der Vielfalt möglicher Textquellen, gilt in gleicher Weise für die Stoffe aus Mythologie, Geschichte oder Dichtkunst. Man mag diesen Umstand als Lehrender beklagen und als Studierender angesichts der thematischen Vielfalt fast resignieren und es bei punktuellen Zufallslektüren belassen – man kann aber auch aktiv etwas unternehmen, um Basiswissen anzulegen und stetig auszubauen.

Bei der Konzeption des Buches haben wir uns dagegen entschieden, einen quasi-lexikalischen Überblick über die wichtigsten Gestalten, Themen und Symbole zu geben. Zum einen können das die gängigen ikonographischen Nachschlagewerke in umfassenderer Weise leisten, als es in dieser Einführung möglich wäre. Zum anderen lehrt die Unterrichtspraxis, dass Inhaltsangaben aus zweiter Hand allzu oft als ausreichend empfunden und die für die Kunstwerke entscheidenden Textquellen gar nicht mehr im Original konsultiert werden. Das aber ist eine unabdingbare Voraussetzung für jede ikonographische Analyse, und zwar auch bei Geschichten, die so bekannt sind wie die von Adam und Eva. Deshalb haben wir uns entschlossen, die wichtigsten Quellen in den Mittelpunkt zu stellen. Doch ist damit nur der erste Schritt getan. Nur selten führt ein direkter Weg vom Text zum Bild. Unterschiedlichste Faktoren, wie Darstellungstraditionen, die durchaus eine Eigendynamik entwickeln können, Vorgaben des Auftraggebers, die Funktion des Kunstwerks oder die Rücksichtnahme auf einen größeren Dekorationszusammenhang, können eine Rolle spielen. Wenngleich auch hier das Spektrum möglicher Einflüsse reich ist, so gibt es doch auch wiederkehrende Muster und das heißt: erlernbare Strategien der Inhaltsdeutung von Werken der bildenden Kunst. Diese Wege wollen wir exemplarisch aufzeigen, gemäß dem Ziel dieser Einführung: Hilfe zur Selbsthilfe zu bieten und eine Vorstellung von der notwendigen Komplexität ikonographischer Studien zu vermitteln.

Die Einführung in die christliche Ikonographie wurde von Andrea Gottdang verfasst, Autor der Einführung in die profane Ikonographie ist Frank Büttner.

Frank Büttner
Andrea Gottdang

I. Einleitung

Wahrnehmen und Verstehen von Bildern

Ob der Gesichtssinn wirklich der «edelste Sinn» des Menschen ist, darüber ist immer wieder intensiv gestritten worden. Doch selbst Skeptiker müssen zugeben, dass das Sehen uns einen umfassenderen Zugang zur Wirklichkeit eröffnet als der Tastsinn oder das Hören. Das Sehen, mit dem wir unsere Umwelt wahrnehmen, ist kein gleichsam photographischer Vorgang, sondern ein geistiger Akt, der sich erst in der kognitiven Leistung des Erkennens vollendet. Dabei sind wir unwillkürlich immer bestrebt, den generellen Eindruck, den wir mit den Augen empfangen, so zu verarbeiten, dass wir die spezifischen Einzelheiten im optisch Gegebenen erfassen. Der Vorgang des Erkennens setzt Erfahrung und Wissen voraus. Je besser wir über das, was wir sehen, unterrichtet sind, desto präziser und detaillierter vermögen wir es zu erfassen. Sehen ohne Wissen wäre gleichsam blind.

Die Art und Weise, wie wir mit einem visuellen Eindruck umgehen, wie wir auf ihn reagieren, hängt ab vom Grad der Genauigkeit, mit dem wir ihn zu erfassen vermögen. Das zeigt sich beispielsweise in unserem Verhalten anderen Menschen gegenüber. Wenn wir durch eine belebte Straße gehen, werden wir, wenn wir unter den vielen Menschen um uns herum ein bekanntes Gesicht entdecken, grüßen, vielleicht auch stehen bleiben und ein Gespräch beginnen. Wenn uns jemand begegnen würde, der uns zwar nicht kennt, den wir aber erkennen, weil es sich um eine prominente Persönlichkeit handelt, die uns immer wieder in den Medien vor Augen gebracht wird, dann werden wir aufmerken. An den anderen Menschen aber, denen wir begegnen und die wir nicht kennen, werden wir vorbeigehen, ohne sie zu registrieren, wenn sie nicht durch ungewöhnliche Merkmale, etwa durch ihre Kleidung oder ihre äußere Erscheinung auffallen. Größere Aufmerksamkeit schenken wir in der Regel nur denen, die wir als Individualität zu erfassen und zu benennen vermögen.

Es gibt in unserer Wahrnehmung der Mitmenschen noch einen anderen entscheidenden Aspekt. Ganz unabhängig davon, ob wir einen Menschen kennen oder nicht, nehmen wir ihn als Handelnden wahr. Es ist anthropologisch tief in uns verankert, dass wir spontan das Agieren der uns Gegenüberstehenden erfassen, dass wir aus dem, was sie gerade tun, auf das, was zuvor geschah, wie auf das, was folgen könnte, zu schließen vermögen. Dieses spontane Verstehen, das sich an Haltung und Ausdruck orientiert, sucht immer durch das äußerlich Erscheinende hindurchzudringen, um dahinterstehende Einstellungen und Absichten zu erfassen. Es hat immer eine affektive oder psychologische Dimension. Diese Fähigkeit, andere in ihrem Handeln zu verstehen, ist auch eine wesentliche Voraussetzung für uns, Bilder zu begreifen.

Unsere Wahrnehmung von Bildern ist – auf einer elementaren Ebene betrachtet – nicht grundsätzlich von unserer Wirklichkeitswahrnehmung unterschieden. Bilder sind ein selbstverständlicher Teil unserer Wirklichkeit. Wir sind mit Bildern aufgewachsen und haben gelernt, sie spontan «richtig» zu erfassen, ohne über ihren besonderen Status nachzudenken. Das Spiegelbild ist für uns ein Prototyp des Bildes, von dem wir gelernt haben, dass es uns die Wirklichkeit zeigt, ohne mit ihr identisch zu sein. Von klein auf vertraut sind uns auch die künstlich hergestellten Bilder, die ebenfalls etwas zeigen, was sie selbst nicht sind. Anders als die Spiegelbilder verweisen sie auf etwas, das abwesend ist, aber im Bild zur Anschauung gebracht wird.

Bildwerke vermitteln uns je nach Art ihrer Darstellungsweise einen mehr oder weniger genauen Eindruck vom Dargestellten, indem sie entweder die Gegenstände naturalistisch genau nachbilden oder zeichenhaft darauf verweisen, so dass unsere Vorstellungskraft gefordert ist, das nur Angedeutete zu vervollständigen. So werden wir mit Landschaften, Gegenständen, Tieren oder menschlichen Gestalten konfrontiert. Landschaften und ihre Details, Gegenstände eines Stilllebens, Tiere, die wir in Bildern entdecken, können wir in der Regel mit unserer Wirklichkeitserfahrung bestimmen und benennen. Wo das nicht möglich ist, etwa bei Engeln und Teufeln, Drachen oder Kentauren, können wir uns sagen, dass wir es mit Phantasiegebilden zu tun haben. Dass man über deren mögliche Realität sehr verschiedener Meinung sein kann, spielt bei unserer Bildbetrachtung nicht die entscheidende Rolle, wichtig ist nur, dass man diese Gebilde benennen und damit bestimmten Vorstellungskreisen, etwa der christlichen Religion oder der antiken Mythologie, zuordnen kann.

Schwieriger ist es mit der Benennung als erstem Schritt unserer Annäherung an Bildwerke, wenn wir es mit Darstellungen von Menschen zu tun haben. Ob der Künstler naturalistisch gearbeitet hat oder zeichenhaft: In der Regel erkennen wir spontan, dass ein Mensch dargestellt ist, eine Frau oder ein Mann, Greis oder Kind, doch als Deutung ist das völlig unzureichend. Wenn das Kunstwerk bewusst und in bestimmter Absicht hergestellt wurde, liegt die Vermutung nahe, dass nicht beliebige Menschen abgebildet wurden, sondern bestimmte, benennbare Personen. Bei Porträts kann man davon ausgehen, dass sie bestimmte Persönlichkeiten zeigen, deren Identifizierung jedoch sehr oft nicht gelingt, wenn es keine weiteren schriftlichen Hinweise in Form von Inschriften oder Quellen gibt. Oft fehlen den Figuren in den Bildern individuelle Züge. Sie erscheinen uns typisiert oder idealisiert. Auch da muss geprüft werden, ob nicht doch eine bestimmte Figur gemeint ist, etwa eine mythologische Gestalt oder die Personifikation eines Begriffes, die beide zumeist dank der ihnen beigegebenen Attribute zu identifizieren sind. Wenn in dem Bildwerk, das wir vor uns haben, mehrere Menschen dargestellt sind, die agieren und in einer Handlung miteinander verbunden sind, dann gehen wir davon aus, dass ein Ereignis dargestellt wird, eine oder mehrere Episoden einer Geschichte. Wieder stellt sich die Frage, wie die einzelnen Figuren zu identifizieren sind, ob das Bild eine Geschichte erzählt, die auch aus anderen Überlieferungstraditionen, beispielsweise christlichen Quellen, bekannt ist. Die Frage nach der Benennung der Figuren und der Bestimmung der dem Bildwerk zugrunde liegenden Erzählung ist der fundamentale erste Schritt jeder Interpretation. Natürlich gibt es auch Fälle, in denen derartige Bestimmungsfragen nicht zu beantworten sind, beispielsweise bei Figurenstudien oder auch bei Werken der Genremalerei, in denen es nur auf den Figurentypus ankommt, doch dann weist das negative Ergebnis der ersten Bestimmungsfrage schon in die Richtung, in der die Interpretation fortschreiten muss. Die Methode der Ikonographie ist der Weg zur Bestimmung von Figuren und Bilderzählungen.

Ikonographie ist zu definieren als Lehre von den Bildinhalten. Diese Bedeutung hat das Wort erst durch die neue Kunstwissenschaft erhalten. Das griechische Wort ist gebildet aus den Bestandteilen εἰκών (Bild) und γράφειν (ritzen, schreiben). Dieser Etymologie gemäß hatte das Wort bis weit in das 19. Jh. hinein die Bedeutung von «Bildniskunde», als deren Aufgabe Nachweis, Verzeichnung und Geschichte von Bildnissen ausgezeichneter Personen insbesondere des Altertums verstanden wurde. Im 19. Jh. wurde der Begriff eingesetzt für die Lehre von den Themen, Motiven und Attributen der christlichen Kunst, später auch der antiken Kunst und der Kunst allgemein. In diesem Sinne wird der Begriff in der Kunstgeschichte heute verwendet.

Von der Ikonographie zu unterscheiden ist die **Ikonologie**, die von Erwin Panofsky als kunstgeschichtliche Methode begründet wurde. Sie hat das Ziel, das Kunstwerk als Symbol weltanschaulicher Vorstellungen zu interpretieren, die beispielsweise in Religion, Philosophie oder politischer Ideologie verankert sein können. Die ikonologische Interpretation setzt die korrekte ikonographische Deutung voraus und baut auf ihr auf.

Bei der Wahrnehmung eines Bildes gehen wir, auch wenn uns dies nicht bewusst ist, immer von der Voraussetzung aus, dass das, was wir sehen, einen sinnvollen Zusammenhang hat. Damit soll nicht gesagt werden, dass sich ein irgendwie auszumachender Sinn hinter der Erscheinung des Bildes verberge. Die Prämisse der Sinnhaftigkeit des Bildes geht vielmehr von der anschaulichen Einheit des Bildwerkes aus, bei der Form und Bedeutung untrennbar miteinander verwoben sind. Es gibt jedoch in der Kunstgeschichte und besonders in der Moderne, beispielsweise im Dadaismus oder im Surrealismus, auch Werke, die dezidiert gegen diese Prämisse verstoßen. So gerät der Betrachter etwa vor einem Werk von René Magritte sehr bald in einen irritierenden Zirkel von Fragen, auf die es keine Antwort geben kann, und gerade dieser verstörende Zustand ist eine Wirkungsabsicht des Künstlers. Der «Normalfall» bei der Bildbetrachtung aber ist, dass wir spontan einen Bezug zu unserer Wirklichkeit herstellen können, oder zu einer Wirklichkeit, die uns als möglich, als wahrscheinlich erscheint. Wenn wir sagen können, dass wir ein Bild verstehen, heißt das, dass wir es in den Horizont unseres Wissens und unserer Vorstellungen integrieren können. Dieser Horizont ist kulturell und historisch bedingt. Damit sind auch Grenzen des Verstehens gesetzt. Ein Bild, das aus einem uns fremden Kulturkreis, beispielsweise aus China oder Indien kommt, werden wir erst verstehen, wenn uns die kulturellen Zusammenhänge, aus denen es stammt, erklärt worden sind. Das Verstehen kann aber auch bei Werken misslingen, die aus unserem Kulturkreis stammen, wenn die Traditionszusammenhänge brüchig geworden sind, wenn die Vorstellungswelt, der das jeweilige Werk zuzuordnen ist, uns fremd geworden ist.

Es ist die genuine Aufgabe der Wissenschaft von der Kunstgeschichte, das kulturelle Wissen, das wir benötigen, um die Werke unserer Kunstgeschichte zu verstehen, lebendig zu halten. Dazu leistet die Ikonographie einen wesentlichen Beitrag. Ihre Aufgabe ist es, die Bedeutung von Zeichen und Symbolen zu erschließen, Figuren, die uns in Bildwerken begegnen, zu identifizieren, und sie soll Aufschluss über den Stoff der Geschichten geben, die in den Bildern erzählt werden. Die ikonographische Analyse soll uns in die Lage versetzen, ein Bildgeschehen in seiner spezifischen, durch das Bild vermittelten Auffassung zu verstehen.

Grundbegriffe der ikonographischen Analyse

Ein nacktes Menschenpaar steht nebeneinander vor oder in einem dichten Wald (Abb. 1). Die Frau empfängt einen Apfel aus dem Maul einer gekrönten Schlange, die sich um einen Baum in der Bildmitte windet.

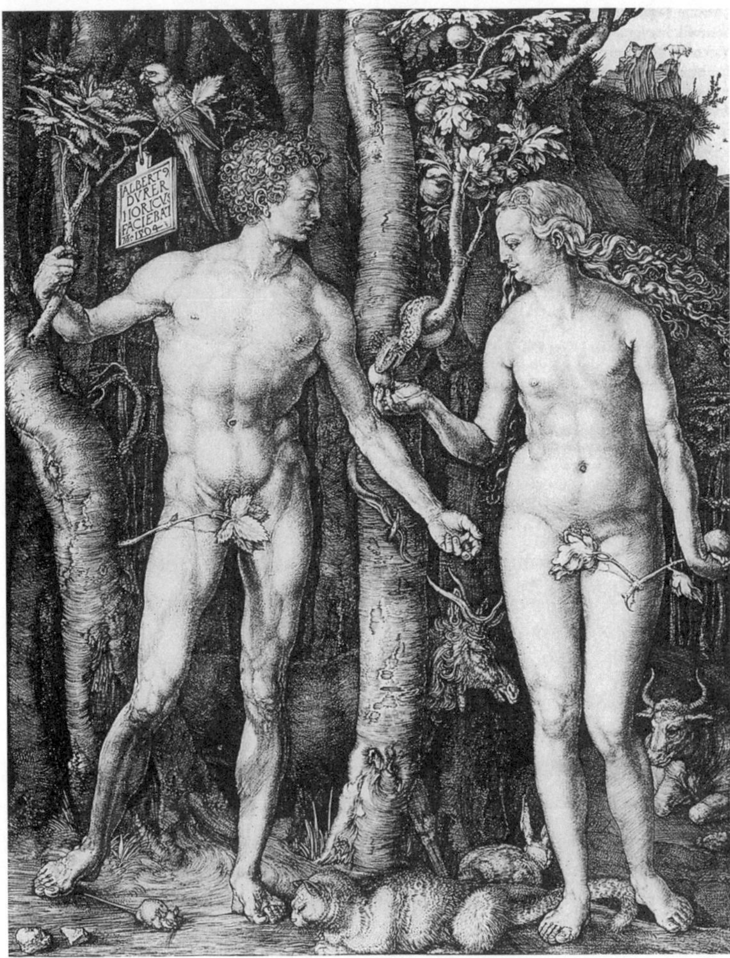

Abb. 1: Albrecht Dürer: Adam und Eva, Kupferstich (1504)

Die Geschichte von den Ureltern und ihrem Sündenfall ist so bekannt, dass selbst ein Betrachter, der keine religiöse Erziehung erhalten hat, die beiden Menschen auf Albrecht Dürers Stich als Adam und Eva erkennt. Bei einigem Geschick in der «Lektüre» von Bildern würde die Identifikation vielleicht sogar jemandem gelingen, der zuvor noch keine andere Darstellung des Themas gesehen hat. Gemessen an der Fülle des in der bildenden Kunst jemals Dargestellten gelingt die einfache, scheinbar unmittelbare Bestimmung nur noch bei wenigen Themen. Der kulturelle Wandel, der sich im 19. Jh. vollzog, führte zu einem Verlust des humanistischen Bildungsguts. Das Wissen um die klassische Mythologie und die Helden der antiken Geschichte wurde vom Allgemein- zum Spezialwissen. Im 20. Jh. verlor dann die christliche Erziehung so sehr an Bedeutung, dass auch die Lebensgeschichten der biblischen Gestalten und der Heiligen nicht mehr als allgemein bekannt vorausgesetzt werden können.

Bilder können zwar Kenntnisse und Einsichten vermitteln, indem sie einladen, über das Thema und die Bedeutung des Dargestellten nachzudenken, z. B. über die Schuldfrage beim Sündenfall. Gleichzeitig setzt das Verstehen eines Bildes aber Kenntnisse beim Betrachter voraus. Ein Kind, das noch über keine große Bildkompetenz verfügt, das noch nicht von Adam und Eva gehört hat, würde in Dürers Stich nur Erwachsene sehen, die in einem Tierpark Obst verfüttern. Doch auch bei sofortiger Identifikation des Bildthemas stößt die Interpretation schnell an die Grenzen der oft überschätzten eigenen Vorkenntnisse. Der Bildtitel «Sündenfall» lässt sich noch schnell vergeben, aber zur weiteren Interpretation müssten die Vorgeschichte, der genaue Tathergang und die Chronologie der Ereignisse berücksichtigt werden, bei deren Schilderung viele moderne Betrachter bereits passen müssen. Hier hilft nur ein Blick in die schriftlichen Quellen, in diesem Fall die Bibel (Genesis 3). Auch die Bedeutung der Tiere wird den wenigsten geläufig sein. Der Versuch, sie mit dem (noch) abrufbaren Wissen über das Paradies als Repräsentanten der Tiere zu deuten, mit denen Gott den Garten Eden bevölkerte, scheint im Ergebnis zu befriedigen. Er erfasst ihren Sinn im Bild aber längst nicht erschöpfend. Erst die Aneignung des verlorenen Wissens ermöglicht die angemessene Interpretation, führt näher an das Ziel der Ikonographie: Die Deutung von Bildinhalten.

Stoff Als Stoff bezeichnen wir den erzählbaren Inhalt, die in den schriftlichen Quellen geschilderte «Fabel» im literaturwissenschaftlichen Sinn. Ein Stoff kann in verschiedenen Bearbeitungen tradiert sein. Vom Leben Adams und Evas berichten z. B. auch jüdische Legenden und apokryphe Schriften.

Thema Unter einem Thema ist in Bezug auf die Historienmalerei grundsätzlich das ikonographische Thema zu verstehen, der aus dem Stoff gewählte Handlungsabschnitt. Auch Glaubensinhalte und abstrakte Ideen, z. B. Moralvorstellungen können zum Thema werden, wie bei der Madonna Immaculata oder allegorischen Darstellungen.

Der Adam und Eva-Stoff bot der bildenden Kunst eine Vielzahl von Themen: beispielsweise die Erschaffung Adams, die Vertreibung aus dem Paradies und natürlich den Sündenfall, die einzige Szene aus dem Leben der Ureltern, die bereits in den Katakomben dargestellt wurde. Bei vielen Themen, auch beim Sündenfall, wurde oft nicht ein auf der Zeitachse fixierbarer Moment der Handlung dargestellt. Das wie zufällige Verdecken der Scham in Dürers Stich weist z. B. auf die Folgen des Sündenfalls voraus, noch bevor der Biss in den Apfel ihn besiegelt.

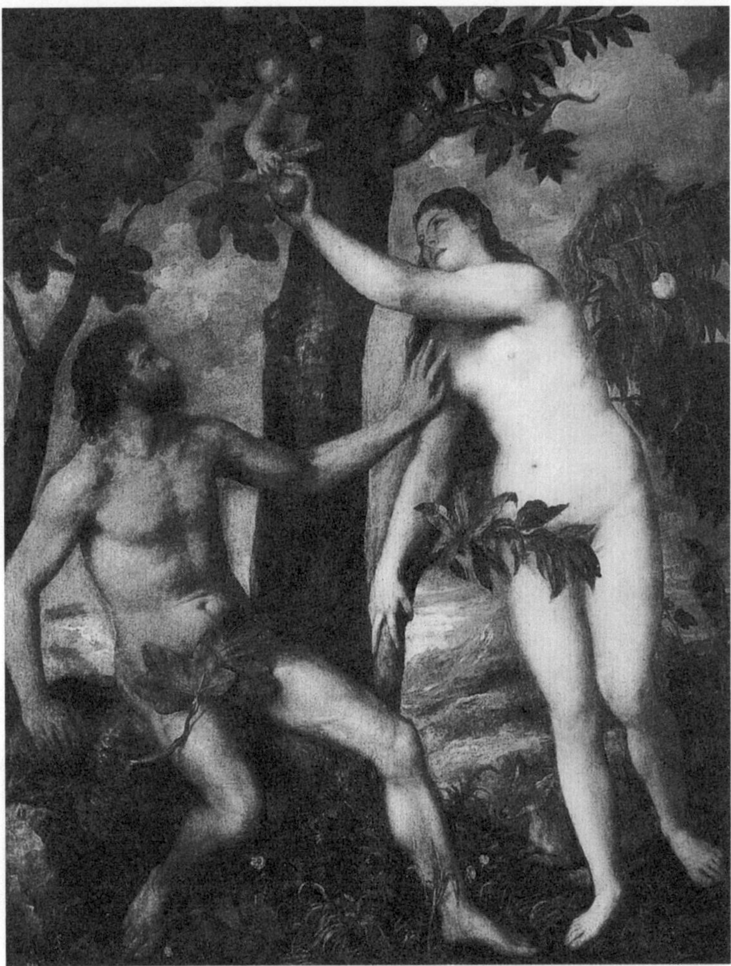

Abb. 2: Tizian: Adam und Eva (1570), Madrid, Prado

Dürer griff in seinem Kupferstich bei der Anordnung von Figuren und Baum ein sehr altes Grundschema für die Darstellung des Sündenfalls auf, das auch dem um 360 zu datierenden Junius Bassus Sarkophag zugrunde lag: In der Mitte ein Baum, links davon Adam, rechts Eva. Wenn bei der Anordnung der inhaltlich zentralen Elemente oder auch bei der Gestaltung einer einzelnen Figur Konstanten auftreten, liegt ein bestimmter Typus vor. Bei einem anderen Typus der Darstellung des Sündenfalls stehen Adam und Eva gemeinsam auf einer Seite des Baumes. Weitere Beispiele: Bei der «Geburt Christi» unterscheiden wir zwischen dem Typus mit liegender und mit kniend das Kind anbetender Maria, beim Kruzifixus zwischen dem Drei- und dem Viernageltypus.

Typus

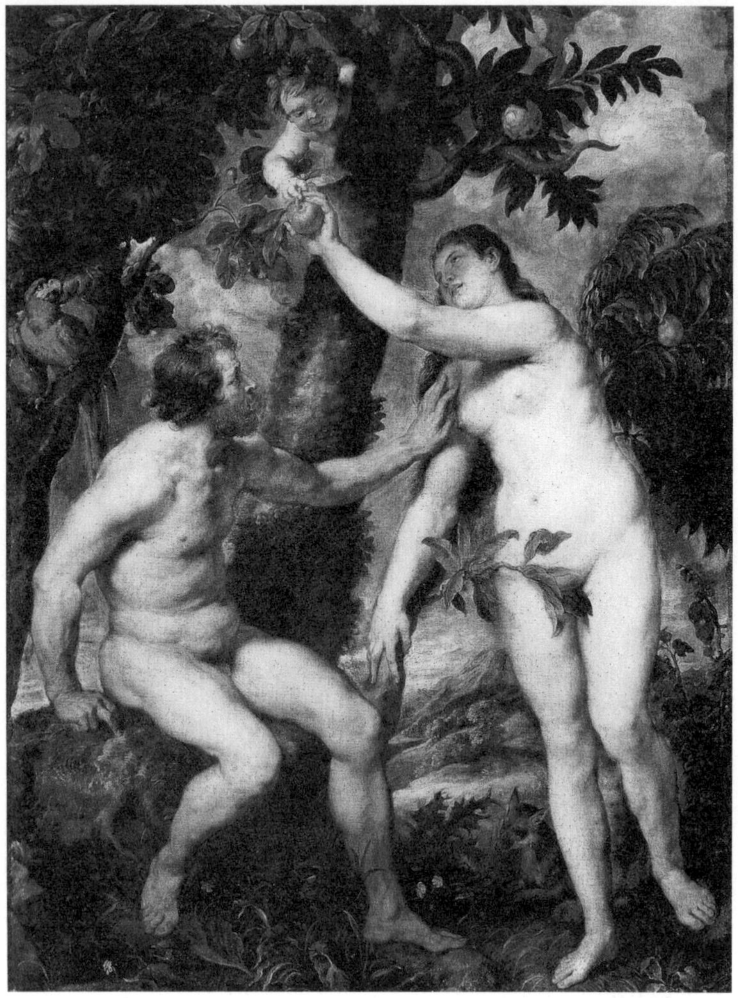

Abb. 3: Peter Paul Rubens: Adam und Eva (1628), Madrid, Prado

Die Entscheidung für einen bestimmten ikonographischen Typus kann bereits mit einer inhaltlichen Deutung des Themas einhergehen. Der Typus lässt dem Künstler aber Spielräume für weitere Interpretationen. *Auffassung* Dass innerhalb eines Typus verschiedene Auffassungen möglich sind, zeigt der Vergleich eines *Sündenfalls* von Tizian (Abb. 2) mit einer Kopie des Gemäldes durch Rubens (Abb. 3). Tizian wählte eine Variante des von Dürer bevorzugten Typus: Adam und Eva befinden sich links und rechts vom Baum, jedoch sitzt Adam. Eva greift in beiden Gemälden sehnsüchtig nach dem Apfel. In Tizians Gemälde ist die räumliche Anordnung jedoch so gelöst, dass Eva die Schlange, die den Apfel hält, nicht sehen kann. Die Kirchenväter ordneten Eva die sinnliche Wahrnehmung und Adam den Verstand zu und erörterten ihre Vorstellungen von einer klaren Hierarchie. Demnach untersteht Eva Adam, aus dessen Mund sie Gottes Verbot hört. Allein Adam ist der unmittelbare Rechtspartner Gottes; deshalb ist es wichtig, dass auch er, nicht nur Eva, vom Apfel isst. Tizians Schlange gibt den Apfel zwar Eva, doch ihr Blick gilt Adam, dem eigentlichen Ziel ihrer Verführungsabsicht. Adam sieht seinerseits die Schlange an und versucht, Eva von der Tat abzuhalten. Er erkennt die Gefahr, das Böse.

Bei allen Übereinstimmungen bietet Rubens mit wenigen, aber entscheidenden Änderungen eine andere Auffassung des Sündenfall-Themas. Der von Tizian gestaltete Blickkontakt zwischen Adam und der Schlange ist von beiden Seiten unterbrochen: Die Schlange sieht in Rubens' Bild Eva an, die so weit nach vorne getreten ist, dass sie die Schlange zwar sehen könnte. Sie hat aber nur Augen für den Apfel. Adam nimmt nicht mehr die Schlange wahr, sondern nur noch Eva. Die Geste seiner rechten Hand erhält dadurch eine andere Konnotation, zumal er nicht mehr, wie im Gemälde Tizians, mit dem Oberkörper zurückweicht. Der Sündenfall ist hier der Moment staunenden sinnlichen Erwachens. Rubens vertritt damit eine andere Auffassung des Themas als Tizian.

Das Beispiel der Darstellung des Sündenfalls kann zeigen, dass durchaus nicht in jedem Fall anzunehmen ist, dass ein Künstler die Texte las, aus denen sein Stoff stammt. Bei einem Thema wie diesem kann man damit rechnen, dass es im 16. Jh. wohlbekannt war, beispielsweise durch Predigten in den Kirchen, durch die zugleich Deutungen vermittelt wurden. Zudem ist vorauszusetzen, dass die Künstler zumindest partiell mit der Typengeschichte, den themenbezogenen Darstellungskonventionen vertraut waren. Dennoch ist nicht auszuschließen, dass ein Künstler sich bewusst mit dem Bibeltext auseinandergesetzt hat oder mit späteren Texten, die den Stoff verarbeiten und neu deuten. Die Ikonographie fragt deswegen immer auch nach dem Stoff und seiner Überlieferungsgeschichte, nach den literarischen Quellen.

Zur Geschichte der ikonographischen Methode

Solange die kulturellen Traditionen, zu denen die Stoffe und Themen der Bilder gehörten, intakt und lebendig waren, gab es keinen Anlass, über Wege zur Bilddeutung nachzudenken. Die Erfahrung, dass christliche Darstellungen nicht ohne weiteres verständlich waren, machte man erstmals um 1600, als man sich in Rom im Zuge der Gegenreformation auf die Suche nach Spuren der Anfänge der christlichen Kirche machte. Die Entdeckung und die erste Erforschung der Katakomben konfrontierte mit Bildzeichen und Wandmalereien, die im damaligen Verständnishorizont nicht zu deuten waren. Erste Erklärungsversuche von Antonio Bosio blieben unbefriedigend und wurden nicht weitergeführt. Erst gegen Mitte des 19. Jh.s wurde in einem zweiten Anlauf das Material erschlossen und der Versuch einer systematischen Deutung unternommen.

Die ersten Annäherungen an die christliche Ikonographie waren Sache der Theologie und Kirchengeschichte. Die Kunstgeschichte, die sich vor allem für die Künstlergeschichte oder die Stilgeschichte interessierte, hat sich des Themas nur zögerlich angenommen. Nach einzelnen Anfängen, die bald nach der Mitte des 19. Jh.s beispielsweise von Anton Springer unternommen wurden, kam der Durchbruch erst gegen 1900. Er dokumentiert sich in der Gründung einer «Internationalen Gesellschaft für ikonographische Studien», vor allem aber im *E. Mâle* Werk des Franzosen Emile Mâle. Seine Dissertation *L'art religieux du XIII*^{e} *siècle en France* ist ein Gründungswerk der kunstgeschichtlichen Ikonographie. Mâle gibt keine historisch-erzählende Übersicht über die Kunst der Gotik. Seine These ist, dass das 13. Jh. nicht nur die große Zeit der Kathedralen war, sondern auch die Epoche der Enzyklopädien, wie die des Vincent von Beauvais († 1264), die das Wissen, das Weltbild der Zeit systematisch zusammenfassten, das dann im Bildprogramm der Kathedralen veranschaulicht wurde.

Im frühen 20. Jh. gab es verschiedene Richtungen, die sich von der dominanten Stilgeschichte abzusetzen versuchten. Der Wiener Max *M. Dvořák* Dvořák propagierte sein Konzept der «Kunstgeschichte als Geistesgeschichte», bei dem es ihm vor allem um die Geschichte der künstleri- *A. Warburg* schen Ideen ging. Aby Warburg, der in Hamburg eine private kulturgeschichtliche Bibliothek aufbaute, ging von der These aus, dass jedes Kunstwerk aus dem Gesamtzusammenhang der geistigen Welt, in der es entstanden ist, gedeutet werden muss. Warburg hat keine methodologischen Schriften hinterlassen, aber seine Studien zum Nachleben der Antike und zur Wirkungsgeschichte ikonographischer und forma- *E. Panofsky* ler Motive sind wegweisend gewesen. Erwin Panofsky hat Warburgs methodischen Weg fortgesetzt und das Interpretationsverfahren systematisiert, das dann unter dem Begriff der Ikonologie bekannt wurde. Sein Modell der Interpretation hat er erstmals 1932 in einem Aufsatz vorgestellt und dann in späteren Aufsätzen überarbeitet und verfeinert.

Gegenstand der Interpretation	Akt der Interpretation	Ausrüstung für die Interpretation	Korrektivprinzip der Interpretation Traditionsgeschichte
Primäres oder *natürliches* Sujet, (A) tatsachenhaft, (B) ausdruckshaft, das die Welt *künstlerischer Motive* bildet	*Vor-ikonographische Beschreibung* (und pseudo-formale Analyse)	*Praktische Erfahrung* (Vertrautheit mit *Gegenständen* und *Ereignissen*)	*Stil*-Geschichte (Einsicht in die Art und Weise, wie unter wechselnden historischen Bedingungen *Gegenstände* und *Ereignisse* durch *Formen* ausgedrückt wurden)
Sekundäres oder *konventionales* Sujet, das die Welt von *Bildern, Geschichten* und *Allegorien* bildet	*Ikonographische Analyse*	Kenntnis literarischer Quellen (Vertrautheit mit bestimmten *Themen* und *Vorstellungen*)	*Typen*-Geschichte (Einsicht in die Art und Weise, wie unter wechselnden historischen Bedingungen bestimmte *Themen* oder *Vorstellungen* durch *Gegenstände* und *Ereignisse* ausgedrückt wurden)
Eigentliche Bedeutung (intrinsic meaning) oder *Gehalt*, der die Welt *«symbolischer» Werte* bildet	*Ikonologische Interpretation*	Synthetische Intuition (Vertrautheit mit den *wesentlichen Tendenzen des menschlichen Geistes*), geprägt durch persönliche Psychologie und *«Weltanschauung»*	Geschichte *kultureller Symptome* oder *«Symbole»* im Allgemeinen (Einsicht in die Art und Weise, wie unter wechselnden historischen Bedingungen *wesentliche Tendenzen des menschlichen Geistes* durch bestimmte *Themen* und *Vorstellungen* ausgedrückt wurden)

Die Interpretation des Kunstwerkes soll sich nach Panofskys Modell in drei Schritten vollziehen, die prinzipiell gesehen aufeinander aufbauen. Sie beziehen sich auf drei voneinander zu unterscheidende «Sinnschichten» des Kunstwerks. Im ersten Schritt geht es darum, den Darstellungsgegenstand zu erfassen. Dafür reicht die «unmittelbare

Daseinserfahrung», mit der wir unsere Wahrnehmung der Wirklichkeit verarbeiten, nicht aus. Wir müssen auch mit der Gestaltungsgeschichte, den Darstellungsmöglichkeiten der Zeit, in der das Bild entstand, vertraut sein, um die spezifische Art und Weise, wie eine Figur oder eine Aktion dargestellt wurde, zu verstehen. Es zeigt sich, dass Kunstwahrnehmung kein schrittweises Vorgehen sein kann, sondern ein komplexer Prozess ist, denn bevor die Darstellungsmöglichkeiten bedacht werden können, muss das Kunstwerk zeitlich lokalisiert worden sein, was wiederum nur möglich sein wird, wenn es verstanden wurde.

Die zweite Sinnschicht, die erst zu erschließen ist, wenn die erste richtig gedeutet wurde, wird von Panofsky als die des Bedeutungssinnes bezeichnet. Den Interpretationsakt auf dieser Stufe bezeichnet Panofsky als «ikonographische Analyse». Hier geht es um die Benennung der Figuren und die Beschreibung des Geschehens auf der Basis der Kenntnis literarischer Quellen.

Mit der Feststellung des Bedeutungssinnes ist die «Inhaltsdeutung» jedoch noch nicht an ihrem Ziel. In einem dritten Schritt, den Panofsky als «ikonologische Interpretation» bezeichnet, soll die «eigentliche Bedeutung» herausgearbeitet werden. Auf dieser Ebene ist das Bild als Symbol weltanschaulicher Vorstellungen aufzufassen, als «ungewollte und ungewusste Selbstoffenbarung eines grundsätzlichen Verhaltens zur Welt, das für den individuellen Schöpfer, die individuelle Epoche, das individuelle Volk, die individuelle Kulturgemeinschaft in gleichem Maße bezeichnend ist».

Panofskys Methode der Ikonologie ist vorgeworfen worden, dass sie die Gefahr in sich berge, das eigentliche Ziel der kunstgeschichtlichen Interpretation, nämlich das Kunstwerk, aus den Augen zu verlieren und die Rekonstruktion oder Entschlüsselung eines vermeintlich hinter dem Werk zu findenden «Sinnes» als eigentliche Aufgabe zu betrachten und damit das Kunstwerk lediglich als Dokument oder Illustration der Geistesgeschichte zu verstehen. Diese Kritik ist nicht ganz unberechtigt und in neuerer Zeit sind unter dem Begriff einer «Kunstgeschichtlichen Hermeneutik», beispielsweise von Oskar Bätschmann, Interpretationsmethoden vorgeschlagen worden, die das Kunstwerk als Ganzheit respektieren.

Unbestritten aber ist, dass der zweite nach Panofskys Modell zu vollziehende Schritt, die «ikonographische Analyse», notwendige Voraussetzung jeder kunsthistorischen Bildinterpretation ist.

Felder ikonographischer Forschung: Zentrum und Peripherie

Wenn die Ikonographie ganz allgemein als die Lehre von Inhalten von Kunstwerken und als Methode zu ihrer Erschließung aufgefasst wird, dann ist sie prinzipiell auf alle Bereiche der Kunstgeschichte anwendbar. Konzepte einer Ikonographie der Architektur wurden von Richard Krautheimer und Günter Bandmann entwickelt. In jüngster Zeit sind verschiedene Ansätze zu einer Ikonographie des Materials vorgelegt worden, so von Thomas Raff, Christian Fuhrmeister und, speziell für die Kunst der Moderne, von Monika Wagner. Diese Zweige der Ikonographie, die bedingt durch ihren jeweiligen Gegenstand methodisch andere Wege einschlagen, können hier nicht berücksichtigt werden. Diese Einführung gilt den Themen, Stoffen, Motiven und Symbolen in den Werken der Bildenden Kunst in Europa.

Prinzipiell geht es dabei um alle Sparten der bildenden Kunst, vorrangig aber um die Malerei mit ihren verschiedenen Gattungen, die sich im Laufe der kunstgeschichtlichen Entwicklung herausgebildet haben, wie um Plastik und Skulptur in ihren unterschiedlichen Verwendungsbereichen. Ikonographische Fragen haben jedoch nicht in allen Bildgattungen den gleichen Stellenwert. *Porträtmalerei* Bei der Porträtkunst steht die Frage der Identifikation der dargestellten Persönlichkeit an erster Stelle, die heute nicht mehr als eine im eigentlichen Sinne ikonographische Frage gilt, gefolgt von der Frage nach dem Darstellungstypus, z. B. Profilbildnis oder Ganzfigurenbild, die im Rahmen einer gattungsgeschichtlichen Einordnung zu behandeln ist. Die Ikonographie ist erst in zweiter Linie gefragt, nämlich bei der Aufschlüsselung von Motiven oder Symbolen, die zur Charakterisierung der Dargestellten eingesetzt wurden. *Landschaftsmalerei* Bei der Gattung der Landschaftsmalerei steht gleichfalls die formale Analyse im Kontext der Gattungsgeschichte und die Frage nach dem Verhältnis des Bildes zur Natur im Vordergrund. Auch hier wird man mit dem Instrumentarium der Ikonographie mögliche symbolische Bedeutungen einzelner Motive aufschlüsseln können. Der Übergang zur ikonologischen Deutung im Sinne Panofskys ist fließend, wie Martin Warnkes Buch über die *Politische Landschaft* zeigen kann.

Als führende Gattung der Malerei galt bis weit in das 19. Jh. hinein die Historienmalerei (s. S. 209). *Historienmalerei. Historia* *Historia* im kunstgeschichtlichen Sinne begegnet zum ersten Mal in Dantes *Divina Commedia*, wo mit diesem Begriff die monumentalen Reliefs mit szenischen Darstellungen bezeichnet werden, die den Weg des Läuterungsberges schmücken. Leon Battista Alberti verwendete in seinem Malerei-Traktat (1435) den Begriff der Historia, um das große, alle Möglichkeiten der

Kunst einschließende Werk des Malers zu bezeichnen. Seit der Renaissance wurden als Historie alle Bildwerke bezeichnet, die Geschichten darstellen, gleichgültig ob ihre Stoffe aus der christlichen oder profanen, zumeist antiken Überlieferung stammen. Die Historie in diesem älteren, umfassenden Sinne ist das zentrale Tätigkeitsfeld der Ikonographie.

Die Ikonographie hat aber ihre Aufgabe nicht nur in der Deutung von einzelnen Bildwerken. Bauwerke oder einzelne Räume von besonderem Rang wurden von alters her mit umfassenden Folgen von Bildern und Figuren geschmückt, die in der Regel nicht nur einen formalen Dekorationszusammenhang bilden, sondern auch als übergreifende inhaltliche Einheit aufzufassen sind, für die sich der Begriff des

Programm

«Programmes» eingebürgert hat. Die Überlieferungslage für derartige große Dekorationsprogramme ist sehr uneinheitlich. Aus dem frühen und hohen Mittelalter sind fast nur Sakraldekorationen erhalten. Vom 14. Jh. sind uns auch Profandekorationen überliefert, die in Renaissance und Barock gleichgewichtig neben den Kirchendekorationen stehen. Diese großen Dekorationskomplexe sind in den meisten Fällen arbeitsteilig geschaffen worden. Es war ganz üblich, dass verschiedene Künstler bei derartigen großen Projekten zusammenarbeiteten. Vor allem aber ist das Inhaltskonzept in der Regel nicht von den Künstlern selbst aufgestellt worden, sondern es wurde ihnen von den Auftraggebern und deren Beratern vorgegeben. Auch wenn der Freiraum für die Künstler seit der Renaissance immer größer wurde, ist davon auszugehen, dass die Autoren der Programme einigen Einfluss hatten und auch Kontrolle ausübten. Die Analyse derartiger Programme ist ein wichtiges, besonders reizvolles Aufgabenfeld der Ikonographie, das vor allem dort zu einer großen Herausforderung wird, wo konkret auf das zu schaffende Werk bezogene schriftliche Quellen wie Verträge oder ausgearbeitete Fassungen des Programmes fehlen.

In solchen Fällen ist der Kunsthistoriker auf den generellen methodischen Weg der Ikonographie verwiesen und muss versuchen, die Stoffe und Themen aus einer vorgängigen Tradition herzuleiten, wobei er immer beide Traditionswege zu berücksichtigen hat, nämlich sowohl die in Textzeugnissen fassbare Überlieferung, aus der der jeweilige Inhalt erklärt werden kann, als auch die Typen- und Motivgeschichte, also die Tradition der Stoffe und Themen in den Werken der Kunst. Nur vor dem Hintergrund dieser beiden Traditionsstränge sind die individuelle Auffassung durch den Künstler wie die möglicherweise von Seiten des Auftraggebers veranlasste spezifische Ausrichtung der Darstellung oder des Programmes fassbar.

Das große Gebiet der Stoffe, Themen und Motive der Kunst wird traditionell in die beiden Bereiche der sakralen oder christlichen und der profanen Ikonographie unterteilt. Auch wenn es manche Überschneidung, beispielsweise beim Gebrauch von Symbolen oder Personifikationen, gibt, ist diese Aufteilung sinnvoll, weil die Aufgaben, die den Künstlern von kirchlichen oder weltlichen Auftraggebern gestellt wurden, deutlich voneinander unterschieden sind, vor allem aber, weil die Traditionslinien, in die die Arbeiten auf jedem der Gebiete einzureihen sind, klar voneinander geschieden sind. So sollen auch im Folgenden die sakrale und die profane Ikonographie als für sich abgeschlossene Kapitel vorgestellt werden. Einführend wird jeweils ein kurzer Abriss der Geschichte der christlichen und der profanen Kunst in ihren unterschiedlichen Aufgaben und Funktionen gegeben.

II. Christliche Ikonographie

1. Historischer Überblick

Frühes Christentum

Bilderverbot

Das zweite der zehn Gebote, die Moses auf dem Berg Sinai empfing (Exodus 20,4), mahnte das Volk Israel, sich kein Bild von den Dingen des Himmels, des Wassers und der Erde zu formen oder gießen und anzubeten. Deuteronomium 27,15 präzisiert noch einmal, dass jeder verflucht ist, der dieser Vorschrift zuwiderhandelt. Da das Neue Testament dieses Bilderverbot nicht explizit aufhob, respektierte das Christentum es weiterhin, obwohl es durch das Heilsereignis der Inkarnation in Frage gestellt worden war. Ein Standbild von Gottvater oder Christus anzufertigen war für die Urchristen undenkbar. Gegenüber dem Bilderkult und der Vielgötterei der Heiden ließ sich die Lehre vom allmächtigen, einzigen und unsichtbaren Gott nicht glaubhaft vertreten, wenn man wie sie Idole aufstellte und verehrte. Zu groß war die Gefahr der Verwechslung des Abbildes mit dem Abgebildeten. Während sich das Misstrauen gegenüber Skulpturen lange im Christentum hielt, gingen die Meinungen über zweidimensionale Bilder auseinander. Unklar bleibt, ob die frühen Christen als Auftraggeber von Kunstwerken nicht spezifisch christlicher Thematik in Frage kommen.

Katakomben

Die christliche Ikonographie entstand vermutlich in Mausoleen und Hauskirchen, von denen sich jedoch nichts erhalten hat. Die Überlieferung der Bildzeugnisse beschränkt sich auf Katakomben und Sarkophage, bei deren Ausschmückung die Künstler die Symbolsprache ihrer Umwelt, also der heidnischen Kunst, aufgriffen und umdeuteten. Aus dem einfachen Schafträger einer bukolischen Szene entwickelte sich so die Darstellung des Guten Hirten als Symbol für Christus. Solche Themen hatten den Vorteil, auch den Heiden verständlich zu sein – wenn auch auf etwas andere Weise. Manchmal ist nur anhand des Kontextes zu entscheiden, ob eine Szene profan oder christlich zu deuten ist. Solche Übernahmen aus der römisch-antiken Ikonographie darf man sich nicht als eine Art Mimikry einer Glaubensgemeinschaft erklären, die kein Aufsehen erregen wollte. In der Geschichte der Kunst ist das Aufgreifen vorgeprägter Schemata nicht selten. Es kommt auch der umgekehrte Fall vor, bei dem die christliche Ikonographie Vorbilder für die profane liefert. Einflüsse und Wechselwirkungen gab es auch noch von anderer Seite: Zugleich mit den Christen bildeten die Juden im frühen 3. Jh. ihre religiöse Kunst aus. Ihre ikonographischen Gemeinsamkeiten betrafen Szenen aus dem Alten Testament. Tatsächlich überwiegen in den frühen Katakomben und auf Sarkophagen Darstellungen aus dem Alten Testament gegenüber Szenen aus dem Neuen, wobei der Themenkreis überschaubar blieb. Oft fiel die Wahl auf Rettungsszenen, wie die verhinderte Opferung Isaaks (Genesis 22) oder die Befreiung Jonas' aus dem Bauch des Wals (Jona 2). Sie sind Ausdruck der Hoffnung, Gott möge die Seelen der Verstorbenen aus dem Tod erretten, wie er es im Fall von Isaak, Jonas und anderen getan hatte. Die Geschichten wurden also nicht um ihrer selbst willen erzählt, sondern sie kleideten bestimmte Ideen ein. Deshalb wurden sie auch kurz und übersichtlich, fast zeichenhaft gehalten; auf narrative Details zur Ausschmückung der Geschichten wurde verzichtet.

Altes Testament

Der Wunsch vieler Christen, in Bildern betrachten zu können, woran sie glaubten, war groß, aber noch legitimierte die Kirche die Bildpraxis nicht; im Gegenteil. Als Konstantia, die Tochter Kaiser Konstantins, den Bischof Eusebios von Caesarea bat, ihr ein Christusbild zu besorgen, wies er sie mit der Belehrung ab, die göttliche Herrlichkeit Christi sei nicht darstellbar. Kurz zuvor, um 306, hatte die Synode von Elvira das Bilderverbot wiederholt und bekräftigt, dass nicht an Wände gemalt werden darf, was man verehrt und anbetet. Zugleich verbesserten sich aber die Voraussetzungen für eine öffentlich wirksame christliche Kunst unter Kaiser Konstantin deutlich. 313 erließ er das Edikt von Mailand zum Schutz der Christen. Bald darauf wurde mit dem Bau größerer Kirchen begonnen, das Christentum zur Staatsreligion erhoben. Die Zahl der Bestattungen in Katakomben ging zurück, weshalb auch die bisher in der Sepulkralkunst beliebten Themen an Bedeutung verloren. Trotzdem breiteten sich neue christliche Bildthemen nicht explosionsartig aus. Die Erprobung neuer ikonographischer Bildschöpfungen erfolgte nach und nach und bezog vermehrt christologische Themen ein. Christus in der Runde der Apostel fand als eines der ersten Themen Eingang in die offizielle Kunst. Wieder erfuhr die christliche Ikonographie Anregungen aus der profanen. So wie der Kaiserkult um Konstantin auf die Verehrung von Christusbildern übertragen wurde, so gingen Züge kaiserlicher Repräsentationsbilder und des höfischen Zeremoniells auf Darstellungen Christi über. Sein Bild wandelte sich vom Retter, den er als Guter Hirte verkörperte, zum Herrscher und Richter, der monumental in Apsis- und Kuppelmosaiken erscheint. Auf die Entwicklung der christlichen Kunst übte aber nicht nur die Inspiration durch andere ikonographische Traditionen und vorformulierte Typen Einfluss aus. Wichtige Impulse gaben

Synode von Elvira

christologische Themen

die Weiterentwicklung theologischer Lehren und die Festsetzung von Dogmen, den als verbindlich erachteten Glaubensinhalten. Gelegentlich legte eine Synode sogar fest, wie bestimmte Themen unbedingt oder auf keinen Fall darzustellen sind.

So sprach zum Beispiel das Konzil von Trullo 692 ein Verbot gegen Kreuze aus, die das Bild des Lamms an Christi Stelle tragen. Schließlich war es für den christlichen Glauben von zentraler Bedeutung, dass Gott zur Bekräftigung des Neuen Bundes mit den Menschen seinen Sohn geschickt hatte und dieser nicht nur symbolisch, sondern wirklich am Kreuz gestorben war. Das Symbol des Lammes im Zentrum des Kreuzes wurde trotz Verbot zwar nicht aufgegeben, aber es wechselte auf die Rückseite des Kreuzes.

Auch ohne spezifische Anweisungen für Künstler hatten synodale Beschlüsse immense Auswirkungen auf die Ikonographie, denn im Bild sollten der richtige Glaube und die wichtigsten Glaubensinhalte verbreitet werden. Besondere Bedeutung fiel in diesem Zusammenhang den Konzilen zu, die sich mit den zwei Naturen Christi und der Rolle Marias in der Heilsgeschichte befassten. Theologen diskutierten immer aufs Neue das Verhältnis der göttlichen zur menschlichen Natur Christi. Nestorius, von 428 bis 431 Patriarch von Konstantinopel, vertrat die Ansicht, dass Christus zwei Naturen verkörpert, eine göttliche und eine menschliche, die sich aber nicht vermischen. Maria war für ihn nur die Mutter des Menschen Christus (Christotokos), nicht des Gottes. Unter der Leitung des Patriarchen Cyrill von Alexandria verurteilte das Konzil von Ephesus diese Lehren 431 als häretisch. Es entschied, dass Maria auch die göttliche Natur Christi geboren habe und verlieh ihr offiziell den seit dem 3. Jh. gebräuchlichen Titel der Theotokos, der Gottesgebärerin. Aufgrund ihrer besonderen Aufgabe im Heilsplan wurde Maria als Fürbitterin und Mittlerin zwischen Gott und den Menschen verehrt und weckte gleichermaßen das Interesse der Theologen wie die Volksfrömmigkeit. Bisher war sie fast nur in christologischen Zyklen aufgetreten, nun aber entwickelte sich ein autonomes Marienbild, und es entstanden Bildzyklen, die auch das Leben ihrer Eltern mit einschlossen.

Konzil von Ephesus

Während die Ausdifferenzierung der christlichen Ikonographie voranschritt, entdeckte der höhere Klerus im 5. Jh. die Bildkunst als geeignetes Mittel, auf die Gläubigen einzuwirken und ihnen mit Hilfe von Bildern selbst Dogmen näherzubringen. In Papst Gregor d. Gr. (540–605) fand der Gebrauch von Bildern einen wichtigen Fürsprecher. Er empfahl sie um 600 als Buchersatz zur Unterweisung der Leseunkundigen. Außerdem konnten Bilder dazu dienen, Vergangenes, seien es Ereignisse oder Personen, ins Gedächtnis zu rufen und die *memoria* daran aufrechtzuerhalten. Trotz des positiven Votums einer so bedeutenden Autorität wie Papst Gregor war das letzte Wort in der

Gregor d. Gr.

Bilderfrage noch lange nicht gesprochen. Im 8. Jh. entzündete sie sich erneut. Im Mittelpunkt standen nicht szenische Darstellungen, sondern Ikonen, die Kultbilder der Ostkirche, deren Vorläufer in antiken Totenporträts zu finden sind.

Der Bilderstreit im 8. und 9. Jahrhundert

> Das Wort **Ikone** geht auf das griechische εἰκών zurück, was so viel wie Bild oder Abbild bedeutet. Es bezeichnet aber nicht jedes Bild, sondern das Kultbild der Ostkirche, dem kultische Verehrung wie Kuss, Proskynese, Weihrauch- und Blumengaben zuteil wird. Ikonen sind über literarische Quellen schon für das 4. Jh. nachweisbar. Prinzipiell können Ikonen in allen Techniken und Materialien angefertigt werden, meist handelt es sich aber um Tafelbilder auf Holz. Für Gestaltung und Anfertigung gab es genaue Regeln, die zum Beispiel im Malerbuch vom Berge Athos festgehalten sind, das seine letzte Fassung 1701–32 erhielt, dessen Ursprünge jedoch bis ins 10. Jh. zurückreichen. Im Osten konzentrierte sich die Verehrung auf einzelne besonders berühmte Ikonen, deren Wundertätigkeit als erwiesen galt. Im Westen wurden sie auch noch in nachreformatorischer Zeit von katholischer Seite in Prozessionen mitgeführt, von berühmten Künstlern kopiert und neu inszeniert. Der Jesuit Wilhelm Gumppenberg verzeichnete in seinem erstmals 1655 erschienenen *Atlas Marianus* nicht weniger als 1200 wundertätige Marienbilder.

Bildverständnis in Byzanz

Nach der Trennung vom Weströmischen Reich im Jahr 395 hatte sich in Byzanz ein eigenes Bildverständnis entwickelt. Ausgehend von der Lehre, dass jedes Ding ein Bild von sich erzeugt, das dem kosmischen Prinzip der Ähnlichkeit in der Form gehorcht, galt eine enge Beziehung zwischen dem Bild und der dargestellten Person, dem Prototyp, als gesichert. Deshalb wurde die Hilfe, die man sich von einem Heiligen erhoffte, auch von seinem Bild erwartet, und zwar theoretisch unabhängig von Technik und Anbringungsort. Jedes Bild, auch ein Kuppelmosaik, beanspruchte Repräsentant des Abgebildeten zu sein. Da die Gläubigen aber das Bedürfnis zur Ausweitung der kultischen Handlungen verspürten und im 6. Jh. Formen des Kaiserkultes wie Proskynese und festliche Umzüge auf die Kultbilder übertrugen, handelt es sich bei Ikonen meist um Tafelbilder. Aus Gründen der Authentizität war es wichtig, verehrte Vorbilder möglichst genau zu wiederholen, so dass sich zwischen 400 und 700 rasch ikonographische Haupttypen, insbesondere des Marienbildes, entwickelten. Große

Verehrung erfuhren Ikonen, von denen man annahm, dass sie auf wundersame Weise entstanden waren oder bereits Wunder gewirkt hatten. Sie dienten zum Beispiel als Orakel oder sollten, auf Feldzügen mitgeführt, den Feind einschüchtern. Eine eigentliche Bildlehre, die die Verehrung rechtfertigte, gab es noch nicht. Die Legitimation der bestehenden Bildpraxis wurde erst notwendig, als sie der Häresie bezichtigt wurde. Der byzantinische Kaiser Leo III. stellte 730 Gebrauch und Verehrung von Bildern unter Strafe und initiierte einen Bilderstreit, der erst 843 beigelegt werden sollte. Leo III. ersetzte das Christusbild wieder durch die Kreuzesdarstellung. Die Ursachen dieser Umorientierung lagen nicht in einer grundsätzlich bilderfeindlichen Gesinnung. Nachdem Leos III. Vorgänger Justinianos II. das (Christus-)Bild von Kamuliana als Staatspalladion (Schutzbild) propagiert, 693 im Kampf gegen die Araber jedoch eine Niederlage erlitten hatte, haftete an der berühmten Christusikone der Makel des Versagens. Leo III. betrieb nicht primär Propaganda gegen das Christusbild, sondern für die Verehrung des Kreuzes, das als authentische Reliquie das Bild von Kamuliana als Staatspalladion ablöste. Die Kritik der Ikonoklasten oder Ikonomachoi genannten Bilderstürmer ist nur aus der Sicht ihrer Gegner, der Ikonodulen, überliefert. Demnach richteten sie sich nicht gegen die Verehrung, sondern sogar gegen das Bild als solches. Sie beriefen sich auf die Lehre von der zweifachen Natur Christi. Wenn ein Bild nur die menschliche Natur Christi zeigte, verstieß es gegen die Lehre von der untrennbaren Doppelnatur Christi. Sollte das Bild hingegen die göttliche Natur mit umfassen, geriet es in Widerspruch zur Nichtdarstellbarkeit Gottes. In beiden Fällen machte sich jeder, der Bilder befürwortete, der Ketzerei schuldig. Kaiser Konstantin V. ließ Anfertigung und Verehrung von Bildern 754 auf der Synode von Hiereia zur Ketzerei erklären. Johannes von Damascus, der in einem Kloster bei Jerusalem lebte, argumentierte wohl schon seit 730/740 dagegen: Gott sei in Christus Mensch geworden und als solcher darstellbar. Wenn er auch in seiner menschlichen Gestalt abgebildet sei, werde seine Herrlichkeit doch immer so mitgedacht, wie beim Porträt eines Sterblichen die Seele, die sich auch der Darstellbarkeit entziehe. Außerdem gelte die Verehrung nicht dem Bild (Typ) selbst, sondern dem Vorbild (Prototyp). Ferner sei auch die Materie von Gott geschaffen und deshalb gut (Gen 1,31). Es waren im Wesentlichen diese Argumente, mit denen auf dem 2. Konzil von Nicaea 787 der Bilderkult wieder hergestellt und unter dem Einfluss der Kaiserin Eirene der Beschluss von 754 aufgehoben wurde. Unter Kaiser Leon V. lebte der Bilderstreit in gemäßigter Form nochmals auf, bevor 843 unter seiner Witwe Theodora der Bildersturm zur Häresie erklärt wurde. Die Ikonenverehrung ging gestärkt aus dem Bilderstreit hervor; alle

Beginn des Bilderstreits

Zweinaturenlehre

2. Konzil von Nicaea

vor 700 geprägten ikonographischen Typen wurden wieder aufgenommen. Allerdings erlangte das Bild von Kamuliana sein Ansehen nicht wieder, das Mandylion (s. S. 73) nahm seinen Platz ein.

Inzwischen hatte auch der Westen, der den Bildersturm scharf kritisierte, Erfahrungen im Umgang mit Ikonen gesammelt. Der Legende nach rettete sich manches Kultbild selbst auf wundersame Weise nach Rom. Während die Verehrung von Bildern in Byzanz als Häresie unter Strafe stand, führte Papst Stephan II. in Rom eine Prozession für ein vom Himmel gefallenes Christusbild ein. Auch Karl d. Gr. (747–814) bezog im Bilderstreit Stellung. Die 791 in seinem Auftrag von Theo-

Libri Carolini

dulf von Orléans unter Einfluss Alkuins verfassten Libri Carolini lehnten sowohl die Verehrung als auch die Zerstörung von Bildern als extremistische Auswüchse ab; die Synode von Paris bekräftigte 824 dieses Urteil. Karls Gelehrte hielten es mit Gregor d. Gr., der die Nutzung von Bildern als pädagogische Hilfsmittel befürwortet hatte. Am besten erfüllten Darstellungen von biblischen Themen oder Heiligenlegenden didaktische Zwecke; Ikonen eigneten sich dazu weniger. Gegen ihre Verehrung ließ sich einwenden, dass sich die Entstehung von Bildern dem *ingenium* des Künstlers verdankt, nicht einem Mysterium, denn Gott äußert sich in Wort und Schrift (zum Beispiel den Zehn Geboten), nicht aber in Bildern. Vor dem Hintergrund einer blühenden Reliquienverehrung (s. S. 97) wog auch das Argument schwer, dass am Jüngsten Tag die Gebeine der Heiligen auferstehen, nicht ihre Bilder. Bis etwa 1200 zogen im Westen nicht Wunderbilder, sondern vor allem Reliquien die Wallfahrer an. Die Nutzung als Reliquienbehälter nobilitierte jetzt sogar die von den frühen Christen gemiedene Anfertigung von Skulpturen.

Kirchenausstattung im Mittelalter

Christliche Ikonographie entfaltete sich in der mittelalterlichen Kirche auf vielfältigen Bildträgern. Intakte Kirchenausstattungen sind erst aus späteren Jahrhunderten überliefert, doch lassen sich frühe Ausstattungen westlicher Kirchen rekonstruieren. Der Reichtum der Ausstattung einer Kirche hing von ihrer Stellung in der Kirchenhierarchie ab. Eine Pfarrkirche konnte sich in der Regel keinen aufwändigen Schmuck leisten, ganz anders dagegen eine Bischofskirche. Ihre präch-

Tür

tigste Tür öffnete sich nur an hohen Feiertagen zum Einzug des Bischofs. Dem normalen Kirchengänger blieb sie verschlossen, belehrte ihn aber durch ihren Reliefschmuck. Die Hildesheimer Bronzetür (Abb. 6) stellt den acht Szenen aus der Schöpfungsgeschichte ebenso viele aus dem Leben Christi gegenüber. Im Kircheninneren zierten

Wandmalereien (s. S. 48 f.) die Hochschiffswände des Langhauses. Selbst Schmuckfußböden folgten einem ikonographischen Programm, das mit Tier- oder anderen Symbolen zum Beispiel auf Laster und christliche Tugenden Bezug nahm. Unweit des Haupteinganges im Westen

Taufbecken

stand das Taufbecken, dessen Reliefs den Lebensbaum, die Paradiesflüsse, die Taufe Christi, die Sintflut als deren Präfiguration (s. S. 58 f.) oder andere alttestamentliche Themen zeigten, die auf das hier gespendete Sakrament vorausdeuten. Das Taufbecken konnte auch im Querhaus oder später in einer eigenen Kapelle stehen, befand es sich

Altar

aber im Mittelschiff, war es axial auf den Kreuzaltar bezogen, so dass der Zusammenhang zwischen Taufe, Tod, Auferstehung und eucharistischer Feier sinnfällig wurde. Zusätzlich zum Hochaltar gab es auf der Kirchenlängsachse weitere Altäre mit sorgfältig aufeinander abgestimmten Patrozinien. Da in Seitenräumen noch Nebenaltäre standen, konnte die Zahl der Altäre beachtlich sein; in St. Michael in Hildesheim waren es zur Zeit Bischof Bernwards 20. Der Hochaltar als der wichtigste war besonders geschmückt und ausgezeichnet. Das Triumphkreuz hing von der Decke, stand auf dem Triumphbalken über und vor dem Altar oder auf einer Triumphsäule dahinter. Solche Säulen boten, wie die Bernwardssäule in Hildesheim, am Schaft wiederum Platz für Szenen aus dem Leben Christi. Christologische oder endzeitliche Zyklen eigneten sich auch für Antependien (Altarumhüllungen), die keine Kult-, sondern Programmbilder zeigten. Da sie aus wertvollen Materialien wie Gold oder Elfenbein bestanden, kamen sie meist nur bei besonderen Anlässen zum Einsatz.

liturgisches Gerät

Während der Messe fanden auf dem Altar Altarkreuz, liturgisches Gerät und liturgische Bücher Platz (Abb. 11). Bei Gebrauchshandschriften wurde auf Buchmalerei weitgehend verzichtet. Die berühmten Codices mit ihrem reichen Miniaturenschmuck verwahrte man in der Schatzkammer und trug sie nur an hohen Kirchentagen in feierlichen Prozessionen in die Kirche. Von den Messgeräten seien als wichtigste nur Kelch und Patene (Teller für die Hostie) genannt. Auch sie eigneten sich als Träger von Bildern, die auf ihre Funktion abgestimmt waren. So erinnerte die Darstellung einer Hand (s. S. 99) sogar auf der eher schmucklosen Patene an die Anwesenheit Gottes beim Abendmahl. Selbst bei Verzicht auf figürlichen Schmuck ließ sich immer noch die Symbolsprache der Edelsteine nutzen, mit denen Kelche, Gemmenkreuze und Reliquiare besetzt wurden. Mit Reliquiaren füllten sich die Altäre besonders an Feiertagen. In unmittelbarer Nähe des

Leuchter

Altars befanden sich die Leuchter. Eine radförmige Lichterkrone mit stilisiertem Mauerkranz verwies zum Beispiel im Hildesheimer Dom auf die Schlussvision der Apokalypse, gemahnte also an das Ende der Zeit und das himmlische Paradies. Den siebenarmigen Leuchter, der einst den Tempel Salomos in Jerusalem schmückte, deuteten Theologen schon früh als Sinnbild Christi. Baumartig gestaltet symbolisiert er die Wurzel Jesse, den Stammbaum Jesu und Marias.

Ambo Den liturgischen Wortgottesdienst mit der Verlesung der Evangelien und Epistel hielt der Priester von einem erhöhten Podest, dem Ambo. Für Ambonen gab es wie für Altäre Verkleidungen, für deren ikonographisches Programm sich besonders Darstellungen der Evangelisten eigneten, deren Botschaft von hier aus verlesen wurde. *Grablegen* Grablegen befanden sich bevorzugt in der Nähe zu Altären, deren Patrone als Fürbitter (Interzessor) für den Verstorbenen fungieren sollten. Bischof Bernward ließ sich in der Krypta von St. Michael in Hildesheim vor dem Altar der Gottesmutter als höchster Interzessorin beisetzen. Die Reliefs auf seinem Sarkophag zeigen Motive aus der Offenbarung, die von der Wiederkehr Christi am Ende der Zeit und dem Jüngsten Gericht erzählt.

Der imaginäre Kirchenrundgang zeigt, dass das Studium der christlichen Ikonographie weit mehr Gattungen berücksichtigen muss als Gemälde und Skulpturen. Oft erschließen erst die Kenntnis seines Funktionszusammenhanges im Kirchenraum und die Einbindung in die Liturgie den Inhalt eines Bildes. Die Aufgaben der Bilder waren dabei vielfältig und konnten sich in einem einzigen Objekt überlagern. Sie erinnerten, belehrten, forderten zur kultischen Verehrung auf und schmückten – nicht als reiner Dekor, sondern als Repräsentation der Herrlichkeit Gottes. In jedem Fall aber war die Wahl des darzustellenden Stoffes wohl überlegt. Daran änderte sich auch in den folgenden Jahrhunderten nichts; die Programme wurden allerdings noch komplexer, es änderten sich die Möglichkeiten, Bilder anzubringen. Die gotische Architektur reduzierte die Wandfläche, die für Malereien zur Verfügung stand, zugleich schuf sie die Voraussetzung für die Blüte der Glasmalerei. Zudem erhielten Portale und Kapitelle Skulpturenschmuck. Neben dem Wandel in der Architektur hatten Änderungen in der Liturgie weitreichende Folgen für die Aufstellung von Bildern.

Altarretabel In frühmittelalterlichen Kirchen fehlten Altarretabel, denn zum einen stand der Bischofssitz im Scheitel der Apsis, zum anderen trat der Priester während der Messe hinter den Altar. Dieser Ritus änderte sich allmählich: Seit der Karolingerzeit rückte der Bischofsthron immer häufiger auf die rechte Seite, seit dem 11. Jh. zelebrierte der Priester die Messe vor dem Altar stehend, mit dem Rücken zur Gemeinde. Damit war der Weg für die Entwicklung großer Retabeln frei, als deren Vorläufer Brüstungen an der rückwärtigen Seite des Altars den Sturz von Messgerät und Reliquiaren von der Mensa (Altarplatte) verhinderten. Bis ins 13. Jh. bestand kein großer Bedarf an Tafelbildern. Bis ins 14. Jh. waren sie oft nicht fest auf dem Altar installiert, sondern wurden wie die Reliquiare nur an Festtagen aufgestellt. Die Gründe für den vorerst temporären Einsatz liegen im Zusammenspiel von Ikonographie und Liturgie: das Bild eines einzelnen Heiligen erfüllte seinen Zweck an dessen Festtagen, wenn in der Predigt seine Legende verlesen wurde, aber an Herren- und Marientagen war es als Hauptaltarbild unpassend.

Das Spätmittelalter: Eine neue Bildauffassung

Die Entwicklung des autonomen Altarbildes erhielt in Italien wichtige Impulse durch die erneute Begegnung mit Ikonen, die durch Handelsbeziehungen mit dem Osten und als Beute aus den Kreuzzügen ins Land gelangten. Ihr fremdes Aussehen und ihre Herkunft aus den Heiligen Stätten bürgten für Authentizität, so dass alle ikonographischen Typen übernommen und weiterentwickelt wurden. Die Kirche reagierte auf die Ikonenverehrung, indem sie beim Gebet vor bestimmten Gnadenbildern eine teilweise Vergebung der Sünden gewährte. Da der Ablass sich auch auf Kopien erstreckte, fanden diese Bilder weite Verbreitung.

Gnadenbilder

Obwohl der Gebrauch von Bildern sich durchsetzte, stieß er weiter auf Kritik. Als Bernhard von Clairvaux 1124 die Prachtentfaltung in Kirchen anprangerte, wandte er sich insbesondere gegen die Darstellung von Heiligen auf Fußböden, ließ aber Bilder für die Belehrung von Ungebildeten zu. 1138 beschloss der Generalkonvent des Zisterzienserordens, dem Bernhard von Clairvaux angehörte, den Verzicht auf Skulpturen und Malereien in seinen Kirchen.

Mit der Ausbildung einer neuen, auf intuitive Gottesschau zielenden Frömmigkeit, mit der besonders die Bettelorden religiöse Praktiken für breite Schichten öffneten, setzten neue Reflexionen über die Funktion des Bildes ein. Bonaventura (1221–1274), Thomas von Aquin (1225–1274) und Durandus von Mende (1230/1–1296) erkannten, dass Bilder affektive Wirkungen erzielen, die beim Betrachter keine theologische Bildung voraussetzen. Thomas zog den gehörten Geschichten die sichtbaren sogar vor, denn das Sichtbare ist – wenigstens scheinbar – präsent. Die Vergegenwärtigung des Vergangenen, vor allem des Passionsgeschehens, zum Zweck der *compassio* (Mitleiden) verfolgte auch die Meditationsliteratur (s. S. 75 f.). Für Künstler stellte die Aufgabe, dem Betrachter ein Ereignis unmittelbar vor Augen zu führen, um seine Emotionen zu wecken, eine große Herausforderung dar. Um den Eindruck fiktiver Präsenz zu erzielen, musste das Bild die Natur möglichst genau nachahmen.

fiktive Präsenz

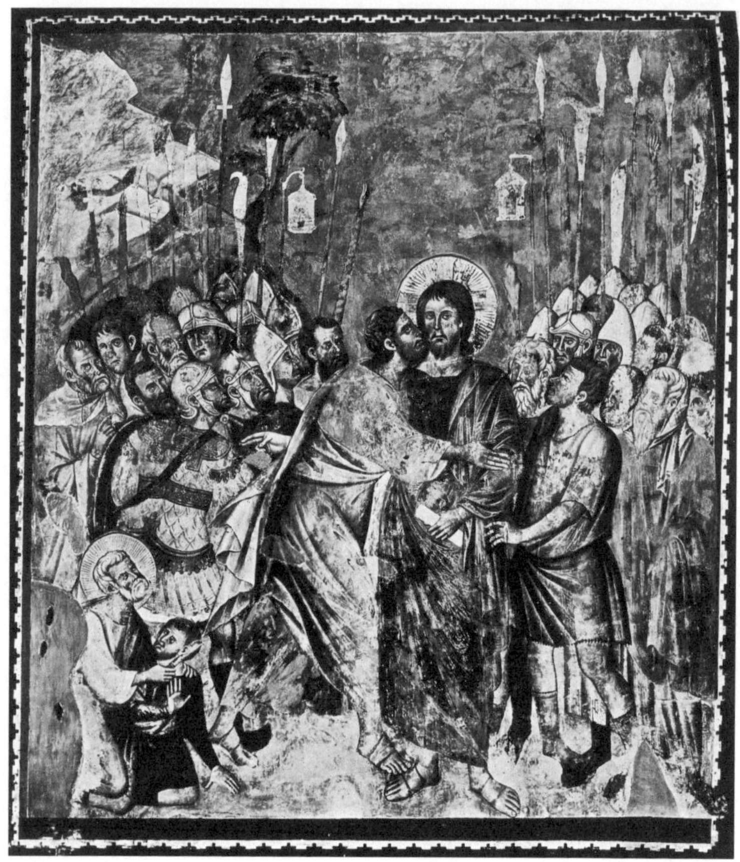

Abb. 4: Meister der Gefangennahme, Gefangennahme Christi (um 1290), Assisi, S. Francesco, Oberkirche

Den auch für die Ikonographie wichtigen Wandel, der sich um 1300 in Italien vollzog, verdeutlicht ein Bildvergleich (Abb. 4 u. 5). Um 1290 malte ein anonymer Künstler in der Oberkirche von Assisi eine *Gefangennahme Christi.* Christus steht frontal und starr fast in der Bildmitte, weil er die wichtigste Person ist; deshalb ist er auch viel größer als alle anderen dargestellt. Die Bedeutungsperspektive zwang den Künstler, Judas und den Schergen in eine Art Schwebezustand zu versetzen, damit sie zu Jesus hinaufreichen. Die Köpfe der Soldaten sind hügelartig angeordnet, um den Eindruck eines großen Aufgebots zu wecken. Unten links schneidet Petrus dem Knecht Malchus das Ohr ab. Obwohl das Bild gegenüber älteren, schematischeren Darstellungen sehr fortschrittlich ist, widerspricht es noch unseren alltäglichen Sehgewohnheiten. Anders die Darstellung desselben Themas, die Giotto um 1305 in der Arena-Kapelle in Padua schuf: die Figuren sind gleich groß, stehen auf einer Ebene, auch die Gruppenbildung löste er viel überzeugender. Giotto stellte die Wiedergabe des Geschehens auf die Wirklichkeitswahrnehmung des Betrachters ab, die er

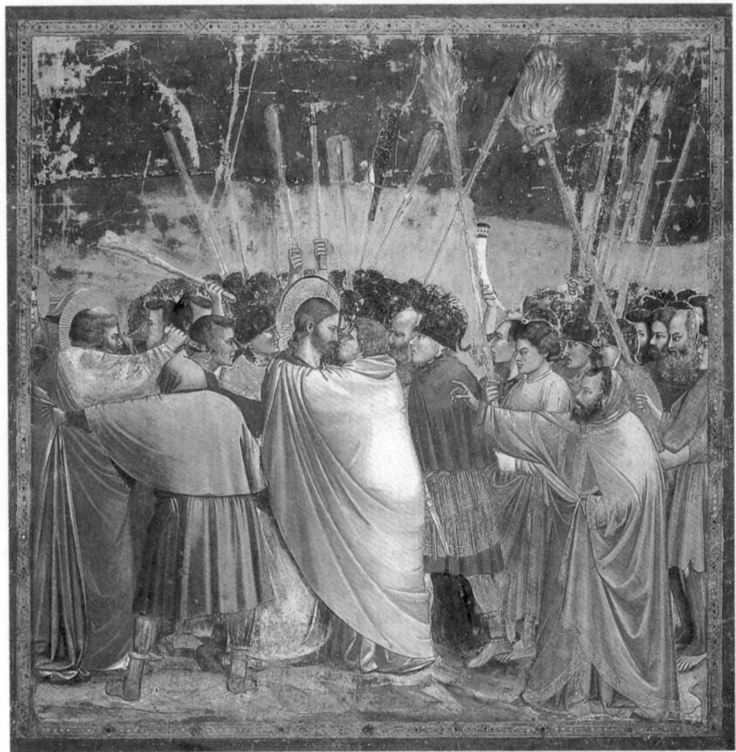

Abb. 5: Giotto, Gefangennahme Christi (um 1305), Padua, Arena-Kapelle

nicht mehr anderen Kriterien, wie der Bedeutungsperspektive, unterordnete. Der Unterschied zwischen beiden Bildern geht aber noch viel weiter. Giotto entfaltet eine komplexe Handlungssequenz: Der Judaskuss verrät Christus an Kaiphas, der rechts mit ausgestrecktem Arm den Befehl zur Gefangennahme gibt. Malchus legt Hand an Christus an, und deshalb schlägt Petrus ihm das Ohr ab. Beim älteren Meister steht Kaiphas unbeteiligt rechts, und warum Petrus Malchus malträtiert, erfahren wir nicht. Die Figuren sollen die Geschichte in Erinnerung rufen, ihren Ablauf müssen wir selbst memorieren. Giotto dagegen erzählt die Geschichte und entwickelt dabei psychologisches Gespür. Für den älteren Meister war die plausible Figurenbeziehung weniger wichtig als die möglichst vollständige Sichtbarkeit Christi. Giotto dagegen lässt Christus fast hinter dem Mantel des Judas verschwinden. Da das Umhüllen mit dem Mantel eigentlich eine Geste des Beschützens ist, wird das Ungeheuerliche des Verrats anschaulich. Obwohl verraten, bleibt Christus überlegen, denn er sieht aufrecht und gefasst auf Judas hinab.

Die neue Aufgabe und Fähigkeit der Kunst, Wirklichkeit zu imitieren, blieb nicht ohne Folgen für die Ikonographie. Erstens wurden die Geschichten, zum Beispiel durch die Figurenkonstellationen, vom Künstler interpretiert; die Freiheit des Künstlers im Umgang mit den Themen wuchs – freilich nach wie vor unter den Augen des Klerus, der die Künstler beriet. Zweitens erzählten Bilder nun Geschichten mit zum Teil sehr komplexen Handlungsstrukturen und großer Freude an narrativen Details, entsprechend der Empfehlung der Meditationsliteratur, das Geschehen in seinen Einzelheiten zu vergegenwärtigen. Der umgekehrte Weg der Reduktion und Konzentration erwies sich jedoch als genauso geeignet zur Beförderung der Andacht. Um den Betrachter zu erschüttern, lösten Künstler seit der Mitte des 13. Jh.s aus größeren Handlungsabläufen einzelne besonders affektgeladene Momente heraus, auf die sich die Meditation konzentrierte. Statt der vielfigurigen *Beweinung Christi* zeigte man nur die Muttergottes mit ihrem toten Sohn. Für solche Bilder, die ganz besonders intensiv an die Emotionen des Betrachters appellieren, ist der problematische Begriff des Andachtsbildes (s. S. 78 f.) geprägt worden. Viele Andachtsbildtypen erlebten ihre große Blüte nördlich der Alpen um 1400, als Skulpturen und Gemälde aus Kirchen und Häusern reicher Bürger und Herrscher längst nicht mehr wegzudenken waren. Es galt als hervorragender Akt der Frömmigkeit, einer Kirche ein Bild zu stiften.

Reformation und Gegenreformation

Als der Bilderkult zu Beginn des 16. Jh.s seinen Höhepunkt erreichte, kritisierte die Reformation die bestehende Bildpraxis, vor allem die kultische Verehrung von Bildern. Über die Frage nach Zulässigkeit und Nutzen der Bilder herrschte unter den Reformatoren jedoch Uneinigkeit. *Karlstadt* Der deutsche Theologe Andreas Karlstadt argumentierte 1522 in einem Traktat gegen Bilder mit der mangelnden Bildung der Künstler, die zur Verdummung der Gläubigen führe, wenn diese Bilder benutzten statt der ihnen vorenthaltenen Bücher. Das geschriebene und gesprochene Wort bekleidete bei allen Reformatoren einen Rang, den ein Bild nie erreichen konnte. Karlstadt sprach sich, wie Huldrych Zwingli (1484–1531) und die Anhänger Johannes Calvins (1509–1564), die sich auf das Bilderverbot des Alten Testaments beriefen, für die Abschaffung und Zerstörung von Bildern aus. In verschiedenen Städten kam es zu Bilderstürmen (1535 in Genf, 1566 in den Niederlanden), die unterschiedlich verliefen. Teilweise hing man die Bilder einfach ab und trug sie unbeschädigt weg oder überließ es den Stiftern, ihr Eigentum aus den Kirchen zu entfernen. Teilweise sollten Misshandlung oder Vernichtung von Bildern ihre Ohnmacht demonstrieren und den Glauben an ihre Wunderwirkung zerstören. Martin *Luther* Luther (1483–1546) vertrat im Bilderstreit eine gemäßigte Position. Nach seiner Auslegung betraf das Bilderverbot des Dekalogs nur Bilder, die im Kult an die Stelle Gottes gesetzt wurden. Gut oder schlecht ist nicht das Bild an sich, sondern seine Verwendung durch den Betrachter. Den Glauben an die Wunderwirkung von Bildern und an die Förderung des Seelenheils durch Bildstiftungen wollte auch Luther ausrotten. Die *Vera Icon* (s. S. 74 f.), das erste Bild, mit dem ein Ablass verbunden wurde, verurteilte er als Lügenbild, aber für die Unterweisung religiöser Laien ließ er Bilder zu. So entstand die Tradition der druckgraphischen Illustrationsserien in den Luther-Bibeln. Um sie als textnahe Illustrationen biblischer Ereignisse auszuweisen, wurden Bilder in der Reformationszeit meist mit Sprüchen oder Bibelzitaten versehen: das geschriebene Wort sicherte die Bildaussage ab. Obwohl sich die Reformation der Druckgraphik zur Verbreitung von Lehrsätzen bediente, bildete sie bis auf wenige Ausnahmen keine eigene Ikonographie für Altar- und Andachtsbilder aus.

Als wichtigste ikonographische Neuerfindung sei die von Lukas Cranach d. Ä. (1472–1553) geschaffene Gegenüberstellung von *Gesetz und Evangelium* genannt, deren Verhältnis zueinander ein heftig diskutiertes theologisches Problem war (Büttner 1994). Links verweisen Motive aus dem Themenkreis der Sündhaftigkeit und des Zorns Gottes (zu sehen sind u. a. der *Sündenfall* und das *Jüngste Gericht*) auf das Gesetz. Rechts stehen Johannes der Täufer, Kreuzigung und Auferstehung für das Evangelium, somit für die Gnade der Erlösung. Ebenfalls durch Lukas Cranach d. Ä. wurde die Segnung der Kinder durch Christus zum populären protestantischen Bildthema. Es geht auf einen Bibelvers (Mk. 10,13) zurück und diente als Lehrbild gegen die Wiedertäufer, die die Kindertaufe ablehnten.

Grundsätzlich muss betont werden, dass katholische und protestantische Ikonographie sich primär in der Vorliebe für und Abneigung gegen bestimmte tradierte Themen unterschieden sowie in der Interpretation von Stoffen, die für beide Konfessionen wichtig waren. Die katholische Kirche ließ die von den Reformatoren geübte Bildkritik nicht unbeantwortet. Sie beseitigte jedoch nicht die auf den Prototyp bezogene Verehrung von Bildern, sondern nur deren Missstände. Theologen, die sich mit der Bilderfrage beschäftigten, entwickelten nur geringes Interesse an Ikonographie, zudem vernachlässigten sie Szenen des Alten Testaments, da sie sich bei ihren Ausführungen am Festkalender und damit am Neuen Testament orientierten. Das Konzil von Trient (1545–1563) fasste Beschlüsse, die die Bilder und deren Ikonographie unmittelbar betrafen. Es empfahl, alle als anstößig empfundene oder dogmatisch irreführende Darstellungen zu entfernen. Geistliche sollten Künstler bei der Anfertigung religiöser Gemälde beraten und kontrollieren. So wurde zum Beispiel die Beweinung Christi durch Engel als historisch nicht verbürgtes Thema abgelehnt. Es gab Diskussionen, ob Christus mit drei oder vier Nägeln ans Kreuz geschla-

Konzil von Trient

gen worden sei und ob die Schächer dieselbe Form der Kreuzigung erleiden mussten. Historische Genauigkeit wurde allerdings nie rigoros eingefordert. Es galt das apostolische Traditionsprinzip: Auch Darstellungen, die nicht mit der biblischen Quelle oder dem historischen Befund übereinstimmten, waren als Bestandteil der Überlieferung legitimiert, selbst wenn ihre Ikonographie Verstöße gegen die angenommene historische Genauigkeit aufwies. Die katholische Kirche setzte Bilder in großem Maße zur Propagierung gerade der Glaubensinhalte ein, die die Reformatoren in Zweifel zogen. So gab es schon lange Motive aus dem Themenkreis der Unbefleckten Empfängnis Mariens, doch seit die Reformatoren lehrten, dass auch Maria nicht frei von Erbsünde sei, nahmen die Darstellungen der Immaculata in katholischen Kirchen sprunghaft zu. Während die Protestanten auf den Heiligenkult verzichteten, feierte die katholische Kirche besonders ihre Märtyrer. Wichtiger als die Erfindungen neuer war die neue Auffassung alter Themen. Die Heiligen fungierten nicht mehr wie im Mittelalter als stille Fürsprecher, sondern sie intervenierten leidenschaftlich für ihre Schutzbefohlenen. Ihre Martyrien wurden als Triumphe gefeiert, die den Himmel ebenso öffneten wie die Visionen der Heiligen, an denen der Betrachter teilhaben darf. Das vorrangige Ziel dieser barocken Inszenierungen bestand im affektiven Bewegen (*movere*) des Betrachters, das zur Nachahmung der Heiligen anregen sollte. Die ungeheure Prachtentfaltung war deshalb nicht Selbstzweck; sie sollte Verwunderung bzw. Bewunderung (*meraviglia*) auslösen. Im Barock wurde Verwunderung als wichtiger Affekt klassifiziert, der die Erkenntnis des moralisch Guten ermöglichte. Seit der Mitte des 18. Jh.s mehrten sich jedoch kritische Stimmen, die auf die Abschaffung der Pracht und überbordenden Rhetorik des Barock drängten. *Aufklärung* Die Aufklärung erhob die Vernunft zur Instanz, an der alles gemessen wurde. Einfachheit, Klarheit, Wahrheit hießen die neuen Anforderungen, die sie auch an die Kunst stellte, sowohl formal als auch inhaltlich. An die Stelle komplizierter ikonographischer Programme trat wieder das einfache Ereignis einer biblischen Geschichte. Statt des heftigeren barocken Pathos regierten sanftere Gemütslagen, die sich zum empfindsamen Erfassen des Dargestellten eigneten. Reformen betrafen fast alle Bereiche des staatlichen und gesellschaftlichen Lebens, Folgen für Künstler und religiöse Kunst blieben daher nicht aus.

Das 19. Jahrhundert

Seit Ende des 18. Jh.s. lösten sich Künstler aus den traditionellen Bindungen an kirchliche und fürstliche Auftraggeber sowie an Akademien und zogen es vor, sich ihre Themen selbst zu stellen, was eine Beschäftigung mit christlichen Inhalten nicht ausschloss, den Bezugsrahmen jedoch veränderte. Einen genauso gravierenden Einschnitt brachte die Säkularisation, die Aufhebung vieler Bistümer, Abteien, Klöster und Stifte. In Österreich und Frankreich verloren diese ihr Eigentums- und Hoheitsrecht schon im 18. Jh., in Deutschland 1803. Der mobile Besitz, darunter Handschriften, Reliquiare und Gemälde, wurde vernichtet oder versteigert und verlor seine ursprüngliche Funktion: In der Kirche konnte der Gläubige vor einem Bild seine Andacht verrichten, im Museum wäre dieses Verhalten vor demselben Bild nicht angemessen. Das Bild blieb dasselbe, aber mit dem Kontext änderte sich seine Funktion. Es repräsentierte Kunst und wurde als autonomes Kunstwerk rezipiert. Kunst und Kirche gehörten nicht mehr selbstverständlich zusammen. Gleichwohl gab es im 19. Jh. Versuche, die religiöse Kunst – und damit die christliche Ikonographie – zu retten. Ein Weg wurde schon in der Frühromantik angelegt und nahm seinen Ausgang von der universalen Zusammenschau einer Schöpfung, die in allen ihren Erscheinungen von Gott durchwirkt ist. Vor allem protestantische Künstler wie Philipp Otto Runge (1776–1810) versuchten, ihre christliche Weltsicht durch vielschichtige Symbole zu versinnbildlichen, die in komplexen Verweisungszusammenhängen miteinander stehen. Je mehr Symbole aber nicht der Tradition entnommen, sondern subjektiv vom Künstler gesetzt werden, desto größer ist die Gefahr, dass der Betrachter sie nur noch bis zu einem gewissen Grad begreifen kann.

Säkularisation

Dieses Risiko ließ sich durch bewusstes Anknüpfen an die Tradition (formal wie ikonographisch) vermeiden – nicht an die gerade bewältigte des Barock, sondern an die ältere, die reiner schien. Die Nazarener (Friedrich Overbeck, Franz Pforr, Peter Cornelius, Wilhelm Schadow) erkoren sich Raphael und Dürer zum Vorbild und wollten u. a. mit Bilderbibeln und Andachtsbildern die christliche Erziehung des Volkes fördern. In Düsseldorf wurde 1842 ein Verein zur Verbreitung religiöser Bilder gegründet, der nazarenische Kunst mit modernen Mitteln vertrieb. Die bewusst einfachen, leicht «lesbaren» Kompositionen fanden in Reproduktionsstichen reiche Verbreitung, gerieten jedoch seit der Jahrhundertmitte zunehmend unter Kritik. Auf Fleiß- oder Gedenkblättchen zur Einlage in Bibeln oder Andachtsbüchern erfreuten sie sich allerdings bis ins 20. Jh. großer Beliebtheit. Deshalb

Nazarener

trifft die Behauptung, dass die religiöse Kunst der Nazarener sich selbst überlebte, weil die zarten, idealgesichtigen Madonnen im Zeitalter der Industrialisierung ihr Publikum nicht mehr erreichten, nicht ganz zu. In inhaltlicher und künstlerischer Vereinfachung der nazarenischen Ideale entwickelte sich der «Nazarenismus» zum Kirchenstil, dessen Produkte im «Naturschutzpark Kirche» zur Erbauung dienten, aber nicht in der sogenannten «Hochkunst», nicht bei dem eigentlich eher kleinen, gebildeten Kreis, der definierte, was wahre Kunst sei.

Inzwischen etablierte sich die christliche Ikonographie als Forschungsfeld. Der französische Mittelalterforscher Adolphe Napoleon Didron stellte 1843 in seiner *Iconographie chrétienne* wissenschaftliche Kriterien auf, um den christlichen Themenkanon zu erfassen. 1917 wurde mit der Gründung des *Index of Christian Art* ein modernes Instrumentarium zur Erschließung christlicher Kunst bereitgestellt. Bestand hier das Ziel in der wissenschaftlichen Analyse des Bestandes, förderten die seit der Mitte des 19. Jh.s gegründeten kirchlichen Kunstvereine nicht nur die Erforschung der historischen kirchlichen Kunst, sondern beabsichtigten, der aktuellen Kunst Impulse zu geben, die über die jeweiligen Publikationsorgane Verbreitung fanden. Eine Zeitlang schien ein ausgesprochener Verismus den christlichen Themenkanon zu retten, ein Streben nach absoluter historischer Genauigkeit, das die Historienmalerei und damit die religiöse Kunst erfasste. Auf Dauer befriedigte diese Lösung ebenso wenig wie die Ansiedelung biblischer Ereignisse im «Armeleutemilieu», denn dabei ging der überzeitliche Symbolgehalt der Szene verloren. Hier setzte, zunächst im Anschluss an die Nazarener, dann an ägyptische Vorbilder, die Beuroner Kunstschule an, die 1894 offiziellen Status erhielt und von Künstlern betrieben wurde, die dem Kloster Beuron beitraten. Sie stilisierten und vereinfachten die Darstellung, deren Themen sie der Tradition der christlichen Ikonographie entnahmen, so stark, dass, nicht zuletzt aufgrund der flächigen Bildstruktur, der Eindruck von Symbolhaftigkeit entstand. Unter dem Einfluss der Beuroner Schule formulierte Maurice Denis seine theoretischen Schriften über eine katholische Erneuerung der französischen Kunst.

Beuroner Kunstschule

Gleichzeitig mit diesen Reformbemühungen wuchs der Konflikt zwischen dem immer höher geschätzten Eigenwert der Kunst und der christlichen Aussage. Beide traten in ein Konkurrenzverhältnis, aus dem die Forderung nach Autonomie der gestalterischen Mittel als Siegerin hervorging. Die Thematisierung von Farbe, Form und Licht als künstlerische Probleme wurde wichtiger als die Auseinandersetzung mit dem Stoff. Am besten trifft diese Auffassung Max Liebermanns Ausspruch, eine gut gemalte Rübe sei genauso gut wie eine gut gemalte Madonna.

Das 20. Jahrhundert

Da der Bruch zwischen Kunst und Kirche verlief, nicht aber zwischen Kunst und Religion, gab es weiterhin unabhängig von den Institutionen Versuche, die christliche Kunst für die Moderne zu retten, doch handelte es sich dabei um Lösungsversuche einzelner Künstler oder kleiner Gruppen, die im Pluralismus der Tendenzen kein verbindliches ikonographisches Bezugssystem mehr fanden. Sie setzten sich aber mit Traditionen auseinander: Jawlensky, Matisse und Rouault studierten Ikonen, nach dem Ersten Weltkrieg setzte eine künstlerische Auseinandersetzung mit der Passion Christi ein, die auch politisch instrumentalisiert wurde. Die Identifikation des Künstlers mit Christus, die im 19. Jh. begann, schrieb sich im ganzen 20. Jh. fort.

Nach dem Ende des Ersten Weltkriegs wurde das Problem moderner christlicher Kunst in einer Reihe von Schriften reflektiert. Gustav Hartlaub formulierte 1919 in seinem Buch «Kunst und Religion», religiöse Kunst sei immer literarische Kunst. Vor allem müsse der Künstler wenigstens während des Malaktes selbst glauben, was er male, damit seine Kunst glaubwürdig sei. Es blieb auch nach 1945 ein intensiv diskutiertes theologisches Problem, dass ausgerechnet nichtchristliche oder atheistische Künstler wie Fernand Léger Aufsehen erregende, von der Kirchengemeinde akzeptierte Werke schufen, die sich im liturgischen Gebrauch bewährten. Der Widerspruch löste sich, wenn dem Künstler ein anthropologischer Sonderstatus eingeräumt und der wahre Künstler zum Medium des Göttlichen erklärt wurde. Auch ungegenständliche Malerei ließ sich auf diese Weise einbeziehen. Der deutsch-amerikanische protestantische Theologe Paul Tillich (1886–1965) vertrat die Auffassung, das Christliche sei nicht an die Ikonographie gebunden, sondern müsse sich über den Stil als Träger des Gehalts mitteilen. Tatsächlich weisen viele abstrakte Kunstwerke spirituelle Wurzeln auf, treffen sich Kunst und Religion im gemeinsamen Begriffsfeld des Spirituellen und Transzendenten. Doch stellte sich in diesem Fall das Problem, dass das Spirituelle nicht automatisch mit dem Christlichen identisch ist und dass es von der Einstellung des Betrachters abhängt, ob er die Werke, die ihm die Erfahrung des Numinosen ermöglichen, religiös oder ästhetisch rezipiert. Das Verhältnis von Kirche und Kunst blieb gespalten, obwohl in Einzelfällen, wie im Frankreich der 50er Jahre in dominikanischen Reformprojekten, an denen sich u. a. Matisse und Léger beteiligten, moderne Künstler der kirchlichen Kunst zu einer ungeahnten Blüte verhalfen.

abstrakte Malerei

Da sich kein schlüssiges Zeichensystem herausbildete, setzt moderne Kunst meist den über aktuelle Kunstströmungen informierten Betrachter voraus, der Zugriff erfolgt auf intellektueller Ebene, oft in Museen, Galerien und Happenings in einer Atmosphäre, die eine andere Rezeption fordert und fördert als eine Kirche. Auch an Kunst interessierte Kirchgänger rezipieren ein Altarbild nicht in erster Linie als Kunstwerk und Ausdruck einer bestimmten Kunstauffassung.

An einem aktuellen Beispiel wird der ungelöste Konflikt deutlich. 1998 malte Gerhard Richter im Format von gestauchten Rhomben Gemälde mit pastoser rot-oranger Oberfläche für das Pilgerzentrum des Padre Pio in Foggia – auf Anfrage, jedoch ohne formalen Auftrag, der ihn an Auflagen gebunden hätte: Die Bilder sollten figürlich sein, Bezüge zum Leben des Padre Pio, des Franziskanerordens und der Stigmatisation des hl. Franz aufweisen. Von der zuständigen Kommission abgelehnt, wurde der Zyklus vom Kunstmuseum in Houston, Texas angekauft. Damit änderte sich der Bezugsrahmen: In franziskanischem Kontext hätten die Bilder wohl Assoziationen an die Wundmale und Reflexionen über das Mysterium der Stigmatisation ausgelöst, während im Museum eine diffuse oder mystische Aura bleibt, aber auch eine rein ästhetische Rezeption möglich ist. Für sein Gesamtwerk erhielt Richter 2004 den Kunst- und Kulturpreis der deutschen Katholiken.

2. *Systematischer Überblick*

Obwohl das Stoffgebiet der christlichen Ikonographie sehr weitläufig ist, gibt es doch ein festes Corpus von Texten, mit deren Lektüre man sich einen Großteil des Feldes erschließen kann. Der wichtigste Quellentext ist natürlich die Bibel. Ihr Themenkanon wurde schon bald ergänzt und erweitert, von Kirchenvätern und Theologen interpretiert oder zu Meditationszwecken aufbereitet. Auf der Lektüreliste des Ikonographen stehen außerdem Heiligenlegenden und Schriften, die auf die Gestaltung von Personifikationen oder die Zuweisung von Attributen Einfluss nahmen. Die Kenntnis solcher Quellentexte bietet den Schlüssel zum Verständnis von Kunstwerken christlichen Inhalts; die zentralen Themen kann man sich recht schnell aneignen. Für die Interpretation eines Kunstwerks reicht dieser Schritt aber noch nicht, denn die einfache Bild-Text-Gleichung geht in den seltensten Fällen auf. Zum einen können in einem größeren Dekorationszusammenhang verschiedene Stoffkreise kombiniert und in einem einzigen Bild Motive aus verschiedenen Textquellen verarbeitet werden. Zum anderen ist nicht zu vergessen, dass viele weitere Faktoren einen Einfluss auf die Ikonographie haben können, zum Beispiel Darstellungstraditionen oder Besonderheiten des jeweiligen Mediums – in der Buchmalerei ist anderes möglich als in der Wandmalerei. Diesen Aspekt werden wir im Folgenden im Auge behalten, denn nicht immer steht am Anfang der Bildfindung der Text.

Bibelillustration

Die Bibel

Die Bibel setzt sich aus 39 Büchern des Alten und 27 Büchern des Neuen Testaments zusammen. Die ältesten Teile des Alten Testaments gehen bis ins 1. Jahrtausend vor Christus zurück. Gegen Ende des 1. Jh.s v. Chr. wurde aus dem überlieferten Schrifttum eine kritische Auswahl zusammengestellt, die als Lehrstoff in den Synagogen diente. Der Pentateuch umfasst die ersten fünf Bücher (Genesis, Exodus, Leviticus, Numeri, Deuteronomium), die zusammen mit weiteren Büchern wie Josua, Richter, Ruth, Samuel und Könige zu den Geschichtsbüchern gehören. Septuaginta (lateinisch: 70) ist die Bezeichnung für die kanonische griechische Übersetzung des Alten Testaments, die 70 bzw. 72 jüdische Gelehrte der Legende nach in Alexandria in 72 Tagen anfertigten.

Pentateuch

Septuaginta

Das Neue Testament enthält neben den vier Evangelien die Apostelgeschichte, Apostelbriefe und die Apokalypse; diese Bücher fanden erst im 2. und 3. Jh. ihre endgültige Form. Erste lateinische Übersetzungen von Büchern aus beiden Testamenten existierten schon um 200, die älteste ist die Itala (Vetus Latina). Auf sie griff Hieronymus zurück, als er 382 von Papst Damasus den Auftrag zur später Vulgata genannten Übersetzung der Bibel erhielt, die das Konzil von Trient im Jahr 1546 für authentisch und offiziell erklärte.

Vulgata

Im griechischen Osten legte Athanasius 367 den Kanon neutestamentlicher Schriften fest, den der lateinische Westen übernahm. Die Einteilung der Bücher in Kapitel stammt aus dem 13. Jh. Im Spätmittelalter begann die Übersetzung in Nationalsprachen. Im 16. Jh. überprüften sowohl katholische wie protestantische Theologen den Kanon der biblischen Bücher noch einmal. Die Lutherbibel nahm in das Alte Testament nur Bücher auf, die zur hebräischen Fassung gehörten und schied einige Bücher oder einzelne Kapitel aus (s. S. 68 f.), so das Buch Judith, die Weisheit Salomos sowie Stellen aus dem Buch Esther und die Geschichte der Susanna aus dem Buch Daniel. Die Beliebtheit dieser Themen in der Ikonographie blieb davon unbeschadet. Weitere Änderungen betrafen die Umbenennung der Bücher des Pentateuch in 1. bis 5. Buch Mose sowie die Einteilung in Verse, was beim Zitieren zu berücksichtigen ist. Stammen die Kunstwerke aus vorreformatorischer Zeit, sollte auf jeden Fall eine römisch-katholische Bibel benutzt werden.

Texttreue und Bildfindung

Die präzise Ermittlung der Textquelle, die einer Darstellung zu Grunde liegt, ist grundsätzlich die Voraussetzung für die Interpretation. Manchmal ist dies so genau möglich, dass sogar die Textausgabe eingegrenzt werden kann. In den alttestamentlichen Szenen an der Triumphbogenwand von S. Maria Maggiore, Rom, dienen zum Beispiel keine Zelte als Ortsangabe, wie in griechischen und hebräischen Miniaturen, sondern Giebelhäuser. Den Gestaltern des Programms lag eine Vetus Latina-Version der Bibel vor, denn in dieser Übersetzung werden die Behausungen als «tabernacula» bezeichnet (Deckers 1976, 268). Ungeachtet der Forderung nach Sorgfalt bei der Quellenermittlung deckt die Frage nach der Textgenauigkeit aber nur einen Teilaspekt des komplexen Vorgangs der Bilderfindung ab, denn Illustrationen biblischer Themen entstanden nicht unbedingt in direkter Auseinandersetzung mit dem Bibeltext. Wie schon bei der Verwandlung heidnischer in (früh)christliche Symbole (s. S. 97 f.) griffen Künstler bei der Darstellung biblischer Themen auf pagane Bildlösungen zurück. Antike Sarkophagreliefs, die zeigen, wie Prometheus Menschen aus Tonklumpen formt, boten Anregungen für die Darstellung der Erschaffung der Ureltern. Die Vorlagen mussten nicht die Gesamtanlage, sondern konnten auch nur Einzelmotive betreffen. Bei der Haltung des schlafenden Adam, aus dessen Seite Gott Eva schafft, ließen Künstler sich teilweise von Darstellungen des schlafenden Eros inspirieren. Solche Entlehnungen kommen nicht nur bei der Erstillustration eines Themas vor. Selbst wenn schon Bildlösungen vorlagen, konnten zu einem späteren Zeitpunkt Rückgriffe auf heidnische Vorlagen erfolgen. Ob es sich um assoziative Anverwandlungen oder um eine bewusste Wahl zum Zweck der Interpretation der Geschichte handelt, ist fallweise zu untersuchen.

Adaption von Vorbildern

Im Fall des wie Eros schlafenden Adam könnte die gnostische Vorstellung eingeflossen sein, dass der Mensch als Androgyn erschaffen und erst mit der Schöpfung Evas in zwei Geschlechter geteilt wurde. Da die Trennung die erotische Sehnsucht auslöste, könnte Adam bei der Erschaffung Evas bewusst dem Eros angeglichen worden sein (Büchsel 1991, 54).

Auch für den umgekehrten Fall der Entlehnung christlicher Bildprägungen für profane Themen gibt es Beispiele. Darstellungen des Stelldicheins von Tristan und Isolde im Baumgarten greifen sicher nicht zufällig das Bildschema des Sündenfalls auf: in der Mitte ein Baum, links der Mann, rechts die Frau.

Einige Bildprägungen wurden über Jahrhunderte hinweg tradiert. Die Miniaturen der Cotton-Genesis dienten noch im 13. Jh. den Mosaizisten von S. Marco in Venedig als Vorlage für den Schöpfungszyklus. Genaue Gesamtkopien sind allerdings auch im Mittelalter selten, meist wurden Motive unterschiedlicher Provenienz gemischt. Ikonographisch verwandte Zyklen bilden Gruppen, an denen sich Typen und Motivwanderungen studieren lassen. Die ältere Forschung bemühte sich, auf der Basis des überlieferten ikonographischen Materials verlorene Archetypen zu rekonstruieren, Genealogien und Abhängigkeitsverhältnisse aufzuzeigen. Dieser Ansatz wird heute als hochgradig spekulativ kritisiert, weil er die Bedeutung der Motive selbst zugunsten ihrer Tradierungen vernachlässigt. Der Blick richtet sich deshalb jetzt mehr auf Unterschiede als auf Gemeinsamkeiten des erhaltenen Bestandes, zumal neben der Tradierung ikonographischer Typen durch mobile Kleinkunst und Musterbücher noch eine weitere Möglichkeit der Bildschöpfung ins Blickfeld rückt. Unter den Miniaturen der Quedlinburger Itala aus der 1. Hälfte des 5. Jh.s (Berlin) scheinen Anweisungen des Konzeptors des Zyklus durch. Sie gaben dem Künstler die Zahl der Figuren, ihre Anordnung und Konstellation und wichtige Gegenstände vor. Das bedeutet, dass Illustrationen auch ohne Bildvorlagen und ohne direkten Rekurs auf den Text entstehen konnten. Der Künst-

Rekonstruktion von Archetypen

ler baute die Szene nach Vorgaben aus visuellen Formeln, aus einzelnen, jeweils neu miteinander kombinierbaren Bildelementen versatzstückartig zusammen.

Wandmalerei

Die erhaltenen Zyklen der Wandmalerei datieren zu einem guten Teil vor den überlieferten illustrierten Handschriften. Inwiefern die Monumentaldekorationen in Auswahl und Ikonographie der einzelnen Themen auf – nur hypothetisch rekonstruierbaren – Vorlagen aus der Buchmalerei aufbauen, ist umstritten und muss am Einzelfall überprüft werden. Dabei helfen Kompositionsanalysen: Die Kleinteiligkeit der Mosaiken von Santa Maria Maggiore in Rom kann mit der Übertragung von Miniaturen ins große Format erklärt werden. Andere Zyklen, wie die nur in Nachzeichnungen erhaltenen Ausstattungen der römischen Kirchen Alt St. Peter und S. Paolo fuori le mura (1. Hälfte 5. Jh.), waren in ihren großzügigen, monumentalen Kompositionen auf Fernsicht angelegt und deshalb wohl eigens für das Medium der Wandmalerei konzipiert. Sie erlangten ihrerseits ikonographische Vorbildfunktion für die Buchmalerei und dienten in der Gesamtkonzeption als Prototypen für kirchliche Dekorationsprogramme. In ihrer Nachfolge wurden die Szenen aus dem Alten Testament in meist zwei Registern auf der linken Hochschiffswand dargestellt, die des Neuen auf der rechten. In S. Paolo fuori le mura war rechts ein Paulus-Zyklus zu sehen. Ob das Leben des Petrus in Alt St. Peter im Querhaus illustriert wurde oder der neutestamentliche Zyklus bevorzugt solche Szenen auswählte, in denen der Apostelfürst eine Rolle spielte, muss offen bleiben. In späteren Kirchen widmet sich ein drittes Register, das unterste der Hochschiffswand, dem Titelheiligen. Nachweisbar seit dem 9. Jh. nehmen Darstellungen des Jüngsten Gerichts die gesamte innere Eingangswand ein; mit dem Blick auf das Weltenende verließ der Gläubige die Kirche. In der Apsiskalotte erscheint in der Regel die *Maiestas Domini* (s. S. 109 f. u. Abb. 17), die thronende Muttergottes oder Christus mit den Apostelfürsten.

Frühes Christentum (frühchristl. Basiliken?)

Mittelalter

Dieses summarisch skizzierte Programm wurde nach Bedarf variiert. In Sant' Angelo in Formis (um 1080) sind die Mittelschiffswände allein dem Neuen Testament vorbehalten. Der alttestamentarische Zyklus liegt im Halbdunkel der Seitenschiffe, durchaus im Einklang mit patristischen Schriften, für die das Alte Testament im Schatten des Neuen steht. Auch Enrico Scrovegni setzte bei der Konzeption des Programms der Arenakapelle in Padua (Abb. 8) eigene Vorstellungen um. Da er besonders die Fürbitte der Maria erhoffte, der er die Kapelle stiftete, schildert das oberste Register ihr Leben und das ihrer Eltern. Hier enthalten Medaillons auf den Ornamentstreifen zwischen den großen Bildfeldern alttestamentliche Szenen (s. S. 61).

Themen des AT

In großen Zyklen reicht die Themenauswahl zum Alten Testament von der Weltschöpfung und der Erschaffung der Ureltern über die Geschichte Kains und Abels, Noahs, Abrahams, Isaaks und Jakobs zu Joseph und Moses. Auch hier sind Variationen möglich. Während in der Nachfolge von Alt St. Peter im nördlichen Italien ein einziges Bild die Weltschöpfung zusammenfasste, widmeten süditalienische und sizilianische Zyklen ihr mehrere Bilder und zeigten weitere Szenen, die in römischen Kirchen fehlten, wie die *Trunkenheit Noahs* oder den *Turmbau zu Babel*. Die durch solche Erweiterungen erforderlichen Einkürzungen betreffen meist das Ende der alttestamentlichen Zyklen.

Themen des NT

Aussagekraft besitzt auch die Redaktion neutestamentlicher Zyklen. In S. Angelo in Formis stehen die Gleichnisse im Mittelpunkt, im Dom zu Monreale die Heilungsszenen, während in der Cappella Palatina in Palermo die wichtigsten Kirchenfeste die Auswahl bestimmten. Die geringste Variationsbreite weisen die Zyklen in der Illustrierung der Geburt und Passion Christi auf. Bei chronologischen Erzählungen können Gleichnisse, Wunder und Geschichten an unterschiedlichen Stellen eingefügt werden. Die Betonung wichtiger Themen erfolgt zum Beispiel durch Anbringung an bestimmten Raumteilen. In der Arenakapelle befindet sich die *Vertreibung der Wechsler aus dem Tempel* in der Nähe des Grabes des Stifters und erinnert an die fragwürdige Rolle, die Geld in seinem Bankiersleben spielte. Außerdem platzierte Giotto die Übergabe der Silberlinge an Judas an der Triumphbogenwand, was sehr ungewöhnlich ist. Es handelt sich hierbei wohl um ein indirektes, für die Absolution erforderliches Sündenbekenntnis des Stifters, dessen Vater sich der Wucherei schuldig gemacht hatte.

Buchmalerei

In den ersten frühchristlichen Jahrhunderten enthielt ein Codex selten die ganze Bibel, sondern solche Gruppen oder einzelne Bücher, die im Gottesdienst am häufigsten verwendet wurden.

Die vielleicht schon im 13. Jh. fragmentierte und nach einem Bibliotheksbrand im 18. Jh. stark zerstörte, jedoch in Nachzeichnungen überlieferte Cotton-Genesis (London) aus dem späten 5. Jh. enthielt den vollständigen Bibeltext. Darin verteilt befanden sich unterschiedlich große Miniaturen, deren Zahl sich ursprünglich vermutlich auf über 300 belief. Die Wiener Genesis aus dem 6. Jh. setzte die Bilder unterhalb des Textes auf die Seite, während der Rossano Codex (spätes 6. Jh., Rossano) die Illustrationen am Anfang des Neuen Testaments sammelte. Wenn schon in diesen drei Handschriften das Verhältnis von Bild und Text variiert, dürfte Vergleichbares für die Ikonographie gelten. Aufgrund der Variabilität des Materials ist die Rekonstruktion eines Urbestandes kaum möglich. Für die Bibelillustration existierte vermutlich keine normierte Verfahrensweise. Außerdem ist zu bedenken, dass es sich bei den erhaltenen Handschriften nicht um zufällige, sondern um gezielte Überlieferungen handelt: Sie verdanken ihre Aufbewahrung und den guten Erhaltungszustand ihrer enormen Kostbarkeit und dem auf Feiertage beschränkten Gebrauch. Doch auch sie sind nur in kleiner Zahl überliefert; aus den schriftlichen Quellen wissen wir von der Existenz kostbarer Prachtbibeln schon zu konstantinischer Zeit. Die nicht oder weitaus sparsamer illuminierten Gebrauchsexemplare wurden im wahrsten Wortsinn zerlesen. Gemeinsamkeiten des heterogenen Materials betreffen in erster Linie das, was fehlt: z. B. mit szenischen Darstellungen ausgeschmückte Initialen, die erst im 8. Jh. im Westen aufkamen, und typologische Deutungen (s. S. 56 f.). Die meisten Illustrationen widmeten sich dem Pentateuch, den Büchern Josuah und Richter, der Apokalypse und den Evangelien sowie den Psalmen. Die größte Illustrationsdichte weist die Genesis auf, der im Ashburnham-Pentateuch (Paris) aus dem 7. Jh. wohl 15 Bildseiten vorausgingen.

In karolingischer Zeit erlebte die Bibelillustration einen Aufschwung. Genesis-Zyklen setzen mit der Erschaffung der Ureltern ein, schildern deren Leben bis zum Sündenfall als erstem Schritt in der Offenbarung der göttlichen Absichten und Voraussetzung der Heilsgeschichte und enden mit der Geschichte von Kain und Abel. Es kann aber auch, wie in der Bibel von S. Paolo fuori le mura, eine Auswahl aus diesen Szenen getroffen werden, denen die in einem Bild zusammengefasste Entstehung des Kosmos vorangeht und Szenen aus dem Leben Noahs und der Patriarchen folgen. Die Ausführlichkeit antiker Zyklen wiederholen die karolingischen Handschriften nicht.

Als Eröffnungsbild kann dem Neuen Testament eine ganzseitige *Maiestas Domini* (s. S. 109 f. u. Abb. 17) vorangestellt werden. Mit Autorenbildern der Evangelisten (s. S. 95 f.) beginnen die Evangelien. Die Apokalypse erhielt im Mittelalter allerdings selten zyklische Ausstattungen, die zudem in der Ikonographie erhebliche Abweichungen aufweisen. Eine Sondergruppe bilden spanische Buchmalereien, die sich unabhängig von den karolingischen entwickelten und seit der 2. Hälfte des 9. Jh.s auch die um 776 verfassten Kommentare des Mönches Beatus zur Apokalypse illustrierten. Aus ottonisch-salischer

Zeit gibt es nur eine illustrierte Apokalypse. Die Konzentration verlagerte sich vom sparsam illustrierten Alten Testament hin zu den Evangeliaren und Evangelistaren (s. S. 53 f.). Im späten 11. Jh. setzte allerdings ein wachsendes Interesse an der Entstehung des Kosmos ein, das sich in zyklischen Darstellungen des Sechstagewerkes niederschlug, die auch Genesis-Kommentare, naturwissenschaftliche Texte und Weltchroniken eröffneten.

Nicht zuletzt aus wirtschaftlichen Gründen wurden meist nur einzelne Bücher der Bibel illuminiert. Die Anfertigung illustrierter Gesamtbibeln als besondere Leistung der Romanik ist daher umso bemerkenswerter. Für diese Riesenbibeln hat sich, ebenso wie für ältere Gesamtbibeln, zum Beispiel die Vivian- oder die Alkuin-Bibel, die Bezeichnung Bilderbibel durchgesetzt. Der Terminus Bilderbibel meint jedoch primär eine eigene Buchgattung, die sich aus Historienbibeln entwickelte. Als reine Textfassungen entstanden die Historienbibeln in Frankreich und bereiteten die biblische Geschichte populär auf, indem sie Lehr- und Prophetenbücher, Briefe und Apokalypse strichen oder stark kürzten, dafür apokryphe Schriften aufnahmen und die Evangelien im Sinne der Evangelienharmonie aufeinander abstimmten. Aus dem 15. Jh. haben sich gut 100 Handschriften solcher Historienbibeln erhalten, davon fast die Hälfte mit illustrierenden Federzeichnungen.

Historienbibel

Buchdruck

Mit der Erfindung des Buchdrucks nahm die Verbreitung der Bilderbibeln zu, der Text wich knappen Unterschriften unter den Bildern, deren Zahl selten unter hundert fiel und sich auf über 300 belaufen konnte. Besonders der Kreis der Bilder zum Alten Testament wurde erweitert. Alle großen Verlagszentren brachten Bilderbibeln auf den Markt: In der Kölner Bibel von 1478/79 konzentrieren sich die Abbildungen auf das Alte Testament. Von den 360 Holzschnitten der 1490 in Venedig erschienenen Malermi-Bibel illustrieren 252 das Alte Testament, 110 davon gehen auf die Kölner Bibel zurück. Die Lyoner Vulgata von 1512 wiederum enthält Kopien nach den venezianischen Holzschnitten. Stilistisch setzten sie sich zwar von der Vorlage ab, übernahmen aber deren Ikonographie. Diese Bilderbibeln dienten noch Hans Holbein d. J. als Inspirationsquelle für seine *Historiarum Veteris Testamenti Icones*, die 1538 in Lyon erschienen und die Genesis am ausführlichsten illustrieren. Der Blick auf die Übernahme von Kompositionsschemata sollte auch hier wichtige Abweichungen in der Ikonographie nicht übersehen: Anders als seine Vorgänger vermied Holbein die Darstellung Gottes. Als Zweck der *Icones* gibt das Vor-

Historiarum Veteris Testamenti Icones

wort Erbauung und ein Vergnügen an, das die Gottesliebe weckt. Als Käufergruppe visierten die Verleger Kunstliebhaber an, empfahlen die Anschaffung aber auch Künstlern. Solche Bilderbibeln, wie die von Merian d. Ä. 1625–27 mit 250 Kupferstichen versehene, wurden in der Tat auch in späteren Jahrhunderten von Künstlern benutzt und bereicherten die Ikonographie, indem sie die Beschäftigung mit neuen Themen anregten. Während die Bilderbibeln die Aufmerksamkeit schon durch die höhere Abbildungsdichte auf das Alte Testament lenkten, wendete Luther seine Aufmerksamkeit zunächst dem *Passional* und dem Neuen Testament zu, schied jedoch die Gleichnisse aus. Auch er fasste den biblischen Text in Wort und Bild zusammen, doch wurde das als Appendix zum Betbüchlein konzipierte *Passional* nur von Wohlhabenden genutzt, da der Preis für viele zu hoch lag. Trotz der Kostspieligkeit durch die Illustrationsgraphiken entwickelte sich im Protestantismus eine Tradition der Bilderbibeln, die bis zum Barock reicht. Nach einem Rückgang zur Zeit der Aufklärung wollten die Nazarener, allen voran Julius Schnorr von Carolsfeld, im 19. Jh. diese Tradition wiederbeleben. Unter dem Einfluss des Pietismus, der neuen Wert auf das persönliche Studium der Bibel legte, sollten Bibelkenntnis und religiöse Erziehung des gesamten Volkes gefördert werden. Zu diesem Zweck ersannen Schnorr und andere übersichtliche, leicht verständliche Kompositionen. Schnorrs Bilderbibel erschien in verschiedenen Ausstattungen, von Prachtausgaben bis hin zu Volksausgaben, die Ärmsten erhielten sie umsonst. In 14 Sprachen übersetzt erreichte sie eine enorme Verbreitung in protestantischen wie katholischen Regionen gleichermaßen, wurde im Konfirmanden-, Kommunions- und Religionsunterricht eingesetzt und noch im 20. Jh. nachgedruckt. Damit erreichten die Nazarener das Ziel der Volkstümlichkeit. Sie beeinflussten den religiösen Illustrationsstil nachhaltig, schnitten ihn jedoch letztlich von der Entwicklung der modernen Kunst ab – die Rechnung ging zu gut auf. In Frankreich übertraf seit 1866 die mit 230 Holzstichen von Gustave Doré opulent ausgestattete sogenannte Doré-Bibel Schnorrs Bilderbibel an Popularität.

Bilderbibeln im 19. Jh.

Die Aufgabe der Bibelillustration forderte im 19. und 20 Jh. immer wieder Künstler heraus, zuletzt Arnulf Rainer, dessen *Bibelübermalungen* 1995–98 entstanden. Rainer übermalte Bildvorlagen aus der Buchmalerei bis ins 19. Jh., wobei das «Durchstreichen» der Vorlage ästhetische Kritik am überkommenen Bild üben und das ikonographische Thema in Frage stellen soll. Letztlich belegt gerade diese Vorgehensweise im Prinzip, dass die traditionelle christliche Ikonographie immer noch «funktioniert» – wären die Bildvorlagen für den heutigen Betrachter nicht mehr verständlich, wären auch deren Übermalungen sinnlos.

Alttestamentliche Szenen und Kunstmarkt im 17. Jahrhundert: Seit dem 16. Jh. entwickelte sich besonders im protestantischen Amsterdam eine Vorliebe für eigenständige Historienbilder alttestamentlichen Inhalts, während katholische Haushalte weiterhin Themen aus dem Neuen Testament bevorzugten. Teilweise produzierten Künstler auf Vorrat, eine konfessionelle Ausrichtung vermeidend, um die Absatzmöglichkeiten nicht einzuschränken. Bildlösungen entstanden oft nicht im Rekurs auf einen Text, sondern im Anschluss an die Bildtradition oder im künstlerischen Wettstreit mit einem berühmten Meisterwerk. Sammler interessierten sich nicht für den liturgischen, sondern für den Kunstwert. Bis 1660 nahm im protestantischen Holland der Anteil alttestamentlicher Szenen, besonders der Genesis, erheblich zu. Viele Szenen wurden dabei durch die Bilderbibeln in die Ikonographie der Historienmalerei eingeführt. Sie boten Gelegenheit für Aktdarstellung und exotische Details, vermittelten aber auch moralische Botschaften, die auf konkrete aktuelle politische Ereignisse anspielen konnten.

Liturgische Bücher und Gebetbücher im Mittelalter

Sakramentar

Ein Sakramentar enthält die Texte der Messe und der Sakramentenspende, die der Priester vortrug. Da die von Karl dem Großen als verbindlich durchgesetzte Redaktion der Texte Gregor dem Großen zugeschrieben wurde, enthalten manche Sakramentare ein Autorenbild des Kirchenvaters. Ihren charakteristischen Bildschmuck erhielten Sakramentare mit dem Kanonbild, das dem Hochgebet vorangeht. Sein Beginn – «Te igitur» – mit der Initiale T regte zur Ausgestaltung mit der Kreuzigung an, zumal das griechische τ (tau) zugleich Zeichen des Kreuzes war. Des Weiteren wurde das «Vere dignum» mit Darstellungen des thronenden Gottes oder der *Maiestas Domini* (s. S. 109 f. u. Abb. 17) eingeleitet. Evangelistar und Antiphonar (liturgische Gesangbücher) ergänzten das Sakramentar in der Messe. Im 12./13. Jh. wurde das Sakramentar vom Missale abgelöst und ging in diesem auf.

Missale

Ein Missale enthält die Texte aller benötigten liturgischen Bücher. Die Themen des zum Teil sehr reichen Bildschmucks wurden aus den im Missale zusammengefassten liturgischen Büchern, vor allem Sakramentar, Evangeliar und Evangelistar, übernommen.

Evangeliare

Evangeliare enthalten den vollständigen Evangelientext. Matthäus, Markus und Lukas werden wegen inhaltlicher Parallelen als Synoptiker bezeichnet. Parallele Textstellen wurden in Kanontafeln verzeichnet. Trotz Übereinstimmungen weichen auch die Synoptiker in der

Chronologie und Wiedergabe der Ereignisse voneinander ab. Außerdem berichtet erst Lukas, dessen Evangelium an dritter Stelle steht, über die Geburt Christi. Daher gestaltete es sich schwierig, die vier Bücher mit einem chronologisch geordneten Zyklus des Lebens Christi zu durchziehen. Die Abfolge der Illustrationen richtete sich deshalb nicht unbedingt nach der Erzählung der jeweiligen Evangelien, sondern, nach dem Vorbild der Evangelistare, nach dem Kirchenjahr. Auch reich bebilderte Evangeliare enthalten nach Mk 16, 19, also nach der Himmelfahrt, oft keine weiteren Bilder mehr. Einen anderen Weg schlugen die Miniatoren ein, die das Evangeliar Ottos III. (um 1000) illuminierten; sie teilten die Lebensabschnitte Christi auf die Evangelien auf. Die Illustrationen zum Matthäus-Evangelium beschäftigen sich mit der Kindheit und den Anfängen des öffentlichen Wirkens Christi. Die Bilder zum Markus- und Lukas-Evangelium setzen es fort und weisen mit der Darstellung der Wunder, der Lehrszenen und Gleichnisse ein gegenüber den Evangelistaren erweitertes Themenspektrum auf. Dem Johannesevangelium sind Passion und Auferstehung zugeordnet. Die Ikonographie hält sich dabei nicht unbedingt an die Erzählung des Evangelisten, der das Bild zugewiesen ist: Für die Darstellung der Kindheit Christi, die Verkündigung und Vermählung der Maria einschließt, war das Lukas-Evangelium verbindliche Textvorlage.

Perikopenbuch/ Evangelistar

Ein Perikopenbuch oder Evangelistar enthält im Unterschied zum Evangeliar nur die im Gottesdienst verlesenen Abschnitte (Perikopen) der Evangelien. Die Abfolge orientiert sich an den Festen des Kirchenjahres, beginnend mit Vigil vor Weihnachten, schließt aber auch Lesungen zu besonderen Anlässen, wie Kirchweih und Totenmessen, ein.

Als Beispiel sei das Perikopenbuch Heinrichs II. (München) genannt, das den Festen je nach ihrer Bedeutung ein, zwei oder auch mehrere Zierseiten voranstellt.

Bilder der *Geburt Christi* und der *Hirtenverkündigung* leiten die Perikopen zum Weihnachtsfest ein, die Epiphanie wird durch die Darbringung von Gaben durch die drei Weisen illustriert. Zum nächsten Fest, Mariae Lichtmess, gehört die *Darbringung im Tempel*. Das Bild zum Palmsonntag zeigt *Christi Einzug in Jerusalem*. Die Karwoche ist ihrer Bedeutung gemäß am reichsten bebildert. *Abendmahl* und *Fußwaschung* gehören zum Gründonnerstag, *Verhör*, *Kreuzigung*, *Kreuzabnahme* und *Grablegung* zum Karfreitag. Die Darstellung der *drei Frauen am Grabe* behauptete sich bis um 1000 als das im Westen gebräuchliche Osterbild, bevor es durch die *Auferstehung Christi* abgelöst wurde, wie sie die Arena-Kapelle, aber auch schon die Bernwardstür (Abb. 6) zeigen. Die nächsten Bilder folgen zur Himmelfahrt und zum Pfingstfest, obwohl die Herabkunft des Heiligen Geistes nicht in den Evangelien, sondern in der Apostelgeschichte überliefert ist. Die doppelseitige Miniatur zeigt dennoch das *Pfingstwunder*, illustriert aber auch die zugehörige Perikope (Joh 14, 23–31) mit der Ansprache Christi an seine Jünger. Damit legen die Bilder einen

Zyklus vom Leben Christi vor. Die Darstellung weiterer Ereignisse aus seinem Leben sind den Perikopen der Festtage von Heiligen zugeordnet: der Geburt Johannes des Täufers, dem Marientod und dem Fest des Heiligen Petrus, an dem das zugehörige Bild an die *Schlüsselübergabe* erinnert. Weitere Miniaturen sind dem Kirchweihfest (*Christus und der Zöllner Zachäus* nach Lk 9, 1–10) und der Totenmesse (*Jüngstes Gericht*) gewidmet, was sonst unüblich ist.

Psalter

Da der Vortrag der Psalmen zur Liturgie des Gottesdienstes gehörte, zählen Psalter zu den am häufigsten in eigenen Handschriften abgeschriebenen alttestamentlichen Büchern. Psalmen bildeten die Grundlage der Stundengebete, weshalb zum Teil luxuriös ausgestattete Psalter auch als Gebetbücher genutzt wurden. Die reiche Illuminierung setzte im 8. Jh. ein. Da David als Verfasser der Psalmen galt, beschäftigten sich die Illustrationen mit seinem im Buch der Könige geschilderten Leben. Das 12. Jh. bevorzugte für die Psalter-Illustration selbständige Zyklen von der Genesis bis zum Jüngsten Gericht, also Illustrationen, die keinen unmittelbaren Zusammenhang zum Text aufweisen, sondern aus dessen Exegese gewonnen wurden. Darüber hinaus gibt es höchst originelle, oft singuläre Umsetzungen der an Metaphern reichen Psalmen, die keine Geschichte erzählen, sondern als religiöse Poesie Unanschauliches wie die Herrlichkeit Gottes oder das Gottvertrauen der Gläubigen besingen (z. B. der Hirsch an der Quelle, Ps 42,2 der Lutherbibel bzw. 41,2 der Vulgata). Psalter waren besonders in England beliebt.

Stundenbücher

Stundenbücher nennt man Gebetbücher für Laien. Ein Kalendarium, das einen Überblick über das Kirchenjahr und Heiligenfeste gab, bot Gelegenheit zur Darstellung der zwölf Monate. Für die Illustration der Lesungsabschnitte aus den Evangelien boten sich Szenen aus dem Leben Christi an, die zusammen mit mariologischen Themen auch die Mariengebete und das Marienoffizium bereicherten.

Die einzelnen Themen wurden den alle drei Stunden verrichteten Stundengebeten so zugeteilt, dass sich Zyklen des Marienlebens ergaben (zum Beispiel, beginnend um Mitternacht, Matutin: *Verkündigung*; Laudes: *Heimsuchung*; Prim: *Geburt Christi*; Terz: *Verkündigung an die Hirten*; Sext: *Anbetung der Könige*; Non: *Darbringung im Tempel*; Vesper: *Flucht nach Ägypten*; Komplet: *Marienkrönung*.)

Bilder zu den Bußpsalmen zeigen König David; das Jüngste Gericht konnte für das Totenoffizium gewählt werden. Die opulentesten Stundenbücher brachte die französische Buchmalerei hervor. Während in den für Kirchen und Klöster angefertigten Bibeln immer häufiger auf Illustrationen verzichtet wurde, die Miniaturmalerei aus den Skriptorien verschwand und in die Hände von weltlichen Schreibstuben überging, gedieh der reichste Schmuck in den für

Laien bestimmten Handschriften. Er machte Stundenbücher auch zu fürstlichen Sammelobjekten.

Für alle liturgischen Handschriften und auch für die Stundenbücher gilt, dass sowohl die Texte als auch die Auswahl und die ikonographische Gestaltung der dargestellten Themen nach örtlichen und zeitlichen Bedürfnissen voneinander abweichen können, da auch die Liturgie sich entsprechend wandelte.

Typologie

In monumentalen Kirchendekorationen und einzelnen Kunstwerken treten Zyklen oder Szenen des Alten und des Neuen Testaments oft nebeneinander auf; nicht immer sind sie aufeinander abgestimmt. In den nur in Nachzeichnungen überlieferten Wandmalereien von Alt St. Peter in Rom fehlte der direkte thematische Bezug zwischen dem alt- und dem neutestamentlichen Bildprogramm. Im Mittelalter stellte eine ganze Reihe von unterschiedlichsten Kunstwerken – vom Leuchter bis zum Altarretabel – im Bilderschmuck eine systematische Verbindung der beiden Testamente her. Dies geschah im Sinn der *concordantia veteris et novi testamenti*, einer Übereinstimmung des Alten und Neuen Testaments, die dem Leitgedanken eines gemeinsamen Ziels der beiden Testamente in der heilsgeschichtlichen Entwicklung folgt. Ein hervorragendes Beispiel hierfür ist die um 1015 entstandene Hildesheimer Bronzetür (Abb. 6).

concordantia veteris et novi testamenti

Der linke Türflügel trägt acht Szenen aus der Genesis vor, die von oben nach unten zu lesen sind, dem abfallenden Weg der Menschheit in die Sünde entsprechend. Auf dem rechten Türflügel veranschaulichen acht Szenen aus dem Neuen Testament, von unten nach oben aufsteigend, den Weg zur Erlösung. Der Genesis-Zyklus beginnt links oben mit der Erschaffung Evas und zeigt dann, wie Gott Eva zu Adam führt. Es folgen der Sündenfall und das Verhör der Ureltern durch Gott. Nur in diesen vier Bildfeldern begegnet Gott den Menschen unmittelbar. Nach dem Verlust des Paradieses teilen Engel oder eine symbolische Hand seine Bescheide mit. Der *Vertreibung aus dem Paradies* folgen die *Arbeit Adams und Evas*, die *Dankopfer Kains und Abels* und die *Ermordung Abels* durch Kain. Zu diesen vier Feldern, die das Leben in Verdammung zeigen, verhalten sich die unteren vier Bilder des rechten Flügels komplementär, da sie die Verheißung bringen: *Mariae Verkündigung*, *Christi Geburt*, *Anbetung der Könige* und *Darbringung Jesu im Tempel*. Die inhaltliche Zäsur nach vier Bildern fällt hier noch deutlicher auf als auf dem linken Flügel, denn im nächsten Bildfeld steht Christus bereits vor Pilatus. Es folgen die *Kreuzigung*, *Die Frauen am Grabe* und die *Noli me tangere*-Szene, in der der Adler (s. S. 103) auf die Auferstehung verweist. Die oberen vier Felder vermitteln demnach die Botschaft vom Gewinn des Ewigen Lebens, dessen Verlust auf dem linken Türflügel in den ersten Szenen zur Genesis zu beklagen ist. Doch nicht nur die nebeneinander liegenden Vierergruppen, sondern auch einzelne Bild-

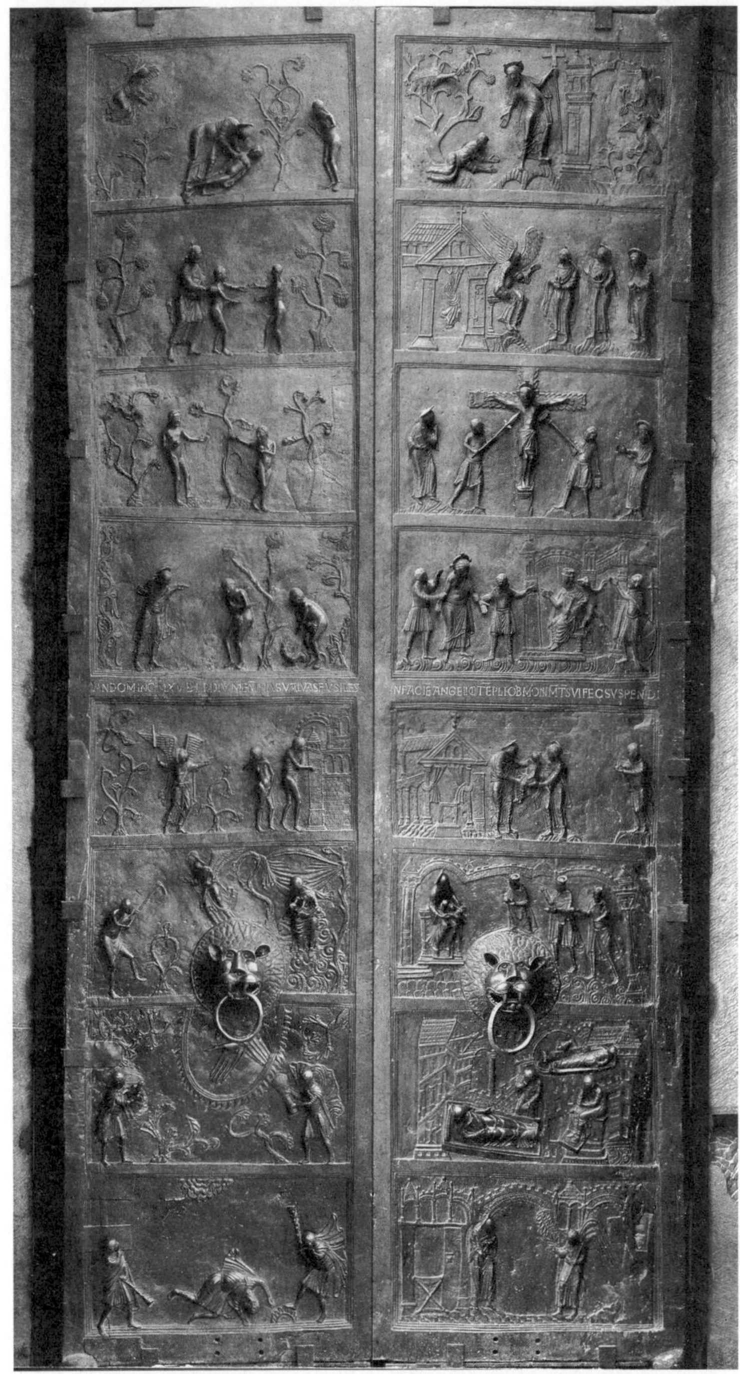

Abb. 6: Bernwardstür (um 1015), Hildesheim, Dom

felder stehen in einem thematischen Bezug zueinander. So antwortet dem *Verhör der Ureltern* durch Gott die rechts daneben dargestellte *Befragung Christi durch Pilatus*. Dem *Sündenfall* entspricht die *Kreuzigung* als Erlösung von der Schuld. Christus erweist sich hier als neuer Adam. Da die Hildesheimer Bronzetür Gegensatzpaare aufbaut, besteht in der Forschung kein Konsens darüber, ob das Bildprogramm bereits als typologisch zu bezeichnen ist.

Typologie ist eine bibelexegetische Methode, die auch für die bildende Kunst wichtig wurde. Nach typologischem Verständnis bilden als Typen oder Präfigurationen bezeichnete Personen, Ereignisse und Handlungen des Alten Testaments Christus und sein Wirken vor und deuten es im Sinne von Verheißung und Erfüllung aus. Umgekehrt werden auch alttestamentliche Ereignisse erst durch den neutestamentlichen Antitypus besser verständlich. Die kirchliche Typologie ist christozentrisch, die dargestellten Ereignisse weisen einen inhaltlichen Zusammenhang auf – formale äußerliche Übereinstimmungen genügen also nicht. Ferner besteht eine zielgerichtete heilsgeschichtliche Steigerung vom Alten zum Neuen Testament. Die Szenen des Neuen Testaments sind chronologisch angeordnet, die ihnen zugeordneten alttestamentlichen müssen in der Abfolge nicht unbedingt der biblischen Erzählung entsprechen.

Der Begriff Typologie stammt aus dem 18. Jh. Im Mittelalter war die weiter gefasste Bezeichnung *concordantia veteris et novi testamenti* gebräuchlich. Sie kann sowohl die Ausrichtung beider Testamente auf ein gemeinsames heilsgeschichtliches Ziel meinen als auch die systematische Konkordanz von Parallelstellen im Sinn der Typologie.

Jesus selbst stellt schon Verbindungen zwischen seinem Leben und alttestamentlichen Begebenheiten her: Er vergleicht die Zeit zwischen seiner Grablegung und Auferstehung mit dem ebenfalls dreitägigen Aufenthalt Jonas' im Bauch des Seeungeheuers (Mt 12, 40) oder setzt die Aufrichtung der Ehernen Schlange durch Moses mit seiner eigenen Erhöhung, der Kreuzigung, gleich (Jo 3, 14–15). Der Kirchenvater Augustin griff um 420 die typologische Denkweise in *De civitate Dei* auf und erweiterte sie um neue Zusammenstellungen. Größere Verbreitung fand die typologische Interpretation der Bibel durch den biographisch nicht fassbaren Honorius Augustodunensis, einen in der ersten Hälfte des 12. Jh.s tätigen theologischen Schriftsteller. Unter dem Einfluss seiner Schriften erreichten typologische Programme im Hoch- und Spätmittelalter ihre größte Verbreitung in der bildenden Kunst; ein Wiederaufleben ist noch einmal im 16. und 17. Jh. zu beobachten.

Das Bildprogramm des Klosterneuburger Altars (1181) entspricht weitgehend den Anforderungen einer strengen Typologie. Abweichun-

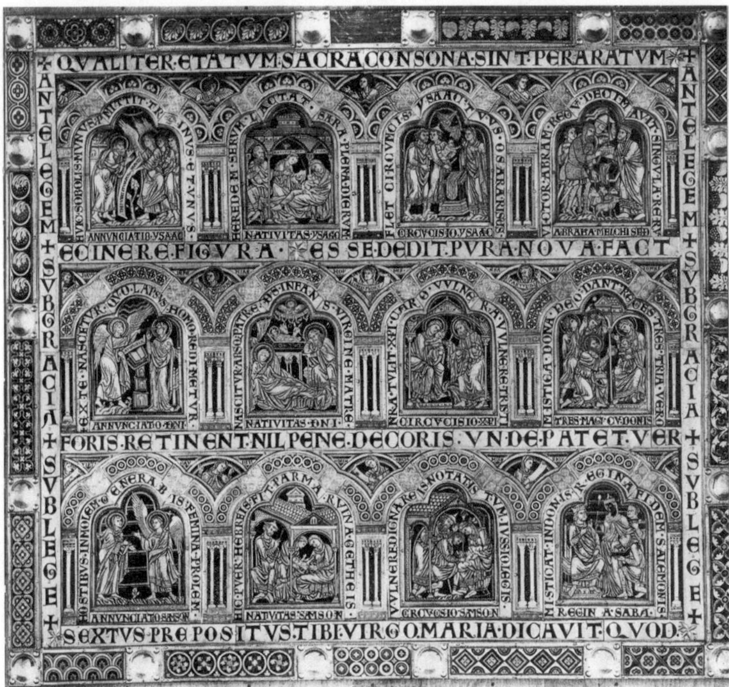

Abb. 7: Nikolaus von Verdun, Klosterneuburger Altar (Ausschnitt) (1181), Klosterneuburg

gen betreffen einige Tafeln, die im 14. Jh. hinzugefügt wurden, als das ursprünglich als Amboverkleidung dienende Kunstwerk seine heutige Gestalt erhielt. Abb. 7 zeigt den linken Flügel des Altarretabels. Die Emailtafeln sind in drei Registern (horizontalen Reihen) angeordnet, die die Einteilung in heilsgeschichtliche Zeitalter aufgreifen. Das obere Register ist der Zeit *ante legem* gewidmet, die mit der Erschaffung der Welt beginnt und vor der Übergabe der Zehn Gebote an Moses endet. Das untere Register enthält Ereignisse aus der Zeit *sub lege* (unter dem Gesetz), während im zentralen mittleren Register mit der Verkündigung an Maria ein christologischer Zyklus und damit die Zeit *sub gratia* (unter der Gnade) beginnt, die im Klosterneuburger Altar vom Pfingstfest beschlossen wird. Von dieser Systematik sind die letzten beiden Kolumnen (senkrechten Achsen) ausgenommen, die mit nichttypologischen Szenen des Jüngsten Gerichts die Vollendung der Heilsgeschichte am Ende aller Zeiten vor Augen führen. Abgesehen von dieser Ausnahme werden einer Szene aus dem Neuen jeweils zwei aus dem Alten Testament zugeordnet, wobei alle Verbindungen bereits bei Augustin, zum Teil auch bei Honorius Augustodunensis erwähnt wurden.

heilsgeschichtliche Zeitalter

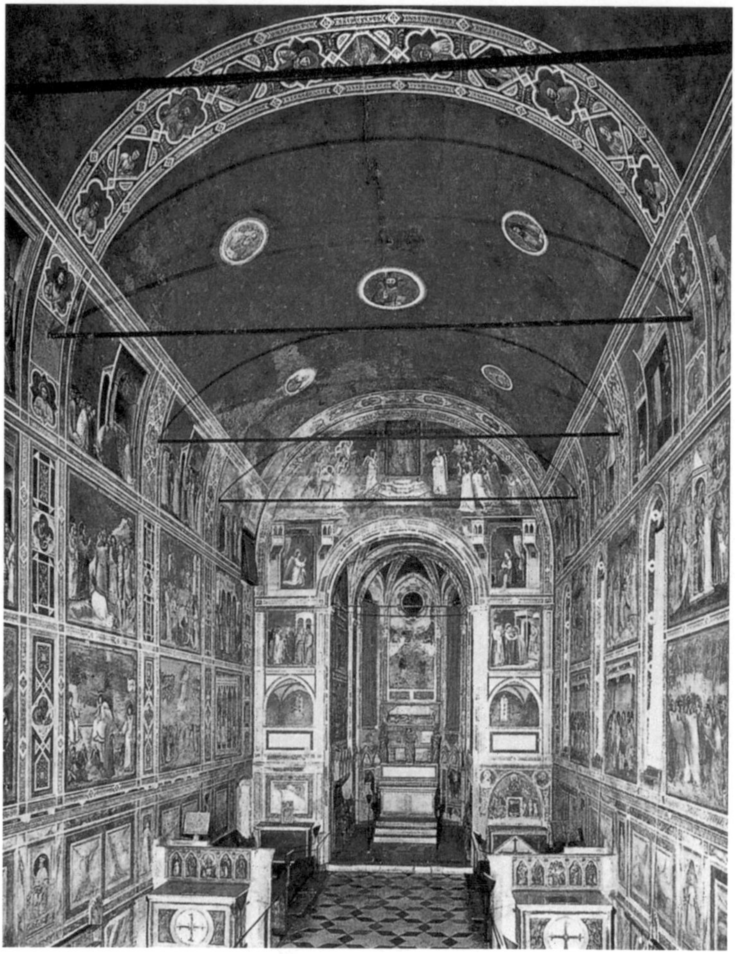

Abb. 8: Arena-Kapelle, Padua, Fresken von Giotto (um 1305)

Als Beispiel für eine typologische Zusammenstellung sei die zweite Kolumne herausgegriffen. Die Geburt Christi präfigurieren die Geburt Isaaks im Zeitalter *ante legem* und die Geburt Samsons, die *sub lege* erfolgte. Die heilsgeschichtliche Steigerung besteht in einer Zunahme des Wunderbaren der Geburten: Sara, die Mutter Isaaks, war hochbetagt, die Mutter Samsons unfruchtbar, während Maria als Jungfrau gebar. Die folgenden Bildpaare lassen die christozentrische Ausrichtung der typologischen Argumentation erkennen, denn das Leben Christi entwickelt sich in chronologischer Reihenfolge, nicht so die Zyklen des Alten Testaments. Die Auseinandersetzung zwischen Abraham und Melchisedek um Sara (Gen 14, 20) geht der Verkündigung und der Geburt Isaaks (Gen 18, 1–16) eigentlich voran, im Klosterneuburger Altar folgt sie jedoch in der dritten Kolumne, also nach Verkündigung und Geburt des Sohnes.

Das Konzept des Klosterneuburger Altars bietet nahezu den Idealfall eines konsequenten typologischen Programms, ist gerade deshalb aber auch eher eine Ausnahme. Zum einen kann die Unterteilung des Alten Testaments in zwei Zeitalter entfallen, zum anderen gibt es Erweiterungen der neutestamentlichen Antitypen um die von Christus aufgestellten Gleichnisse sowie um apokryphe Ereignisse. Außerdem wurde die typologische Argumentationsweise auf Maria übertragen, deren Jungfräulichkeit zum Beispiel im brennenden Dornbusch (Ex 3,2) präfiguriert ist, der brennt, ohne zu verbrennen. Eine wichtige Quelle hierfür ist das um 1420 von Franz von Retz verfasste *Defensorium inviolatae virginitatis beatae Mariae*, das die jungfräuliche Mutterschaft Marias durch Verweis auf Begebenheiten beweist, in denen ebenfalls Naturgesetze außer Kraft gesetzt wurden. Die Illustrationen versammeln entsprechende Präfigurationen und Symbole der Tugenden Marias (s. S. 103 f.). Mit zunehmender Ausdifferenzierung dehnte sich der Kreis der Vergleichsbeispiele auch auf Heilige, historische Personen und Tiersymbole (s. S. 102 f.) aus; in diesen Fällen spricht man von außerbiblischer Typologie. Ob Tierdarstellungen zusätzlich zu ihrem Symbolgehalt im Sinne der Typologie zu interpretieren sind, muss aus dem Kontext ermittelt werden.

Erweiterungen

In der Arena-Kapelle (Abb. 8) enthalten die Vierpasse auf den Ornamentstreifen der Nordwand alttestamentliche Präfigurationen des neutestamentlichen Geschehens. Im Vierpass neben der *Auferweckung des Lazarus* hat die *Erschaffung Adams* Platz gefunden, die *Himmelfahrt Christi* wird von der *Entrückung des Elias* im Vierpass begleitet. Der *Noli me tangere*-Szene entspricht allerdings kein Typus des Alten Testaments, sondern ein Löwe mit seinem Jungen. Der *Physiologus* berichtet, dass der Löwe sein tot geborenes Junges am dritten Tag durch Anblasen erweckt, weshalb er zum Symbol der Auferstehung Christi wurde. Tiersymbole konnten also in typologische Programme eingebunden werden.

Einzeldarstellungen

Außerhalb entsprechender Zyklen und ohne expliziten Bezug zum Neuen Testament sind sie hingegen zwar als Symbole, aber nicht im Sinne der Typologie aufzufassen. Ähnlich verhält es sich mit Einzeldarstellungen aus dem Alten Testament oder rein alttestamentlichen Zyklen, in denen der Bezug zum Neuen Testament nicht gegeben ist, der Antitypus also nicht auch verbildlicht wird. Hier sollte nur unter Vorbehalt und nach Prüfung des Einzelfalls eine typologische Ausdeutung erwogen werden. Sie kann gerechtfertigt sein, wenn Szenen aus dem Alten Testament liturgisches Gerät schmücken, durch dessen Gebrauch der Bezug zum Neuen Testament entsteht. Auf Taufbecken wären zum Beispiel *Sintflut* und *Durchzug durch das Rote Meer* als Präfigurationen der Taufe Christi zu deuten. Dagegen weist die neuere Forschung die typologische Deutung der *Opferung Isaaks* und weiterer beliebter Themen der Katakombenmalerei zurück. Sie veranschaulichen die Hoffnung auf Rettung und Auferstehung und sind, nicht zuletzt aufgrund des Anbringungsortes, auch ohne Kenntnis der neutestamentlichen Parallele verständlich, so dass keine Notwendigkeit besteht, einen Passionsbezug herzustellen, zumal er in den Bildern selbst nicht explizit angelegt ist.

In typologischer Beziehung zueinander stehen auch die Paare «Eva und Maria» sowie «Adam und Christus». Sie beinhalten neben der heilsgeschichtlichen Steigerung vom Typus zum Antitypus allerdings auch den Gegensatz «Sünde und Tod – Sündlosigkeit und Leben». Die Berechtigung, auch hier von Typologie zu sprechen, lässt sich aus dem Römerbrief (5, 14) ableiten, in dem Paulus Adam als «Typos des zukünftigen Adam» bezeichnet, womit er Christus als zweiten, vollkommenen Adam meint.

Pictor in Carmine

Rota in medio rotae

Obwohl die Typologie ihre Flexibilität wahrte und Antitypen immer wieder mit neuen Typen kombinierte, entstanden seit dem 13. Jh. Handschriften, die zur Herstellung typologischer Programme herangezogen wurden. Der um 1200 in England verfasste *Pictor in Carmine* verstand sich als Anleitung zur Konzeptionierung typologischer Zyklen für den Kirchenraum, die er auf eine Basis von 138 Antitypen des Neuen Testaments stellte. Ihnen ordnete er 508 Typen aus Altem Testament, Legende, Liturgie und Naturgeschichte zu. Vom *Pictor* existieren noch 18 Handschriften, die vom Ende des 13. bis zum 15. Jh. angefertigt wurden. Die *Rota in medio rotae* schloss an den *Pictor* an und war im Unterschied zur Vorlage auch im deutschsprachigen Raum wohl seit der zweiten Hälfte des 13. Jh.s verbreitet. Erhalten haben sich allerdings nur Handschriften aus dem 14. und 15. Jh. Anders als der *Pictor* verzichtete die *Rota* auf außerbiblische Typen, naturgeschichtliche ausgenommen, ebenso auf Ereignisse nach dem Pfingstwunder, nahm aber zugleich neue Typen und Antitypen, vor allem Wundertaten Christi hinzu.

Biblia pauperum

Seit der Mitte des 13. Jh.s verbreitete sich von Bayern und Österreich ausgehend die *Biblia pauperum* (Armenbibel), deren früheste erhaltene Exemplare aus dem 14. Jh. datieren. Die *Biblia pauperum*, die ihren Titel erst im 18. Jh. erhielt, erzählt das Leben Jesu in Anlehnung an sein Lebensalter in 34 Kapiteln, denen je zwei Typen beigefügt sind; in späteren Ausgaben stieg die Kapitelzahl auf 50. Damit ist der Umfang geringer als der des *Pictor*, dafür war die *Biblia pauperum* illustriert. Die Mitte der Seite ist dem Antitypus vorbehalten, den auf jeder Seite ein Typus flankiert und vier Prophetenbildnisse umgeben. Kurze Texte, Weissagungen und Tituli begleiten die einzelnen Bilder.

Speculum humanae salvationis

Noch größere Bekanntheit als die *Biblia pauperum* erreichte das *Speculum humanae salvationis* (Heilsspiegel), von dem ebenfalls unterschiedlich lange Fassungen zwischen 34 und 42 Kapiteln existieren. Die ältere Literatur vermutete den Ursprung im Straßburger Dominikanerkloster um 1324, seit den 1970er Jahren gilt eine Entstehung in italienischen Dominikanerkreisen, und zwar bereits Ende des 13. Jh.s, als sehr viel wahrscheinlicher. Im *Speculum*, das das Marienleben und das Weltgericht einbezieht, begleiten drei alttestamentliche Typen jeweils einen Antitypus. Kapitel zur Genesis eröffnen das *Speculum*, Kapitel zum Leiden Christi und den sieben Schmerzen der Maria beschließen es ohne typologischen Aufbau.

Concordantia caritatis

Mit der *Concordantia caritatis* verfasste Ulrich von Lilienfeld um die Mitte des 14. Jh.s das umfangreichste typologische Werk. Der Aufbau folgt nicht dem Leben Christi, sondern dem Kirchenjahr. Den Evangelientexten zu Sonn-, Fest- und Ferialtagen folgen in einem zweiten Teil 82 Heiligenfeste, die auch als Antitypen aufgefasst werden. Das Schema der Bildseiten schließt an die Armenbibel an: In der oberen Bildhälfte dominiert ein Medaillon mit dem Antitypus, zwei Propheten auf jeder Seite begleiten es. Die untere Bildhälfte füllen zwei Szenen aus dem Alten Testament (gelegentlich auch aus den Apokryphen oder der Apokalypse) sowie zwei naturkundliche Typen, die in der Regel dem *Physiologus* entstammen. Die nicht christozentrische, sondern an den Festen des Kirchenjahres orientierte Abfolge wurde teilweise auch in der bildenden Kunst übernommen.

Weitere Handschriften, wie die seit 1220 bis ins 15. Jh. in Frankreich verbreitete *Bible moralisée*, enthalten typologische Kommentare zu den paraphrasierten Auszügen des Bibeltextes, doch stehen allegorische, moralische und anagogische (im Hinblick auf die Endzeit und die Erfüllung der göttlichen Verheißung vorgenommene) Exegesen gleichwertig daneben. Dementsprechend orientiert sich der Aufbau auch nicht am Leben Jesu, sondern folgt der gesamten Bibel, beginnend mit der Genesis.

Concordantz alts und news Testament

Die *Concordantz alts und news Testament* belegt die Verbreitung typologischen Denkens über das Mittelalter und die katholische Kirche hinaus. Ihr Verfasser ist der ungarische Reformator Peter Perenius (1502–1549), der insgesamt 238 biblische Erzählungen kompilierte. Die Anordnung folgt dem Leben Jesu von der Verkündigung an Maria bis zum Jüngsten Gericht. Die Zahl der dem Antitypus zugewiesenen Typen schwankt. Nur 31 der 90 Kombinationen gehen auf ältere typologische Handschriften zurück.

Erweiterung und Ausdeutung des biblischen Themenkanons

Jüdische Quellen

Der Einfluss der bildlichen wie literarischen jüdischen Tradition auf die frühchristliche Kunst ist umstritten. Die Beantwortung der Frage, inwiefern alttestamentliche Szenen auf jüdische Vorlagen zurückgehen, hängt davon ab, ob die Malereien in der Synagoge von Dura Europos (um 230) als Sonderfall gewertet werden oder als einziges erhaltenes Zeugnis einer umfangreichen, jedoch verlorenen narrativen jüdischen Bildkunst. Als ähnlich problematisch erweist sich die Frage nach Anregungen durch rabbinische Schriften.

Sowohl in der Illustration der Wiener Genesis als auch in S. Paolo fuori le mura sitzt die Frau des Potiphar bei dem Versuch, Joseph zu verführen, im Bett. Die Bibel (Gen 39, 11–12) gibt als Ort der Handlung lediglich das Innere des Hauses an. Rabbinische Kommentare führen hingegen aus, dass die Verführerin krank spielte, während die anderen in den Tempel gingen. Das vermeintliche Unwohlsein motiviert das Liegen im Bett.

Die Mehrzahl der rabbinischen Motive, die in die christliche Ikonographie eingingen, findet sich nicht bei den Kirchenvätern, gelangte also wohl nicht auf diesem Weg in die christliche Kunst, es sei denn, man geht von einem großen Bestand verlorener patristischer Quellen aus. Die Diskussion darüber, ob es sich um Motivübernahmen aus einem nicht erhaltenen jüdischen Bildbestand handelt, ob christliche Künstler und Auftraggeber jüdische Quellen nutzten, ob es einen gemeinsamen mündlichen Legendenbestand gab oder ob es sich um von schriftlichen und bildlichen Quellen unabhängige Motivfindungen handelt, ist noch nicht abgeschlossen. Soviel ist jedoch klar: Die rabbinischen Motive betreffen meist Details und nicht die Quintessenz des Themas.

Flavius Josephus: Antiquitates Judaicae

In den Jahren 93/94 n. Chr. vollendete Flavius Josephus (37/38-um 100) die *Antiquitates Judaicae*, in denen er die Geschichte seines Volkes von der Erschaffung der Welt bis zum Jahr 66 n. Chr. zusammenfasste. Er nennt Namen und Jahreszahlen und zeigt sich über Vorgänge informiert, die in der biblischen Überlieferung fehlen. Auch erzählt er einige Geschichten, wie die von der versuchten Verführung Josephs durch die Frau des Potiphar, ausführlicher. An einigen Stellen nimmt er aber auch Kürzungen und Streichungen vor; über den Tanz um das Goldene Kalb und die von Moses zerbrochenen Gesetzestafeln schweigt Josephus.

Einen Höhepunkt erreichte die Anfertigung illustrierter Handschriften der *Jüdischen Altertümer*, deren älteste erhaltene aus dem

9. Jh. stammt, im 12. Jh. Dass die wachsende Verbreitung zeitgleich mit dem Aufkommen der großformatigen Vollbibeln der Romanik erfolgte, ist sicher kein Zufall, sondern mit der Aufwertung des literarhistorischen Schriftsinns zu erklären sowie mit dem steigenden Interesse an der historischen Faktizität der biblischen Geschichte. Die Autorität des Josephus als Historiker stand im gleichen Rang wie die der Kirchenväter. Lateinische Übersetzungen der Schriften des Josephus kursierten besonders im franko-flämischen Raum. Das erste Buch der *Jüdischen Altertümer* weist die ausführlichste Illustrierung auf. Obwohl die Schöpfungsgeschichte in der Redaktion des Josephus in Details vom biblischen Bericht abweicht, gibt es keine Hinweise darauf, dass die Künstler sich seinen Text zur Vorlage für die Miniaturen nahmen. Die Illustrationen sind vielmehr aus der Bibelexegese und der Bildtradition zu erklären. Darüber hinaus wurden eingefügte Zitate nicht dem illuminierten Text, sondern der parallelen Bibelstelle entnommen, was zeigt, dass die Typengeschichte gegenüber der Textgenauigkeit dominieren kann. Gleichwohl gibt es in anderen Kontexten Belege dafür, dass Künstler bei der Darstellung biblischer Ereignisse Josephus konsultierten. Dies betrifft die Themenneufindung, wie die im Westen seit dem Ende des 12. Jh.s nachweisbare Darstellung des Mosesknaben, der die Krone Pharaos mit Füßen tritt – ein Ereignis, das in der Bibel nicht vorkommt. Auch kann die Schilderung bekannter alttestamentlicher Bildthemen in Einzelheiten Josephus folgen. Ein Mosaik im Pendentif der Narthexkuppel von S. Marco in Venedig zeigt als Hinrichtungsart des Bäckers nicht die Erhängung nach Genesis 40, 22, sondern seine Kreuzigung nach den *Jüdischen Altertümern.*

Der Einfluss von Josephus' Schrift reichte weit über das Mittelalter hinaus. Eine Renaissance erlebten die *Jüdischen Altertümer* im 17. Jh., getragen von der Vorliebe für alttestamentliche Szenen und der Konzentration auf die wörtlich-moralische Bibelillustration, die Josephus als Hilfsmittel der Schriftauslegung heranzog. Vor allem in den Niederlanden sind Übersetzungen der Altertümer in den Nachlassinventaren von Künstlern nachweisbar, die sich nicht zuletzt von der psychologisierenden Schilderung der Ereignisse anregen ließen. Sowohl die Entschlüsselung einzelner Bildthemen als auch die Erklärung ungewöhnlicher Details ist ohne Kenntnis der Altertümer nicht möglich. Ein Beispiel: in Rembrandts Berliner Gemälde der *Verleumdung Josephs* durch die Frau Potiphars ist der Beschuldigte anwesend – in Abweichung von Genesis 39, 17 f., jedoch in Übereinstimmung mit der Textstelle bei Josephus.

Patristik und Bibelkommentare

Bei der Entstehung von Bildthemen und bei deren Interpretation spielten vor allem die Schriften der Kirchenväter und Bibelkommentare eine Rolle, da nicht alle Motive und Themen aus dem Bibeltext selbst zu erklären sind. Auch hier gilt, dass oft nicht der Text in seinem genauen Wortlaut verbindlich ist, sondern das von ihm mitgeprägte Weltbild.

Am Beispiel der Engel zeigt sich besonders deutlich, dass die Bibel manche Frage offenließ, außerdem schien es wünschenswert, die zahlreichen im Alten (besonders Ezechiel und Jesaja) und Neuen Testament verstreuten Informationen zusammenzufassen.

Engel

Geistwesen, die zwischen Göttern und Menschen vermitteln, gibt es auch in anderen Religionen. Obwohl die frühchristliche Kunst vielfach heidnische Symbole und Bildformeln übernahm, lehnte sie sich in der Darstellung von Engeln zunächst gerade nicht an Bilder geflügelter Götter an, sondern ließ Engel zumeist als junge Männer in weißem Gewand, jedoch ohne Flügel auftreten. Die Priscilla-Katakombe beherbergt die – in Datierung und Themenbenennung allerdings umstrittene – erste christliche Darstellung eines Engels. Da er keine Flügel besitzt, ist er nur aus dem Kontext der *Verkündigung an Maria* als Gottesbote zu identifizieren. Obwohl in der Bibel nur Cherubim und Seraphim Flügel tragen, statteten seit dem 5. Jh. Künstler Engel mit Schwingen aus. Für die Kirchenväter stand außer Frage, dass Engel Flügel besitzen, über deren Bedeutung gingen die Meinungen aber auseinander. Das Erscheinen oder sogar Eingreifen von Engeln ist in vielen Darstellungen biblischer Historien oder Heiligenlegenden durch die jeweilige Textstelle belegt.

Cherubim

Nach Genesis 3, 24 bewachen Cherubim (Singular: Cherub) nach der Vertreibung der Ureltern den Eingang zum Paradies. Wächterämter übernehmen sie auch vor der Bundeslade und am Thron Gottes. Ezechiel 1, 5–27 beschreibt Cherubim in seiner Vision als menschengestaltige Wesen mit vier Flügeln und vier Gesichtern, von denen eines menschlich ist, die drei anderen Löwe, Adler und Stier gehören. Sie bewegen sich auf zwei sich durchkreuzenden Rädern fort, was aber selten (z. B. am Lettner von Halberstadt, 1220) dargestellt wurde.

Seraphim

Seraphim (Singular: Seraph) besitzen nach Jesaja 6, 2 sechs Flügel, von denen zwei die Füße, zwei weitere das Gesicht bedecken, zwei breiten sich zum Schweben aus. Die Flügel können nach Apokalypse 4, 8 mit Augen bedeckt sein. In der bildenden Kunst mischen sich Merkmale der Seraphim und Cherubim, sehr oft bleiben bei Seraphim Kopf und Füße sichtbar.

Erzengel

Nicht identisch mit der gleichnamigen niedrigen Engelsklasse der Engelchöre sind die ikonographisch wichtigen Erzengel, die als Engelfürsten die Engel anführen. Tobias 12, 15 gibt ihre Zahl mit sieben an. Für die bildende Kunst sind nur drei von Bedeutung. Michael tritt kraftvoll und kämpferisch auf. Er vertreibt die gefallenen Engel, übernimmt beim Jüngsten Gericht die Seelenwägung und besiegt den Drachen in der Apokalypse (12, 7–9). Während Michael oft eine Rüstung trägt, hält Raphael Pilgerstab und Wandertasche und findet seine häufigste Darstellung in Illustrationen der alttestamentlichen Geschichte des Tobias. Gabriel erfüllt seinen wichtigsten Auftrag bei der Verkündigung an Maria. Seine Attribute sind Stab, Lilien- oder Palmenzweig. In hochmittelalterlichen Darstellungen trägt er oft liturgische Gewänder.

Mit der zunehmenden Emotionalisierung im Zug der Mystik fanden Engel als Assistenzfiguren Eingang in Geschichten, in denen ihre Anwesenheit nicht durch die Quelle motiviert ist. In Giottos *Beweinung Christi* in der Arena-Kapelle wehklagen Engel im Himmel. Seit dem 14. Jh. erfreuten sich Kinderengel großer Beliebtheit. Im 18. Jh. gewann die Vorstellung persönlicher Schutzengel an Bedeutung.

Die Kirchenväter diskutieren unter anderem den Zeitpunkt der Schöpfung der Engel und des Engelsturzes und die Zahl und Abfolge der Ränge der Engelchöre sowie die Frage, ob Engel Flügel besitzen. Ambrosius ging davon aus, dass die Erschaffung der Engel der Weltschöpfung vorausging. In Übereinstimmung mit dieser Lehre stellte die *Bible moralisée*, eine reich bebilderte typologisch-moralische Bearbeitung der Bibel, die Schöpfung der Engel dem Sechstagewerk voran. Augustin hingegen nahm an, dass Gott die Engel zusammen mit dem Licht am ersten Tag schuf. Diese These findet unter anderem in den Mosaiken von S. Marco in Venedig ihren bildlichen Ausdruck. Auch die unterschiedlichen Vorstellungen, die über Grund und Zeitpunkt des Engelsturzes kursierten, beeinflussten die Ikonographie. Meister Bertram folgte 1379 im Grabower Altar (Hamburg) der Vorstellung, dass der Engelsturz mit der Scheidung von Licht und Finsternis einherging bzw. diese bedeutete. Jes 14, 11–15 nennt als Ursache für den Sturz den Versuch einiger Engel, sich mit Gott gleichzustellen. Die Präzisierung ihrer Verfehlung führte jedoch zu ganz unterschiedlichen Auffassungen, von denen eine besagt, dass Gott die Engel für ihre Weigerung, Adam anzubeten, strafte. Diese Vorstellung erklärt, warum in manchen Schöpfungszyklen, wie im Gebetbuch der Hildegard von Bingen (München), der Engelsturz der Erschaffung Adams folgt.

Auch der Versuch, Zahl und Abfolge der Ränge der Engel zu klären, führte zu unterschiedlichen Ergebnissen, deren Darstellung folglich Rückschlüsse auf die benutzte Quelle zulässt. Eine allgemein verbindliche Darstellungsform setzte sich nicht durch. Trotzdem ist der wohl gegen Ende des 5. Jh.s geschriebene Traktat über die Engelshierarchie von Pseudo-Dionysius Aeropagita eine wichtige Quelle. Gregor der Große und Isidor von Sevilla übernahmen seine Theorie über die Rangordnung der Engel. Das mittelalterliche Wissen über die Engel fasste Honorius Augustodunensis zusammen.

Neben Illustrationen von Szenen, an denen nach biblischer Überlieferung Engel beteiligt waren, gibt es Darstellungen, die nur aus den Engelslehren zu erklären sind. Hier sei die Darstellung der Engelchöre erwähnt. Nach Dionysius Aeropagita stehen an der Spitze der Hierarchie die Throne; ihnen folgen die Seraphim und Cherubim, dann die Gewalten, Herrschaften und Mächte, schließlich die Fürstentümer, Erzengel und Engel. Die Engelchöre wurden nur in Verbindung mit anderen Themen, zum Beispiel der Trinität, dargestellt. Neben dem Versuch, die Engelgruppen durch Attribute oder Tracht individuell zu charakterisieren, gibt es auch Darstellungen des Engelchores durch neun gleichartig gestaltete Engel.

Für die Engelsikonographie im Kontext anderer Themen sind nur Seraphim und Cherubim wichtig.

Aufgrund ihrer Autorität behielten die Schriften der Kirchenväter ihre Bedeutung über das Mittelalter hinaus. Grundsätzlich sollten aber auch immer Bibelkommentare, Predigten u. Ä. herangezogen werden, die zur Entstehungszeit eines Kunstwerkes aktuell waren. Genannt seien nur für das 9. Jh. die Bibelkommentare von Walafried Strabo und Hrabanus Magnus sowie die Schriften der Schule von St. Viktor im 11. und 12. Jh. Grundsätzlich können auch literarische Texte – wie Dantes Göttliche Komödie (s. S. 249 f.) – und naturwissenschaftliche Abhandlungen, die sich besonders im 12. Jh. mit der Entstehung des Kosmos beschäftigten, für die Ikonographie von Interesse sein.

Apokryphen

Das griechische Wort ἀπόκρυφος bedeutet «verborgen» und ist insofern irreleitend, als es sich in den wenigsten Fällen um versteckt gehaltene ketzerische Geheimschriften handelt, sondern um weit verbreitete, am Rand des Kanons der Heiligen Schrift angesiedelte Texte. Die zum Großteil zwischen dem 1. und dem 5. Jh. entstandenen Schriften wurden Patriarchen, Propheten oder Aposteln zugeschrieben, um die Legitimität und Authentizität ihres Inhaltes glaubhaft zu machen. Sie schmücken die in der Bibel enthaltenen Geschichten zum Teil sehr detailfreudig aus, vor allem aber enthalten sie Erzählungen, die über den Inhalt der Bibel hinausgehen. Es gibt Apokryphen des Alten und des Neuen Testaments; nicht alle erlangten in gleichem Maße Bedeutung für die Ikonographie.

Im kunsthistorischen Sprachgebrauch werden nur diese gesondert edierten Schriften apokryph genannt. Die evangelische Kirche bezeichnet im Anschluss an Luther Texte und Bücher des Alten Testaments, die nicht auf hebräisch verfasst wurden oder deren hebräisches Original nicht erhalten ist, als apokryph und gliederte sie aus dem Bibeltext aus. Die katholische Kirche bezeichnet diese Texte als deuterokanonisch.

Ein Standardwerk, das umfassend über die Darstellung der Apokryphen in der bildenden Kunst informiert, fehlt. Systematische Untersuchungen liegen nur über den Einfluss der Apokryphen auf die frühchristliche und byzantinische Kunst vor. Die Apokryphen leisteten einen doppelten Beitrag bei der Ausbildung der christlichen Ikonographie: Sie erweiterten den Themenkreis durch Lebensgeschichten von Personen, die die Bibel vernachlässigte. Darüber hinaus führten sie aber auch zur Modifikation und Ausschmückung mit Nebenepisoden und neuen Motiven bei biblischen Themen.

Apokryphen des Alten Testaments

Von den Apokryphen des Alten Testaments, zu denen Berichte über den Tod Mose und über das Martyrium Jesaias gehören, sei exemplarisch das *Leben Adams und Evas* hervorgehoben. Es schildert neben Sündenfall und Arbeit der Ureltern Krankheit und Tod Adams, der seinen Sohn ausschickt, ein Heilmittel aus dem Paradies zu holen; ein Engel belehrt ihn, warum dies nicht möglich sei. Piero della Francesca hat dieses Thema 1466 in S. Francesco in Arezzo dargestellt.

Während die alttestamentlichen Apokryphen nur vereinzelt die Einführung neuer Themen in der Kunst anregten, übten die Apokryphen des Neuen Testaments nachhaltigen Einfluss auf die christliche Ikonographie aus. Dies gilt besonders für die Kindheitsevangelien, die Quelle für Darstellungen aus dem Leben Joachims und Annas, der Kindheit der Maria und der Jugend Christi.

Protevangelium des Jacobus

Das Protevangelium des Jacobus (Pt. Jac) aus der Mitte des 2. Jh.s berichtet, wie ein Priester Joachim bei der Darbringung seiner Opfergaben aus dem Tempel vertreibt, weil seine Ehe kinderlos ist. Joachim zieht sich in die Wüste zurück. Ein Engel verkündet Anna derweil die

Geburt eines Kindes, das sie dem Tempeldienst weiht. Auch Joachim erfährt durch einen Engel von der Schwangerschaft Annas. Die Zusammenführung des Elternpaares, die *Begegnung an der Goldenen Pforte*, erlangte in der Ikonographie die größte Bedeutung innerhalb dieses Erzählabschnitts, während die bildende Kunst von den anschließenden Ereignissen vor allem die Übergabe der dreijährigen Maria in den Tempel, dessen Stufen sie selbst erklimmt (*Mariae Tempelgang*), die Bestimmung eines Ehemannes für Maria (*Stabwunder*) und die Verlobung mit Joseph aufgriff. Nach Schilderungen der Verkündigung und der Geburt Christi schließt das Protevangelium mit der Ermordung des Zacharias, der den Häschern des Herodes den Aufenthaltsort seines Sohnes, Johannes des Täufers, verschweigt.

Pseudo-Matthäus-Evangelium

Das Pseudo-Matthäus-Evangelium (Ps. Mt.) aus dem 8. oder 9. Jh. wurde aus verschiedenen apokryphen Kindheitsevangelien kompiliert. Es sollte gleichzeitig dem Bedürfnis der Gläubigen nach Geschichten über Maria und Jesus nachkommen und die Verbreitung der vielfältigen Wundergeschichten durch die neue Schrift kontrollieren. Wie das Protevangelium des Jacobus schildert dieser Text das Leben Joachims und Annas, geht aber genauer auf Joachims Aufenthalt bei seiner Herde und die Verkündigung ein, nach der Joachim ein Brandopfer darbringt. Die Geschichte wird fortgeschrieben bis zur Flucht nach Ägypten. Das Pseudo-Matthäus-Evangelium erfreute sich sofort großer Beliebtheit; ein Auszug mit einigen Veränderungen kursierte seit dem 9. Jh. und floss in die *Legenda aurea* (s. S. 86) ein, was die Popularität der Geschichten noch steigerte.

Neben neuen ikonographischen Themen regten die Kindheitsevangelien die Ausschmückung von Themen an, deren erste Quelle das Neue Testament ist. Sie lassen die Geburt Christi in einer Höhle stattfinden, eine Ortsangabe, die sich in der byzantinischen Malerei für die Geburtsikonographie durchsetzte. Wohl um den Widerspruch zur westlichen Tradition zu glätten, berichtet Pseudo-Matthäus, der auch die Tiere an der Krippe erwähnt, von einem Umzug in einen Stall nach einigen Tagen. Die Anwesenheit von Hebammen bei Darstellungen der Geburt Christi (Abb. 10) geht ebenfalls auf die Kindheitsevangelien zurück; demnach verdorrte die Hand einer Hebamme, als sie die Jungfrauengeburt anzweifelte, genas aber durch die Berührung des Kindes. Auch die Wunder, die das Kind auf der Flucht nach Ägypten vollbrachte, unter anderem der Sturz von Götzenbildern, sind bei Pseudo-Matthäus nachzulesen.

Bei der ikonographischen Analyse eines Kunstwerks muss sorgfältig ermittelt werden, welche Quellen der Künstler benutzte. Da Auszüge der Kindheitsevangelien in die *Legenda Aurea* eingeflossen sind, hilft uns diese Legendensammlung durchaus, die wichtigsten Themen des Marienzyklus in der Arena-Kapelle (Abb. 8) zu identifizieren, doch geht es in der ikonographischen Analyse nicht um die bloße Benennung eines Themas, sondern um die spezifische Art seiner Darstellung. Die Gesamtanlage des Zyklus, aber auch einzelne Details lassen sich nicht aus der *Legenda aurea* ableiten. Sie lässt die Verkündigung an Anna der Verkündigung an Joachim folgen, während die Erzählung in der Arena-Kapelle genau umgekehrt verläuft. Auch blendet die *Legenda aurea* die Erlebnisse Joachims bei den Herden aus. Giotto stützte sich also nicht auf die zu seiner Zeit noch neue *Legenda aurea*, sondern auf die Kindheitsevangelien. Die entscheidende Quelle lässt sich sogar noch genauer bestimmen, denn nur Pseudo-Matthäus berichtet vom Traum Joachims und von seinem Brandopfer, in dessen Rauch der Engel, der Abraham erschien, zum Himmel aufsteigt. Auch bei der Darstellung von Themen, die mehrere Kindheitsevangelien überliefern, bevorzugte Giotto Pseudo-Matthäus, der als Einziger die Begleiterinnen Annas bei der Begegnung an der Goldenen Pforte erwähnt oder die drei Knaben und das Mädchen, die die Heilige Familie auf der Flucht nach Ägypten begleiten. Zudem schildert Pseudo-Matthäus das Stabwunder in einer Ausführlichkeit, die sich in der Arena-Kapelle in einer Verteilung des Geschehens auf gleich drei Bildfelder wiederholt.

Das Evangelium des Pseudo-Matthäus erweist sich für die mittelalterliche Ikonographie als wichtige Quelle, die leicht unterschätzt wird, weil moderne Ausgaben der Apokryphen das Protevangelium des Jacobus meist vollständig, Pseudo-Matthäus dagegen gekürzt enthalten.

Nikodemus-Evangelium

Während die Kindheitsevangelien die Ikonographie nachhaltig modifizierten und bereicherten, blieb der Einfluss anderer Apokryphen zeitlich und geographisch oft beschränkt. So beschreibt das gegen Ende des 4. Jh.s entstandene Nikodemus-Evangelium die Höllenfahrt des auferstandenen Christus zur Erlösung der ersten Menschen zwar ausführlicher und dramatischer als das Neue Testament (u. a. Psalmen 24, 7–9; 107, 13–16; Mt 27, 51–52; Apg 2, 24–28), diente der byzantinischen und altchristlichen Kunst jedoch nicht als Bildquelle. In abendländischen Darstellungen sind dagegen beispielsweise die Verkündigung der Ankunft Christi im Totenreich durch Johannes den Täufer, die Fesselung Satans, der Einsatz des Erzengels Michael, die Erlösung des guten Schächers und die Begegnung Christi mit den Propheten Enoch und Elias auf die Rezeption des Nikodemus-Evangeliums zurückzuführen.

Die apokryphen Berichte über den Marientod fanden in der Kunst im Osten, die das Thema spätestens seit Ende des 6. Jh.s aufgriff, wenig

Liber de transitu Mariae

Anklang. Ein Grund hierfür könnte in Vorbehalten griechischer Theologen liegen, da einige Texte die Vorstellung der leiblichen Auferstehung der Maria insofern unterlaufen, als sie die Seele der Verstorbenen in den Himmel, den Leib aber ins Paradies versetzen. In der Malerei der Ostkirche liegt Maria auf einem Bett, umgeben von Aposteln und Christus, der ihre Seele in Gestalt eines Kindes trägt. Der Westen lernte die Berichte über den Marientod in überarbeiteten lateinischen Redaktionen kennen. Der *Liber de transitu Mariae* stammt aus dem 6. Jh. und wird auch als Pseudo-Melitus bezeichnet, da er dem 180 gestorbenen Bischof Melito von Sardes zugeschrieben wurde. Bekanntheit erlangte das apokryphe Erzählgut in erster Linie in bearbeiteten Fassungen, später durch Einbindung in die *Legenda aurea*. Wichtige Bestandteile der Geschichte sind die Ankündigung des Todes und die Überbringung eines Palmzweiges durch einen Engel an Maria, ihre Bitte um Anwesenheit der Apostel, die sich auf wundersame Weise an ihrem Sterbebett einfinden, und die besondere Bedeutung von Petrus und Paulus, als Träger der Bahre, sowie des Johannes, der mit dem Palmzweig voranschreitet. Allen griechischen Texten unbekannt ist die Legende der Gürtelspende an Thomas, die sich in der lateinischen Fassung an den Bericht von der Himmelfahrt anschließt: Thomas traf zu spät ein und erhielt zum Beweis der Himmelfahrt Mariens, die er anzweifelte, den Gürtel der Jungfrau. Nicht nur das Motiv der Gürtelspende bei der Himmelfahrt etablierte sich; die Legende wirkte sich auch auf die Darstellung des Marientodes aus, da statt der zwölf teilweise nur elf Apostel um Maria trauern, weil Thomas noch fehlt. Konrad von Heimesfurth übernahm die Thomas-Episode Anfang des 13. Jh.s in seine *Himmelfahrt Mariae*, ebenso die *Legenda aurea*, die den Wahrheitsgehalt allerdings in Frage stellte.

Petrus-Akten

Paulus-Akten

Die apokryphen Berichte über Petrus und Paulus inspirierten wenig neue Themen und Motive. Die Petrus-Akten (180–200) lieferten den Stoff für die nur vereinzelt, jedoch bis ins 19. Jh. nachzuweisende Darstellung der Begegnung des aus Rom flüchtenden Petrus mit Christus (*Domine, quo vadis*). Eine größere Popularität erlangte in der Bildkunst der *Sturz des Magiers Simon*, ebenso die *Kreuzigung Petri*, die nach dem Zeugnis der Petrus-Akten auf Wunsch des Apostels mit dem Kopf nach unten vollstreckt wurde. Die nur wenig später als die Petrus-Akten verfassten Paulus-Akten übten nur geringen Einfluss auf die Ikonographie des Apostelfürsten aus. Auf das von ihnen überlieferte Entspringen dreier Quellen nach dem dreimaligen Aufschlagen des abgeschlagenen Hauptes Pauli spielen gelegentlich Schilfstauden oder die Geographie des Ortes an. Größere Bedeutung erlangten die Paulus-Akten als Bildquelle für das Leben der Heiligen Thekla, einer Schülerin des Apostels.

Entstehungslegenden über Christusporträts

Die Evangelien berichten nichts vom Aussehen Christi. Ein Publius Lentulus, dem Amtsvorgänger von Pontius Pilatus zugeschriebener Brief, der das Aussehen Christi beschreibt, stammt aus dem 13. Jh. Die frühchristliche Malerei verlieh Christus eine verschiedenartige Physiognomie: Bald erschien er jugendlich und bartlos, bald als Philosoph; auch beeinflusste das antike Kaiserbild sein Aussehen, um seinerseits in einem komplexen Wechselspiel Christuszüge anzunehmen. Doch nicht die vielfach verbreiteten Darstellungen wurden als Christusporträt akzeptiert, sondern die singulären. Gerade die Einzigartigkeit schien jene Authentizität zu garantieren, die Legenden vom göttlichen Ursprung zusätzlich stützten (Büchsel 2003, 58 ff.).

Acheiropoietos ist die Bezeichnung für ein nicht von Hand gemachtes Bild. Zugleich handelt es sich um einen Gegenbegriff zu Cheiropoietos, worunter Sap 14, 8 und Jes 12, 9 Götzenbilder verstehen. Aufgrund ihrer wundersamen Entstehung vermögen Acheiropoieten beide Naturen Christi abzubilden. Sie wurden in Repliken verbreitet, die als Ikonen verehrt wurden.

Mandylion

Das Mandylion gehört zu den berühmtesten Acheiropoieten. Von der Ursprungslegende gibt es mehrere Varianten, denen gemeinsam ist, dass der kranke König Abgar von Edessa Christus durch einen Boten bat, zu ihm zu kommen, um ihn zu heilen. Nach den apokryphen Thaddäus-Akten schickte Abgar einen Maler mit, der Christus porträtieren sollte, aber an dieser Aufgabe scheiterte. Daher drückte Christus sein Antlitz in ein Tuch, das daraufhin sein Abbild trug. In einer anderen Version überbrachte Thaddäus das Abbild auf dem Schweißtuch, mit dem Christus sich während der Passion das Gesicht trocknete. Die ausführlichste Fassung, in der das Mandylion selbst weitere Acheiropoieten erzeugt, bietet die *Narratio de imagine Edessena* aus dem 10. Jh. 944 wurde das Mandylion nach Konstantinopel gebracht, wo es der Gemeinde in der Fastenzeit zur Verehrung dargeboten wurde – jedoch nur verhüllt, was die Aura des Mystischen steigerte.

Da das Mandylion, wie andere Tuchbilder auch, vermutlich nur schemenhafte Abdrücke erkennen ließ, orientierten sich die gemalten Repliken an bereits berühmten Christusikonen, griffen also bestehende Traditionen auf. Die Repliken werden, nach dem verschollenen Urbild, ebenfalls als Mandylion bezeichnet und variieren drei Grundtypen: Die Büste mit Bart und voluminösem Hals, das Gesicht ohne Hals mit herabhängenden Haarsträhnen oder mit zackenartigem Haupt- und Barthaar. Dem letzten Typus entsprechen die berühmtesten Repliken in St. Peter in Rom und in S. Bartolomeo degli Armeni in Genua.

Vera Icon Im Westen trat gegen Ende des 12. Jh.s die *Vera Icon* (= wahres Bild) in Konkurrenz zum Mandylion. Ihre Entstehungslegende existiert in verschiedenen Varianten, deren bekannteste besagt, dass Christus sein Abbild auf einem Schweißtuch hinterließ, das die Heilige Veronika (der Name entstand aus der Umstellung von vera icon) ihm auf dem Wege zum Kalvarienberg reichte. Die apokryphen *Mors Pilati* berichten, dass Veronika das Tuch nach Rom brachte, wo es den Kaiser heilte.

Repliken der *Vera Icon*, die ebenfalls nur schemenhafte Spuren des Abdrucks aufweist, griffen teilweise Merkmale des Mandylion wieder auf. Das Antlitz Christi erschien streng frontal, ohne Hals, mit herabhängenden Haarsträhnen und Bart. Als seit 1300 die Dornenkrone der Passion als Motiv hinzugefügt und eine stärkere Emotionalisierung angestrebt wurde, nahm das Gesicht auch traurige oder leidende Züge an.

Die *Vera Icon* wurde zum ersten Ablassbild, nachdem sie sich 1216 bei einer Prozession selbst auf den Kopf stellte. Als Gnadenbild, das vorgetragene Bitten besonders zuverlässig erfüllt, wurde der *Vera Icon* die gleiche Heilsmacht zugesprochen wie Reliquien. Da sich der Wunderglaube auch auf Kopien erstreckte, waren Repliken als Amulette und Pilgerabzeichen verbreitet.

Wer vor **Ablassbildern** vom Papst festgelegte Gebete verrichtete, erhielt einen Ablass von den Sündenstrafen. Im Holzschnitt angefertigte Kopien von Ablassbildern ermöglichten die Verehrung des Bildes auch fernab seines Aufbewahrungsortes. Bildunterschriften informierten über die Voraussetzungen, unter denen ein Ablass gewährt wurde, wobei die Bilder auch der kontemplativen Betrachtung dienten.

Die *Vera Icon* zählt zu den *Arma Christi* (s. S. 80) und entwickelte sich zum beliebten Andachtsbildthema; es kann auch von der Heiligen Veronika vorgezeigt werden (Abb. 11 zeigt links unter dem Kreuz die Heilige). Mit der Einführung der Heiligen Veronika als Trägerfigur erhielt das Motiv Eingang in Darstellungen des Passionsgeschehens. Bei der Plünderung Roms durch kaiserliche Landsknechte wurde die *Vera Icon* 1527 verkauft. Seit ihrer Wiederauffindung im 17. Jh. wird sie in der Reliquienkammer von St. Peter, in dem Kuppelpfeiler mit Francesco Mocchis Statue der Veronika, verwahrt.

Meditationsliteratur

Die Beliebtheit vieler apokrypher Themen und Motive wuchs noch einmal durch ihre Aufnahme in die Meditationsliteratur. Diese sollte die intuitive Gottesschau im Sinne der Mystik fördern und die persönliche Anteilnahme des Lesers am neutestamentlichen Geschehen anregen, indem sie direkt an seine Affekte appellierte. In der bildenden Kunst fiel die Meditationsliteratur nicht zuletzt deshalb auf fruchtbaren Boden, weil zeitgleich Durandus von Mende, Bonaventura und Thomas von Aquin die sinnliche Wahrnehmung und die Bewegung der Seele als Aufgabe der Malerei aufwerteten. Die Malerei konnte diese Funktion umso besser erfüllen, je mehr sie den alltäglichen Sehgewohnheiten entgegenkam. Die Ausrichtung des Bildraumes am Realraum des Betrachters und die sinnliche Vergegenwärtigung des Geschehens lösten Bedeutungsperspektive, zeichenhafte Zusammenstellung von Motiven und bildimmanente Ordnung des Bildraumes ab. Die seit der Mitte des 13. Jh.s auftretenden Neuerungen in der Ikonographie sind daher auch im Kontext einer neuen Bildauffassung zu sehen.

Meditationes Vitae Christi

Besonders großer Beliebtheit erfreuten sich die *Meditationes Vitae Christi*. Der Verfasser dieser Schrift, die im Umfeld der franziskanischen Mystik entstand, erhielt zunächst den Notnamen Pseudo-Bonaventura, nachdem an der Zuschreibung an den hl. Bonaventura Zweifel aufgekommen waren. Nach einer Notiz des Bartholomäus de Pisa aus dem Jahr 1385 handelt es sich bei dem Autor um den Franziskaner Johannes de Caulibus. Die *Meditationes* erzählen in einfacher Sprache vor allem Kindheitsgeschichte und Passion Jesu. Immer wieder unterbrechen direkte Aufforderungen an den Leser die Betrachtungen und laden ein, zu sehen, zu überlegen, sich vorzustellen, wie eine Szene sich abspielte, was die Beteiligten fühlten. Die *Meditationes* empfehlen, das Leben Jesu einmal pro Woche zu kontemplieren und sich lebhaft in Einzelheiten vorzustellen. Die bildende Kunst nahm viele Anregungen sofort auf. Das Jahr 1266, in dem das Motiv der Ohnmacht Mariens unter dem Kreuz, mit dem die *Meditationes* um das Mit-Leiden des Lesers werben, in der Kunst erstmals nachweisbar ist, dient als Terminus ante quem für die Datierung der Schrift.

Die Lektüre der *Meditationes* lässt sich auch in der Arena-Kapelle belegen: In der *Verkündigung an Maria* (an der Chorbogenwand, Abb. 8) gehen das Niederknien des Engels und der Maria, ihr Kreuzen der Arme vor der Brust sowie die Schar der Engel, die im oberen Bildfeld Fürsprache halten, auf die *Meditationes* zurück. Ganz in ihrem Sinn griff Giotto vor allem solche Motive auf, die das Geschehen emotionalisieren, wie die Zuwendung der Maria zum Kind,

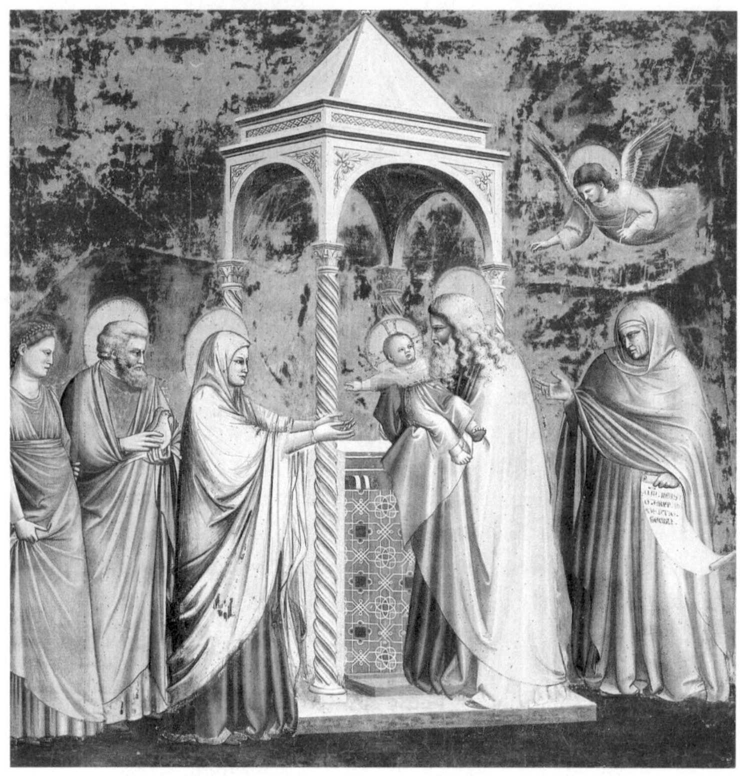

Abb. 9: Giotto, Darbringung im Tempel (um 1305), Padua, Arena-Kapelle

nach dem sie in der Geburtsszene die Hände ausstreckt. Desgleichen bei der *Darbringung im Tempel*: Giotto setzte den Akzent nicht auf die Kernaussage des Kapitels bei Lukas (2, 22–35), auf die Erfüllung der Prophezeiung, Simeon werde erst sterben, wenn er den Messias gesehen habe. Im Mittelpunkt steht stattdessen das Verhalten des Kindes, das auf den Arm der Mutter zurück möchte (Abb. 9). Teilweise übernahm Giotto auch Details, die marginal erscheinen, wie das aus einfachen Seilen bestehende Zaumzeug des Esels beim *Einzug Christi in Jerusalem*. Es veranschaulicht die Demut Christi, über die der Betrachter auch reflektieren soll, wenn Christus in der *Hochzeit zu Kana* den niedrigsten Platz am Tisch einnimmt.

Die *Meditationes* wirkten vor allem auf die christliche Ikonographie in Italien ein. Nördlich der Alpen machte sich ihr Einfluss nicht direkt, sondern indirekt bemerkbar, da sie Eingang in andere Schriften fanden, die der Kontemplation dienten, wie die *Vita Jesu Christi* des Ludolf von Sachsen, eines deutschen Mystikers des 14. Jh.s.

Birgitta von Schweden

Auch die hl. Birgitta von Schweden (1302–1373) lehnte sich in ihren *Revelationes* an die Meditationen an. Sie schrieb Offenbarungen auf, die ihr unter anderem in Rom und im Heiligen Land zuteil gewor-

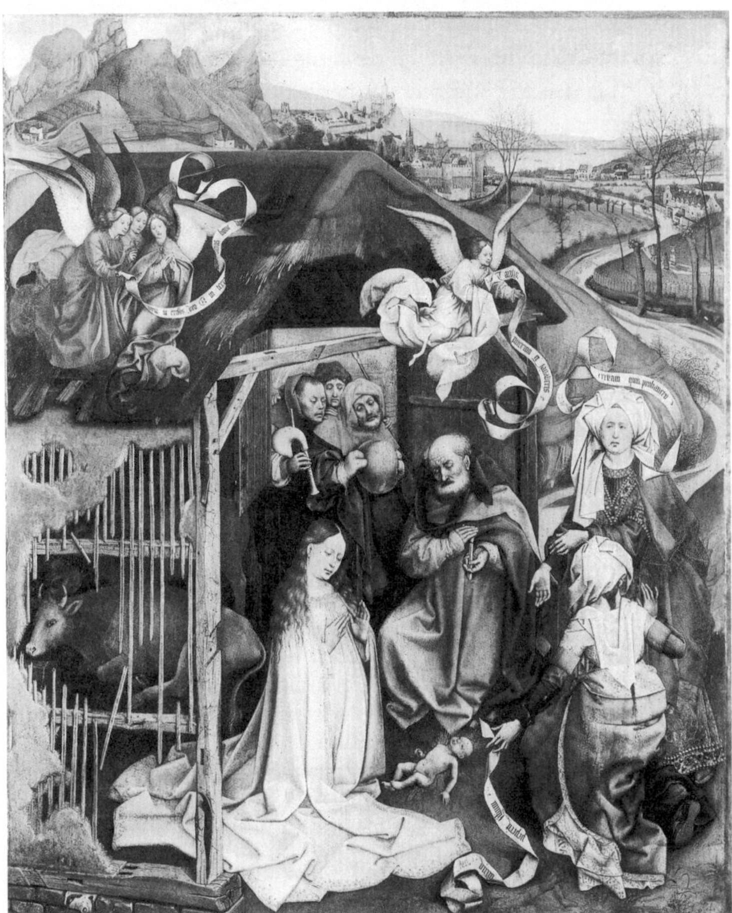

Abb. 10: Robert Campin, Geburt Christi (um 1425), Dijon, Musée des Beaux Arts

den waren. Theologen übersetzten das umfangreiche Werk aus dem Altschwedischen ins Lateinische. 1492 erschien eine erste Druckausgabe in Lübeck, 1502 die erste Übersetzung ins Deutsche in Nürnberg. Die *Revelationes* wurden für die Ikonographie der Passion Christi in der Ausrichtung auf das Mitleid-Erregen des Betrachters wichtig, da Birgitta immer wieder die Begegnung Marias mit ihrem Sohn auf dem Leidensweg und die *compassio* beschrieb. Viele Motive kamen bereits in den *Meditationes* vor. Birgitta verwendete außerdem Mariensymbole wie den Bienenkorb oder den Regenbogen, die aus älteren Dichtungen stammen; es handelt sich also nicht nur um Innovationen.

Gleiches gilt für die Offenbarung der Christgeburt. Einerseits kann es, wie am Beispiel der Arena-Kapelle ersichtlich, wichtig sein, die Urquelle bestimmter Themen und Motive zu ermitteln und sich nicht auf jeweils zeitgenössische Texte zu beschränken. Andererseits ist jedoch auch, wie bei den *Revelationes*, zu berücksichtigen, dass einige ältere Motive erst zu einem späteren Zeitpunkt durch Schriften ikonographisch relevant wurden, die einen höheren Bekanntheitsgrad erreichten. Des Weiteren ist zu bedenken, dass es nicht immer das Ziel eines Bildauftrags und seiner Ausführung sein muss, einen einzigen, bestimmten Text zu illustrieren. Themen eines Zyklus, Motive eines einzelnen Bildes können immer auch aus mehreren Quellen gespeist werden. Auswahl und Akzentuierungen lassen Rückschlüsse auf die Intentionen des Künstlers und seiner Auftraggeber zu. Ziel war in der Regel nicht die Illustration einer einzigen, bestimmten Quelle, sondern die Visualisierung der heilsgeschichtlichen Botschaft.

Robert Campins *Geburt Christi* (Abb. 10) ist ein Beispiel dafür, dass mehrere Faktoren auf die Ikonographie einwirken. Die Hebammen-Geschichte war bereits aus den apokryphen Kindheitsevangelien bekannt. Zusätzliche Details, die in den Apokryphen nicht vorkommen, schildert Birgitta: die Kerze in Josephs Hand, das weiße (und nicht das traditionelle rote und blaue) Gewand der Maria, ihr anbetendes Knien, das Liegen des nackten Neugeborenen auf dem Boden. Allerdings sah Birgitta in ihren Visionen, dass die Geburt Christi, wie von den Apokryphen überliefert, in einer Höhle stattfand. In der abendländischen Geburtsikonographie hatte sich jedoch der Stall als Ort etabliert. Hier war die bestehende Bildtradition besonders nördlich der Alpen so stark, dass sie trotz der Rezeption der *Revelationes* nur ausnahmsweise aufgegeben wurde. Insgesamt löste die Birgitta folgende Darstellung der bei der Geburt knienden, das Kind anbetenden Maria die byzantinische Tradition des Christgeburtsbildes mit liegender Gottesmutter im Laufe des 15. Jh.s fast vollständig ab.

Andachtsbilder

Unter Andachtsbildern versteht man Skulpturen, Gemälde und graphische Blätter, die der individuellen Andacht des einzelnen Gläubigen dienen.

Von bestimmten Themen wird angenommen, dass sie die Andachtsfunktion, die Einwirkung auf das Gefühl des Betrachters, die im Sinne der Mystik zur verinnerlichten, persönlichen Frömmigkeit führte, in besonderem Maße erfüllten. Auf den ersten Blick erscheinen Andachtsbildthemen wie ikonographische Reduktionen, da sie sich auf bestimmte Momente des Passionsgeschehens konzentrieren. So setzt etwa die *Christus-Johannes-Gruppe* die vollständig ausgebildete Abendmahldarstellung voraus, beschränkt sich aber auf die Zweiergruppe: Christus, an dessen Brust Johannes schlafend ruht. Die linke Hand Christi liegt auf der linken Schulter des Johannes, die rechten Hände der beiden sind zusammengelegt – ein Motiv, das Joh 13, 23–25

Christus-Johannes-Gruppe

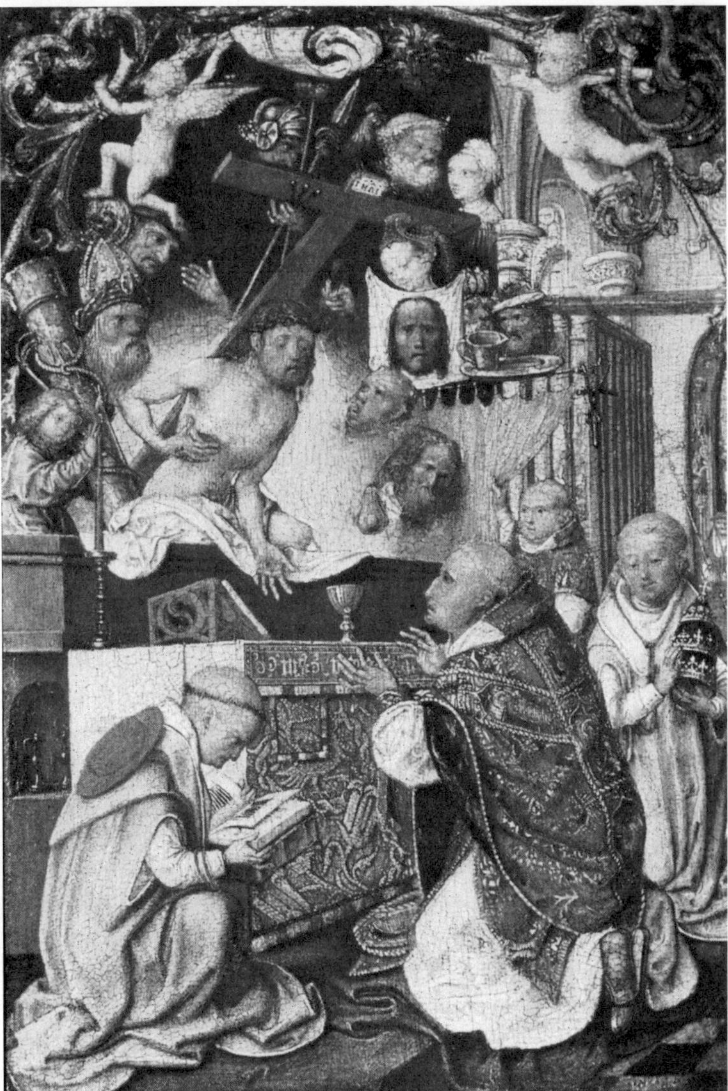

Abb. 11: Meister des Bartholomäusaltars, Gregorsmesse (um 1500), Trier, Bischöfliches Dom- und Diözesanmuseum

nicht erwähnt. Das Thema konnte in der Buchmalerei als Autorenbild für Johannes als Evangelist verwendet werden, erfreute sich aber auch im Medium der Skulptur in Klöstern am Bodensee großer Beliebtheit. Es hat verschiedene Bedeutungen, zum Beispiel die Gottesliebe des Johannes, Johannes als Vorbild der Vita Contemplativa oder sein Ruhen an der Brust des Herrn als Quelle des Lebens und der Offenbarung.

Schmerzensmann

Die Ikonographie des Schmerzensmannes ist vielfältig. Die Mosaik-Ikone in Santa Croce in Gerusalemme in Rom (um 1300) zeigt ihn als Halbfigur mit geneigtem Kopf und übereinander gelegten Händen vor dem Kreuz. Die deutschen Bildhauer des 14. Jh.s stellten ihn ganzfigurig als Lebenden dar. Das Vorzeigen der Wundmale, besonders die Betonung der Seitenwunde, hebt die sakramentale Bedeutung hervor. Das Bild des eucharistischen Schmerzensmannes eignete sich besonders für Monstranzen und Sakramentshäuser. Es kann um die trauernden Gestalten Marias, Johannes' oder um Engel erweitert sein.

Gregorsmesse

Der Bildtyp der *Gregorsmesse* fand seine weiteste Verbreitung im 15. Jh. Der Schmerzensmann erscheint Papst Gregor bei der eucharistischen Feier. Der Meister des Bartholomäusaltars (Abb. 11) lässt Gregor vor einem Altar knien, über dem Christus als Schmerzensmann in einem Sarkophag stehend erscheint. Er weist auf seine Seitenwunde, aus der sich ein Blutstrahl in den Messkelch auf dem Altar ergießt. Verschiedene Gegenstände, Köpfe und Hände umgeben Christus: Lanze und Stab mit Essigschwamm, Nägel, ein Engel mit Geißelsäule, Veronika mit dem Schweißtuch. Es handelt sich um eine Auswahl der Leidenswerkzeuge, die auch im selbständigen Bildtypus der *Arma Christi* versammelt sein können. Dass zu den *Arma* alles gehören kann, was in einem unmittelbaren oder auch nur mittelbaren Bezug zur Passion stand, wird an der Hand über der linken Schulter Christi deutlich. Sie verweist als Zeichen auf etwas Anderes, Höheres, in diesem Fall auf die Schläge, die Christus erdulden musste. Es sind also nicht die im Bild dargestellten Gegenstände gemeint, sondern die mit ihnen verbundenen Geschehnisse, über die der Betrachter meditieren soll. Oft sind die *Arma* gleichmäßig im Bild verteilt, ohne künstlerischen Anspruch an eine Komposition, die Anfang und Ende der Bildlektüre und damit auch eine Zeitstruktur vorgeben würde. Auf diese Weise wird die Andacht gefördert, da der Betrachter die Passion nicht systematisch oder gar schematisch memoriert. Die künstlerische Anspruchslosigkeit führte allerdings dazu, dass die Darstellung der *Arma Christi* seit dem 16. Jh. keinem großen Künstler mehr als Bildaufgabe gestellt wurde. Auch die Kombination mit anderen Themen, wie dem *Vesperbild*, wurde aufgegeben.

Arma Christi

Vesperbild

Vesperbild oder *Pietà* wird die Darstellung der Muttergottes mit dem toten Christus genannt. Die Bezeichnung ergibt sich aus der Liturgie, die die Stufen der Passion auf die Tageszeiten des Breviers (Gebetbuch) verteilt. Kreuzabnahme und Beweinung Christi fallen in die Abendzeit, die Vesperstunde. Vesperbilder entstanden seit dem frühen 14. Jh. und erfreuten sich als plastische Gruppen besonders in Südwestdeutschland großer Beliebtheit. Sie veranschaulichen die *compassio*, das Mitleiden der Maria, das dem Gläubigen als Vorbild im Sinne der *imitatio pietatis* dient. Vesperbilder sind allerdings ebenfalls als Altarbilder nachgewiesen. Als solche erfüllten sie auch kultische Funktionen. Im Gegenzug konnten Kultbilder oder deren Kopien zu Andachtsbildern werden, wie dies bei Ablassbildern bezeugt ist.

Probleme der Definition

Da Bilder mehrere Aufgaben gleichzeitig erfüllen können, ist ihre strenge Einteilung nach Funktionstypen nicht unproblematisch. Dies gilt insbesondere für das Andachtsbild, da der Begriff nicht fest definiert bzw. nach unterschiedlichen Kriterien umschrieben wird und zur Entstehungszeit der Kunstwerke, auf die er angewendet wird, nicht existierte. Erstmals nachweisbar ist der Begriff 1770 in Goethes *Satyros*, 1790 im Faustfragment. Aus einer weiteren Notiz Goethes aus dem Jahr 1814/15 (*Kunst und Altertum an Rhein und Maaß*) geht hervor, dass der Dichter Ikonen als Andachtsbilder bezeichnete. Der Begriff fand vorerst keinen Eingang in den allgemeinen Sprachschatz, obwohl Kunsthistoriker wie Franz Kugler und Karl Schnaase ihn gelegentlich benutzten. Erst in den 1920er Jahren setzte eine Diskussion um das Andachtsbild ein. Wilhelm Pinder betrachtete «die Isolierung des Gefühlsgehaltes» als entscheidendes Merkmal des Andachtsbilds, dessen Themen Ergebnis der formalen Herauslösung eines Motivs aus einem erzählerischen Kontext sind. Er entwickelte seine Vorstellung an Bildbeispielen, arbeitete aber nicht systematisch Eigenschaften heraus, die ein Bild zum Andachtsbild machen. Zum Teil zählte er Kruzifixe zum Andachtsbild, nicht aber Vesperbilder, denen er kultische Funktionen zuschrieb. Erwin Panofsky betonte die Förderung kontemplativer Versenkung als Aufgabe des Andachtsbildes. Wie Pinder benutzte er den Begriff, um eine Gruppe von Bildern zusammenzufassen, die aufgrund vergleichbarer Strukturen eine ähnliche Funktion vermuten ließen, die sie von anderen Bildwerken unterschied. Seinem Verständnis nach entstand das Andachtsbild entweder durch Reduktion szenischer Historienbilder auf bestimmte Motive oder durch Erweiterung von Repräsentationsbildern. Er siedelte es also zwischen zwei Polen an, von denen der eine funktional (Repräsentation), der andere jedoch inhaltlich gefasst bzw. von der Erzählung bestimmt ist, die nach mittelalterlichem Verständnis allerdings noch keine Bildfunktion ist. Sixten Ringbom schloss sich 1965 Panofskys Unterscheidung an, hob aber hervor, dass schon das frühe Christentum Bilder als Mittel emphatischer Meditation einsetzte. Rudolf Berliner und Robert Suckale verwarfen Panofskys Ansatz. Suckale sprach sich 1990 energisch dafür aus, die Funktion ins Zentrum der Definition des Andachtsbildes zu rücken. Unter Berücksichtigung des Aufstellungsortes der Bilder seien sowohl ein Funktionswandel – etwa durch Veränderung des Standortes – als auch Multifunktionalität einzukalkulieren. Je nach Bildaufgabe und Epoche überwiege zwar eine Funktion, doch blieben auch die anderen in verschiedener Intensität erhalten. Suckale korrigierte damit zugleich die Vorstellung, typische Themen des Andachtsbildes seien durch formale Herauslösung aus einem Erzählzusammenhang entstanden, und betonte die Bedeutung der theologischen Interpretation für die Themenbildung: die Verbildlichung von Glaubenssätzen, die vorrangig mit dem Gedanken der Passion Christi und der *compassio* der Maria verbunden sind. Einer konsequent funktionalen Bestimmung, wie Suckale sie vorschlägt, stellt sich allerdings die desolate Quellenlage entgegen, die es nicht erlaubt, in jedem Einzelfall die (vorrangige) Funktion oder auch nur den Aufstellungsort eines Kunstwerks zu ermitteln. Hans Belting plädierte für eine gewisse Unschärfe des Begriffs und forderte auf, die Beziehung zwischen Form und Funktion eines Bildes zu untersuchen. Die Form werde von der Aufgabe bestimmt, die affektive Annäherung an das Dargestellte zu ermöglichen. Ein Andachtsbild sei nur am Verhältnis von Form und Funktion an einem bestimmten Ort zu einer bestimmten Zeit zu erkennen. Beltings Untersuchung macht auf die Komplexität des beschriebenen Phänomens aufmerksam, bietet aber keine Lösung an, die im Aufzeigen solcher Ordnungskriterien bestünde, die sich verallgemeinernd auf bestimmte Bilder anwenden ließen, die als Andachtsbilder zu bezeichnen wären.

Die Diskussion um den Begriff des Andachtsbildes wurde überwiegend in der deutschsprachigen Kunstgeschichte geführt. Versuche, den problematischen Terminus zu ersetzen, schlugen bisher fehl. Eine neue Begriffssetzung wäre nur dann sinnvoll, wenn nicht nur das Etikett gewechselt, sondern der neue Terminus mit einer tragfähigen Definition verbunden würde. Aus der Untersuchung der Geschichte des Begriffs Andachtsbild zog Karl Schade 1996 das Fazit: «Thematisiert man die Rezeption von Bildern im Mittelalter, so ist man frei, die Phänomene so ausführlich zu beschreiben, daß man den umstrittenen Terminus *Andachtsbild* damit umgehen kann. Untersucht man hingegen die Bilder selbst, so braucht man ihn, um Vergleichbares miteinander vergleichen zu können.» Aufgabe eines Begriffs ist es, eine schnelle Verständigung zu ermöglichen. Trotz der erwähnten Schwierigkeiten scheint Suckales Begriff des Andachtsbildes am praktikabelsten, vor allem wenn die Betonung des affektiven Gehaltes als die der *devotio* dienende Besonderheit des Andachtsbildes noch stärker Beachtung findet. Dies hätte freilich eine erhebliche Erweiterung des bisher mit dem Andachtsbild verbundenen ikonographischen Themen- bzw. Typenkanons zur Folge, da zum Beispiel auch figurenreiche *Kreuztragungen* als Andachtsbild zu klassifizieren wären, sofern die Darstellung zum Mitleiden und zur Andacht auffordert. Für diesen Ansatz spricht nicht zuletzt die wachsende Bedeutung der Affektenlehre seit dem 13. Jh., die Bildern große Wirkung auf die Seele zuschrieb. Zudem hat Thomas Noll 2004 anhand von Beschreibungen von Kirchenausstattungen nachgewiesen, dass als «andächtiges Bild» in der Tat auch narrative Wandbilder und Repräsentationsbilder bezeichnet wurden, wobei allein Maria oder Jesus als Adressaten der Gebetsansprache fungierten. Eine bestimmte formale Gestaltung gab es nicht, so dass sich ein «Bildtypus» Andachtsbild der Definition entzieht und nicht nur auf die oben vorgestellten ikonographischen Reduktionen zu beziehen ist. In jedem Fall ist bei der Beschäftigung mit der Forschungsliteratur zum «Andachtsbild» darauf zu achten, dass den Texten unterschiedliche Definitionen, Beschreibungskriterien und Ansätze zu Grunde liegen.

«Kleines Andachtsbild»

Der Begriff «Kleines Andachtsbild» ist hauptsächlich in der Volkskunde gebräuchlich, wo er Einlegeblätter für Gebetbücher und ähnliche religiöse Devotionalien bezeichnet und auf bestimmte ikonographische Typen beschränkt ist.

Heiligenikonographie

Heiligenverehrung

Heilige sind Personen, die aufgrund ihrer Verdienste im Glauben verehrt und um Fürbitte (*Intercessio*) angerufen werden dürfen. Als *sanctus* (heilig) wurden in den ersten Jahrhunderten Personen, Dinge und Orte bezeichnet, die durch ihre Nähe zu Gott nobilitiert sind. Das Wort wurde also in einem umfassenderen Sinn verwendet und auch Personen des Alten Testaments beigegeben, die jedoch nur in Ausnahmefällen (Hiob, Elias) und primär in der Ostkirche als Heilige im kirchlichen Sinn verehrt wurden. Die Unterscheidung zwischen *sanctus* und *beatus* (selig) erfolgte erst im 13. Jh.

Märtyrer

Das Gedenken der Blutzeugen, der Märtyrer, die wie der Erzmärtyrer Stephanus für ihren Glauben an Christus gestorben waren, oblag zunächst deren Familien. Als die Erwartung der baldigen Wiederkehr Christi im 2. Jh. nachließ, wurde die Frage nach dem Aufenthaltsort der Verstorbenen bis zu ihrer Auferstehung virulent. Der Glaube, dass die Märtyrer ohne Aufenthalt im Fegefeuer direkt in die Herrlichkeit eingehen, setzte sich durch: Ihr Leib bleibe im Grab, die Seele steige zum Thron Gottes auf, wo der Gläubige sie um Fürsprache bei Gott anrufen könne. Ein Brief der Gemeinde von Smyrna begründete die Verehrung der Märtyrer mit deren Nachahmung (*imitatio*) Christi. Seit Mitte des 2. Jh.s hielten die Gemeinden liturgische Feiern an den Gedenktagen der Märtyrer an deren Gräbern ab, die sich zunächst nicht von den letzten Ruhestätten anderer Gläubiger unterschieden.

Bischof Cyprian von Carthago (um 200 bis 258) ließ Listen der Todestage der Märtyrer anlegen. Mit dem Kult um die Blutzeugen verbreitete sich im 3. Jh. auch die Verehrung der Apostel als Märtyrer. Zugleich

Bekenner

stieg das Ansehen der Bekenner (*confessores*), die in Wort und Tat zu Christus standen, dafür Strafen auf sich nahmen, ohne jedoch für ihren Glauben hingerichtet zu werden. Nach dem Ende der Christenverfolgung kam zum Heiligenideal der Standhaftigkeit im Martyrium, die auch Heilige Jungfrauen wie Katharina bewiesen, Askese, Leben in Jungfräulichkeit, Einsamkeit und Armut als Ausweis der besonderen Berufung durch Gott hinzu. Einen weiteren Heiligentypus bilden die

Bischöfe

Bischöfe. Auch unter ihnen finden sich Märtyrer, doch gab für ihre Verehrung seit dem frühen Mittelalter vor allem der Vergleich mit dem Guten Hirten Christus, der für seine Gemeinde sorgt, den Ausschlag. Der Heilige Martin war der erste Bischof, der verehrt wurde, obwohl er kein Martyrium erlitten hatte.

Als Nachweis der Heiligkeit reichten zunächst die Erhebung (*elevatio*) und Überführung (*translatio*) der Gebeine aus. Vorangegangene Wunder wurden dahin gehend gedeutet, dass der Heilige sich mit der Umbettung einverstanden erklärte. Den liturgischen Akt ersetzte im Mittelalter ein kirchenrechtliches Verfahren. Ulrich von Augsburg

Heiligsprechung

wurde 993 als erster Heiliger in einem solchen Heiligsprechungsprozess kanonisiert. Für Seligsprechungen wurde erst 1631 ein eigenes Verfahren eingeführt.

Im Laufe des Mittelalters begann die Bitte um Fürsprache des Heiligen seine Vorbildfunktion im Hinblick auf die *imitatio* Christi zu dominieren. Da der Gedanke bestimmter Zuständigkeitsbereiche der Heiligen sich durchsetzte, schien es erstrebenswert Reliquien mehrerer Heiliger zu versammeln und Heilige zu Gruppen zusammenzuschließen (Vierzehn Nothelfer). Nach dem Tridentinum kamen die Märtyrer zu neuen Ehren, wie Sebastian als Inbegriff der streitbaren Kirche, aber auch Personen aus dem nächsten Umfeld Christi, wie Joseph. Die Volksfrömmigkeit hielt auch an solchen populären Heiligen (Christophorus, Barbara) fest, deren Authentizität Luther, aber auch katholische Hagiographen anzweifelten.

Hagiographie

Über die Apostel und Evangelisten berichten bereits die Evangelien, die Apostelgeschichte, die auch das Martyrium des Stephanus schildert, sowie die apokryphen *acta apostolorum*. Sie zählen jedoch nicht zu den hagiographischen Texten. Unter Hagiographie im engeren Sinn versteht man die Darstellung des Lebens der Heiligen. Ihre Anfänge

Märtyrerakten — *Viten*

liegen in den Märtyrerakten, den Protokollen der Märtyrerprozesse, die seit dem 2. Jh. Leiden und Hinrichtung der Heiligen beschrieben. Diese *Passiones* oder Martyrologien, eine besonders vom 5. bis 9. Jh. gepflegte Untergattung des hagiographischen Schrifttums, verherrlichen das Opfer im Glauben an Christus, ohne Interesse am Leben des Heiligen zu zeigen. Weite und lange Verbreitung erreichte das Martyrologium, das der Mönch Usuardus um 850 fertigstellte. Seit der 2. Hälfte des 3. Jh.s entstanden Viten, die sich im Unterschied zu den *Passiones* auf Leben und Wirken der Heiligen konzentrieren. Die *Vitae patrum* enthalten als älteste erhaltene lateinische Sammlung Lebensbeschreibungen der frühchristlichen Mönche und Eremiten, die in der ägyptischen, syrischen und palästinensischen Wüste lebten. Gregor der Große hingegen widmete sich in seinen *Dialogi de miraculis* den italienischen Heiligen seiner Zeit, vor allem Bischöfen und Mönchen, um zu zeigen, dass Heiligkeit immer noch zu erlangen sei. Bekanntheit erlangte insbesondere die in den *Dialogi* enthaltene Vita des Heiligen Benedikt von Nursia, des Begründers des Benediktinerordens. Trotz dieses Versuchs, ein neues Heiligenideal zu etablieren, blieb für Italien zunächst der Märtyrerkult bestimmend. Die gallisch-römischen und fränkischen Heiligen stellte Gregor von Tours (538–594) im *Liber in gloria confessorum* in den Mittelpunkt. Mit der Durchsetzung des monastischen Heiligenideals nahm das Interesse an den Viten gegenüber den *Passiones* zu. Während die Bedeutung vieler Legenden auf einzelne Klöster und Diözesen beschränkt blieb, erreichten einzelne Legenden, wie die Vita des Heiligen Martin von Venantius Fortunatus (530–660), überregionale Bekanntheit, so dass sich der von Tours aus geförderte Martinskult auch außerhalb des Wirkungskreises des Heiligen durchsetzte.

Mirakelbücher

Neben Martyrologien und Viten stellen Mirakelbücher eine weitere hagiographische Untergattung dar, in denen anlässlich der *Elevatio* und *Translatio* eines Heiligen die Wunder verzeichnet waren, die seine Heiligkeit bewiesen. Allen hagiographischen Schriften gemeinsam ist die Vernachlässigung der historischen Faktizität. Auch geben die Viten keine Biographien und ändern teilweise die chronologische Abfolge der Ereignisse mit dem Ziel, das heilsgeschichtliche Wirken Gottes im und durch den Heiligen aufzuzeigen. Die Charakterisierung der Heiligen ist typisierend, bestimmte Motive werden topisch und wiederholen sich im Leben verschiedener Heiliger, wobei sich auch das Heiligenideal wandeln kann (s. S. 91).

Legendarien

Seit Mitte des 8. Jh.s fassten Legendarien (lat.: legenda: was zu lesen ist) Heiligenleben zusammen. Diese auch als Passional bezeichneten Sammlungen dienten der Verlesung im Rahmen des liturgischen Stundengebets oder der klösterlichen Tischlesung, weshalb die Texte

Legenda aurea

oft recht knapp gehalten sind. Die Abfolge der Heiligen kann alphabetischen, chronologischen oder hierarchischen Ordnungskriterien gehorchen. In der Regel folgt die Anordnung, dem liturgischen Gebrauch gemäß, dem Kalenderjahr, beginnend mit dem Advent. Seit dem 13. Jh. zeichneten vermehrt einzelne Autoren für die Kompilation der Legenden verantwortlich. Der Zisterzienser Cäsarius von Heisterbach (um 1180–1240) bestimmte seinen *Dialogus miraculorum* für den Gebrauch durch Novizen, während der Dominikaner Jean de Mailly (um 1190–um 1260) seine *Abbreviatio in gestis et miraculis Sanctorum* als Materialsammlung zur Predigtvorbereitung verstand. Nach dem Vorbild Maillys schrieb sein Ordensbruder Bartholomäus von Trient (um 1200–nach 1251) sein *Liber epilogorum in gesta sanctorum*. Beide Werke blieben in ihrer Verbreitung begrenzt, waren jedoch wichtige Vorläufer der berühmtesten Legendensammlung, der von Jacobus de Voragine (um 1230–1298) verfassten *Legenda aurea*. Jacobus kompilierte aus der reichen schriftlichen und mündlichen Überlieferung 155 Heiligenlegenden, die er nach dem Kirchenjahr ordnete und mit Betrachtungen zu den Herren- und Marienfesten verknüpfte. Der Dominikaner Petrus Martyr (um 1205–1252) war der jüngste Heilige, den Jacobus aufnahm. Im 14. Jh. sorgten Übersetzungen in die Volkssprachen für die weite Verbreitung, die nach der Erfindung des Buchdrucks ab 1470 noch einmal zunahm. Von der Popularität der *Legenda aurea*, die ihren Titel um 1290 durch ihre Leser erhielt, zeugen etwa 1000 Handschriften und 97 Inkunabeln (vor 1500 erschienene Druckwerke). Zu den unmittelbaren Nachfolgern der *Legenda aurea* gehört das *Heiligenleben*, das Hermann von Fritzlar zwischen 1343 und 1349 verfasste und das um 1400 einflussreich wurde.

Die Bedeutung der *Legenda aurea* als ikonographische Quelle muss differenziert betrachtet werden. Die Handschriften weichen im Erzählgut voneinander ab, Heilige wurden zum Beispiel nach regionalen Bedürfnissen ausgetauscht. Auch konnte Jacobus' Werk sich nicht überall gegen bestehende Legenden durchsetzen. In Bayern und Österreich war seine Verbreitung geringer als im Elsass, wo sogar illuminierte Ausgaben entstanden. Ohnehin musste auch Jacobus eine Auswahl treffen, so dass er von den deutschen Heiligen nur Elisabeth von Thüringen berücksichtigte. Nicht zuletzt dominierten in den großen Orden die eigenen Schriften über die Ordensheiligen (s. S. 88 f.). Insgesamt nahm die Anzahl der Heiligenlegenden im 12. und 13. Jh. proportional zur Heiligenverehrung zu und erreichte ein unüberschaubares Ausmaß. Umso wichtiger ist es, bei der Interpretation von Heiligendarstellungen genaue Untersuchungen zu möglichen Quellen durchzuführen.

Schon im 15. Jh. gelegentlich kritisiert, verlor die *Legenda aurea* im 16. Jh. an Bedeutung. Bis ins 19. Jh. in hohen Auflagen verbreitet war dagegen die Legendensammlung des Kapuziners Martin von Cochem (1634–1712). In ihrem schlichten Stil wandte sie sich ausdrücklich an die *Illiterati* und verhalf unter anderen der Heiligen Genoveva zu großer Beliebtheit. Gut ein Fünftel der Legenden beschäftigt sich mit Heiligen des 14. bis 17. Jh.s.

Im Zeitalter der Ausdifferenzierung der Konfessionen wurde auf evangelischer wie katholischer Seite der Ruf nach quellenkritischer und historisch genauer Heiligenbiographik laut. Die Reformatoren lehnten die kultische Verehrung der Heiligen zwar ab, pflegten aber ihr Andenken, unter anderem mit einer Bearbeitung der *Vitae Patrum* durch Georg Major 1544. Der Jesuit Heribert Rosweyde besorgte 1615 eine weitere Ausgabe der *Vitae Patrum*. Auf Rosweyde ging auch der Plan einer zuverlässigen, kritischen Edition der Heiligenlegenden zurück, doch gelangte er über Vorbereitungen nicht hinaus. Jean Bolland (1596–1665) führte das Projekt unter dem Titel *Acta Sanctorum* (AASS) weiter. Nach seinem Tod bezeichneten sich die Hagiographen, die das Werk fortsetzten, als Bollandisten. 1643 erschienen die ersten zwei Bände des Monats Januar, denen 1658 drei Bände mit den Heiligen des Monats Februar folgten. Der kritischen Überprüfung hielten einige Heilige, wie Christophorus, nicht stand. Auch der Ursprungsmythos der Karmeliter, die sich auf die Prophetenschule des Elias beriefen, schied als nicht haltbar aus, was den Orden aber gerade dazu bewog, seine Gründungslegende in Wort und Bild zu propagieren. Auch hier ist die Bedeutung der jeweiligen Legende für die Ikonographie also am Bildmaterial zu überprüfen. Aufgrund der gründlichen Recherchen schritt die Arbeit an den AASS nur langsam voran und wurde von der Französischen Revolution unterbrochen. 1837 nahmen die Bollandisten die Arbeit wieder auf.

Acta Sanctorum

Während die *Acta Sanctorum* im Aufbau dem Kirchenjahr folgen, wählte Jean Mabillon (1632–1707) für seine *Acta Sanctorum Ordinis Sancti Benedicti* eine chronologische Ordnung nach den Lebensdaten der Heiligen. Im quellenkritischen Anspruch den Bollandisten vergleichbar, konzentrierte Mabillon sich auf Benediktinerheilige. Als Beispiel einer Sammlung, die Heilige einer bestimmten Region erfasst, sei *Bavaria Sancta* genannt, die 1615, 1624, 1627 und 1628 in München in lateinischer Sprache erschien. Ausgangspunkt des Projekts waren Kupferstiche, zu denen Texte Matthäus Raders hinzukamen. Das aufwändige Projekt, jeder Biographie einen Stich voranzustellen, erwies sich als nicht realisierbar. 1714 gab Maximilian Rassler eine deutschsprachige Neuausgabe mit den alten Kupferstichen heraus, auf die die bis ins 20. Jh. reichenden Neubearbeitungen dann verzichteten.

Seit 1815 fanden Heiligenlegenden, als bedeutende Sprachdenkmale des Mittelalters, Eingang in die *Monumenta Germaniae Historica*, meist jedoch um die Wundertaten gekürzt. Die populärsten Heiligenlegenden wurden in der Romantik weiter in Volksbüchern tradiert und um 1900 noch einmal als literarischer Stoff wiederentdeckt. Im 20. Jh. erfuhr die bildkünstlerische Auseinandersetzung mit Heiligen Anregungen durch unterschiedlichste Schriften. Zu nennen wäre zum Beispiel der Einfluss psychoanalytischer Texte auf Darstellungen des Heiligen Sebastian bei Salvador Dalí. Insgesamt wurden dem Heiligen Sebastian gegenüber der alten hagiographischen Tradition neue Züge abgewonnen, in denen Schönheit, Erotik und Identifikation des Künstlers mit dem leidenden Außenseiter eine Rolle spielten.

Heiligenviten: Franziskus

Die um 1260 entstandene Bardi-Tafel zeigt 20 Szenen aus dem Leben des Franziskus, die um die zentrale Figur des Heiligen angeordnet sind. Im Ausschnitt in Abb. 12 sind die ersten drei davon zu sehen. Die mittlere Episode finden wir im Franziskus-Zyklus der Oberkirche in Assisi wieder, der etwa 30 Jahre später zu datieren ist als die Bardi-Tafel. Hier füllt sie das mittlere Bildfeld des zweiten Jochs (Abb. 13). Die *Legenda aurea* berichtet, wie Pietro Bernardone seinen Sohn Franziskus gefangen nehmen und fesseln ließ, um ihn zur Rückgabe des Geldes zu bewegen, das dieser in den Wiederaufbau einer Kirche investiert hatte. Franziskus warf seinem Vater das Geld und seine Kleider vor die Füße und «floh also nackt zum Herrn». Die knappen Angaben reichen aus, um der Episode einen Titel zu geben: *Franziskus' Lossagung vom Vater.* Sie erklären aber nicht die unterschiedliche Darstellung des Themas. In der Bardi-Tafel liegt das weggeworfene Kleid auf dem Boden und trennt die links stehenden Eltern von Franziskus, dem auf der rechten Seite der Bischof eine Hand auf die Schulter legt. Das Thronen des Bischofs und die Anwesenheit eines Diakons verleihen dem Vorgang eine offizielle Dimension. Die Bardi-Tafel betont auch in den anderen Szenen, dass Franziskus mit Einverständnis der kirchlichen Autorität handelt (Wolff 1996, 147–161). In Assisi ist die Geschichte auch zweigeteilt, doch trägt der Vater die Kleider des Sohnes säuberlich über dem Arm. Er muss zurückgehalten werden, um nicht auf den Sohn loszugehen, der sich nicht nach unten beugt, sondern die Hände gen Himmel erhebt, wo die Hand Gottes erscheint. Den beiden Bildlösungen liegen unterschiedliche hagiographische Quellen zu Grunde. Bald nach der Heiligsprechung des Franziskus am 16.7.

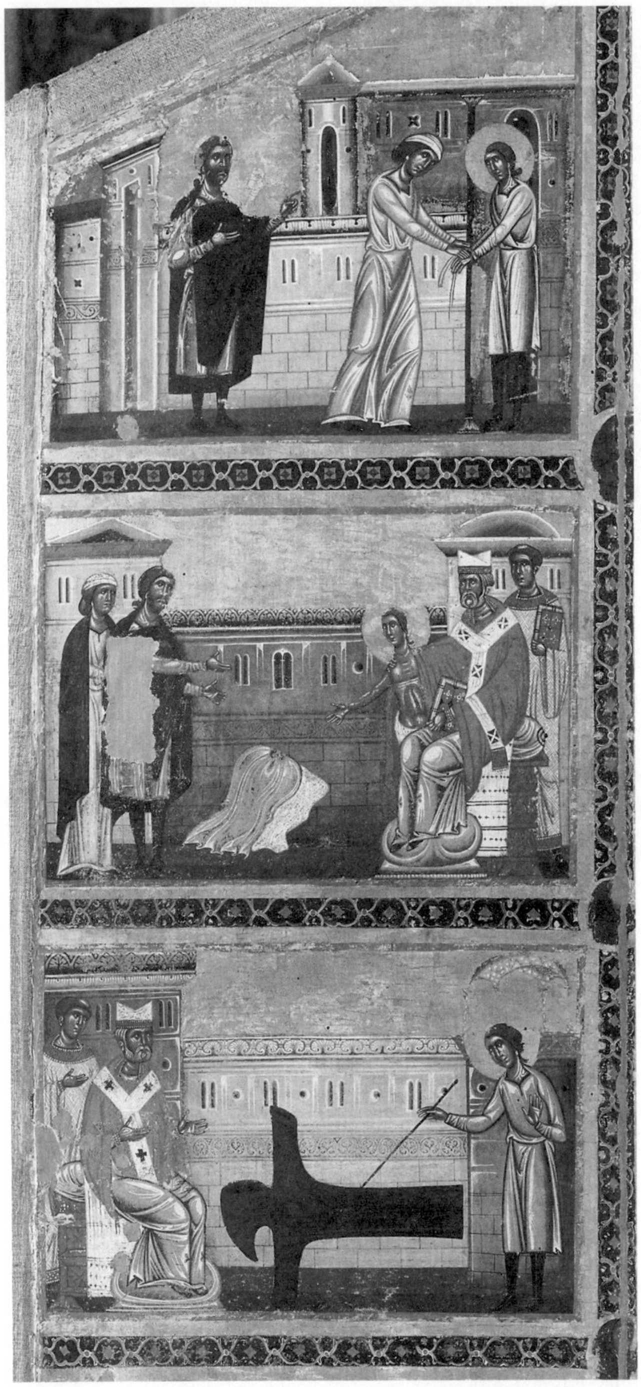

Abb. 12: Meister des Bardi-Retabels, sog. Bardi-Tafel, Leben des hl. Franziskus (Ausschnitt) (1254/1266), Florenz, S. Croce, Bardi-Kapelle

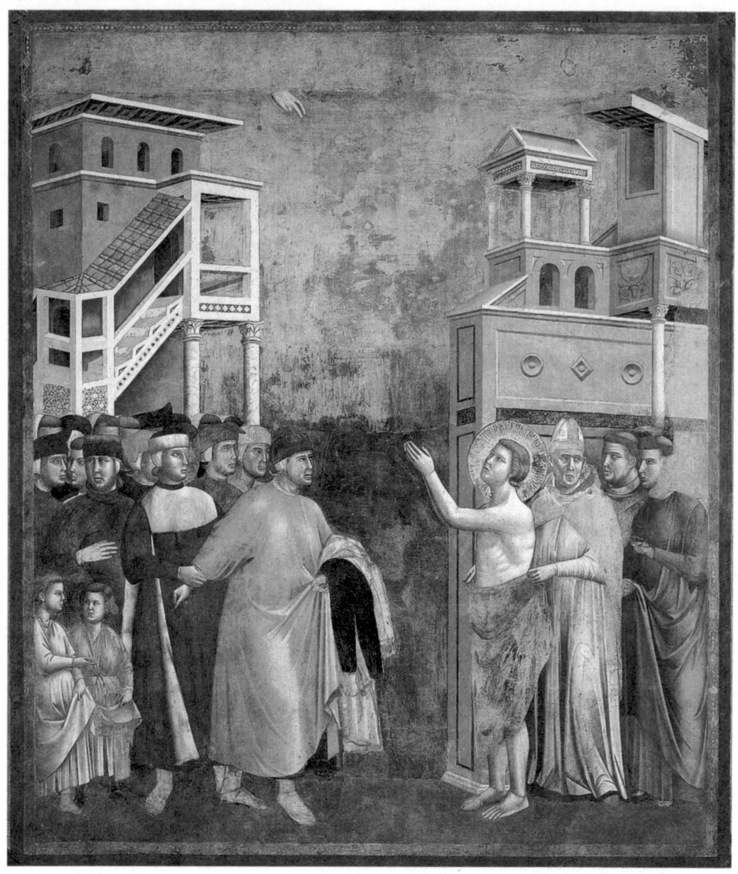

Abb. 13: Giotto, Franziskus' Lossagung von seinem Vater (um 1290), Assisi, S. Francesco, Oberkirche

1228 begann Thomas von Celano mit der Abfassung einer ersten Vita des Heiligen. Der Papst erklärte diese *Vita prima* 1229 zur offiziellen. Diesen Status gab sie 1266 an die *Legenda maior* und die *Legenda minor* ab, die Bonaventura 1263 fertig gestellt hatte. Celano berichtet, wie Franziskus die Kleider von sich wirft. Die Heftigkeit seines Verhaltens drückt der Bardi-Meister mit der Armhaltung des Heiligen und den am Boden liegenden Kleidern aus. Er folgt also Celano und interpretiert wie dieser den Vorfall als Lossagung von weltlichen Gütern und vom leiblichen Vater. Bonaventura hingegen spricht von einer förmlichen Rückgabe der Kleider und verschiebt den Akzent weg von der Abwendung vom irdischen hin zur Zuwendung zum himmlischen Vater.

Die Nutzung dieser Quelle erklärt die andere Haltung des Heiligen und das Tragen der zurückgegebenen Kleider durch den Vater in Assisi. Überdies antwortet Gott, wie auch in anderen Szenen in Assisi, entsprechend der *Legenda maior* auf die Taten des Heiligen – dies ist in der *Vita prima* nicht der Fall. Die beiden Quellen erklären nicht nur unterschiedliche Auffassungen desselben Themas, sondern auch Auswahl und Zusammenstellung der einzelnen Szenen, denn Celano und Bonaventura vertreten unterschiedliche Konzepte der Heiligkeit. Celano schildert den jungen Franziskus als durch falsche Erziehung sündhaften Menschen. Die *conversio* interpretiert er als absoluten Neuanfang, als plötzlichen Wandel durch das Eingreifen Gottes. Analog hierzu setzt die Bardi-Tafel mit der Befreiung des vom Vater gefesselten Franziskus im ersten und der Lossagung vom Vater im zweiten Bild ein, bevor der Heilige die Kutte wählt und seine Predigttätigkeit aufnimmt. Weder bei Celano noch in der Bardi-Tafel erlebt er je eine persönliche Begegnung mit Christus. Anders bei Bonaventura, der die gute Veranlagung betont, die Franziskus mitbringt, obwohl er dem weltlichen Leben noch zugeneigt ist. Der innere Weg zu Gott ist ihm wichtiger als der Vollzug der *conversio* in äußeren Handlungen, wie ihn Celano beschreibt. Das Verhältnis des Franziskus-Zyklus in Assisi zur *Legenda maior* ist sehr komplex. Hier sei nur bemerkt, dass das erste Bild zeigt, wie ein einfacher Mann dem noch in weltliche Gewänder gehüllten Franziskus huldigt, indem er seinen Mantel vor ihm auf der Straße ausbreitet. Er erkennt die Heiligkeit also schon, bevor Franziskus sich von seinem Vater lossagt. Diese wie auch die folgende Episode kennt Celano nicht. Franziskus übt schon vor seiner *conversio* gute Taten: Im zweiten Bild gibt er seinen Mantel in einem Akt der Demut einem armen Ritter. Franziskus' Vision eines Waffenpalastes, deren Darstellung in Assisi im dritten Bildfeld folgt, deutet Bonaventura als Lohn der guten Tat, da der Heilige mehr zurückerhält, als er an den Ritter fortgab.

Bei allen Übereinstimmungen zwischen Textquelle und Bild gibt es jedoch auch Abweichungen. Die beiden populären Legenden des *Quellwunders* und der *Vogelpredigt* nahm Giotto aus der Erzählfolge Bonaventuras heraus. Wichtiger als das Beachten der Reihenfolge war es, diese beiden Szenen am exponierten Ort der Ostwand anzubringen. So wirft der Besucher beim Verlassen der Kirche einen Blick auf genau diese beiden beliebten Wunder, die zudem die Predigttätigkeit und die Armut als Ideal des Bettelordens in Erinnerung rufen. Die Änderung erfolgte im Einklang mit der Vorgehensweise Bonaventuras selbst, der Anfang und Ende der Vita chronologisch wiedergibt, die Begebenheiten im Mittelteil jedoch thematisch ordnet.

Die *Legenda maior* ist ein gutes Beispiel dafür, dass der Einfluss hagiographischer Quellen weit über ihre Entstehungszeit hinausreichen kann. In nachtridentinischer Zeit erfuhr sie mehrere Neuauflagen. Dem neuen Heiligenideal des 17. Jh.s entsprechend konzentrierten sich die Darstellungen aus dem Leben des Heiligen Franziskus allerdings auf die Stigmatisation und Visionen.

Sacra Conversazione
Während Heilige in Polyptychen als Einzelfiguren in separaten Feldern bzw. Nischen links und rechts neben der Madonna aufgereiht werden, versammeln sie sich in der *Sacra Conversazione* in einem gemeinsamen, einheitlichen, meist architektonisch oder landschaftlich definierten Raum um die meist erhöht thronende Muttergottes mit Kind. Die Heiligen sind in diesem im 15. Jh. entstandenen Bildtypus individuell charakterisiert. Die Übersetzung der im 19. Jh. eingeführten Bezeichnung *Sacra* oder *Santa Conversazione* als «heiliges Gespräch» ist insofern irreführend, als die Heiligen und die Madonna sich nicht miteinander unterhalten. Der Terminus lehnt sich an Philipper 3, 20 («nostra conversatio in coelis est») an und bezieht sich auf den Umgang miteinander im Himmel. Im 18. Jh. geriet die *Sacra Conversazione* in die Kritik, weil sie dem Anspruch historischer Genauigkeit nicht genügte, da sie Heilige versammelte, die einander nie begegnet waren.

Apostel

Aus der Schar der Jünger wählte Christus zwölf aus, die er nach Lk 6,13 Apostel (griech.: Bote, Gesandter) nannte und die die Heilslehre in der Welt verkünden sollten. Ihre Namen überliefern Mt 10, 1–4; Mk 3, 16–19; Lk 6, 14–16; Apg 1, 13. Die frühesten Darstellungen gaben den Aposteln ein jugendliches Aussehen ohne individuelle Merkmale. In Bildern der Wundertaten Christi treten sie als nicht einzeln identifizierbare Begleiter und Zeugen auf. Seit dem 3. Jh. gehören sie in neutestamentlichen Szenen zu den Protagonisten. Wie bei der *Rettung Petri aus den Wassern* ermöglicht nur der Kontext die Benennung. Die Versammlung der Apostel um den lehrenden Christus wurde ab dem 4. Jh. dargestellt. Aus dieser Lehrszene entstand die ins Überzeitliche gehobene Repräsentation des Urbilds der Kirche. Noch im 4. Jh. wurden den Aposteln in diesen Darstellungen Einzelthrone zugewiesen – eine Entwicklung, die sich mit der Idee ihrer Beisitzerschaft beim Jüngsten Gericht (Mt 19, 28) verband. Dabei konnten Petrus und Paulus, der nicht zu den Zwölf gehört, durch Komposition, Nähe zu Christus oder besondere Gesichtszüge hervorgehoben werden.

Petrus und Paulus

Eine physiognomische Typik bildete sich für die beiden Apostelfürsten im 4. Jh. heraus: Petrus erhielt einen breiten Kopf, krauses, volles Haar oder Glatze mit Lockenkranz und Stirnlocke und einen abgerundeten kürzeren Bart, Paulus dagegen einen länglichen Kopf mit Vorderglatze und spitzem längerem Bart. Im 5. Jh. setzte sich die Darstellung der Apostel im Gelehrtentypus mit Bart, Nimbus, weißer Tunika und Pallium durch. Meist sind sie barfuß und tragen Kränze. Einzelnen Aposteln gewidmete Zyklen schmückten bereits die Wände von Alt St. Peter und St. Paul vor den Mauern in Rom. Seit dem 9. Jh. wurden Lehr- und Tauftätigkeit der Apostel sowie ihre Martyrien regelmäßig zum Bildgegenstand, wobei Evangelien, Apostelgeschichte und apokryphe Schriften als Quellen dienten.

Beispiel Arena-Kapelle

Im Jüngsten Gericht der Arena-Kapelle (Abb. 14) sitzen die Apostel zur Seite Christi. Die Nähe zu Christus und die Gesichtstypen ermöglichen die Identifikation der wichtigsten Apostel. Die anderen sind über die Reihenfolge ihrer Berufung und die Zuordnung zueinander mit einiger Wahrscheinlichkeit zu bestimmen sowie über den Umweg der Gewandfarben, die Giotto ihnen im christologischen Zyklus zuwies (Lisner 1990). Ein verbindlicher Farbkanon für die Gewänder einzelner Apostel bildete sich erst im 13. Jh. heraus. Petrus erhielt die Farben Blau und Gelb/Orange; auch Giotto wählte sie hier. Petrus gebührt der erste Platz, zur Rechten (s. S. 100) Christi. Auf dem zweiten Ehrenplatz, zur Linken Christi, thront der Lieblingsjünger Johannes. Giotto griff hier nicht den üblichen jugendlichen Typus auf, sondern verlieh ihm ein greises Aussehen; nach der *Legenda Aurea* erreichte Johannes ein Alter von 99 Jahren. Er trägt traditionell einen roten Mantel über einem blauen Gewand. Jakobus maior, der zusammen mit seinem Bruder Johannes und mit Petrus der Verklärung Christi beiwohnte und als erster Märtyrer unter den Aposteln gilt, folgt an dritter Stelle, neben Petrus. Dass er in Gewandfarben und Gesichtstyp Christus zum Verwechseln ähnlich sieht, kommt gelegentlich vor, ist jedoch keine verbindliche Darstellungsweise. Auch Jakobus minor, auf dessen Christusähnlichkeit die *Legenda aurea* hinweist, kann so dargestellt werden. Neben Johannes sitzt Andreas, der wie sein Bruder Petrus schon in frühchristlicher Zeit mit etwas zotteligen Haaren und entschlossenem Blick ein individuelles Aussehen erhielt, das Giotto übernahm. Neben ihm schließen sich Bartholomäus, Simon, Thaddäus und Matthias an. In der Darstellung des Bartholomäus folgte Giotto der *Legenda aurea*, die dem Apostel schwarze krause Haare, einen breiten Bart und ein weißes Gewand zuschreibt. Giotto wandelte das Weiß aus farbharmonischen Gründen in einen Elfenbeinton ab. Die Benennung der verbliebenen drei Jünger auf dieser Seite folgt der Apostelhierarchie, die sich in der Thronarchitektur widerspiegelt. So ist es wahrscheinlich, dass Matthias, der für den Verräter Judas nachgewählte Apostel, als zuletzt Berufener am weitesten von Christus entfernt zu dessen Linken sitzt. Das Nebeneinander von Simon und Thaddäus findet seine Begründung im gemeinsam erlittenen Martyri-

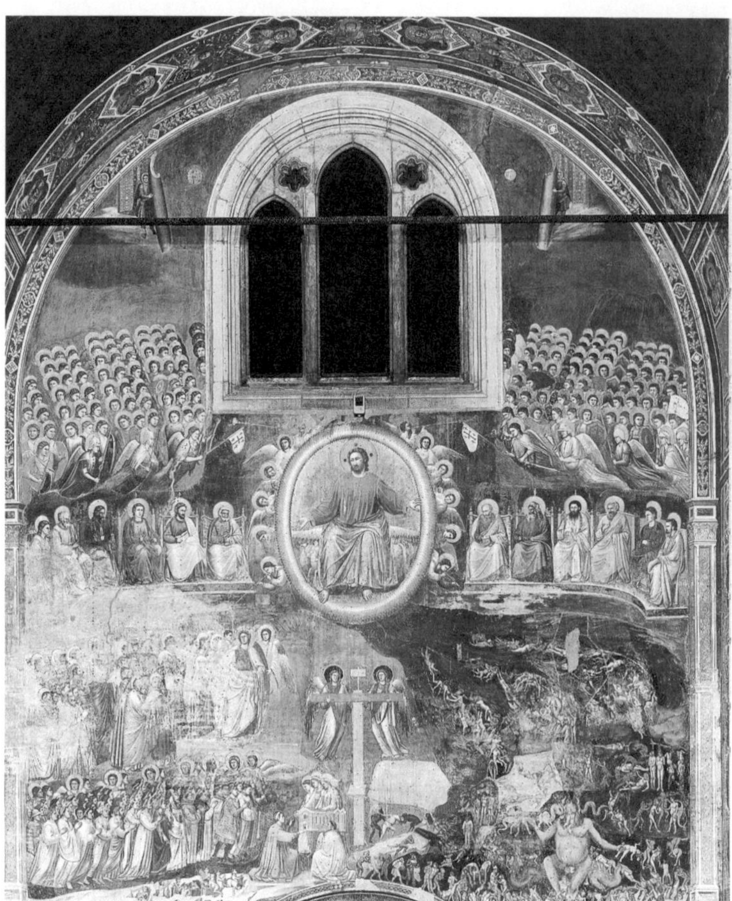

Abb. 14: Giotto, Jüngstes Gericht (um 1305), Padua, Arena-Kapelle (Ausschnitt)

um. Auf der gegenüberliegenden Seite folgen auf Jakobus maior der meist jugendlich dargestellte Philippus, dann wohl Jakobus minor, Matthäus und Thomas. Allerdings wäre nach Mt 10, 3 auch die Identifikation in umgekehrter Reihenfolge möglich. Für ein Nebeneinander von Philippus und Jakobus minor spricht der gemeinsame Festtag dieser Apostel. Die Unsicherheiten zeigen bereits, dass die Anordnung der Apostel nicht verbindlich geregelt war. Außerdem fehlt in der Apostelreihe der Arena-Kapelle Paulus, dem die visionäre Berufung durch Christus, und zwar nach dessen Tod, apostolische Würde verlieh. In der Arena-Kapelle erhielt Johannes den Vorzug, weil ihm ein Nebenaltar geweiht ist. Normalerweise steht Paulus beim *Jüngsten Gericht* der Platz zur Linken des Erlösers zu, der damit von den Apostelfürsten gerahmt wird. Insbesondere in römischen Kirchen war diese

Ordnung verbindlich. Um die Zwölfzahl der Apostel zu erhalten, scheidet dafür ein anderer Apostel aus, meist Matthias.

Sofern nicht Inschriften das Problem der Identifikation der Apostel lösten, halfen seit dem 13. Jh. Attribute, die freilich nur in nicht narrativen Darstellungen verwendet wurden. Die meisten Attribute leiten sich aus den Martyrien ab, deren Kompilation im 6. Jh. dem Bischof Abdias von Babylon zugeschrieben wurde. Durch Aufnahme in die *Legenda aurea* erlangten diese Martyriumsberichte der Apostel weite Verbreitung.

Apostel und ihre Attribute: Andreas: Andreaskreuz; Bartholomäus: Messer, abgezogene Haut; Jakobus maior: Pilgertracht und -muschel; Jakobus minor: Fahne, Walkerstange (Stock, mit dem Tuch und Leder bearbeitet werden); Johannes: Kelch mit Schlange; Judas Thaddäus: Keule; Matthäus: Geldbeutel (wegen seiner Tätigkeit als Zöllner), Winkelmaß; Matthias: Beil, Steine, Lanze; Petrus: Schlüssel; Philippus: Geißel, Kreuzstab; Simon: Säge; Thomas: Winkelmaß, Lanze; Paulus: Schwert.

Vom 14. bis ins 18. Jh. verliehen an Pfeilern im Kircheninneren angebrachte Statuen und Gemälde der Apostel dem Gedanken von den Aposteln als Stützen der Kirche (Gal 2, 9) Ausdruck.

Evangelisten

Zwei der Autoren der vier kanonisierten Evangelien, Matthäus und Johannes, gelten als Apostel, die anderen beiden, Markus und Lukas, als Apostelschüler. Die ältesten erhaltenen Darstellungen, Reliefs aus dem 4. Jh., zeigen die Evangelisten mit Schriftrollen. Im frühchristlichen Kirchenraum von geringer Bedeutung, wurden sie im 6. Jh. zu einem wichtigen Thema der Buchmalerei, das in ganzseitigen Darstellungen dem jeweiligen Evangelium vorangeht. Dabei wurde der spätantike ikonographische Typus des Autoren- und Philosophenbildes adaptiert. In den Autorenbildern sitzen die Evangelisten meist nach rechts gewendet an einem Schreibpult. Die Phasen des Schreibens reichen vom Prüfen der Feder bis zur Niederschrift des Evangeliums, das Lukas und Markus auch durch Paulus diktiert werden kann. Wird der Akzent auf den Akt der Inspiration gelegt, verstärken ihn zusätzlich die Taube des Heiligen Geistes oder die Hand Gottes. Als Quelle der Inspiration fungieren auch die Evangelistensymbole, die seit dem 6. Jh. im Westen über den Evangelisten angeordnet wurden. Obwohl

Autorenbild

nach Ende des Mittelalters keine ikonographischen Neuerungen mehr vorgenommen wurden, behauptete sich das Thema. Seit dem 16. Jh. schmücken Evangelistenbilder Vierungskuppeln und begleiten, wie in Aldersbach (s. S. 119 f.), Deckenfresken.

Die den Evangelisten zugeordneten Symbole gehen auf die Gottesvision Ezechiels (Ez, 1–28) und die Apokalypse (4, 1–2) zurück. Sie wurden den vier Lebensphasen Christi zugewiesen, ihre Zuordnung zu den Evangelien war anfangs nicht festgelegt und wurde erst von Hieronymus und Gregor I. verbindlich geregelt (Matthäus: Mensch, Inkarnation; Markus: Löwe, Auferstehung; Lukas: Stier, Opfertod; Johannes: Adler, Himmelfahrt). In Darstellungen, in denen keine unmittelbare Verbindung mit den Evangelisten besteht, symbolisieren die vier geflügelten Wesen eher die Evangelien als deren Autoren. Die Evangelistensymbole begleiten die *Maiestas Domini* (s. S. 109 f. u. Abb. 17, s. auch Abb. 15, oben).

Reliquiare

Als Reliquiare dienten zunächst schlichte Dosen und Kästen. Seit dem 8. Jh. machte eine kostbarere Ausschmückung den heiligen Wert der meist unscheinbaren Fragmente sinnlich erfahrbar. Zugleich entstanden neue Reliquiartypen wie die «redenden Reliquiare» in Form von Körperteilen, die aber nicht unbedingt die Extremitäten abbilden, denen die in ihnen enthaltenen Partikel entnommen sind. Als Fuß oder Arm stellten sie als *pars pro toto* des ganzen Leibes den Zustand der Unversehrtheit des Heiligenkörpers wieder her. Dies gilt noch mehr für Reliquiare in Form von Vollskulpturen, deren ältestes erhaltenes Beispiel die *hl. Fides von Conques* aus dem 9. Jh. ist. Den Glanz der himmlischen Existenz der Heiligen visualisieren Gold und Edelsteine. Ihre Schönheit, Strahlkraft und Reinheit symbolisieren die moralischen Qualitäten der Heiligen, wobei einzelne Edelsteine jeweils eigenen Symbolgehalt besitzen. Seit dem 12. Jh. erhielten Schreine eine aufwändigere Gestaltung mit Bildprogrammen an Wänden und Dächern. Um die Jahrhundertmitte lösten Darstellungen der Vita ältere Programme ab, die Aufnahme des Heiligen in den Himmel und Fürbitte beim Jüngsten Gericht in den Vordergrund stellten. Die Vita soll den Beweis der Heiligkeit erbringen und Vorbildfunktion erfüllen. Den physischen Kontakt mit den Reliquien erlaubten Berührungsöffnungen. Außerdem gab das Reliquiar selbst die *virtus* des Heiligen weiter. Gebräuchlich war ferner die Entnahme der Reliquien zur Be-

«redende Reliquiare»

Schreine

rührung. 1215 verbot das 4. Laterankonzil jedoch das Vorzeigen der Reliquien außerhalb der Reliquiare. Schaugefäße, wie Ostensorien, erlaubten den Blick auf die Reliquien, die sie hinter Glas oder Kristall verwahrten, nicht aber deren Berührung. Mit der Entdeckung der römischen Katakomben setzte im späten 16. Jh. eine neue Welle der Reliquienverehrung ein. Die Skelette der für Märtyrer gehaltenen Katakombenheiligen wurden in kostbare Gewänder gehüllt und in Glassarkophagen in den Kirchen ausgestellt. *Ostensorien*

Heiltumsbücher beschrieben die Reliquien einer Kirche und informierten über Länge und Bedingungen des durch ihre Verehrung gewährten Ablasses. *Heiltumsbücher*

Reliquienkult. Der Glaube an die Präsenz der Heilsmacht der Heiligen in ihren sterblichen Überresten bildete die Grundlage des Reliquienkultes (lat. reliquiae: Überreste). Neben Gebeinen wurden auch Gegenstände des täglichen Gebrauchs der Heiligen verehrt (Sekundärreliquien) oder Dinge, mit denen sie in Berührung gekommen waren. Errichtete Kaiser Konstantin noch Basiliken über den Märtyrergräbern, so ließ Ambrosius die erste im Westen belegte Translation von Reliquien an einen bereits vorhandenen Altar vornehmen. Das Recht hierzu wurde aus Apk 6,9 abgeleitet, dem Vers über die «unter dem Altar» versammelten Märtyrer. Die Verbindung von Altar und Reliquie nahm so stark zu, dass in der Umkehrung die Errichtung eines Altars das Vorhandensein einer Reliquie voraussetzte. Seit dem 7. Jh. fanden Reliquien nicht mehr unter dem Altar Platz, sondern in einem erhöhten Schrein dahinter. Der Respekt vor dem *corpus incorruptum*, dem unverweslichen, unversehrten Körper Heiliger, bewirkte im Westen eine Zurückhaltung gegenüber Gebeinteilungen. Eine Ausnahme bildete die Entnahme abgeschlagener oder nachwachsender Teile (Haare). Im 11. Jh. war die Abtrennung von Partikeln bereits gebräuchlich. Sie bezog ihre Legitimation aus der bis ins 5. Jh. zurückgehenden Vorstellung, dass jedes Fragment die ungeteilte *virtus* des ganzen Leibes enthält. Der Gläubige versicherte sich ihrer durch Berühren oder Tragen von Tüchern, die er zuvor auf die Reliquien gelegt hatte.

Symbole und Personifikationen

Frühchristliche Symbole

Die frühen Christen bevorzugten Symbole, um sich zu ihrem Glauben zu bekennen und seine zentralen Inhalte zu veranschaulichen. Das Mosaik der Apsiskalotte in S. Apollinare in Classe in Ravenna aus

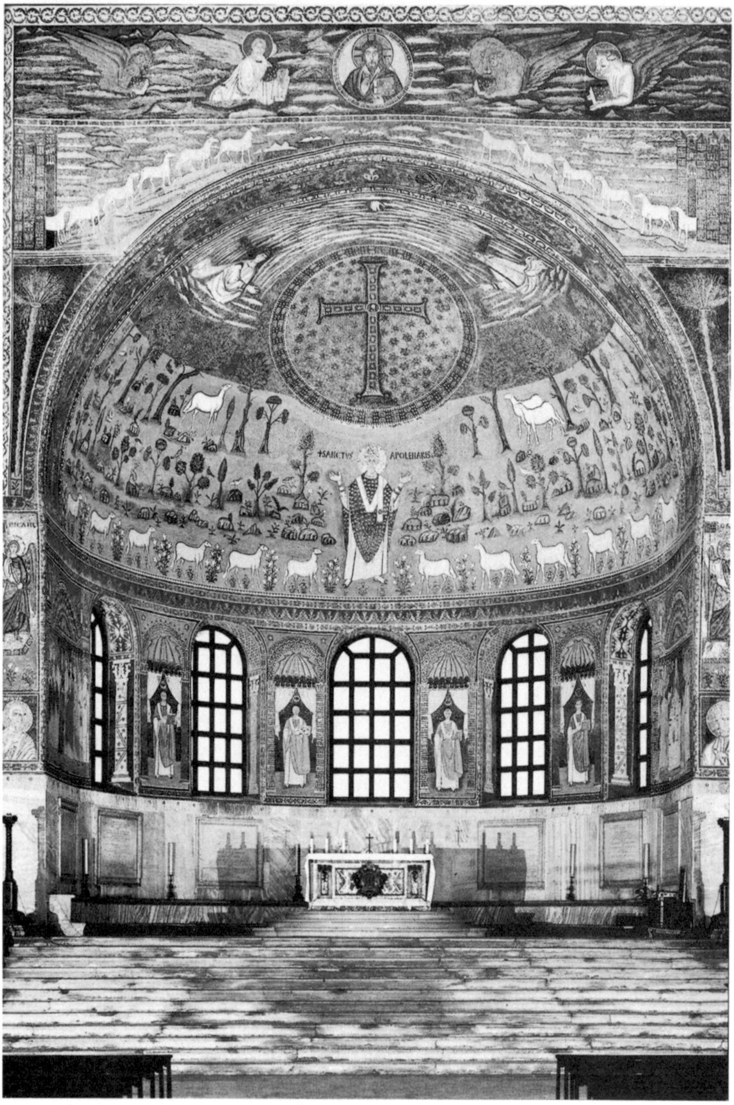

Abb. 15: Ravenna, S. Apollinare in Classe, Apsismosaik (6. Jh.)

dem 6. Jh. (Abb. 15) vereint einige der wichtigsten Symbole. Wir sehen ein Kreuz, dem sich links und rechts je eine Figur zuwendet. Inschriften bezeichnen sie als Moses und Elias. Eine Hand erscheint über dem Kreuz, unter dem Apollinaris mit ausgebreiteten Armen steht. Der Nimbus um seinen Kopf weist ihn als Heiligen aus. Zwölf Lämmer bewegen sich auf ihn zu.

Mit Ausnahme des Lammes waren die hier benutzten Symbole bereits in der Antike gebräuchlich und wurden von den frühen Christen *Kreuz* übernommen. Das gilt auch für das Kreuz. Schon in Ägypten stand das T-förmige Kreuz mit Kreis über dem Querbalken als Hieroglyphe für das Leben. T-förmig war auch der letzte Buchstabe des hebräischen Alphabets, das taw, das die Juden als Bekenntnis zu Jahwe und als Schutzzeichen (Ex 12, 22 f.) einsetzten. Symbolgehalt besaß ferner die kreuzförmige Anlage der Straßen, die in römischen Feldlagern auf die Himmelsrichtungen ausgerichtet waren. Die darin angelegte Deutung des Kreuzes als Schema der Welt versuchten die Kirchenväter Basilius und Hieronymus auf das christliche Kreuz zu übertragen, doch setzte sich diese Interpretation nicht durch. In der frühchristlichen Kunst kommt das Kreuz erst seit dem 4. Jh. vor. Als Strafinstrument löste es die Assoziation von Verbrechen und Schande aus. Erst als Kaiser Konstantin 312 vor der Schlacht an der Milvischen Brücke das Kreuzeszeichen mit der Verheißung «In diesem Zeichen siege» erschien, seine Mutter, die Kaiserin Helena, das wahre Kreuz auffand und Kaiser Theodosius I. (347–395) die Kreuzigung als Strafe abschaffte, nahmen Darstellungen des Kreuzes zu. Es ist dabei nicht auf die Kreuzigung bezogen, sondern (besonders in Verbindung mit dem Lorbeerkranz) Zeichen des Triumphes und der Wiederkunft Christi am Jüngsten Tag (Parusie).

Nimbus

Der Kreis-Nimbus, der übernatürliches Licht symbolisiert und den Kopf des Heiligen umgibt, hat Vorbilder in der heidnischen Kunst. Er umgibt den Sonnengott und andere Gestirngötter, erst seit dem 4. Jh. wird er auch für Christus verwendet. Der Kreuznimbus zeichnet Christus seit dem frühen 5. Jh. aus, als auch Heilige und Engel einen Heiligenschein erhielten.

Orans

Der hl. Apollinaris nimmt die Haltung einer Orans oder Orante ein. Darunter versteht man eine meist frontal dargestellte Gestalt mit erhobenen Armen, die Innenflächen der Hände sind sichtbar. Schon in der heidnischen Antike nahm der Betende diese Haltung ein, die Ausdruck seiner Pietas ist. Den Christen bedeutete diese Gebärde die Nachbildung des Kreuzes, damit die Angleichung an Christus und die Selbsthingabe an Gott. Heilige beim Erleiden ihres Martyriums werden deshalb oft als Oranten dargestellt.

Hand

Die Hand war bis ins 13. Jh. das wichtigste Symbol für Gottvater, denn die Scheu, ihn als Mensch darzustellen, war besonders groß. Bei vielen Themen, wie der *Gesetzesübergabe an Moses* oder der *Taufe Christi*, bezeugt eine Hand, die aus den Wolken kommt, Eingreifen, Gegenwart und, insbesondere im Redegestus, Stimme Gottes. In der Regel handelt es sich um die rechte Hand, denn die linke steht für Ablehnung und Fluch.

links und rechts

Symbolträchtig sind also auch links und rechts. Links und rechts werden dabei nicht vom Betrachter aus gedacht, sondern von den im Bild dargestellten Figuren. Das gilt vor allem für die Figurenanordnung. Wer sich rechts von Christus befindet, nimmt einen höheren Rang ein als sein Gegenüber zur Linken Christi.

Lamm Die Bedeutung des Lammes hängt vom Kontext der Darstellung ab. Schon das Alte Testament verband das am Altar dargebrachte Lamm mit dem Opfergedanken (Ex 12,3 und 29, 38–41). Sowohl Paulus (1 Kor 5,7) als auch Johannes (1, 29) bezeichnen Christus als Osterlamm bzw. als Lamm Gottes, das die Sünde der Welt trägt. Seit konstantinischer Zeit verkörpert das Lamm Christus. In dieser Bedeutung trägt es den Kreuznimbus. In eschatologischen Themenkreisen hält es besonders seit dem Mittelalter den Kreuzstab oder die Kreuzfahne.

Zwei Herden von Lämmern, die aus zwei Stadttoren heraustreten, symbolisieren die aus Jerusalem kommenden Judenchristen und die Heidenchristen aus Bethlehem. Darüber hinaus können Lämmer die Apostel vertreten, vor allem, wenn ihre Zahl sich auf zwölf beläuft. Eine Herde von Schafen kann aber auch die Gemeinde der Gläubigen versinnbildlichen. Steht unter ihnen ein Schäfer, der ein Lamm trägt, verkörpert er wiederum Christus, der sich selbst in einem Gleichnis als Guter Hirte bezeichnete (Lk 15, 3–7; Joh 10, 1–16), der verlorene Schafe zur Herde zurückführt.

Um die Botschaft des Apsismosaiks zu verstehen, reicht es nicht aus, die Symbole wie Vokabeln zu übersetzen. Miteinander kombiniert, können sie sehr komplexe Botschaften vermitteln. Einen Schlüssel bieten die Figuren der Propheten Moses und Elias, die in der Transfiguration (Verklärung) Christi erscheinen (Mt 17; Mk 9, 2–13; Lk 9, 28–36). Nachdem Christus Petrus, Jakobus und Johannes auf einen Berg geführt hat, verwandelt er sich vor ihren Augen und führt ein Gespräch mit den beiden Propheten. Die Stimme Gottes ertönt und bezeugt die Gottessohnschaft Christi. Im Mosaik veranschaulicht die Hand die Anwesenheit Gottes, während die Schafe unter dem Kreuz die drei Apostel symbolisieren: Das Brüderpaar Johannes und Jakobus steht links, Petrus als der Ranghöchste rechts des Kreuzes. Das Kreuz ist ein Symbol für den verklärten, verwandelten Christus. Doch damit erschöpft sich die Aussage des Bildes nicht, denn es besteht ein Zusammenhang zwischen der Transfiguration und der Parusie. Christus selbst kündigt unmittelbar vor der Verklärung seine Wiederkunft an, wobei der Zusammenhang der betreffenden Bibelverse vor der im 13. Jh. vorgenommenen Einteilung der Bibel (s. S. 46) in Kapitel noch stärker war. Der 2. Petrusbrief (1, 17–19) und die apokryphe Petrus-Apokalypse legen die Transfiguration sogar als Garantie für die Wiederkehr Christi aus, deren prophezeites Zeichen seit dem 2. Jh. als Kreuzzeichen interpretiert wurde. Als Zeugen der Apokalypse (Apk 11, 3–8) fügen sich Moses und Elias auch in diesen Kontext. Zudem gehören Alpha und Omega nicht nur zum Christusmonogramm, sondern werden zweimal in der Apokalypse genannt (Apk 1,8; 22, 13). Erst diese zusammenschauende Auslegung der Symbole erklärt die Anwesenheit des hl. Apollinaris, denn ihm steht als Märtyrer das Privileg zu, beim Weltgericht die Bitte um Rettung der Gläubigen vorzutragen. Die Zwölfzahl der Schafe lässt an die Apostel denken, die beim Weltgericht die Funktion der Beisitzer erfüllen.

Fisch

Über dem Kreuz prangt die Inschrift ΙΧΘΥΣ (ichthys). Es handelt sich um ein Akrostichon (hintereinander gelesene Anfangsbuchstaben aufeinander folgender Kapitel, Verse oder Wörter). Die deutsche Übersetzung der Wortfolge lautet «Jesus Christus, Gottes Sohn, Erlöser». Aufgrund des Anbringungsortes über dem Kreuz bezieht sich das Akrostichon auf diesen Titel Christi. Da das griechische Wort (ichthys) «Fisch» bedeutet, kann es an anderen Orten auf dieses Symbol verweisen oder auch zusammen mit dem Bild eines Fisches auftreten. Das Symbol des Fisches kommt bereits in der Sepulkralkunst und der Katakombenmalerei vor. Seine Bedeutung variiert, denn Fische symbolisieren einerseits die Gläubigen, die Christus als Fischer angelt und damit aus dem gefährlichen Meer rettet, andererseits aber auch Christus selbst, der als großer Fisch in einem Schwarm kleiner Fische (Gläubige) schwimmt. Auf einem Tisch, in einem Korb oder zusammen mit Brot versinnbildlicht der Fisch das eucharistische Mahl.

Gottesikonographie

Eines der heikelsten Probleme der christlichen Ikonographie betrifft die Darstellung Gottvaters. Die Kirchenväter lehnten sie ab und bekräftigten das Bilderverbot in diesem Punkt. Seit dem frühen Christentum behalfen sich Künstler daher mit Sinnbildern wie der Hand (s. S. 99) als Symbol für die Anwesenheit und das Eingreifen Gottes. Gleichwohl trat Gottvater früh in menschlicher Gestalt auf, wofür Gen 1, 26 die theologische Begründung liefert: Gott schuf den Menschen nach seinem Bilde. Die Künstler gaben ihm die jugendlich schöne Gestalt Christi, für die es bereits ikonographische Typen gab. Ihre Nutzung ging über die bloße Übernahme eines brauchbaren Vorbildes hinaus und war theologisch legitimiert. Paulus bezeichnet Christus als Bild des unsichtbaren Gottes (2 Kor 4, 4; Kol 1, 15), und Christus sagt im Johannes-Evangelium (14,9) von sich selbst: «Wer mich gesehen hat, hat den Vater gesehen.» In der Darstellung Christi ist Gottvater also enthalten – und umgekehrt.

Die Mosaiken der Schöpfungskuppel von S. Marco in Venedig verdeutlichen, wie überlegt die Ikonographie Gottvaters so zum Einsatz kommen kann, dass sie den Bibeltext nicht nur illustriert, sondern interpretiert. Im Bild zu Gen 1, 2 schwebt der Geist Gottes in Gestalt der Taube des Heiligen Geistes über den Wassern. Mit der Erschaffung des Lichts tritt Gott selbst in Erscheinung, und zwar als Christus interpretiert: jugendlich, schön, mit Kreuznimbus. Die Verbindung von Logos (Wort), als Instrument der Schöpfung, und Christus stützte sich auf Johannes 1, 1 («Im Anfang war das Wort, und das Wort war bei Gott und Gott war das Wort»). Die Doktrin vom Schöpfer-Christus und das Konzept der Trinität gingen von einer Präexistenz des Christus-Logos aus. In der Cotton-Genesis begleitet er die Menschen jedoch nur bis zum Sündenfall. Danach teilt Gott sich in den Bildern nur noch mittelbar mit; meist symbolisiert eine aus den Wolken kommende Hand seine Gegenwart. Allerdings gibt es bedeutsame Ausnahmen: Gegenüber Noah nimmt er wieder menschliche Gestalt an, die sich mit einem Bart jedoch vom Schöpfer-Christus unterscheidet.

Physiologus

Der *Physiologus* (griech.: Naturkundige) wird von der älteren Forschung um 200, von der jüngeren ins 4. Jh. datiert. Die älteste erhaltene, griechische Redaktion des Textes deutet in 48 Kapiteln unter Bezugnahme auf Bibelstellen das Verhalten von – existierenden wie fiktiven – Tieren, aber auch einiger Edelsteine und Pflanzen. Obwohl die naturwissenschaftlichen Beschreibungen sich teilweise schon in der Spätantike als nicht haltbar erwiesen, behielt die geistlich-moralische Auslegung ihre Verbindlichkeit. Vom 5. bis 13. Jh. erfreute sich der *Physiologus* großer Beliebtheit. Da sich die Kenntnis der Tierexempel auch über Enzyklopädien und typologische Werke verbreitete, muss die Verwendung in der bildenden Kunst allerdings nicht unbedingt auf den Text selbst zurückgehen, sondern kann indirekt vermittelt sein. Seit dem 10. Jh. entstand durch Aufnahme weiterer exegetischer Erklärungen, etwa der Kirchenväter oder Isidors von Sevilla, die neue *Bestiarien* Gattung der Bestiarien, von denen auch illuminierte Handschriften überliefert sind. In einem der Medaillons, die in der Arena-Kapelle (Abb. 8) die Hauptbilder begleiten und in einen typologischen Zusammenhang stellen, stellte Giotto neben der *Noli me tangere*-Szene *Löwe* einen Löwen mit seinem Jungen dar. Der *Physiologus* führt aus, dass die Jungen des Löwen totgeboren und erst am dritten Tag durch den Atem des Vaters zum Leben erweckt werden. Deshalb ist der Löwe ein Sinnbild der Auferstehung. Zu beachten ist, dass Tiersymbole teilweise ambivalent sind, so kann der Löwe nach Ps 22, 22 und 1 Petr 5, 8 ein Symbol für den Teufel sein – der Kontext entscheidet jeweils über die Deutung.

Als Inbegriff des Opfertodes wird der Pelikan seit dem 12. Jh. in Kreuzigungsdarstellungen eingefügt, weil er sich die Brust öffnet, um mit seinem Blut seine Küken zu retten. *Pelikan*

Über den Adler äußert sich die Bibel an zahlreichen Stellen und bietet vielfache Deutungen seines Verhaltens. Der *Physiologus* fügt weitere Geschichten hinzu. Der Adler kann für Auferstehung und Himmelfahrt stehen; im letzten Bild der Hildesheimer Bronzetür (Abb. 6) folgen zwei auffliegende Adler auf die *Noli me tangere-Szene*. Der Adler ist außerdem Attribut des Evangelisten Johannes. *Adler*

Mariensymbole

Als die Marienverehrung im 12. Jh. eine Renaissance erlebte, traten nicht nur neue marianische Themen in der Kunst auf, sondern es stieg auch die Verbreitung marianischer Symbole an. Die Mehrzahl der Metaphern für die Tugenden der Gottesmutter verdanken sich der Bibelexegese, hier wiederum der Interpretation des Hoheliedes (HL). Die in diesem Liebeslied genannte Braut identifizierte erstmals Ambrosius mit Maria. Im 12. Jh. nahm die Beschäftigung mit dem Hohelied in Predigten und Homilien (Auslegungen der Texte der Tagesmesse) noch einmal zu, allein Rupert von Deutz verfasste sieben Bücher über das Hohelied, das er fast vollständig auf Maria bezog. Weite Verbreitung fanden die Mariensymbole außerdem durch die *Lauretanische Litanei*, die ihren Namen erst im 16. Jh. erhielt, deren Grundform aber bis ins 12. Jh. zurückreicht.

Auf die Exegese des Hoheliedes zurückgehende Mariensymbole (Auswahl): Der versiegelte Brunnen (HL 4, 12), Hortus conclusus (4, 12), Lilie unter Disteln (2,1), Sonne und Mond (6,10).

Vielfach symbolisieren Pflanzen Tugenden und Eigenschaften im Allgemeinen, Marias im Besonderen. Einige Pflanzen wie Weinranke, Rose und Granatapfel waren bereits in der antiken Ornamentik verbreitet und in Mythen eingebunden. Die christliche Auslegung erfolgte im Rahmen der Bibelexegese durch die Kirchenväter, später die Mystiker. Der von Lambert von Saint-Omer bis 1121 kompilierte *Liber Floridus* fasst das mittelalterliche theologische, philosophische, naturwissenschaftliche und historische Wissen um die Pflanzenwelt zusammen. Der Symbolgehalt der Pflanzen erstreckt sich auch auf Porträt- und Landschaftsmalerei sowie Stillleben. *Pflanzen*

Auch Edelsteine, Farben und Zahlen können als Symbole eingesetzt werden.

«Disguised symbolism»

In seinem Buch *Early Netherlandish Painting* führte Erwin Panofsky 1953 den Begriff disguised bzw. concealed symbolism (versteckte oder verkleidete Symbolik) in die Kunstgeschichte ein. Er interpretierte den Naturalismus der altniederländischen Malerei als Träger einer metaphysischen Botschaft, indem er auf Thomas von Aquins *Summa Theologica* verwies, nach der «Geistiges unter dem Gleichnisse des Körperlichen» erscheint. Für die Ikonographie bedeutet dies, dass z. B. die vielen Gebrauchsgegenstände, die die Darstellung einer Stube schmücken, in der die Verkündigung stattfindet, nicht aus reiner Freude an der Schilderung eines Interieurs zu erklären, sondern symbolhaltig sind. Die schon bald von Otto Paecht und anderen geübte Kritik an Panofskys hermeneutischem Modell zielte auf dessen Rückbindung des neuen Naturalismus an die alte spirituelle Tradition, die das moderne Moment der altniederländischen Malerei quasi «entschärft». Hinzu trat der Vorwurf, Kunst werde damit auf die Illustration bestimmter Lehren reduziert und der Wert eines Kunstwerkes bemesse sich am Schwierigkeitsgrad der intellektuellen Herausforderung, vor die es den Interpreten stelle. Die Adressaten der meisten altniederländischen Gemälde seien jedoch keine Intellektuellen, sondern einfache Gläubige gewesen. Nicht zuletzt forderte auch der von Panofsky gewählte Begriff Widerspruch heraus, denn der Symbolgehalt vieler Gegenstände in den Gemälden ist gar nicht versteckt, sondern sogar sehr offensichtlich. Lilien, die bei einer *Verkündigung an Maria* in einer Vase auf dem Tisch stehen, deuten wir noch heute sofort als Symbol der Reinheit. Selbst dort, wo sich die symbolische Aussage nicht erschließt, werden wir doch oft einen «tieferen Sinn» vermuten. Die Bedeutung des Hundes und der ausgezogenen Schuhe in Jan van Eycks Arnolfini-Hochzeit (Abb. 16) werden wir vielleicht schon nicht mehr kennen. Aufgrund der feierlichen Würde des Gelöbnismoments und der Förmlichkeit der Beziehung der Ehepartner werden wir die prominent im Vordergrund in Szene gesetzten Motive trotzdem nicht als Mittel zur Charakterisierung des Paares, als Hinweis auf ihre Tierliebe und auf ihren mangelnden Ordnungssinn interpretieren, sondern als symbolträchtig: Der Hund ist Symbol der ehelichen Treue, die abgestreiften Schuhe verweisen auf die Heiligkeit, die der Ort durch die Zeremonie erhält.

Trotz der berechtigten Kritik hatte Panofskys Interpretation durchschlagenden Erfolg. Während er sich selbst der Gefahren seiner Methode stets bewusst war, suchten seine Epigonen bald in jedem Detail symbolische Bedeutungen und schenkten der Jagd nach dem Text, der den Schlüssel zur Lektüre eines Motivs barg, mehr Aufmerksamkeit als

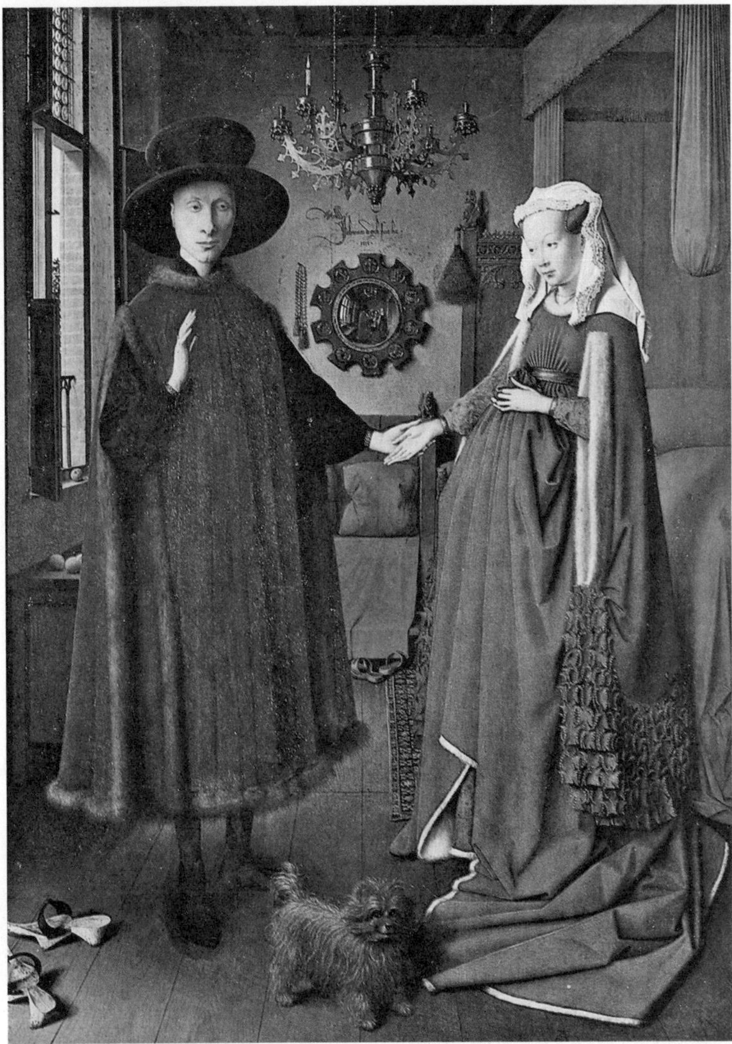

Abb. 16: Jan van Eyck, Arnolfini-Hochzeit (1434), London, National Gallery

der Betrachtung des Kunstwerks. Dabei wurde die Methode entgegen Panofskys Absicht unreflektiert auf alle Gattungen und Epochen der Kunst übertragen. Da ein Korrektiv fehlt, das die Grenze zur Überinterpretation markiert, steht und fällt die Interpretation mit der Erfahrung und dem historischen Gespür des einzelnen Kunsthistorikers. Als Faustregel gilt: Je häufiger ein Ding, eine Pflanze usw. im immer gleichen Kontext vorkommt, wie die Lilie bei der Verkündigung, umso größer ist die Wahrscheinlichkeit des Symbolgehalts. Bei Verstößen gegen das Postulat der Wirklichkeitswiedergabe ist eine symbolische Bedeutung ebenfalls zu prüfen, z. B. wenn bei der Darstellung eines Kircheninnenraums das Licht von Norden einfällt. Deutlich überschritten ist die Grenze des methodisch Vertretbaren, wo aus Kompositionslinien ganze Buchstaben herausgelesen und gedeutet werden.

Ecclesia und Synagoge

Der Neue und der Alte Bund, christliche Kirche und Judentum treten erstmals in der karolingischen Kunst gemeinsam auf, und zwar als kontrastierende Frauengestalten. Die Einzeldarstellung der *Ecclesia* reicht dagegen bis in frühchristliche Zeit zurück, da verschiedene Bibelstellen im Hinblick auf die Kirche interpretiert wurden, wie die im Hohelied und in 2. Kor 11,2 erwähnte Braut. Eph 5, 25 thematisiert die Liebe Christi zur Kirche explizit. Jeremia (31, 31–34) prophezeite einen neuen, vom alten verschiedenen Bund. Als weibliche Gestalten stellten schon die Kirchenväter diese beiden Bünde einander gegenüber. In der Charakterisierung schieden sich die Exegeten. Zum einen verurteilten sie die *Synagoge* als verstocktes, mit Blindheit geschlagenes Judentum, über das *Ecclesia* triumphiert. Zum anderen versöhnten sie sie als Partner, würdigten mit Blick auf die *Concordia*, die Eintracht beider Testamente, die *Synagoge* als Vorgängerin der *Ecclesia*. Die bildende Kunst griff beide Interpretationsmöglichkeiten auf, bevorzugte seit dem 11. Jh. aber besonders den Konflikt.

Ecclesia trägt eine Krone, hält eine Kreuzfahne oder einen Kreuzstab (manchmal ein Kirchenmodell) und einen Kelch mit dem Blut aus der Seitenwunde Christi. Während die Gestaltung der *Ecclesia* nahezu konstant blieb, änderte sich das Erscheinungsbild der *Synagoge*. Umhang, Schleier oder Binde verhüllen ihre Augen, die Krone fällt herunter, der Fahnenschaft bricht, die Gesetzestafeln entgleiten ihr. Manchmal trägt sie einen Judenhut. *Ecclesia* und *Synagoge* standen oft neben dem Kreuz (Abb. 22), bevor Maria und Johannes Evangelist diese Stellen um 1300 ganz einnahmen.

Tugenden und Laster

Unter den Personifikationen nehmen in der christlichen Ikonographie die Tugenden den ersten Rang ein, unter diesen wiederum die theologischen Tugenden und die Kardinaltugenden, von denen die guten Taten abhängen. Als Verhaltensmaßstab entwickelten bereits die antiken Philosophen das System der Kardinaltugenden. Diesen fügte erst Gregor der Große die theologischen Tugenden hinzu. Sie sind spezifisch christlich und haben ihre Grundlage in 1. Kor 13, 13. Zunächst gleichgestaltig dargestellt und höchstens durch Inschriften zu identifizieren, erhielten sie ab dem 9. Jh. charakteristische Attribute.

Zu den **Kardinaltugenden** gehören: *Gerechtigkeit/Justitia* (Schwert, Waage, Augenbinde), *Stärke/Fortitudo* (Säule, Schwert, Löwenfell oder Rüstung), *Mäßigung/Temperantia* (Zaumzeug, zwei Krüge, Schwert und Krug) und *Klugheit/Prudentia* (Spiegel, Schlange, doppeltes Gesicht). Die **theologischen Tugenden:** *Glaube/Fides* (Kreuz), *Liebe/Caritas* (Herz, Kinder) und *Hoffnung/Spes* (Anker).

Die Attribute der Tugenden wurden erst nach und nach kanonisch. Giotto stattete die Tugenden in der Arenakapelle (Abb. 8) teilweise noch mit anderen als den oben genannten Attributen aus. Er wies ihnen ihren Platz in der Sockelzone der Südwand zu. Die Personifikation der *Hoffnung/Spes* befindet sich unmittelbar vor der Ecke zur Westwand, auf der Seite der Seligen im *Jüngsten Gericht*. Ihr steht auf der anderen Seite, also in der Nähe der Verdammten, die *Verzweiflung/Desperatio* direkt gegenüber. Die Konfrontation der Tugenden mit Lastern, die die genaue Antithese darstellten, war hier wie auch in anderen Zyklen nicht in jedem Fall möglich; so bilden *Liebe/Caritas* und *Neid/Invidia*, die in der Arenakapelle miteinander kontrastiert werden, eigentlich keinen direkten Gegensatz.

Die Laster nehmen in der bildenden Kunst sowohl dämonische als auch menschliche Gestalt an und wurden auch in genrehaften Alltagsszenen veranschaulicht, oder in exemplarischen Episoden aus Geschichte und Mythologie. Ausgehend von der Vorstellung eines Kampfes zwischen Tugenden und Lastern schilderte Prudentius (geboren 348 n. Chr.) in seiner *Psychomachia* ausführlich Einzelkämpfe, aus denen die Tugenden als Siegerinnen hervorgehen und den Tempel der Weisheit errichten. Das Heer dieser Tugenden ist nicht identisch mit dem Kanon der theologischen und der Kardinaltugenden.

Psychomachia

Die *Psychomachie*, also der Kampf zwischen Tugenden und Lastern, gehört, eingebunden in die Weltgerichtsthematik, zum Programm vieler gotischer Kathedralportale (s. S. 115), in denen die Tugenden auf den besiegten Lastern in den Archivolten oder im Gewände stehen.

Exemplarische Analysen

Gotische Kathedralen: Das ikonographische Programm der Portale

Kathedralen sind als Mutterkirchen eines Bistums Repräsentanten kirchlicher Macht. Vor den Domfreilegungen des 19. Jh.s, die vor Westfassaden Plätze anlegten, erhoben sich die Kathedralen unver-

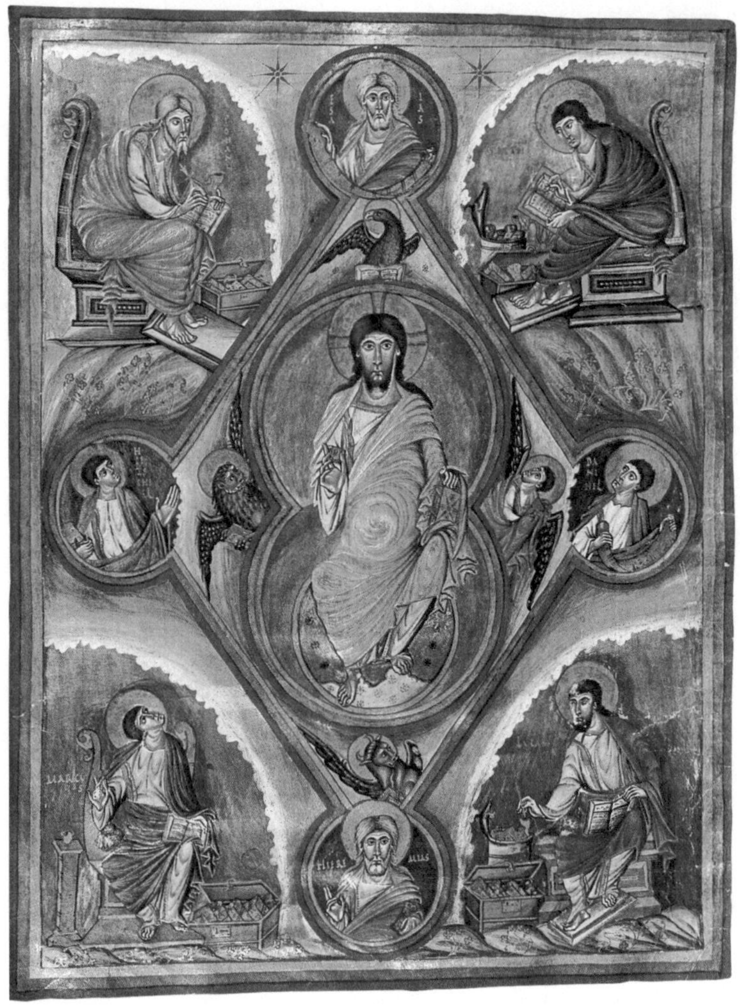

Abb. 17: Maiestas Domini, Vivian-Bibel (um 846), Paris, Bibliothèque Nationale

mittelt aus der Mitte niedriger, einfacher Häuser. In Straßburg, wo die Gassen noch heute bis dicht an das Münster heranführen, ahnt man, wie imposant sie auf den mittelalterlichen Pilger, Bauern und Stadtbewohner gewirkt haben müssen. Trat er näher heran, lehrten die Portalskulpturen ihn die Heilsgeschichte, warnten vor Verfehlungen, verhießen himmlischen Lohn. Kathedralen verfügen über mehrere Portale, über die sich das ikonographische Programm verteilt. Wiederholungen der zentralen Themen sind keine Seltenheit. Da die Geschichte des Heils ihre Erfüllung am Jüngsten Tag erfährt, gehören endzeitliche Themen zur Ikonographie jedes Portalprogramms, ob die *Maiestas Domini* (Abb. 17) im Tympanon thront oder ab Ende des 12. Jh.s das *Jüngste Gericht* ihren Platz einnimmt. Mindestens ein Portal stellt Maria, als wichtigste Patronin der meisten Kathedralen, in den Mittelpunkt. Doch auch andere Heilige, denen die Kathedrale dediziert war und von denen sie Reliquien besaß, erhielten den ihnen gebührenden Platz, so dass die Gläubigen schon vor ihrem Eintritt in das Gotteshaus erfuhren, welcher Heilige im Inneren besonders zu verehren sei. Szenen oder Einzelfiguren des Alten Testaments haben ihren Ort in den Archivolten (Bogenlaibungen), in Friesen oder Gewändefiguren. Sie verkörpern entweder typologisches Gedankengut oder eröffnen einen Überblick über die Heilsgeschichte vom Anbeginn der Schöpfung bis zum Jüngsten Gericht, erhalten ihre Bedeutung also nie aus sich selbst heraus, sondern aus dem Bezug zum Neuen Testament. Auch profane Themen, wie die Monate oder die Freien Künste, stehen an diesem Ort in heilsgeschichtlichem Kontext. Das ikonographische Grundgerüst wurde lokalen Bedürfnissen angepasst, so dass kein Portalprogramm dem anderen gleicht.

Maiestas Domini. Die Weissagungen der Propheten fassten die Kirchenväter als Offenbarung des präexistenten Christus auf. Visionsbilder, für die vor allem auch die Theophanie (Erscheinung Gottes) der Apokalypse (4, 2–9) wichtig ist, können deshalb Gott und zugleich den wieder zu Gott erhöhten Christus bedeuten, den ewigen Herrscher des Himmels und der Erde. Nicht als Illustration eines bestimmten Bibelverses, sondern angeregt durch verschiedene biblische Visionen, theologische Deutungen und liturgische Texte, entstand im 5. Jh. der Bildtyp der *Maiestas Domini.* Zu seinen Grundelementen (Abb. 17) gehören der auf dem Regen- oder Himmelsbogen oder der Weltkugel thronende Herr, in der linken Hand ein Buch, die rechte zum Sprech- oder Segensgestus erhoben. Er ist von einer Aura umgeben, die meist die Form eines Spitzovals hat, wegen der Ähnlichkeit mit einer Mandel Mandorla genannt wird, in der Vivian-Bibel aber einer Acht gleicht und noch von einer Raute umfangen wird. Der ikonographische Grundbestand, zu dem die Symbole der vier Evangelisten (s. S. 95 f.) gehören, konnte im 9. Jh. so erweitert werden, wie auf der Abbildung zu sehen: In die Ecken fügte der Künstler die vier Evangelisten ein, und die Medaillonbilder enthalten die wegen des Umfangs ihrer Schriften so genannten vier großen Propheten Jesaja, Jeremias, Hesekiel und Daniel, denen Visionen zuteil wurden. *Maiestas Domini*-Darstellungen zieren ganzseitig den Beginn von Evangeliaren (s. S. 53) und füllen Apsiskalotten. Die Kathedralskulptur zeigt sie in den Tympana der Portale. Die *Maiestas Domini* kommt auch in

Verbindung mit anderen Themen vor. Besonders bei Erweiterungen um Motive aus der Apokalypse (24 Älteste, die zwölf Apostel) verschiebt sich der Akzent zum Jüngsten Gericht. Nach 1300 verlor der Bildtyp seine Bedeutung.

Das Straßburger Münster

Ein Brand im Jahr 1176 machte eine Erneuerung der Ostteile des Straßburger Münsters erforderlich. Das doppelte Gewändeportal des *Südportal* Südquerhauses erhielt um 1225 seinen Figurenschmuck. Das Südportal (Abb. 18) diente nicht nur lange als Haupteingang, sondern wäre in der ursprünglichen Planung vielleicht sogar das einzige mit Großskulpturen geblieben, denn es gibt Hinweise, dass die ottonischen Westtürme zunächst erhalten bleiben sollten. In diesem Fall wäre der Ikonographie der Zyklen am Südquerhaus eine besondere Bedeutung zugefallen. Deshalb beginnen wir unsere Besichtigung hier und nicht vor der Westfassade, deren Grundstein 1276 gelegt wurde und die heute den ikonographischen Höhepunkt bildet.

Da das Straßburger Münster der Maria geweiht ist, überrascht es nicht, dass die szenischen Reliefs sich ihr widmen. Der Zyklus des Südportals beginnt im linken Bogenfeld mit dem *Tod der Maria*. Im Relief des Türsturzes tragen die Apostel sie zu Grabe. Nach *Mariae Himmelfahrt* im rechten Türsturz beschließt die *Krönung Mariens* durch Christus, der die Jungfrau segnet, den Zyklus im rechten Bogenfeld. Die *Marienkrönung* gehört zu den neuen Bildschöpfungen des 12. Jh.s, die nicht auf die Bibel oder apokryphe Quellen zurückgehen, sondern aus der wachsenden Marienverehrung entstanden. Exegeten deuteten die im alttestamentlichen Hohelied besungene Braut als Maria, diese wiederum als Kirche und den Bräutigam als Christus. In der Übertragung dieser Auslegung in den mittelalterlichen Mariendichtungen bedeutet die Marienkrönung den Triumph der Kirche. Das Hohelied gehörte in Straßburg nicht nur zu den liturgischen Texten der Marienfeste, sondern lag sogar dem Konzept des ikonographischen Programms zugrunde. König Salomo, der Dichter des Hohelieds, thront am Pfeiler zwischen den Portalen. Der Griff an Scheide und Knauf seines Schwertes charakterisiert ihn als Richter. Die Erweiterung des ikonographischen Programms um die Gerichtsthematik erklärt sich nicht nur aus der heilsgeschichtlichen Bedeutung des Jüngsten Gerichts, sondern aus dem Ort selbst: Vor dem Südportal wurde im Mittelalter Gericht abgehalten. Salomo ist eine Präfiguration Christi, der sich als Halbfigur über ihm erhebt. Mit segnend erhobe-

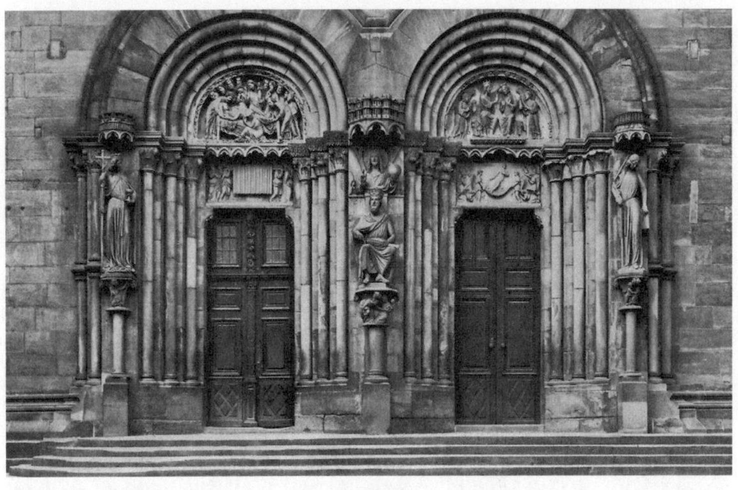

Abb. 18: Straßburg, Münster, Marienportal (um 1225)

ner rechter Hand und Weltkugel in der Linken erscheint Christus im ikonographischen Typus des *Salvator mundi* (lat. «Erlöser der Welt»). Der ihn bekrönende Baldachin in Form einer Stadtmauer steht für das Himmlische Jerusalem, das Reich der Auserwählten. In den Kontext der Gerichtsthematik fügten sich die Gewändestatuen der zwölf Apostel, die zum größten Teil zerstört, auf einem Stich aus dem 17. Jh. aber noch zu erkennen sind. Dem Richterspruch unterwerfen sich am äußeren linken Rand des Portals *Ecclesia* und die rechts in bewusster Distanz zu ihr aufgestellte *Synagoge*. Die siegreiche Kirche wendet sich dem Richter und damit auch der *Synagoge* zu, die den Kopf abwendet. Das Doppelportal verbindet die Marien- mit der Gerichtsthematik, die den Akzent mit *Salvator mundi*, *Aufnahme in den Himmel* und *Krönung Mariens* auf die Erlösungstat Christi und das Auferstehungsversprechen setzt, das bei Marias Aufnahme in den Himmel zum ersten Mal eingelöst wird. Als Himmelskönigin und Inbegriff der Kirche übernimmt sie die Rolle der größten Gnadenmittlerin beim Jüngsten Gericht. Für dessen unmittelbare Darstellung gab es an der Südfassade keinen Platz, so dass Bildhauer und Konzepteure des Programms zu einer nie wiederholten Lösung griffen: Sie verbildlichten das unverzichtbare Thema im Kircheninneren, am sogenannten Engelspfeiler im südlichen Querhaus, der ebenfalls als Gerichtsstätte diente.

Westfassade

Viele Skulpturen der Westfassade wurden nach ihrer Zerstörung in der Französischen Revolution ersetzt. Da Kopien aus dem 19. Jh. sich zuweilen als recht freie Nachschöpfungen der mittelalterlichen Vorlagen erweisen, sollten nach Möglichkeit zur Kontrolle ältere Abbildungen und Beschreibungen herangezogen werden. Stünden uns allerdings nur solch ältere Quellen zur Verfügung, um Verlorenes zu re-

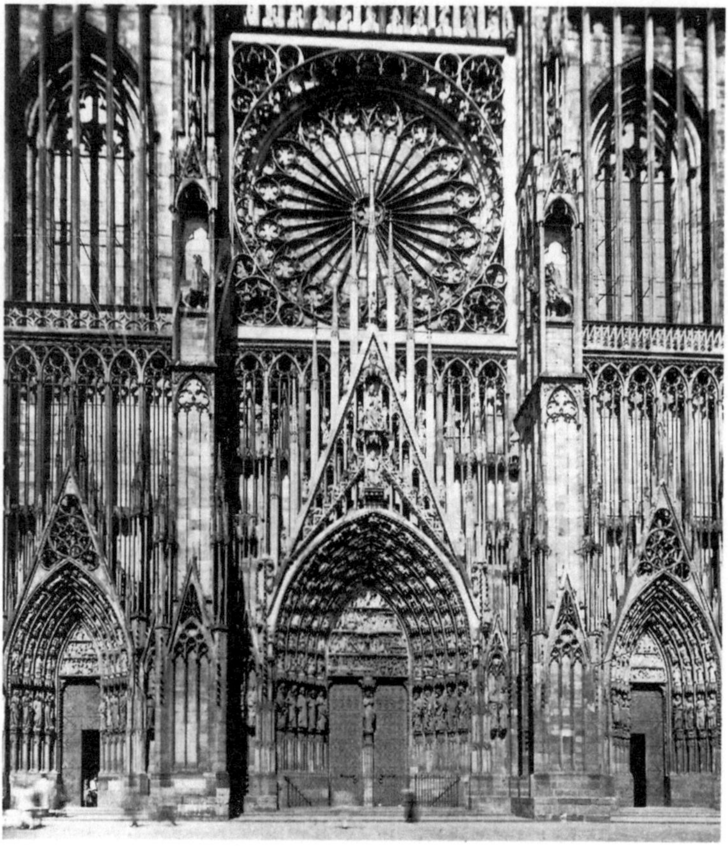

Abb. 19: Straßburg, Münster, Westfassade

konstruieren, wäre ebenfalls eine gewisse Skepsis geboten, da ihre Verfasser bei der Betitelung von Kunstwerken teilweise assoziativ vorgingen. Im Fall des Straßburger Münsters sind die wichtigsten Themen durch mehrere Quellen abgesichert.

Die Portalskulpturen der Westfassade der großen gotischen Kathedralen fügen sich dem heilsgeschichtlichen Gedanken ein, der alle drei Portale verbindet. Dabei bildet jedes Portal für sich eine thematische Einheit. Die Tympana enthalten die Kernaussagen, deren Bedeutung durch die Skulpturen in Archivolten und Gewände kommentiert und erweitert wird. In Straßburg (Abb. 19–22) beschäftigt sich das Tympanon des linken Portals mit der Kindheit Christi, das mittlere mit seiner Passion und das rechte mit dem Jüngsten Gericht, das als Ziel von Gottes Heilsplan so wichtig war, dass es in vielen Kathedralen mehrfach thematisiert wurde. Die Passion Christi kommt zwar auch in Bildprogrammen anderer Kathedralen vor, jedoch nicht im Tympanon. In

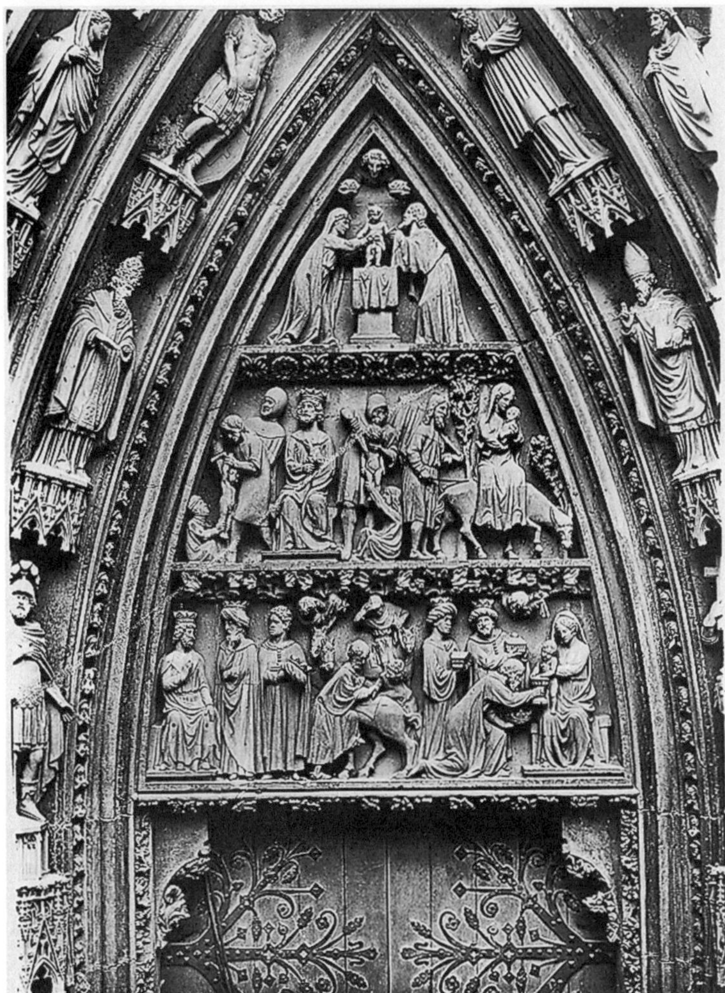

Abb. 20: Straßburg, Münster, Westfassade, Tympanon des linken Portals (nach 1276)

Straßburg macht sich bereits ein Wandel in der Frömmigkeit bemerkbar, der die Leiden Christi in den Mittelpunkt der religiösen Betrachtung stellt. Diese veränderte Haltung erklärt auch, warum die Passion jetzt Thema des Hauptportals ist, das ältere Programme der *Maiestas Domini* oder dem Jüngsten Gericht vorbehielten.

Linkes Portal Tympanon

Die Szenenfolge im Tympanon des linken Portals (Abb. 20) verbindet Szenen aus den Evangelien nach Matthäus und Lukas. Der Zyklus beginnt links im Türsturz mit der *Audienz der Heiligen Drei Könige bei Herodes*, der ihnen aufträgt, ihm zu melden, wo sie das Kind, den prophezeiten Messias gefunden haben. Rechts schließt sich die *Anbe-*

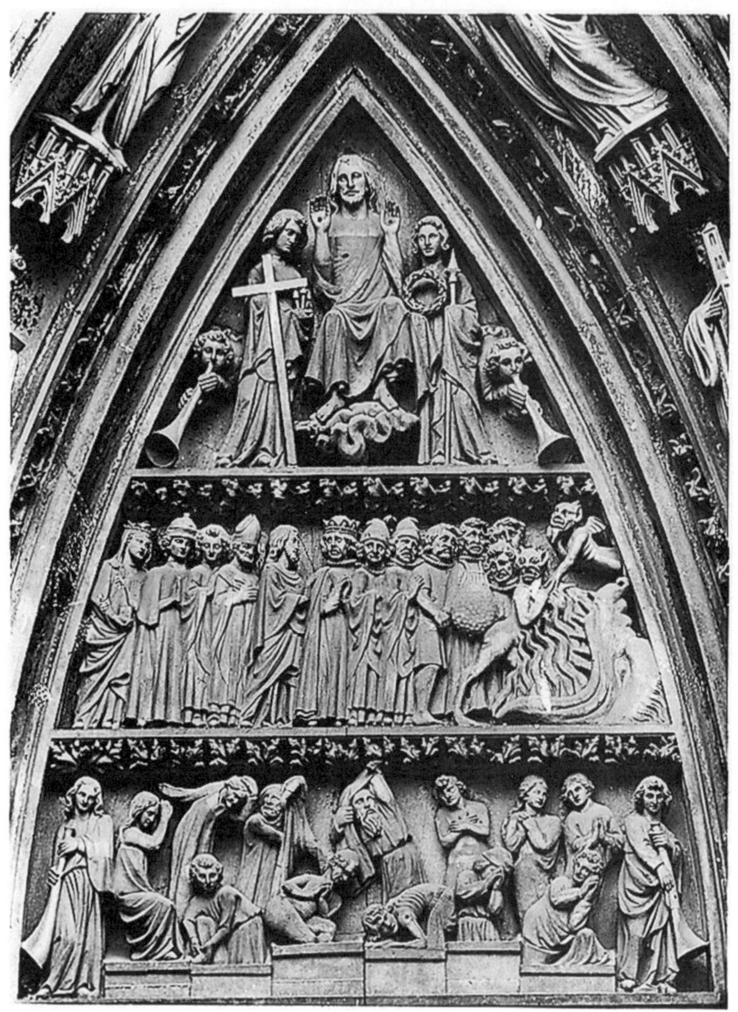

Abb. 21: Straßburg, Münster, Westfassade, Tympanon des rechten Portals (nach 1276)

tung des Kindes durch die drei Könige an. Da sie dem Befehl des Herodes nicht Folge leisteten, ließ dieser alle Kinder bis zum Alter von zwei Jahren töten. Im zweiten Register sitzt Herodes wie ein Richter mit Schwert und überkreuzten Beinen auf einem Thron, während seine Häscher die bethlehemitischen Kinder töten und die Heilige Familie nach Ägypten flieht. Darüber sehen wir die *Darbringung im Tempel.* Es fällt auf, dass Verkündigung und Geburt, die die Zyklen der Jugend Christi meist einleiten, fehlen. Das Programm sah keinen vollständigen Kindheitszyklus vor, sondern traf eine Auswahl, die zwei Gedanken vereint. Die Bedeutung der Epiphanie besteht darin, dass die Ersten unter den Heiden im Kind den Messias erkennen. Da sie die drei Lebensalter und die drei damals bekannten Erdteile repräsentieren, huldigt in ihnen die ganze Menschheit dem Neugeborenen. Bei der Darbringung im Tempel erkennt der greise Simeon im Kind den prophezeiten Heiland. Oft hält Simeon das Kind bei der Darbringung auf dem Arm (Abb. 9), hier steht es auf dem Altar. Die Vorwegnahme des eucharistischen Opfers erweitert den Gedankenkreis der Menschwerdung. Die Darstellung eines Soldaten, der unmittelbar unter dem Altar ein Kind tötet, akzentuiert Tod und Opfer noch stärker. Die beiden inneren Bogenläufe beherbergen nur vereinzelt identifizierbare Heilige. Einige sind wie römische Soldaten gekleidet, was an die ersten Märtyrer denken lässt, andere tragen bischöflichen Ornat, Jungfrauen befinden sich ebenfalls unter ihnen. Offenbar sollten alle Gruppen von Heiligen vertreten sein. Zusammen mit den Engeln in den äußeren Bogenläufen bilden sie eine Versammlung derer, die Christus erkannten und sich in seinen Dienst stellten.

Archivolten

Gewände

Im Portalgewände tragen die Tugenden ihren Kampf gegen die Laster aus, die menschengestaltig, jedoch sehr klein sind. Heute verlorene Inschriften identifizierten die einzelnen Laster. Der Kampf zwischen Gut und Böse ist bereits entschieden: Die Tugenden stehen auf den besiegten Lastern. Die *Psychomachie* (s. S. 107 f.) gehört zum ikonographischen Programm vieler Kathedralen. Der thematische Kontext variiert; die *Psychomachie* kann dem *Jüngsten Gericht* beigegeben sein, aber auch der Menschwerdung Christi. Die Gruppe richtet sich in moralisch-didaktischer Absicht an den Kirchgänger: Tugenden bereiten auf den Empfang der Gnade vor.

Rechtes Portal Tympanon

Die Erzählung im Tympanon des rechten Portals (Abb. 21) steht im Zeichen des Gerichts. Unten stehen die Verstorbenen aus ihren Gräbern auf. Darüber zieht von links nach rechts eine Figurenreihe, die eine Zäsur etwas links der Mitte in zwei unterschiedlich charakterisierte Gruppen teilt. Die rechte besteht aus Verdammten mit verzweifeltem Gesichtsausdruck. Durch ein Seil am Hals aneinander gefesselt, bewegen sie sich auf den Höllenschlund zu. Links folgen die Seligen gelassen und demütig einer links der Mitte stehenden männlichen Figur, die dem Christustypus entspricht. Der letzte Verdammte, ein König, wendet sich mit bittend zusammengelegten Händen zurück zu Christus, der ihm begütigend die Hand auf die Schulter legt, als bestünde selbst für ihn noch Hoffnung. Über dieser bemerkenswerten Szene thront im oberen Register *Christus als Weltenrichter*. Er weist seine Wundmale vor, zwei Engel halten die Passionswerkzeuge Kreuz, Lanze und Dornenkrone, zwei weitere Engel verkündigen mit Posaunen den Beginn des Zeitenendes. Wie im linken Portal nehmen Heilige die beiden inneren Archivolten ein, Engel die äußeren. Die himmlische

Archivolten

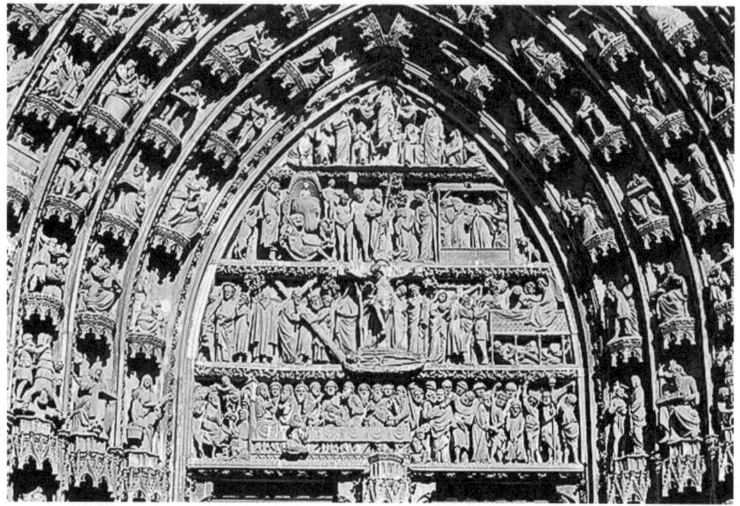

Abb. 22: Straßburg, Münster, Westfassade, Tympanon des Mittelportals (nach 1276)

Versammlung ist auf die Gerichtsthematik abgestimmt: Die Engel im dritten Bogenlauf tragen Selige im Schoß, während die im vierten anbetend die Arme heben.

Gewände

Das Thema für die Gewändeskulpturen wurde wie im linken Portal in moralisch-didaktischer Absicht ausgewählt und gehört zu den gebräuchlichen in Portalprogrammen, gerade in Kombination mit dem *Weltgericht*. Die fünf törichten Jungfrauen, die nach der in Mt 25, 1–13 erzählten Parabel kein Öl für ihre Lampen mitnahmen, stehen links vom Eingang. Sie verpassten die Ankunft des Bräutigams, weil sie weggingen, um Öl zu kaufen. Die klugen Jungfrauen erwarten ihn dagegen mit brennenden Lampen und gingen mit ihm zur Hochzeit durch eine Tür, die die törichten Jungfrauen bei ihrer Rückkehr verschlossen vorfanden. Der Fürst der Welt ist vorne schön anzusehen, doch kriechen Würmer und andere Tiere aus seinem Rücken. Er führt die törichten Jungfrauen in Straßburg vom Kircheneingang weg. Er hält einen Apfel, der auf den Sündenfall verweist. Christus, der Bräutigam der Parabel, steht am rechten Gewände der Tür am nächsten, er führt die klugen Jungfrauen in die Kirche hinein. Das Gleichnis wurde als Metapher für das Jüngste Gericht interpretiert und schon in frühchristlicher Zeit in dieser Auslegung dargestellt. Am Eingang zur Kathedrale mahnt es die Gläubigen zur Wachsamkeit: «Wachet also, denn ihr kennt nicht den Tag noch die Stunde» (Mt 25, 13). Reliefs in den Medaillons der Sockel greifen mit Darstellungen der Monate und Tierkreiszeichen das Thema der Zeit ebenfalls auf.

Haupt-portal Tympanon

Die größte erzählerische Vielfalt bietet das Tympanon des Hauptportals (Abb. 22) in vier Registern. Der Passionszyklus beginnt mit dem *Einzug Christi in Jerusalem*, widmet sich dem *Letzten Abendmahl*, fährt fort mit der *Gefangennahme*, in der sogar noch Platz für die Heilung des Malchus ist. *Verspottung* und *Geißelung* sind die letzten Szenen im Türsturz. Das zweite Register eröffnet mit der *Dornenkrönung* und leitet mit der *Kreuztragung* zur *Kreuzigung*, die vollplastisch im Zentrum des Tympanons steht. Nach der *Kreuzabnahme* begegnen die Frauen dem Engel am leeren Grab. Im nächsten Register hängt links der Selbstmörder Judas vor dem *Höllenschlund*, aus dem Christus die Ureltern erlöst. Danach zeigt er sich Magdalena und den Aposteln, der ungläubige Thomas legt ihm die Hand in die Seitenwunde. Im letzten Feld, in der Spitze des Tympanons, ist die *Himmelfahrt* zu sehen. Es können hier nur einige Besonderheiten des ausführlichen Zyklus angesprochen werden, der zum Beispiel die Erzählfolge durchbricht. Judas beging Selbstmord, bevor Christus vor Pilatus geführt wurde. Die Umstellung entsprang zum einen dem Wunsch, Judas in die unmittelbare Nähe des Höllenschlundes zu rücken. Zum anderen bleiben so die wichtigsten Szenen nahe der Mittelachse, um die Erlösungstat Christi zu betonen: Über dem *Abendmahl* erhebt sich die *Kreuzigung*, der neben Johannes und Maria *Ecclesia* und *Synagoge* beiwohnen, während das Skelett Adams am Kreuzesfuß den Gekreuzigten als neuen Adam ausweist. Der Opfertod ist die Voraussetzung für die Erlösung der Menschheit, deren Stellvertreter Christus im Register darüber aus der Vorhölle führt. Kulminationspunkt ist die *Himmelfahrt*. In den Archivolten wird ein umfassender Abriss des Heilsgeschehens von der Erschaffung der Welt über das Leben der Patriarchen und Könige bis zu den Apostelmartyrien gegeben. Die Vermittler der Heilsbotschaft, Evangelisten und Kirchenväter, nehmen eine eigene Archivolte ein. Der innere Bogenlauf erweitert mit Wundertaten Christi den christologischen Zyklus. Gewändefiguren der Propheten sind ein geläufiger Bestandteil von Portalprogrammen und können auch die Genealogie Christi veranschaulichen. Zusätzlich wird die Rolle Marias in der Heilsgeschichte betont, da sich am Trumeau (Türpfeiler) eine Madonnenfigur befand und Maria auch in der Spitze des Wimpergs mit Christus auf dem Schoß thront, über einem ebenfalls thronenden König, der durch den sechsstufigen Löwenthron als der Christus präfigurierende Salomo zu identifizieren ist. Zwei sich aufrichtende Löwen stellen den Bezug zum Sitz der Maria her, die durch den Aufbau den Thron der Weisheit verkörpert, sie ist *sedes sapientiae* (2 Chr 1,10; 1 Kön 10,18–20). Da nach biblischer Überzeugung Weisheit von Gott kommt, senkte sich ursprünglich dessen Hand, die später durch ein Antlitz Gottes ersetzt wurde, aus der Spitze des Wimpergs herab und ist damit höchster Punkt des Zyklus.

Archivolten

Gewände

Barocke Deckenfresken

Im Zusammenspiel von Deckenmalereien, die Ausblicke in imaginäre Himmel eröffnen, theatralisch inszenierten Altären, Skulpturen, Stuck und Vergoldung sind Barockkirchen Inbegriff einer opulenten Prachtentfaltung, die nicht Selbstzweck, sondern mehrfach motiviert ist. Sogleich nach dem Eintritt in den Kirchenraum empfängt den Betrachter der Gesamteindruck des Festlichen. Der Prunk erfüllt die Anforderungen des *decorum* (Angemessenen), da dem Haus Gottes nur höchster Schmuck (*ornatus*) gebührt. Prachtentfaltung war keine bloße Zurschaustellung von Reichtum, sondern gehörte im Barock zur Tugend der *magnificentia*. Schließlich dient sie als Instrument der Erkenntnis, da sie auf sinnliche Weise staunende Bewunderung (*meraviglia*) auslöst und der Überzeugung (*persuasio*) des Betrachters dient, der die vermittelte Botschaft als wahr erkennt. Umfangreiche Kenntnisse der Ikonographie sind zum Verständnis der gesamten bildlichen Ausstattung, von den Altären über die Kanzel bis hin zu den Beichtstühlen, erforderlich, den ikonographischen Höhepunkt stellen jedoch die Deckenfresken dar. Ihre Einteilung veränderte sich im Wechselspiel mit der Entwicklung der Architektur und ist im Werk der Asam gut nachzuvollziehen. Zunächst erfolgte noch eine jochweise Einteilung in Deckenfelder von einheitlichem Format; die Abfolge der Themen verläuft zielgerichtet von Westen nach Osten. Ab 1720 wurde eine Zentrierung des Langhauses bevorzugt, bei der die Zusammenfassung mehrerer Joche durch ein größeres Bildfeld die Dominanz des hier dargestellten Themas zur Folge hat. In Zentralbauten überspannt schließlich ein einziges Fresko den Gemeinderaum. Komplexe Programme entstehen durch den Verweisungszusammenhang der Bilder untereinander, insbesondere wenn Nebenszenen in den Quertonnen der Joche den Zyklus der Hauptachse begleiten. Die Bildfelder mit Inhalt zu füllen, war Aufgabe der Konzepteure, in Kirchen und Klöstern waren dies in der Regel gelehrte Patres. Sie erstellten die Programme, die das inhaltliche Konzept vom Generalthema bis hin zu den Gesten einzelner Figuren festlegten und als Vertragsbasis dem Künstler als Grundlage seiner Arbeit dienten. Erfahrene Freskanten unterbreiteten unter Umständen Änderungsvorschläge, wenn sie Zweifel an der Bildwirkung oder Umsetzbarkeit eines Gedankens hatten, der ikonographische Spielraum war jedoch eher gering. Cosmas Damian Asam lehnte es grundsätzlich ab, in Programme einzugreifen oder gar selbst welche vorzuschlagen. Barocke Deckenprogramme umfassen Themen aus der Geheimen Offenbarung, der Ausbreitung der christlichen Lehre, des Marienlebens, Feste des Kirchenjahres, aus dem Leben des

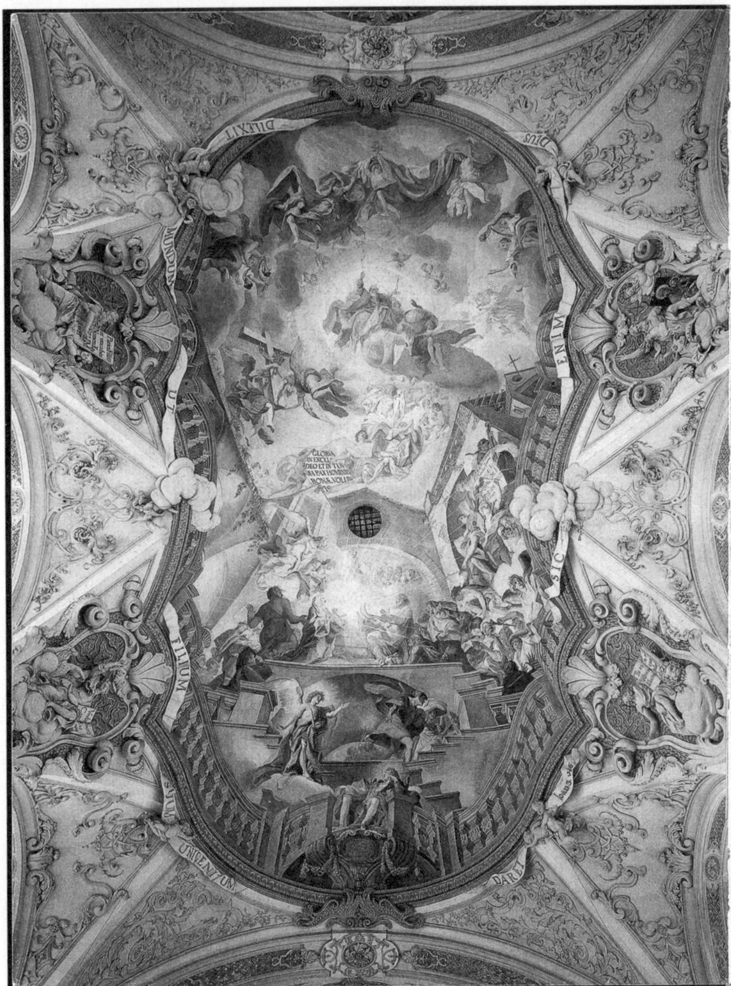

Abb. 23: Cosmas Damian Asam, Weihnachtsvision des hl. Benedikt (1720), Aldersbach, Klosterkirche Mariae Himmelfahrt

jeweiligen Ordensgründers oder der Gründungsgeschichte eines Klosters und Visionen, wobei die einzelnen Themenkomplexe sich überschneiden können.

Die «Asamkirche» Mariae Himmelfahrt in Aldersbach

Aldersbach behauptete im 18. Jh. einen führenden Platz unter den Zisterzienserklöstern in Bayern. Die Zisterzienser lebten nach den Regeln des hl. Benedikt von Nursia und brachten Maria besondere Verehrung entgegen. Der hl. Bernhard von Clairvaux, die herausragende Persönlichkeit in der Ordensgeschichte, wünschte als Kind so sehr die Stunde der Geburt Christi zu wissen, dass ihm das Christkind erschien (Abb. 23). Die Viten überliefern nur das Faktum einer Erscheinung, die eigenen Schriften Bernhards erwecken jedoch den Eindruck, er habe der Geburt Christi in seiner Vision beigewohnt. Die Kenntnis der umfangreichen Schriften Bernhards konnte in einem Zisterzienserkloster, das noch dazu über eine bedeutende Bibliothek verfügte, vorausgesetzt werden. Die Darstellung der Vision ist wichtiger Bestandteil der Ikonographie des hl. Bernhard und steht im Zentrum vieler Zyklen in Zisterzienserkirchen, so auch in Aldersbach. Abbildungen vermitteln nur einen unzureichenden Eindruck von den Fresken, die Cosmas Damian Asam 1720 in Aldersbach ausführte, während sein Bruder Egid Quirin für den Stuck verantwortlich zeichnete. Die Abbildung, die man schnell überblickt, liest man wie ein Tafelbild von unten nach oben. Diese Leserichtung ist nicht ganz falsch, deckt sich aber nicht mit der Wahrnehmung des Betrachters unter dem Deckenfresko. Wandert sein Blick nach dem Eintreten an die Decke, so registriert er zwar zunächst den unteren Teil und erkennt sofort die *Geburt Christi* bzw. die *Anbetung der Hirten* als Thema. Auch identifiziert er den Jugendlichen, der in eleganter, seiner edlen Abstammung angemessener Kleidung wie in einer Loge in der Balustrade sitzt, als den hl. Bernhard, der die Vision der Weihnacht erlebt. Doch vom Eingang aus wirkt dieser Teil perspektivisch verzerrt, weshalb der Blick weiter wandert und im oberen Teil Halt findet, der von hier aus «richtiger» aussieht und bereits jetzt in Kenntnis der Geburtsszene bei der inhaltlichen Erschließung zu dieser in Bezug gesetzt wird. Gottvater zieht die Aufmerksamkeit auf sich. Über ihm haben Engel den Vorhang weggezogen und damit den göttlichen Ratschluss enthüllt. Gott weist auf eine Weltkugel, auf der sich die Schlange der Verführung mit einem Apfel im weit geöffneten Maul ringelt. Seinen Blick richtet Gott auf ein Kreuz, das zwei Engel halten und das auf einer Achse mit der Weltkugel liegt. Der Betrachter, der nun die wichtigsten Bildelemente wahrgenommen hat, kann ihren Zusammenhang und die heilsgeschichtliche Bedeutung erkennen: Die Geburt Christi führt zur Erlösung der Menschheit, da Christi Opfertod die Sünde von der Welt nimmt. Diese Botschaft, die auch das um den Rahmen geschlungene Schriftband mit dem Vers Joh 3, 16 («So sehr hat Gott die Welt geliebt, dass er seinen eingeborenen Sohn hingab») vermittelt, war für den hl. Bernhard von zentraler Bedeutung; seine 5. Ansprache auf die Geburt Christi beginnt mit einem Lobpreis Gottes, der seinen Sohn sendet. Außerdem verfasste Bernhard eine Predigt auf Psalm 85 (84), 11, auf den rechts der Weltkugel zwei Engel mit den Attributen Schwert (Gerechtigkeit) und Ölzweig (Friede) anspielen.

Vision Bernhards

Zwischen dem oberen und dem unteren Bildteil besteht keinerlei Interaktion, und wenn der Betrachter nun weiter in das Langhaus hineingeht, um einen günstigeren Standpunkt für die Ansicht der *Anbetung* einzunehmen, gerät der obere Teil aus seinem Blickfeld. Zu diesem Zeitpunkt hat er jedoch bereits die Kernaussage erfasst und kennt sozusagen das «Motto», unter dem er die Weihnachtsdarstellung betrachten soll. Unter dem Einfluss der Schriften Bernhards bestimmt die *Anbetung der Hirten* die Ikonographie der Weihnacht. In seinen *Sermones* führt er aus, dass den Hirten als ersten unter den Menschen die Geburt verkündet wurde, nicht den Herrschenden. Die Geburt des Gottessohnes spendet, ebenso wie die zahlreich anwesenden Engel, den Armen, den Leidenden, den im Stillen Wartenden Trost. Weiter bezeichnet Bernhard Christus als das Licht, den wahren Tag, der in die Nacht hineinbricht. Asam setzte diese Lehre um, indem er einerseits durch eine Mondsichel unter dem Treppenbogen die nächtliche Stunde angab, andererseits das Christuskind als Zentrum maximaler Helligkeit im Bild gestaltete. In diesen Gedankengang fügen sich auch die schon seit dem Altertum «Lichtvögel» genannten Schwalben. Sie sind seit dem Mittelalter Symbol Christi. Eine von ihnen hockt am Stall im Nest, die andere stimmt auf einer Stange am rechten Bildrand in den Gesang der Engel ein, die einen Hymnus des hl. Bernhard singen: «Lieblicheres kann nicht besungen werden als Jesus, der Gottessohn». Die Heilige Familie ist in helles Licht getaucht und farblich von den Hirten abgesetzt, während Bernhard wieder einer anderen Sphäre angehört. Die Gestaltung der Balustrade lässt an barocke Palastarchitektur denken, während der Ort der Anbetung in der Irregularität seiner Bauten für den Betrachter mittelalterlich wirkte. Bernhard wendet sich zudem mit dem Körper dem Kirchenraum und damit dem Betrachter zu und richtet nur den Blick rückwärts nach oben, zu seiner Vision. Die Trennung in verschiedene Ebenen verdeutlicht, dass auch der Betrachter hier nicht unmittelbar der Geburt beiwohnt, sondern dass er sie vermittelt durch die Vision des Heiligen sieht.

weitere Fresken

Die weiteren Deckenfelder beinhalten die *Erscheinung Christi*, der sich am Ostermorgen seiner Mutter zeigt und ihr berichtet, wie er David, Abraham und Adam, die auf Wolken sitzen, erlöste. Diese Szene kommt nicht in der Bibel vor, wird aber in den *Meditationes* des Johannes de Caulibus und des Ludolf von Sachsen geschildert. Die Darstellung ersetzt die *Auferstehung*, die man an dieser Stelle eher erwarten würde, die aber mit der vor Christus kauernden, wohl als Magdalena zu deutenden Gestalt in Erinnerung gerufen wird. Da die Kirche Maria geweiht ist, war es jedoch vertretbar, vom klassischen Themenkanon abzuweichen. Bei der *Himmelfahrt Christi* im folgenden Fresko nimmt Maria ebenfalls das Zentrum ein; von ihrer nicht ganz selbstverständlichen Anwesenheit bei diesem Ereignis berichten Ludolf und Johannes de Caulibus. Als Abschluss zeigt das letzte Bild das *Pfingstwunder*, mit dem das in Joh 3, 16–31 gegebene Versprechen Gottes vollständig eingelöst wird. Der Bezug manifestierte sich auch in der Liturgie: Der Bibelvers steht am Anfang des für den Pfingstmontag vorgesehenen Evangelientextes.

Erst beim Hinausgehen nimmt der Betrachter ein weiteres Fresko wahr, das beim Eintreten von der Orgelempore verdeckt wurde und auf den jetzt zur Orgel zurückblickenden Betrachter ausgerichtet ist. Erwarten würde man an dieser Stelle musizierende Engel, David oder die hl. Cäcilie als Schutzheilige der Musik, doch zeigt es die *Verkündigung an Maria*. Dass die Reihenfolge der Bildbetrachtungen die Chronologie durchbricht, ist letztlich unerheblich, da der Betrachter die Kirchenfeste kannte, daher auch das Konzept des Zyklus durchschaute und die «nachgeschobene» Verkündigung darin verorten konnte. Von der Struktur des Kirchenbaus aus gedacht, entwickelt sich der Zyklus logisch von West nach Ost. Einerseits wäre es nicht vertretbar gewesen, den gesamten Zyklus um ein Joch nach Osten zu verschieben, da dies eine Reduktion der *Weihnachtsvision* auf zwei Joche bedeutet und die Wirkung beeinträchtigt hätte. Andererseits war die *Verkündigung* unverzichtbar, zumal auch der hl. Bernhard sie als den entscheidenden Akt des Geheimnisses der Menschwerdung Christi auffasste.

Zum ikonographischen Programm der Decke gehören ferner zehn Szenen aus dem Leben Christi, die in den Quertonnen dargestellt sind, so dass der Betrachter sich um 90 Grad aus der Hauptachse drehen muss, um sie richtig zu sehen. Die Bilderzählungen sind einfach lesbar, die Komposition ist nicht auf einen bestimmten Standpunkt des Betrachters ausgerichtet. Im Unterschied zu den großen Deckenfresken dienen sie mehr der geschichtlichen Belehrung als dem Evozieren von Bewunderung. In Stuck ausgeführte Figuren der Kirchenväter begleiten die beiden Fresken im Presbyterium, während die Anbetung von den vier Evangelisten umgeben wird. Indem die Bücher der Evangelisten die Bibelstellen zitieren, die die Inkarnation Christi betreffen, bezeugen sie die Wahrheit des Geschehens.

Der Aldersbacher Zyklus verknüpft drei Themen barocker Deckenprogramme miteinander: Erstens ist er auf Maria abgestimmt, ohne ein typischer mariologischer Zyklus zu sein, zu dem u. a. die *Himmelfahrt Mariae* gehören würde. Zweitens thematisiert er die Erlösung der Menschheit durch Christus. Drittens würdigt er den hervorragenden Vertreter des Zisterzienserordens, und zwar nicht nur durch dessen Anwesenheit im Hauptfresko, sondern durch die Wahl von Motiven und Themen, die in seinen Schriften eine Rolle spielten.

III. Profane Ikonographie

1. Historischer Überblick

Die archäologischen Funde in Pompeji oder Rom belegen eindrücklich, dass die Kunst im alltäglichen Leben der Römer eine herausragende Rolle spielte. Die Häuser wohlhabender Bürger prunkten mit Wandmalereien, in den Höfen standen Statuen, Gebrauchsgegenstände waren mit figürlichen Szenen geschmückt, Buchrollen literarischer Texte wurden umfangreich illustriert. Mit dem Ende des römischen Reiches, in den Wirren der Völkerwanderung im 5. Jh., ging vieles zu Grunde, doch man kann davon ausgehen, dass nicht alle Traditionen profaner Kunst abrissen. Zwar hatten die Christen unüberwindliche Vorurteile gegen die als Götzenbilder verurteilten Skulpturen, doch sie bewahrten kostbar illustrierte Manuskripte auf und kopierten sie sogar, wie beispielsweise die karolingischen Kopien des Pflanzenbuchs des Dioskurides oder der Sternenkunde des Arat belegen können. Auch die Wandmalerei wurde weiterhin gepflegt. Kaiserpfalzen, wie jene in Ingelheim (seit 774; 1689 zerstört), wurden mit großen Bildzyklen geschmückt. Doch davon wissen wir nur aus schriftlichen Quellen. Unendlich viel ist verloren gegangen, so dass leicht der falsche Eindruck entsteht, die Geschichte der profanen Kunst beginne erst im hohen Mittelalter.

Mittelalter

Das wichtigste Aufgabenfeld profaner Malerei im Mittelalter war die Wandmalerei, die Dekoration von privaten oder öffentlichen Bauten und Räumen. Diese Unterscheidung von privat und öffentlich geht zwar von der neuzeitlichen Gesellschaftsstruktur aus und ist für das Mittelalter nur bedingt gültig, dennoch kann sie zur Klärung dienen, wenn man beispielsweise die Auftraggeberschaft bedenkt, die im einen Fall ein Privatmann oder eine Familie sein kann, im anderen Fall ein Fürst in seiner Funktion als Landesherr oder eine Kommune. Der private Bildgebrauch diente primär dem Festhalten der Erinnerung, der Memoria. Porträts, Wappenfolgen oder Stammbäume wurden als Dokument der Familiengeschichte in Auftrag gegeben. Es gab aber auch rein dekorativen Wandschmuck und figürliche narrative Szenen. Einen Eindruck mittelalterlicher Raumdekoration kann der Palazzo Davanzati in Florenz mit seinen zumeist aus dem späten 14. Jh. stammenden Wandbildern vermitteln. Hinter derartigen Dekorationen steht wohl immer der Aspekt der Repräsentation. Dass Repräsentationsaufwand und Repräsentationserwartungen umso größer sind, je höher der Auftraggeber in der Hierarchie der Gesellschaft steht, ist immer ein wichtiger Antrieb der Kunst gewesen. Der Bildgebrauch ist eben nicht rein privat, sondern richtet sich über den eigenen Familienkreis hinaus an die Gesellschaft, der die Auftraggeber angehörten.

Der Aspekt der Repräsentation steht bei den für öffentliche Auftraggeber geschaffenen Werken ganz im Vordergrund, seien es nun Fürsten, die mit der Ausstattung ihrer Residenz ihren Status und ihre Macht dokumentieren möchten, oder kollektive Auftraggeber wie Kommunen oder Zünfte. Ein herausragendes Zeugnis dafür, was im Bereich öffentlicher Profankunst möglich war, geben die italienischen Kommunalpaläste und besonders eindrucksvoll der Palazzo Pubblico in Siena, der große Teile seiner Dekorationen des 14. bis 16. Jh.s bewahrt hat. Von den Einzelbildern und Bilderfolgen, mit denen die Haupträume dort geschmückt sind, dienen die einen der Erinnerung an wichtige historische Ereignisse und Taten der Kommune, andere der Proklamation von Werten und politischen Verhaltensregeln, die als Fundament des Stadtwesens angesehen wurden. Für die wichtigsten Sparten profaner Bildkunst findet man in Siena einzigartige Beispiele.

Renaissance

In der Renaissance ist eine enorme Ausweitung der Aufgabenbereiche und eine starke Aufwertung des profanen Bildes zu registrieren. Gebrauchsgegenstände wie Truhen und Schränke wurden mit Malereien oder Intarsien verziert. Skulptur und Plastik nahmen einen großen Aufschwung. Die profane Freifigur wurde sozusagen neu erfunden. Kleinplastik, Medaillen, Reliefs und Statuetten wurden in großer Zahl geschaffen und von Kunstfreunden gesammelt. Antike Kunstwerke waren jetzt begehrte Sammelobjekte. Das entscheidendste Moment in diesem letztlich zur Autonomie der Kunst führenden Prozess war der Aufschwung des Tafelbildes, der in der Frührenaissance mit großer Dynamik einsetzte. Neue Themenbereiche wurden entdeckt und die Ausdifferenzierung der Malerei in die Bildgattungen Porträt, Landschaft und Genre nahm ihren Lauf.

Eine nicht zu unterschätzende Rolle spielte in diesem Zusammenhang die «mediale Revolution». Durch die Erfindung des Buchdrucks um 1440 wurde die Verbreitung von Texten erleichtert und befördert. Die Erfindung der Techniken des Bilddrucks, zunächst des Holzschnitts und dann des Kupferstichs, hat nicht nur ganz erheblich zur Verbreitung des neuen, an der Antike orientierten Stils beigetragen, sondern auch zur Verbreitung neuer Themen. In der Graphik war es den Künstlern möglich, Stoffe zu bearbeiten, für die es in der «hohen» Kunst der Malerei noch keine Aufträge gegeben hätte. Der Kupferstich *Kämpfende nackte Männer*, von Antonio Pollaiuolo um 1470 in Florenz geschaffen, ist ein bezeichnendes Beispiel dafür. Die weite Verbreitung mythologischer Kenntnisse in der Renaissance ist nicht zuletzt einer kaum überschaubaren Zahl graphischer Bildfolgen zu verdanken, insbesondere den Illustrationen zu den *Metamorphosen* des Ovid.

Ein für die weitere Entwicklung der profanen Kunst wesentlicher Grundzug ist deren «Rhetorisierung». Die Kunsttheorie der Renaissance, wie sie sich seit Leon Battista Albertis Malerei-Traktat (1435) entwickelt hatte, gründete zu erheblichen Teilen auf den antiken Lehren der Rhetorik. Von dort wurde die Lehre von den Wirkungsintentionen übernommen, nach denen die Kunst erfreuen, belehren und emotional bewegen soll. Nicht minder wichtig war die Lehre von den drei Stillagen, nach der bedeutende Stoffe, in denen es um Götter, Heroen oder Könige geht, im höchsten Stil und mit dem höchsten Aufwand an schmückenden und auszeichnenden Motiven gestaltet werden mussten. Es war eine selbstverständliche Konsequenz, dass überall dort, wo repräsentative Räume auszustatten waren, mit denen die Auftraggeber ihre Geltungsansprüche überzeugend vertreten wollten, die Bilder und alle Details der Ausstattung dieser höchsten Stillage zu entsprechen hatten. Die von Raffael ausgemalten Stanzen im Vatikan, die Dekorationen des Dogenpalastes in Venedig oder die Ausstattung des Florentiner Palazzo Vecchio für Großherzog Cosimo I. de' Medici sind wegweisende Beispiele gewesen. Rubens hat in seinem Gemäldezyklus für den Palais du Luxembourg in Paris (1622–1625), in dem er das Leben der Maria de' Medici darstellte, alle Register des hohen Stils gezogen und die historischen Ereignisse mit Personifikationen und antiken Göttern ausgeschmückt und überhöht.

Rhetorik

Die bildende Kunst konnte ihre Überzeugungskraft in der Öffentlichkeit nur entfalten, weil sie als Kunst um ihrer selbst willen so hoch geschätzt wurde wie seit der Antike nicht mehr. Der Besitz einer ausgezeichneten Kunstsammlung hatte den gleichen Prestigewert wie ein aufwändig ausgestatteter Palast, vielleicht sogar einen höheren, wenn Werke der berühmtesten Künstler wie Leonardo, Raffael oder Tizian darunter waren. Die fortschreitende Autonomisierung führte zu einer immer stärkeren Spezialisierung der Künstler auf bestimmte Gattungen. Sie brachte es auch mit sich, dass neue Stoffe und Themen aufgegriffen wurden, die unbekannt waren und damit beim Publikum den erwünschten Effekt der Verwunderung erregen konnten. Eine entsprechende Wirkung war zu erzielen, wenn wohlbekannte Stoffe völlig neu thematisiert wurden. Rembrandt bietet dafür mit seinen mythologischen Bildern wie der *Entführung des Ganymed* (1635; Dresden, Gemäldegalerie) schlagende Beispiele.

Alle Möglichkeiten, mit den Mitteln der Kunst zu repräsentieren und zu beeindrucken, wurden in der Epoche des Absolutismus, dem Zeitalter der höfischen Gesellschaft, durchgespielt und ausgeschöpft. Über die traditionellen Medien der bildenden Kunst ging man dabei weit hinaus, indem auch Gärten, Feste und Theateraufführungen mit höchstem Aufwand ausgestaltet, das höfische Leben sozusagen als permanentes Gesamtkunstwerk geformt wurde. Die führenden Köpfe *Aufklärung* der Aufklärung haben dieses Missbrauchen der Kunst zu repräsentativem Blendwerk heftig kritisiert. Jean-Jacques Rousseau klagte 1750 in seiner Antwort auf die Preisfrage, «ob die Wiederherstellung der Wissenschaften und Künste zur Läuterung der Sitten beigetragen» habe, die Meisterwerke der Kunst, die in Gärten und Galerien ausgestellt werden, zeigten nur «Bilder aller Verirrungen des Herzens und des Verstandes, welche man sorgfältig aus der alten Mythologie hervorgesucht hat». Der Aufklärer forderte, die Kunst solle positive Beispiele der Tugend zeigen, um so zur Erziehung der Menschen beizutragen.

Französische Revolution

Die Indienstnahme der Kunst zur *instruction publique* war dann auch das erklärte Ziel der Kunstpolitik während der Französischen Revolution, auf die der Maler Jacques-Louis David maßgeblichen Einfluss hatte. Napoleon machte die Kunst zu einem perfekten Instrument der politischen Propaganda. In großformatigen Gemälden wurden seine Siege verherrlicht. Jacques-Louis David, der allen politischen Wandlungen folgte, erhielt von Napoleon den Auftrag, die Zeremonie seiner Krönung in Nôtre Dame in Paris zu verewigen, und von Jean-Auguste-Dominique Ingres ließ sich Napoleon in einem ikonenmäßig stilisierten Bildnis als thronender Imperator verherrlichen, der göttergleich allem Zeitlichen enthoben ist. Derartige Herrscherapotheosen hat man nach Napoleons Sturz kaum noch gewagt, doch sein Beispiel der Kunstpropaganda hat in ganz Europa Nachfolge gefunden. Kein Schloss, kein öffentliches Gebäude entstand während des 19. Jh.s, das nicht mit Skulpturenprogrammen und Bilderzyklen ausgestattet worden wäre, mit denen Herrschafts- und Geltungsansprüche verkündet wurden. Vor allem die Geschichtsmalerei erlebte eine Hochkonjunktur, bis sie um 1900 von verschiedenen Seiten in Frage gestellt wurde, mit besonderer Radikalität von der vordrängenden Moderne, die die Forderung des «l'art pour l'art» auf die Spitze trieb, das Problem der künstlerischen Form als ausschlaggebend an- *Moderne* sah und jegliche «Gedankenkunst» ablehnte. Auch wenn die Moderne nicht das völlige Auslöschen der ikonographischen Traditionen bewirkte, war doch die Kontinuität nachhaltig gestört. An die Stelle eingeschliffener Darstellungskonventionen trat die subjektive künstlerische Entscheidung, die frei von Traditionen zu sein wünscht. Die ikonographische Analyse von Werken der Moderne sieht sich vor die schwierige Aufgabe gestellt, die subjektiven Intentionen angemessen zu würdigen und zugleich den historischen Zusammenhang nicht aus den Augen zu verlieren, denn die viele Jahrhunderte alten Traditionen reichen oft weiter, als man denkt.

2. *Systematischer Überblick*

Die Forschungssituation ist für die Ikonographie der profanen Kunst um einiges komplizierter als für die christliche Ikonographie. Das fest umrissene Corpus von Texten mit der Bibel als dem für alle verbindlichen Schlüsseltext und das Lehrgebäude der Theologie bieten stets klare Orientierungspunkte für die Interpretation, auch wenn sich die Theologie natürlich im Laufe ihrer Geschichte verändert hat und sie durch die Reformation in verschiedene Lager gespalten wurde. Die profane Ikonographie steht vor einem sehr viel weiteren und heterogeneren Feld unterschiedlicher Stoffgebiete, für die es kein solches grundlegendes Textcorpus gibt, auch wenn eine Reihe von Texten zu benennen sind, die sich als besonders wichtig und einflussreich herausgestellt haben. Zu bedenken ist auch, dass die unterschiedlichen Stoffkreise jeweils ihre eigene Überlieferung und ihre eigenen Regeln haben. Zu der schlechteren kunstgeschichtlichen Überlieferungslage, dem großen Verlust an Kunstwerken vor allem in früherer Zeit, kommt eine weit disparatere textliche Überlieferung, die der Interpret zu überblicken hat, wobei er in den verschiedenen Bereichen profanen Bildgebrauchs noch die jeweiligen historischen Kontexte zu berücksichtigen hat.

Stoffkreise

Die Stoffkreise, mit denen es die profane Ikonographie in erster Linie zu tun hat, sind:

1. Symbolik, Allegorie und Personifikation
2. Mythologie, insbesondere die Mythologie der griechischen und römischen Antike
3. Geschichte: historische Ereignisse und ihre schriftliche Überlieferung
4. Dichtung: Figuren und Szenen aus Werken der Dichtung

Diese vier Stoffkreise sind nicht scharf gegeneinander abzugrenzen. Sie können sich auf verschiedene Weise überschneiden. Zum Teil bestehen sogar sehr enge Wechselbeziehungen. Die Allegorie kann sich aus mythischen Traditionen herleiten. Die antike Mythologie wurde zum ganz wesentlichen Teil durch literarische Bearbeitungen vermittelt, allen voran durch die *Metamorphosen* Ovids. In der Mythologie geschilderte Ereignisse wie der Trojanische Krieg wurden, genauso wie die Berichte der Bibel, als Teil der Universalgeschichte begriffen. Wie die Mythologie wurde auch Geschichte den Künstlern oft durch literarische Bearbeitungen historischer Stoffe, beispielsweise durch die Dramen Shakespeares, vermittelt.

Die Möglichkeiten von Überschneidungen sollten nicht aus den

Augen verloren werden, wenn im Folgenden die vier großen Stoffkreise der profanen Ikonographie nacheinander behandelt werden.

Symbolik, Hieroglyphik, Emblematik

Die Fähigkeit des Menschen, Zeichen zu erfinden, die für etwas anderes stehen, und sichtbaren Dingen eine sekundäre Bedeutung zuzuweisen, sie mithin als Symbol zu verwenden, ist eine elementare Grundlage kultureller Entwicklung. Symbolisches Denken ist für die christliche wie die profane Ikonographie gleichermaßen bedeutsam. Ein Symbol ist der ursprünglichen griechischen Wortbedeutung nach ein Erkennungszeichen. Im kunsthistorisch relevanten Sinne ist es ein sinnliches Zeichen für Ideen, Vorstellungen oder Begriffe, die sonst nicht sichtbar fassbar sind. Diese Bedeutung ist nicht beliebig, sondern durch Traditionen oder Konventionen festgelegt, wobei diese Bedeutungszuweisungen keineswegs über die Zeiten hinweg immer konstant blieben, so dass oft ein und dieselbe Sache ganz verschiedenes symbolisieren kann.

Symbol: Das Wort leitet sich von griech. συμβάλλειν (zusammenwerfen, zusammenfügen) her und bezeichnete ursprünglich ein Erkennungszeichen, das in zwei Teile zerbrochen wurde, die bei einer Wiederbegegnung als Beglaubigung zusammengefügt werden konnten. Von hier aus wurde es zum allgemeineren Begriff für das Erkennungszeichen oder die Losung einer Gruppe. Schon in der Antike wurde es zu einem Synonym für «Zeichen». In seiner im Mittelalter und in der Frühen Neuzeit geläufigen Grundbedeutung bezeichnet Symbol ein bildhaftes Zeichen, das auf höhere geistige Zusammenhänge verweist. Im philosophischen und kunsttheoretischen Diskurs um 1800 erfuhr der Symbolbegriff eine entscheidende Vertiefung, die zu einer metaphysischen Überhöhung des Begriffs führte und letztlich zu seiner ideologischen Aufladung und Ausweitung wie auch zu seiner Spezifizierung in bestimmten Disziplinen wie der Psychoanalyse, die es unmöglich macht, eine allgemein gültige Definition zu geben.

Ein besonderes Gewicht erhielt die Zeichenlehre im Rahmen der von der christlichen Theologie entwickelten Bibel-Hermeneutik. Wegweisend waren die Definitionen von Augustinus in seiner Schrift *De doctrina christiana* (396/97 n. Chr.): «Ein Zeichen ist ein Ding, das neben dem sinnlichen Eindruck, den es den Sinnen mitteilt, aus sich heraus etwas anderes in das Denken kommen läßt.» In der Unterscheidung von *res* und *signum* wurde betont, dass auch die Dinge eine über sich hinausweisende Bedeutung haben. So schreibt Hugo von St. Victor († 1141) in seinen *Eruditionis didascalicae libri* (PL 176, Sp. 790C), dass das Bedeuten der Worte (die in der christlichen Lehre als wichtigste Gruppe von Zeichen galten) vom Bedeuten der Dinge übertroffen werde: jene seien durch Gebrauch eingesetzt, diese durch die Natur diktiert. Jene seien die Stimme der Menschen, die Dinge aber seien «die Worte Gottes an die Menschen». Richard von St. Victor († 1173) betonte, dass Worte allenfalls zwei oder drei Bedeutungen haben, Dinge dagegen so viele, wie sie Eigenschaften haben (PL 177, Sp. 205D).

Tier- und Pflanzensymbolik

Die Natur galt als die Sprache Gottes, die der Mensch zu entschlüsseln hat. Diese Auffassung wurde auch für die profane Kunst Europas prägend. Den Objekten der Lebenswelt, insbesondere Tieren und Pflanzen, wurden spezifische Bedeutungen beigelegt, die von deren Erscheinungsform abgeleitet wurden und zum guten Teil auf Wirkungen und Kräfte verweisen, die diesen zugeschrieben wurden. Dieser Zeichengebrauch stand in einer bis in die frühen Hochkulturen zurückreichenden Tradition und selbstverständlich wirkten vor allem die Vorstellungen der griechischen und römischen Antike nach.

Tier- und Pflanzensymbolik

Eine Wurzel der christlichen Tier- und Pflanzensymbolik war die antike Mythologie, in der einzelnen Göttern bestimmte Tiere oder Pflanzen zugeordnet waren: Jupiter der Adler, Juno der Pfau, Venus die Taube oder Apoll der Lorbeer. Wichtigste Quelle aber waren die naturkundlichen Werke, allen voran die 77 n. Chr. vollendeten *Naturalis historiae libri* des Plinius d. Ä., einer enzyklopädischen, das Wissen der Antike zusammenfassenden Naturkunde, die bis in die Renaissance hinein eifrig studiert wurde. Werke mit enzyklopädischem Anspruch spielen auch in der christlichen Tradition eine große Rolle. Hier sind an erster Stelle die *Etymologiae* des Isidor von Sevilla (um 630) zu nennen, die auch im 16. Jh. noch gedruckt und konsultiert wurden. Von beeindruckendem Umfang ist *De universo* des Hrabanus Maurus. In diesem um 844 verfassten Werk wird das Wissen der Zeit und damit auch die Vorstellungen von der Bedeutung von Tieren, Pflanzen etc. ausgebreitet. Ein typisches enzyklopädisches Sammelwerk ist der im frühen 12. Jh. zusammengestellte *Liber floridus* des Lambert von St. Omer. Ihren Höhepunkt fand die mittelalterliche Enzyklopädistik im *Speculum maius* des Vincenz von Beauvais (vor 1264), einem weit verbreiteten und auch noch im 17. Jh. nachgedruckten vierteiligen Werk.

Neben diesen Enzyklopädien und Wörterbüchern, die zunächst der allegorischen Auslegung der Bibel dienen sollten, gab es zahlreiche Kompendien, die nur einem bestimmten Bereich der Natur galten. Auch für diese Tradition spezialisierter Tier- und Pflanzenbücher wurde der Grund in der Antike gelegt. Besondere Berühmtheit erlangte die «Arzneikunde» des Dioskurides (1. Jh. n. Chr.), in der rund 600 Pflanzen und ihre medizinische Wirkung beschrieben werden. An Dioskurides schlossen sich die sogenannten Kräuterbücher an, die eine neue Blüte im späten Mittelalter erlebten. Auch wenn in den im 16. Jh. publizierten Büchern eine Hinwendung zu strikt naturkundlicher Betrachtung vollzogen wird – das *Contrafayt Kreuterbuch* des Otto Brunfels von 1532 ist da wegweisend gewesen –, lebten in anderen Bereichen, insbesondere in der Emblematik (s. S. 137 f.), die Traditionen der mittelalterlichen Bedeutungslehre fort.

Kräuterbücher

Für den Interpreten ist es nicht immer leicht zu entscheiden, ob eine Pflanze, die ein Künstler in seinem Werk abbildet, lediglich Schmuck ist oder ob sie als Symbol zu verstehen ist. Hier kommt es ganz auf den Bildzusammenhang an. Wenn im Wurzacher Altar Hans Multschers auf der Darstellung des Marientodes Schwertlilie, Maiglöckchen und Akelei zu sehen sind, so wird man nach der darin verborgenen Mariensymbolik fragen dürfen. Genaue Analysen, wie Lottlisa Behling sie gegeben hat, zeigen allerdings, dass eindeutige Bedeutungszuweisungen oft nicht möglich sind. Das ist in der profanen Kunst nicht anders.

Die Pflanze, die Dürer in seinem Selbstbildnis von 1493 hält und die er auch der Katharina Frey in dem Bildnis von 1497 in die Hand gegeben hat, ist als Eryngium zu identifizieren. Eine derart demonstrative Wiedergabe einer Pflanze fordert die Frage nach ihrer Bedeutung geradezu heraus, ist aber auch hier nicht leicht zu beantworten. Wenn man in den Kräuterbüchern von Otto Brunfels (1532) oder Leonhart Fuchs (1543) nachschlägt, wird man erfahren, dass diese Pflanze im Deutschen Krausdistel, Mannstreu oder auch Elend genannt wurde. Plinius d. Ä. (XXII, 8.9) berichtet, dass sie aphrodisierende Kraft besitze und Männer «liebenswürdig» mache. Mit dem Hinweis, dass die Pflanze ein Liebessymbol sei, nahm man an, dass Dürer das Bild für seine Braut Agnes Frey gemalt habe. Doch eine genauere Durchsicht der Werke Dürers zeigt, dass er das Eryngium in sehr verschiedenen Kontexten verwendet. So begegnet es auf seinem ersten Kupferstich *Der Gewalttätige* (Meder 76), der in der neueren Literatur besser als *Junge Frau vom Tode bedroht* betitelt wird. Wir finden es in der Hand der *Fortuna* (Meder 71) von 1495/96, aber auch auf der Rasenbank der *Heiligen Familie mit der Libelle* (Meder 42) und punziert auf dem Goldhintergrund der Darstellung Christi als *Schmerzensmann* in der Karlsruher Kunsthalle. In diesen letzten beiden Beispielen kann eine erotische Bedeutung der Pflanze ausgeschlossen werden. Ihr Sinn wird sich hier von dem für die Pflanze ebenfalls gebräuchlichen Namen «Elend» ableiten lassen: Es ist das Elend dieser Welt, das «irdische Jammertal», in das Christus mit seiner Menschwerdung kam und aus dem er mit seiner Passion die sündigen Menschen herausführt. Von hier aus gesehen ist es wahrscheinlich, dass auch das Eryngium in der Hand der *Fortuna* auf das Elend der Welt verweist. Im Selbstporträt ist auch diese Bedeutungsmöglichkeit denkbar, zumal die eigenhändige Aufschrift *My sach die gat/Als oben schtat* darauf hindeutet, dass der junge Dürer sich in sein Schicksal fügt.

Die Interpretationsarbeit auf diesem Gebiet ist auch deshalb nicht immer einfach, weil eine umfassende Aufarbeitung der mittelalterlichen Pflanzensymbolik bis heute nicht geleistet worden ist. Angaben in populären Symbolfibeln tendieren dazu, ohne Verweis auf historische Belege Eindeutigkeit der Symbolbedeutungen zu suggerieren. Sie sind deshalb mit Vorsicht zu gebrauchen und sollten in jedem Fall im Rückgriff auf einschlägige Quellen geprüft werden.

Tierkunde

Einen eigenständigen Traditionsstrang entwickelte die mittelalterliche Tierkunde. Mit dem *Physiologus* (s. S. 102 f.) entstand ein Typus des Tierbuches, dem es vor allem auf die symbolische Ausdeutung in christlichem Sinne ankam. Im Rückgriff auf die naturkundliche Tradition, die sich auf das Werk des älteren Plinius berufen konnte und die durch die Kompendien von Hrabanus Maurus und anderen weitervermittelt wurde, entstand der Typus des *Bestiarium*, in dem die Eigenschaften der Tiere und deren allegorische Ausdeutung beschrieben wurden. In diesen Bestiarien, die im Mittelalter vor allem in Frankreich und England verbreitet waren, wurde zumeist die gesamte Tierwelt – einschließlich der Fabeltiere wie Einhorn und Phönix – behandelt. Das für den deutschen Sprachraum wichtigste Werk in dieser Tradition war das *Buch der Natur* des Konrad von Megenberg (um 1309–1374).

Neben den Bestiarien gab es noch spezialisierte Bücher, die beispielsweise nur den Vögeln gewidmet waren, wie das *Aviarium* des Hugo von Fouilloy aus dem 12. Jh., das reiches Material über die Symbolik von Vögeln bietet. Das Eingangsbild der im Kloster Heiligenkreuz verwahrten Handschrift dieses Werkes zeigt in einer angedeuteten Architektur einen Mönch und einen Ritter, die für die *vita contemplativa* beziehungsweise die *vita activa* stehen. Ihnen werden Taube und Falke als Symbole zugeordnet, die über ihnen auf einer Stange sitzen. Im weiteren Text werden dann zunächst die vielfältigen, zumeist spirituellen Bedeutungen der Taube dargelegt, die vorwiegend von deren Vorkommen in der Bibel her entwickelt werden. Eine eindeutige Bedeutungszuweisung ist aber auch von dort nicht zu gewinnen.

Es bleibt für den Interpreten ein Problem, dass zu vielen Tieren oder Pflanzen zahlreiche, oft einander widersprechende Deutungen kursierten. Verwirrungen kann es schon dadurch geben, dass die Identifikation der jeweiligen Art ungenau war.

Bei der Vogelfamilie der Papageien beispielsweise wurde zwischen Sittich und Ara nicht weiter unterschieden. Ausgangspunkt der den Papageien zugeschriebenen Symbolik war schon in der Antike deren Sprechbegabung. Ihretwegen konnte der Papagei den Kirchenvätern als Symbol des Logos, des göttlichen Wortes gelten. Dies dürfte der Grund sein, weswegen Jan van Eyck in seiner *Madonna des Kanonikus Paele* (1434/36) dem Jesuskind einen Halsbandsittich in die Hand gegeben hat. Hans Baldung Grien hat in seiner *Madonna mit den Papageien* (1533) Maria gleich zwei Papageien zugeordnet, denn der Tradition nach war der Vogel geläufiges Mariensymbol, weil er von sich aus «ave» sagt. Wie Konrad von Würzburg behauptet, wird sein Gefieder vom Tau und vom Regen nicht nass, deswegen gilt er auch als Symbol der jungfräulichen Empfängnis. Dies auch, weil die Sprechfähigkeit ein gutes Gehör voraussetzt und er damit die Lehre von der Empfängnis über das Ohr Mariens versinnbildlichen kann. In Dürers Darstellung des Sündenfalls (Abb. 1) ist der Papagei Adam zugeordnet. Hier ist er als Sinnbild der Gelehrigkeit oder Klugheit zu verstehen und steht damit im Gegensatz zu der als listig und falsch geltenden Schlange bei Eva. Der Papagei kann aber auch gerade das Gegenteil bedeuten und für die Torheit stehen. Paolo Veronese zeigt in seinem monumentalen *Gastmahl im Hause des Levi* (1573) einen Papagei auf dem Arm des Hofnarren. Der Papagei kann schließlich auch Symbol der Liebe sein. In diesem Sinne ist er wohl in dem von einem niederländischen Meister um 1480 geschaffenen so genannten *Liebeszauber* in Leipzig verwendet worden. Vielleicht ist er hier aber auch Symbol der *Luxuria*, der Prunkliebe und Vergnügungssucht; so jedenfalls deutet ihn Petrus Berchorius in seinem *Reductorium morale* (um 1350): «Der Papagei ist ein wollüstiger Vogel, der sich am Anblick junger Mädchen erfreut, gern Wein trinkt, in Rausch gerät und auch gern küsst.»

Das Beispiel zeigt sehr deutlich, dass es bei der Tiersymbolik keine eindeutige Festlegung gibt, sondern in jedem einzelnen Fall die mögliche Bedeutung aus der Zeitstellung und dem Kontext des Werkes heraus festgestellt und begründet werden muss. Neuere Nachschlagewerke wie das von Sigrid und Lothar Dittrich sind dabei eine große Hilfe, auch wenn sie nur einen begrenzten Zeitraum abdecken und nicht den Anspruch erheben können, alle Bedeutungsmöglichkeiten erfasst zu haben.

Hieroglyphenkunde der Renaissance

Das ohnehin schon komplizierte Feld von Allegorie und Symbolik ist seit der Renaissance noch komplizierter geworden. Das intensivierte Studium der antiken Literatur brachte neue Impulse und neue Formen der Symbolik wurden entwickelt. Einen wichtigen Anstoß gab die Beschäftigung mit den ägyptischen Hieroglyphen, die auf den Obelisken in Rom vor Augen standen und völlig rätselhaft waren. Um 1420 erwarb ein italienischer Kaufmann in Griechenland das Manuskript der

Hieroglyphica

Hieroglyphica des Horapollon. Das ist ein vermutlich im 5. Jh. n. Chr. entstandener griechischer Text, der die ägyptische Bilderschrift zu er-

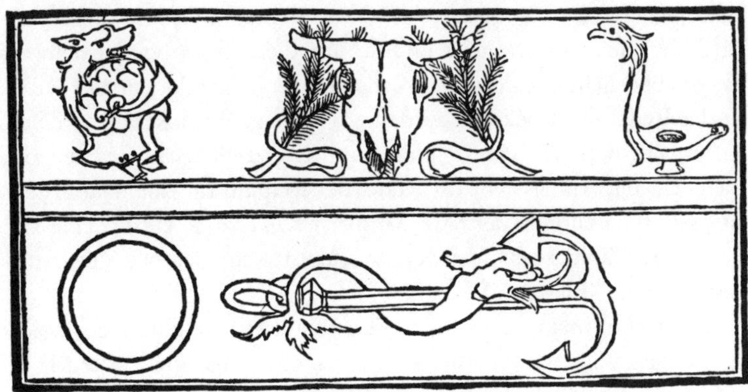

Abb. 24: Reliefs mit Hieroglyphen: aus: Hypnerotomachia Poliphili, Venedig 1499

klären vorgab. Spätestens seit der Entzifferung der Hieroglyphen im 19. Jh. weiß man, dass wir es hier mit einem reinen Phantasieprodukt zu tun haben, doch in der Renaissance wurde der Text mit Begeisterung aufgenommen und 1505 erstmals gedruckt. Dort findet sich beispielsweise eine Erklärung des vielgebrauchten Symbols der sich in den Schwanz beißenden Schlange:

«Wie sie die Welt (Kosmos) bezeichnen: Wenn sie Welt schreiben wollen, malen sie eine Schlange, die ihren Schwanz frißt und die mit mannigfaltigen Schuppen markiert ist; durch diese Schuppen deuten sie die Sterne und das Weltall an. Das Tier ist gewichtig wie die Erde und glatt wie das Wasser. Jedes Jahr streift die Schlange ihr Alter ab, so wie sich auch im Universum der Zeitraum eines Jahres, einen Wechsel vornehmend, erneuert. Daß es seinen eigenen Körper als Nahrung gebraucht bedeutet, daß alles, was durch die göttliche Vorsehung in der Welt hervorgebracht wird, auch wieder in ihr verschwindet.»

Hypnerotomachia Poliphili

Noch bevor der Text erstmals gedruckt wurde, war er in Kreisen der Gelehrten und Künstler bekannt, die einzelne «Hieroglyphen» als Symbole übernahmen. Darüber hinaus regte der Text zur Erfindung einer Bildzeichen-Schrift an. Prominentestes Beispiel dafür ist die *Hypnerotomachia Poliphili* (Venedig 1499). In dem anonym erschienenen, wohl von dem Dominikanermönch Francesco Colonna verfassten Roman wird erzählt, wie Poliphilo im Traum den Weg zu seiner Geliebten findet und was ihm dabei begegnet. Unter anderem sieht er an einem Brückengeländer zwei Reliefs mit *nobilissimi hieroglyphi aegyptici* (Abb. 24). Die Vorderseite zeigt einen Helm mit Hundekopf, einen Stierschädel mit zwei Zweigen geschmückt und eine altertümliche Lampe. Poliphilo deutet es mit dem Satz: *Patientia est ornamentum, custodia et protectio vitae* (Geduld ist Schmuck, Schirm und

Schutz des Lebens). Der Stierschädel bezeichnet die Geduld, die geehrt wird, der Helm ist Schmuck und Schutz, die Lampe, bei der man an das «Lebenslicht» denken darf, bedeutet das Leben. In gleicher Weise ist das Relief der Rückseite zu deuten. Es zeigt einen Ring und einen Anker, um den sich ein Delphin windet. Der Ring ist Zeichen für Ewigkeit, der Anker steht für Ruhe, der Delphin für Eile. Daraus ergibt sich für Poliphilo der Satz: *Semper festina tarde*. Das ist eine Variante des Wahlspruchs, den Kaiser Augustus für sich gewählt hatte: *Festina lente* – Eile mit Weile.

Wie wichtig man damals die Hieroglyphenkunde nahm, zeigt sich daran, dass Willibald Pirckheimer 1512 im Auftrage von Kaiser Maximilian eine lateinische Übersetzung anfertigte, zu der Dürer Illustrationen lieferte, von denen leider nur einzelne Blätter erhalten blieben, die insofern überraschen, als sie die im Text nur knapp angedeuteten Zeichen geradezu realistisch auffassen. Für einen «Horoskopen», also einen, der Horoskope erstellt, malten die Alten nach Horapollon «einen Mann, der die Stunden isst». Dürer zeichnete einen Mann, in dessen weit aufgerissenem Mund eine große Sanduhr steckt.

Ehrenpforte Maximilians

Der hohe Stellenwert der Hieroglyphen wird dadurch bestätigt, dass sie in dem Riesenholzschnitt der *Ehrenpforte Maximilians* an zentraler Stelle eingesetzt wurden. Das Programm zu diesem Werk, das den Ruhm des Kaisers verkünden sollte, wurde vom Historiographen Johannes Stabius unter Mitwirkung von Pirckheimer verfasst. Dürer und mit ihm einige andere Künstler lieferten die Vorlagen, nach denen die Stöcke gezeichnet wurden. Das Schlüsselbild direkt unter der Mittelkuppel, von Stabius als «Misterium» bezeichnet, zeigt den Kaiser, umgeben von zahlreichen Symbolen, die der Schrift des Horapollon entnommen sind. Der Basilisk auf der Krone bedeutet unsterblichen Ruhm, das Papyrusbündel, auf dem er sitzt, seine alte Abstammung. Der Hund mit Stola bezeichnet ihn als guten Fürsten, der tapfer und stark ist wie der Löwe zu seinen Füßen, und wachsam ist wie der Kranich mit dem Stein. Aristoteles und Plinius d.Ä. haben behauptet, dass in einer Gruppe rastender Kraniche immer einer der Vögel Wache halten musste, der dann mit den Zehen eines Fußes einen Stein ergreift und hochhebt: Wenn er einschläft, fällt der Stein herunter und er wird wieder wach. Das Szepter mit der Schlange weist Maximilian als Herrscher über einen großen Teil der Welt aus. Der Hahn, auf den er seine Füße setzt, bezeichnet den französischen König, den er überwunden hat. Das hatte alle Welt für unmöglich gehalten: Darauf deuten die Füße hin, die unten links aus einer Wolke kommen und im Wasser stehen. Sie sind bei Horapollon die Hieroglyphe für «unmöglich».

Dieser Umgang mit den Hieroglyphen ist exemplarisch für ein synthetisches Symbolverständnis, das gewohnt war, Zeichen und ihre Bedeutungen aneinanderzureihen und zu addieren. Von dem Symbolverständnis, wie es sich bei uns seit der Goethezeit entwickelt hat, ist diese Auffassung noch weit entfernt. Für den heutigen Interpreten bedeutet das, dass er sich in die Auffassungsweise, die keineswegs nur im Zusammenhang mit der Hieroglyphenkunde begegnet, sondern generell den Umgang mit der bildlichen Zeichensprache bestimmte, hineindenken muss, um die Verknüpfungen von Gedanken und Aussagen nachvollziehen zu können.

Im Laufe des 16. Jh.s entfernte sich die Hieroglyphenkunde immer weiter von ihrem vermeintlichen Ursprung der ägyptischen Bilderschrift. In Verbindung mit den immer noch lebendigen Traditionen der mittelalterlichen Bedeutungskunde entwickelte sich eine Lehre von den Bildzeichen, die in allen Dingen (*res*) der Natur und der Geschichte vielfältige Bedeutungen aufzudecken wusste. Das wichtigste Werk dieser neuen Bedeutungskunde waren die *Hieroglyphica* des Pierio Valeriano (eig. Giovanni Pietro Bolzani, 1477–1558), die erstmals 1556 in Basel erschienen, mit Widmung an Cosimo de' Medici, und dann mehrfach und zunehmend erweitert neu aufgelegt wurden. Das in 35 Ausgaben erschienene und in ganz Europa verbreitete Werk ist in 58 Bücher unterteilt, die jeweils Tieren, Pflanzen, Menschen und Gegenständen gewidmet sind. Welche Vielfalt der Bedeutungsmöglichkeiten hier ausgebreitet wird, zeigt sich schon im Ersten Buch, das den Löwen behandelt, für den Valeriano 34 verschiedene Bedeutungen anführt, von *animi corporisque vires* über *robur* und *furor* weiter zu *clementia* oder *iustitiae cultus* bis zu *amoris petulantia*, dem Mutwillen der Liebe. Selbstverständlich kann, wie es die Tradition des *Physiologus* lehrte, der Löwe auch für Christus stehen.

Pierio Valeriano

Eine Fortsetzung und abermalige Ausweitung fand die Bedeutungskunde Valerianos im 17. Jh. im *Mondo symbolico* des Mailänder Kanonikers Filippo Picinelli, der 1653 auf Italienisch erschien und 1681 in Köln auch in lateinischer Übersetzung herauskam. Der erste Teil umfasst die *corpora naturalia* von den Himmelskörpern bis zu Tieren, Pflanzen, Steinen und Metallen. Im zweiten Teil findet man die *corpora artificialia*, worunter Picinelli in erster Linie *instrumenta* versteht, vom Altargerät über den Hausrat bis zu wissenschaftlichen Geräten und Kriegswerkzeug. Für Picinelli scheint es auf dieser Welt nichts zu geben, das nicht zum Sinnbild werden könnte.

Picinelli

Impresen

Das Material, das Picinelli in seinem voluminösen Werk ausbreitet, stammt zu einem großen Teil aus einem Zweig der profanen Symbolik, der in der Frühen Neuzeit in höchster Blüte stand, den so genannten Impresen. Es gab im Mittelalter die Tradition, dem Wappen einen Wahlspruch hinzuzufügen. In der Imprese wird ein Wappenspruch mit einem Sinnbild verbunden. Dass die Impresen in der Zeit beliebt wurden, in der man sich auch für die Hieroglyphenkunde begeisterte, ist bezeichnend. Man könnte sagen, dass die Impresen Hieroglyphen sind, die von einer Devise begleitet werden. Eine Gemeinsamkeit liegt im Rätselcharakter. Auch das Impresenbild ist in der Regel nicht ohne weiteres verständlich. Die Devise erklärt das Bild nicht eigentlich, sondern gibt sozusagen nur die Richtung an, in der die Bedeutung zu suchen ist.

> Die **Imprese** ist zu definieren als die Verbindung eines Sinnbildes mit einem Wahlspruch. Der Begriff Imprese, der von ital. *imprendere* (etwas unternehmen) abgeleitet ist, setzte sich erst im 16. Jh. durch. Der Sache nach ist die Imprese jedoch älter. Sie hat ihre Wurzeln in der Heraldik. Seit dem späten 14. Jh. ist es im burgundischen und französischen Adel üblich geworden, sich zusätzlich zu dem Familienwappen persönliche Sinnbilder, die von einer Devise begleitet waren, zuzulegen. Im 15. Jh. wurde dies ein in ganz Europa verbreiteter Usus, dem nicht nur der Adel folgte, sondern später auch das gehobene Bürgertum. Es war auch möglich, dass eine Imprese für einen bestimmten Anlass oder für eine besondere Unternehmung gewählt wurde, so dass ein und derselben Person auch mehrere Impresen zugeordnet werden können. Impresen wurden als Abzeichen an Kleidung, Rüstung oder Kopfbedeckung getragen. Sie wurden aber auch zur Kennzeichnung von Bauwerken, Möbeln oder Büchern verwendet.

Medici-Impresen

Schöne Beispiele für den frühen Gebrauch der Impresen in Italien findet man bei den Mitgliedern des Hauses Medici. Im Palazzo Medici in Florenz, ab 1444 von Michelozzo begonnen, entdeckt man an vielen Stellen, beispielsweise über den Fenstern der Fassade, das Wappenbild der Medici, die sieben *palle* (Kugeln), daneben aber Bildzeichen, die auch als Hinweis auf die Familie gelesen werden können, zunächst aber einzelnen Mitgliedern zuzuordnen sind. So sieht man über den Fenstern des Obergeschosses oder an einzelnen Kapitellkonsolen des Hofes das Bild eines Diamantrings mit drei Federn und ein Schriftband mit der Devise *semper.* Dies ist eine Imprese, die Piero de' Medici (1416–1469) zuzuordnen ist. Man findet sie beispielsweise auch in den Fresken des Benozzo Gozzoli (1459) in der Kapelle des Medici-Palastes auf dem Zaumzeug des Pferdes, auf dem Piero reitet. Ring und Diamant sind in dieser Imprese als Symbol der Ewigkeit zu verstehen, die drei Federn, die auch ohne Ring verwendet werden können, verweisen auf die drei religiösen Tugenden Glaube, Liebe und Hoffnung. In Gemälden wurden sie oft ihrer Bedeutung entsprechend farblich differenziert.

Im 16. Jh. entwickelte sich eine reiche Literatur über die Impresen, in denen deren Regeln kodifiziert wurden, und die Autoren sich gegenseitig in Erfindungen und Interpretationen von Impresen überboten. Hier ist an erster Stelle Paolo Giovio (1483–1552) zu nennen, der in seinem *Dialogo dell'imprese militari e amorose* fünf Regeln für gute Impresen aufstellte. Sie sollen erstens ein rechtes Verhältnis zwischen Seele (Motto oder Devise) und Körper (Bild, Bildgegenstand) haben. Zweitens sollen sie nicht zu dunkel oder unverständlich sein, aber auch nicht so klar, dass jedermann sie verstehen kann. Dann sollen sie schön und heiter anzuschauen sein. Menschliche Figuren dürfen im Bild nicht vorkommen und das Motto soll kurz und deutlich sein, und es darf nicht in der Volkssprache geschrieben sein, sondern bevorzugt in Latein, aber auch in Französisch.

Paolo Giovio

Emblematik

Als Giovios Buch herauskam, stand bereits ein weiterer Zweig der Wort-Bild-Kombination in voller Blüte, die Emblematik. Sie vereinigte die verschiedenen Traditionen der Bedeutungslehre und Hieroglyphenkunde wie der Impresen mit der Tradition der Epigrammatik. In seiner spezifischen neuen Bedeutung wurde der Begriff von dem italienischen Juristen und Humanisten Andrea Alciati (1492–1550) eingeführt, dessen 1531 in Augsburg herausgegebenes kleines Buch mit dem Titel *Emblematum liber* die neue Gattung begründete.

Andrea Alciati

Der Begriff **Emblem** stammt aus dem Griechischen und bedeutet ursprünglich Einlegearbeit, Zierart oder Schmuck. Ein Emblem zeichnet sich durch einen dreiteiligen Aufbau aus. Das Bild, die *pictura*, auch als *Icon* oder *Imago* bezeichnet, wird von einer Überschrift begleitet, der *inscriptio*, auch Motto oder Lemma genannt, und durch ein mehrzeiliges Epigramm, die *subscriptio* erläutert. Das Bild, die *res picta*, steht im Zentrum. Bildgegenstand kann im Grunde alles werden: Gegenstände, Lebewesen der Wirklichkeit wie Phantasiegestalten, auch Figuren der Mythologie. Grundsätzlich aber bedeutet die *res picta* mehr, als sie darstellt. Sie hat verweisende Kraft, ist *res significans*. Die Auslegung der intendierten Bedeutung erfolgt in der Regel durch das Epigramm. Sie kann aber schon durch die *inscriptio* und/oder durch die *pictura* angedeutet werden.

Das zweite Emblem der Sammlung Alciatis (Abb. 25) zeigt eine Laute, die in einem Raum auf dem Tisch liegt. Das Epigramm unter dem Holzschnitt spricht einen Herzog an, wohl Massimiliano Sforza (1495–1530), dessen Wappen Gegenstand des ersten Emblems ist. Das 12-zeilige Epigramm lautet übersetzt:

«Nimm, Herzog, diese Laute, die ihre Form von einem Fischerboot haben soll und die die lateinische Muse als ihre eigene beansprucht. Möge unsere Gabe Euch in dieser Zeit gefallen, in der Ihr neue Verträge mit Bundesgenossen einzugehen plant. Es ist schwierig, wenn auch nicht für einen gelehrten Mann, so viele Saiten zu stimmen, und wenn eine Saite nicht gut gespannt ist oder bricht (was leicht geschieht), ist alle Anmut des Instruments dahin und der vortreffliche Gesang wird verdorben sein. So gibt es, wenn die italienischen Fürsten sich im Bündnis vereinen, nichts, was Du fürchten musst, wenn Deine Liebe einträchtig bestehen bleibt. Aber wenn einer abtrünnig wird (wie wir oft sehen), dann löst sich alle Harmonie in Nichts auf.»

Mit der über das Bild gesetzten Überschrift *Foedera* (in der ersten Auflage stand noch: *Foedera Italorum*) wird die politische Bedeutungsrichtung des Emblems angegeben. Alciati greift hier einen Vergleich auf, den schon Cicero in *De re publica* (II,69) verwandte: *ea quae harmonia a musicis dicitur in cantu, ea est in civitate concordia*. Augustinus hat in *De civitate Dei* (II,21) diese Stelle zitiert, die zu einem viel benutzten Topos wurde. In der *Hieroglyphica* des Horapollon (II,116) liest man: «Wenn sie einen Menschen malen wollen, der den Einklang und die Einigkeit liebt, malen sie eine Lyra. Denn sie bewahrt den Einklang ihrer Akkorde.» Auch Valeriano (XLVII,1) führt die Lyra als Hieroglyphe der *concordia* an.

Die Bedeutung, die in der *res picta* erkannt wird, ist dem Anspruch nach nicht willkürlich, sondern in der Natur der abgebildeten Sache gelegen. Zahlreiche Embleme, die auf Phänomene der Natur zurückgehen, erheben den Anspruch, dort verborgene Wahrheiten aufzuzeigen. Dass sie oft nur antike oder mittelalterliche Traditionen der Bedeutungszuweisung fortschreiben, sprach nicht gegen sie. Auch die Emblematik folgte der alten christlichen Aufforderung, im Buch der Natur zu lesen.

Dabei gibt es genauso selten wie in der mittelalterlichen Bedeutungskunde oder in der Hieroglyphik eindeutige Bedeutungszuweisungen. Alciati zeigt beispielsweise als 12. Emblem einen verdorrten Baum, um den sich ein Weinstock rankt. Die *inscriptio* weist darauf hin, dass mit

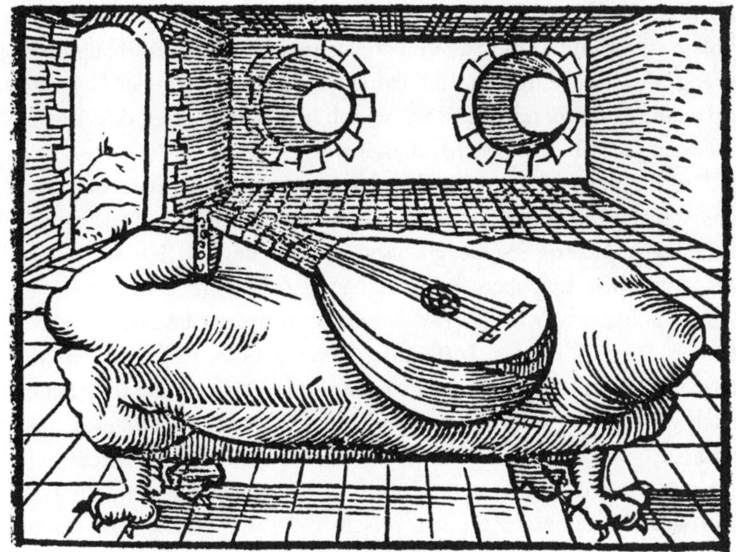

Abb. 25: Foedera, Emblem II aus: Andrea Alciati, Emblematum Libellus, Paris 1542

diesem Bild die über den Tod hinaus andauernde Freundschaft gemeint sei. Dieses schon in der *Anthologia graeca* (IX, 231) verwandte Motiv kann modifiziert werden, indem eine grünende Ulme gezeigt wird, um die sich die Rebe schlingt, was als Bild der guten Ehe gedeutet wird oder auch in christlicher Deutung auf die Heilige Familie bezogen werden kann. Eine gegensätzliche Ausdeutung gibt Alciati selbst, der als 50. Emblem einen Ölbaum zeigt, dessen Äste durch die Last der Trauben herabgezogen werden, was Anlass gibt für die in der *inscriptio* ausgesprochene Mahnung: *Prudentes vino abstinent.*

Zur *pictura* eines Emblems konnten auch Figuren und Ereignisse aus der Mythologie und Geschichte werden. Nach dem Vorbild einer antiken Gemme formte Alciati sein siebtes Emblem, das einen von zwei Löwen gezogenen Streitwagen zeigt, auf dem ein Amor mit verbundenen Augen steht, der die Zügel in der Hand hält. Wenn der Löwe als Bild der menschlichen Kräfte, der Stärke und Unerschrockenheit gilt, wird mit dem das Löwengespann lenkenden Amor die Macht der Liebe symbolisiert. Das Bild des Aeneas, der seinen alten Vater aus dem brennenden Troja herausträgt, ist bei Alciati (und nicht nur bei ihm) Bild der *Pietas filiorum in parentes.*

Wie in der Hieroglyphik findet man in der Emblematik immer wieder Bilder, die künstlich geschaffen sind und Bildelemente verbinden, die natürlicherweise nicht zusammengehören, vielleicht sogar widersprüchlich sind. So zeigt Alciati in seinem 15. Emblem eine Figur, deren eine Hand, aus der Flügel herauswachsen, zum Himmel emporgehoben ist, während die andere von einem schweren Stein nach unten gezogen wird. Mit diesem Bild, das einer Hieroglyphe in der *Hypnerotomachia Poliphili* nachgebildet ist, soll bedeutet werden, dass die Armut den Geist hindert, sich aufzuschwingen.

Die Emblematik war für die geistige Kultur der Spätrenaissance und des Barock von nicht zu überschätzender Bedeutung. Allein von dem Werk Alciatis erschienen bis zum Ende des 18. Jh.s mindestens 125 Ausgaben. Eine nicht zu übersehende Zahl von Nachfolgewerken wurde publiziert. Mit der Abwendung vom Barock und dem tiefgreifenden Wandel in der Auffassung des Symbolbegriffs kam in der zweiten Hälfte des 18. Jh.s auch das Ende der Emblematik. Schon nach wenigen Jahrzehnten war sie völlig in Vergessenheit geraten, so dass sie von der Wissenschaft im 20. Jh. regelrecht wiederentdeckt werden musste. Heute stehen zahlreiche Nachdrucke der selten gewordenen Werke und vor allem verschiedene Handbücher und Datenbanken zur Verfügung, die das Arbeiten auf diesem Gebiet sehr erleichtern. Die Emblemforschung ist zu einem blühenden Zweig interdisziplinärer Forschung geworden, der ungemein produktiv ist und eine kaum noch überschaubare Literatur hervorgebracht hat.

Emblematik in Bildzusammenhängen

Für die kunstgeschichtliche Arbeit ist die Kenntnis der Emblematik besonders wichtig, weil Embleme vielfach in anderen Medien umgesetzt wurden. So spielte sie beispielsweise eine sehr große Rolle bei der Gestaltung von Münzen und Medaillen. Nicht minder wichtig ist, dass man mit Hilfe der Emblematik Schlüsselmotive aus größeren Bildzusammenhängen zu deuten vermag.

In der *Stanza dell'Incendio* des Vatikan hat Raffael (unter Mithilfe seiner Schule) eine Szene dargestellt, von der der *Liber pontificalis* berichtet. Als 847 im Borgo, dem Stadtteil Roms bei St. Peter, ein Feuer ausbrach, erschien der Papst auf der Loggia des vatikanischen Palastes, machte das Zeichen des Kreuzes und das Feuer verlöschte. In der Szene ist eine Anspielung auf die Taten von Raffaels Auftraggeber Leo X. zu sehen, der für sich in Anspruch nahm, die Flammen der Kriege, die zu seiner Zeit Oberitalien bedrohten, gelöscht zu haben. In dramatischen Gruppen hat Raffael die Flucht vor dem Feuer, die Rettungsversuche und das an den Papst gerichtete flehentliche Bitten dargestellt. Vorne links sieht man an dominanter Stelle eine Gruppe, die einen jungen Mann zeigt, der einen Alten trägt, und neben diesen ein kleiner Junge: eine unverkennbare Anspielung auf die Flucht des

Aeneas aus Troja. Diese Gruppe ist Sinnbild der Pietas, die hier sozusagen zum Motto des Bildes wird, das so zu einem Exempel für die wechselseitige Liebe zwischen der Bevölkerung Roms und der Christenheit insgesamt und ihrem Oberhaupt wird.

Sehr viele Beispiele für die Integration von Emblemmotiven in Bildern finden sich in der niederländischen Malerei. Das *Bildnis eines Ehepaares*, das Frans Hals um 1625 malte und das möglicherweise Isaac Abrahamsz. Massa und seine Frau Beatrix van der Laen darstellt, zeigt das Paar unter einem Baum, der von Efeu umschlungen wird. Rechts bietet sich ein Ausblick auf einen barocken Lustgarten, in dem zwei Paare spazieren gehen. Vorne links steht eine Distel. Der Baum, der botanisch nicht genau zu bestimmen ist, ist von Efeu umrankt, und eine Ranke ist unten rechts zu sehen, die das Paar wie in einem Halbkreis einschließt. Das Rankenmotiv wird damit nachdrücklich betont. Das Motiv des Efeus, der sich um einen Baum rankt, begegnet in der Emblematik vielfach, zumeist in dem schon von Plinius d. Ä. (XVI, 34) angeführten negativen Sinne, dass der Efeu den Baum, der ihn sozusagen aufzieht, schließlich erwürgt. In der Emblematik gilt dies als Bild der Undankbarkeit. Das Motiv kann aber auch – dem erwähnten Motiv des sich um einen Baum rankenden Weinstocks entsprechend – in positivem Sinne verwendet werden. Der Baum stützt den Efeu auch noch, wenn er längst abgestorben ist. Damit ist es ein Emblem der Liebe, die über den Tod hinaus dauert. In diesem Sinne wird das Motiv auch hier zu verstehen sein: als Beteuerung der beständigen Liebe. Die Distel vorne ist als Eryngium gedeutet worden, also als jenes Mannstreu, das schon auf Bildern Dürers begegnete. Botanisch gesehen stimmt das nicht, es ist eher eine Ackerdistel. Im zweiten Teil des *Nucleus Emblematum* von Daniel Rollenhagen, 1613 erschienen, ist das Bild eines Mannes, der durch Disteln schreitet, Emblem der Geduld, mit der Mühsal ertragen wird. In diesem Sinne verstanden, steht die Pflanze in markantem Gegensatz zu dem rechts gegebenen Ausblick auf das luxuriöse Leben im Barockgarten. Die Distel ist als Hinweis darauf zu verstehen, dass die Liebe des Paares in guten wie in schlechten Zeiten Bestand haben soll.

Emblematik/religiöse Kunst des Barock

Die Emblematik war auch für die religiöse Kunst des Barock von größter Bedeutung. Katholische wie evangelische Autoren haben eine kaum überschaubare Zahl von emblematischen Andachtsbüchern herausgegeben. In den nach den alten Regeln der Rhetorik konzipierten Predigten wurden Embleme gerne als anschauliche und schmückende Argumente eingebracht. Wer aufmerksam durch die süddeutschen Kirchen geht, wird immer wieder auf Embleme stoßen, die die sakrale Emblematik in vielfältigster Form zeigen: metaphorisch auf die Heilsgeschichte, insbesondere auf Christus und Maria bezogen, als Embleme christlicher Tugenden oder zur Charakterisierung von Tugenden der Heiligen. Die Ausdeutung derartiger Embleme ist nicht immer ganz einfach, weil sie im Zusammenhang einer Wand- oder Deckendekoration fast immer ohne *subscriptio* erscheinen. In vielen Fällen sind diese Embleme zu verstehen als Ausdeutungen oder akzentuierende Kommentare zu den Hauptbildern, die sie begleiten.

So ist es auch in der ehemaligen Zisterzienserabtei Fürstenfeld, die Cosmas Damian Asam ausgemalt hat. In den 1722/23 geschaffenen Chorfresken, deren Programm die Klostergründung und die Verherrlichung Mariens als Schutzpatronin ist, findet man in den Stichkappen jeweils dem Bild zugeordnet Embleme, die die Aufgaben und Pflichten des mönchischen Lebens bezeichnen. In den 1731 gemalten Deckenbildern des Langhauses werden mit den Emblemen die Tugenden des hl. Bernhard von Clairvaux bezeichnet, dem der Bilderzyklus gewidmet ist. Die Embleme sind tragender und für das Verständnis wesentlicher Teil des Gesamtprogramms.

Bei der Untersuchung von Emblemen, die in Bilder oder größere Werkzusammenhänge integriert sind, wird man in der Emblemliteratur nicht immer unmittelbar passende Vorlagen finden. Das ist auch nicht zu erwarten, denn Emblematik war eine bestimmte Form zu denken, Analogien in Natur, Geschichte oder Mythologie aufzuspüren und der Bildbedeutung zu unterlegen. Man stand dabei, wie wir gesehen haben, in einer bis in die Antike zurückreichenden Tradition. Uns ist diese Sprache fremd geworden, obwohl sie in manchen sprichwörtlichen Redensarten weiterlebt. Aufgabe des Kunsthistorikers ist es, diese nicht selten rätselhafte Bildersprache aufzuschlüsseln. Sehr oft wird er mehrere Bedeutungsmöglichkeiten für ein Emblem nachweisen können. Stets muss der Kontext des Werkes und gegebenenfalls des ihm übergeordneten Zusammenhanges darüber entscheiden, welche Bedeutung die zutreffende ist.

Allegorie und Personifikation

Allegorie und Allegorese

Seit dem späten 18. Jh. hat sich die Auffassung durchgesetzt, dass Symbol und Allegorie deutlich voneinander geschieden und geradezu als Gegensatz zu betrachten seien. Diese These ist im Hinblick auf die ältere Kunstgeschichte zu relativieren. Bis weit in das 18. Jh. hinein und selbst noch bei Winckelmann wurden die beiden Begriffe nicht klar unterschieden. Zu großes Gewicht hatte ihre Gemeinsamkeit, dass nämlich in dem mit diesen Begriffen charakterisierten Werk nicht das Erscheinende, sondern das damit Bedeutete entscheidend sei. Dennoch gibt es gewichtige Unterschiede, die eine getrennte Behandlung der beiden Kunstformen rechtfertigen. Der Begriff des Symbols bezieht sich auf konkrete Gegenstände und Handlungen, die in der realen Welt wie in der fiktiven Welt des Kunstwerks auf etwas anderes verweisen. Die Bedeutung des Symbols beruht, wie Gadamer betont hat, auf seiner Präsenz, auf der Gegenwart seines Gezeigt- oder Gesagtwerdens. Die Allegorie dagegen ist ihrem Wesen nach eine rhetorische Figur, die ihren Ursprung in der Metapher hat.

Metapher

Die Metapher ist nach den Lehren der antiken Rhetorik eine von einer Analogie her begründete Wortübertragung, bei der ein uneigentlicher Ausdruck den eigentlichen Ausdruck ersetzt. Wenn im Mythos beispielsweise vom Löwen im Heer der Achaier gesprochen wird und damit Achilleus gemeint ist, so liegt das *tertium comparationis* in der Stärke, der Kampfkraft des Löwen. Quintilian bezeichnete die Metapher als verkürztes Gleichnis, doch das wird deren spezifischer Qualität nicht gerecht, weil keineswegs immer ein «eigentlicher» Ausdruck dem adäquat ist, was mit der Metapher gesagt wird. Sie vermag ganz neue Bedeutungshorizonte zu eröffnen.

Die in der Antike vielfach verwendete Metapher des «Staatsschiffs» ist in einem Text eben nicht gleichwertig durch «Staat» zu ersetzen. In der Metapher liegt ein enormes sprachschöpferisches Potential. Metaphorisches Denken spielt in der Literatur und selbst in der alltäglichen Rede eine kaum zu überschätzende Rolle und wirkt von dort aus auch auf die bildende Kunst. Ein Beispiel für die Übernahme der Schiffsmetapher bietet der Medici-Zyklus von Rubens. Die *Übergabe der Regentschaft an den Dauphin* (1622–25) spielt sich auf einem Schiff ab, an dessen Mast die Personifikation Frankreichs steht: Es ist das Schiff des französischen Staates, das fortan von Ludwig XIII. gesteuert werden soll.

Unter **Allegorie** versteht man im allgemeinsten Sinne eine Übertragung von Gesagtem oder Gezeigtem, von der *res significans* auf eine gemeinte Bedeutung, das *significatum*. Das griechische Wort ἀλληγορία ist in seiner Grundbedeutung mit «Anderssagen» zu übersetzen. In der Tradition der Rhetorik hat die Allegorie eine bezeichnende Doppelwertigkeit. Sie gehört zu den Tropen, zu den übertragenen, uneigentlichen Ausdrücken, die für die eigentliche Formulierung stehen. Zugleich aber gehört sie zu den Gedankenfiguren, wird also als Form der Gedankenführung angesehen, vor allem wenn es sich um eine weiter ausgeführte Vorstellung handelt. Quintilian (VIII,6,44) bezeichnet die Allegorie als Folge von Metaphern und erläutert dies mit der berühmten Ode von Horaz (Carminum I,14), in der er die Metapher des Staatsschiffs ausweitet zum Bild eines Schiffes auf stürmischem Meer und damit «das Schiff für das Gemeinwesen, Fluten und Stürme für Bürgerkriege, Hafen für Frieden und Eintracht» setzt.

Der Begriff der Allegorie hat im Mittelalter eine allgemeinere Bedeutung angenommen und konnte für jede Art sinnlich fassbarer Darstellung verwendet werden, die auf eine geistige Vorstellung verwies, ob dies nun nur ein Begriff oder auch ein komplexes Vorstellungsgefüge war. Diese Ausweitung der Bedeutung ist stark durch die Tradition der

Allegorese

Allegorese, die allegorische Auslegung tradierter Texte bestimmt. Diese Tradition reicht bis weit in die Antike zurück. Ausgangspunkt war die schon bei den Vorsokratikern aufkommende Kritik an der homerischen Götterwelt, die als anstößig empfunden wurde. Plato wollte in seinem *Staat* (377c-e) Homer als Schullektüre verbieten. Einen Ausweg bot die Allegorese, deren Prinzip es ist, den in seinem wörtlichen Sinne unverständlichen oder nicht akzeptierbaren Text als uneigentlich zu verstehen und auf seine angebliche Bedeutung hin aufzuschlüsseln. So hat Theagenes von Rhegion, der als Begründer der Homerallegorese gilt, den Kampf der Götter im zwanzigsten Buch der Ilias als Streit der Elemente interpretiert.

In der christlichen Tradition wurde die Allegorese als Methode, widerständige Texte zu interpretieren und damit in den christlichen Verständnishorizont zu integrieren, erheblich gestärkt. Die Gleichnisreden Jesu waren ein autoritatives Beispiel für den Gebrauch einer uneigentlichen Ausdrucksweise. Mit dem im Neuen Testament verankerten typologischen Denken (s. S. 56 f.) und der Zeichenlehre Augustins waren weitere Wege für die Auffassung gewiesen, dass Texte hinter ihrem wörtlichen Sinn (*sensus litteralis*) eine eigentliche Bedeutung, einen spirituellen Sinn (*sensus spiritualis*) verbargen. Die allegorische Ausdeutung ermöglichte den Kirchenvätern, auch Texte wie das Hohelied, im Literalsinn eine Liebesdichtung, als auf Christus und Maria bezogen zu verstehen.

Natürlich war die Allegorese auch eine Möglichkeit, antike Mythen und Traditionen zu vereinnahmen. In der für die Kirchenväter zentralen Auseinandersetzung mit der griechischen und römischen Religion finden wir so neben der Verdammung der alten Mythologie auch ihre Adaption durch Allegorese. So wird, wie Hugo Rahner gezeigt hat, die *Odyssee* als Bild der Lebensfahrt interpretiert, als schwierige und gefahrvolle Rückkehr in die himmlische Heimat. Odysseus erscheint dabei als der lebenskluge Weise schlechthin. Honorius Augustodunensis deutet in seinem *Speculum ecclesiae* (PL 172, 855CD) die Episode von Odysseus und den Sirenen folgendermaßen:

«Die Weisen dieser Welt erzählen, daß auf einer Insel im Meere drei Sirenen wohnten, die auf verschiedene Weise gar süße Lieder sangen: die erste mit ihrer Stimme, die zweite mit einer Flöte, und die dritte mit einer Leier. Die hatten ein Angesicht wie Frauen, aber Flügel und Krallen wie Vögel. Alle Schiffe, die vorbeifuhren, hielten sie mit der Süße ihres Gesanges an, die Schiffer schliefen ein,

dann kamen die Sirenen und zerrissen sie und versenkten das Schiff in die Meerestiefe. Aber da mußte einmal ein gewisser Herzog, namens Ulixes (= Odysseus), notwendig an der Insel vorbeifahren. Der befahl, man solle ihn an den Mastbaum anbinden, den Gefährten aber ließ er mit Wachs ihre Ohren verstopfen. So entrann er ohne Harm jener Gefahr, ja er versenkte die Sirenen in die Fluten. Das sind […] mystische Bilder, auch wenn sie von den Feinden Christi geschrieben sind. Das Meer bedeutet diese Erdenwelt, die da immer aufgewühlt wird durch die Stürme der Trübsal. Die Insel ist Bild für die Freuden der Welt, die drei Sirenen, die durch ihren süßen Gesang die Schiffer umschmeicheln und in Schlaf versinken lassen, sind die drei Lüste, die das Herz der Menschen fürs Böse weich machen und uns in den Schlaf des Todes versenken.»

Das Verfahren der Allegorese bringt es mit sich, dass mehr als nur eine Deutung möglich ist. Der Mast konnte mit dem Kreuz Christi gleichgesetzt werden, das Schiff mit der Kirche. Die Sirenen können auch als die Ketzer verstanden werden, auf die man nicht hören soll, wenn man in den Hafen des Heils gelangen will. Deutlich wird dabei, dass zwischen Symbol und Allegorie schwer eine Grenze zu ziehen ist, dennoch wird man sagen dürfen, dass in diesen Auslegungen die Geschichte als Ganzes, die *fabula*, als Allegorie zu bezeichnen ist und einzelne Elemente wie der mit dem Kreuzesholz gleichgesetzte Mast als Symbol.

profaner Stoff – christliche Allegorie

Allegorisches Verstehen zieht sich wie ein roter Faden durch alle Bereiche unserer abendländischen Kultur, wobei zwischen christlichem und profanem Gebrauch im Grunde keine Grenze zu ziehen ist. In der Ikonographie der älteren Kunst jedenfalls ist die profane Thematik immer auch christlich geprägt. Eine Darstellung der Sirenen-Episode, wie sie im *Hortus deliciarum* der Herrad von Landsberg zu finden war, ist trotz des profanen Stoffes als christliche Allegorie aufzufassen. Allegorisch, das heißt in einem übertragenen Sinn, muss auch ein Gemälde wie der *Blindensturz* von Pieter Bruegel d. Ä. verstanden werden.

Das 1568 datierte Bild in Neapel zeigt sechs Blinde auf einem nach rechts abschüssigen Weg. Sie hatten eine Kette gebildet und sich so von dem ersten führen lassen, doch der ist rücklings in einen Graben gestürzt. Auch der zweite hat keinen Halt mehr und man muss erwarten, dass auch die folgenden fallen werden. Bruegel greift hier ein Wort Christi auf, der über die Pharisäer sagte: «Es sind blinde Blindenführer. Und wenn ein Blinder einen Blinden führt, werden beide in die Grube fallen» (Mt 15,14). Die Bibelstelle, die wohl bekannt war und die in Texten und Sprichwörtern der Zeit vielfach begegnet, veranlasst den Betrachter nicht nur das konkrete Geschehen im wörtlichen Sinne wahrzunehmen, sondern zugleich den darin enthaltenen *sensus spiritualis*, der mahnt, dass geistige Verblendung jeder Art unausweichlich ins Unglück führt. Die Kirche, die genau über der markanten Bruchstelle des Figurenreigens zu sehen ist, weist zudem darauf hin, dass dieser Sturz fernab von der rettenden Institution der christlichen Kirche erfolgt.

Nach dem heutigen Verständnis wird dieses Bild meist als «Parabel» bezeichnet, womit man den für die biblischen Gleichnisreden Jesu üblichen Begriff aufgreift. Diese Terminologie hat sich erst im 19. Jh. durchgesetzt. In früheren Zeiten bezeichnete man auch diesen Bildtypus als Allegorie.

Personifikation

Angesichts der Allgegenwart allegorischen Denkens ist es nicht verwunderlich, dass der Begriff der Allegorie immer wieder mit neuen Nuancen interpretiert wurde, so dass man konstatieren muss, dass es keine durch alle Kunstepochen hindurch gültige, eindeutige Definition der Allegorie gibt. Die geläufige lexikalische Worterklärung: «Veranschaulichende Darstellung von abstrakten Begriffen, Vorstellungen und Zusammenhängen» kann nicht mehr als einen Orientierungsrahmen bieten. Eine besondere Schwierigkeit ergibt sich daraus, dass der Begriff der Allegorie seit dem 18. Jh. zunehmend eingeengt wurde auf das Prinzip der Personifikationsallegorie, die Verbildlichung von Begriffen durch Personen. Lessing, Herder oder Hegel können als Zeugen für diese Begriffsentwicklung angeführt werden. In der kunstgeschichtlichen Literatur hat diese Verengung deutliche Spuren hinterlassen und zu einem zuweilen undifferenzierten Gebrauch der Begriffe geführt. Mittlerweile hat es sich durchgesetzt, von Personifikation dort zu sprechen, wo ein einzelner Begriff durch eine Figur repräsentiert wird, während als Allegorie Zusammenstellungen von Figuren bezeichnet werden, die eine Personifikation mit anderen Figuren vereint oder auch mehrere Personifikationen miteinander verbindet.

Für die Kunstgeschichte ist **Personifikation** zu definieren als Verbildlichung eines Begriffes durch eine Figur, die durch ihre Erscheinung, ihr Tun und ihre Attribute gekennzeichnet ist. In der Tradition der Rhetorik gelten Personifikationen (auch als *fictio personae* oder *prosopopöie* bezeichnet) als eigenständige Form der Gedankenfigur. Das Prinzip der bildlichen Personifikation, das in der römischen Antike vor allem durch Münzbilder weit verbreitet war, ist auch für die nachantike Kunst von kaum zu überschätzender Bedeutung gewesen. Es gab wohl keinen Begriff, keine Vorstellung, die nicht mit einer Personifikation verbildlicht werden konnte, ob es nun Naturgegenstände und Naturkräfte waren, Begriffe aus dem Bereich des menschlichen Lebens wie Lebensalter, Temperamente und Tod oder ethische Begriffe wie Tugenden und Laster oder Begriffe aus der Welt der Wissenschaften und Künste. In der Staatssymbolik spielte die Personifikation genauso ihre bedeutende Rolle wie in der religiösen Ikonographie.

Die Personifikation ist die in der bildenden Kunst am weitesten verbreitete Form der Allegorie. Ihr Prinzip der Repräsentation und Verlebendigung eines Begriffes durch eine menschliche Figur hat eine weit in die Antike hineinreichende Tradition und wurzelt letztlich in der Mythologie, denn die ältesten und am häufigsten eingesetzten Personifikationen in Griechenland und Rom hatten den Status von Göttern. Das wohl bekannteste Beispiel dafür ist die Personifikation des Sieges, *Nike*, römisch *Victoria*. Sie wurde schon in früher griechischer Zeit als geflügelte weibliche Gestalt im Chiton, mit Ölzweig und Palmenzweig als Attribut dargestellt. Ihre Flügel wurden als Hinweis auf ihr Auftreten gedeutet: Sie kann rasch und unvermutet da sein und schnell wieder verschwinden.

Nike/ Victoria

Ein monumentales Beispiel ist die *Nike von Samothrake* (2. Jh. v. Chr.) im Louvre. In Rom wurde die Göttin des Sieges schon früh übernommen und kultisch verehrt. Ihr Kult kulminierte in der Kaiserzeit. Augustus ließ nach dem Sieg bei Aktium in der Kurie einen Victoria-Altar mit einer Statue errichten. Die Göttin stand auf dem Globus, als Symbol des über den Weltkreis herrschenden römischen Imperiums. So war sie auf zahlreichen Münzen zu sehen und wurde geradezu zum religiösen und rechtlichen Symbol des Römischen Reiches. Die Vorstellung von einer Personifikation des Sieges lebte im Mittelalter fort und wurde in der Renaissance im Rückgriff auf die Antike erneuert, wobei die entscheidenden Charakteristika, weibliche, geflügelte Gestalt mit Ölzweig und/oder Palmzweig, erhalten blieben. Der Münchner *Friedensengel* auf dem 1896–99 zur Erinnerung an den Friedensschluss von Versailles 1871 errichteten Monument in München ist eines aus einer unüberschaubaren Zahl von Beispielen für diese Personifikation. (Die von Anfang an übliche Benennung der Figur als Friedensengel verdeckt, dass es sich um eine Personifikation des Sieges handelt. Bei der Errichtung der Siegessäule in Berlin kannte man solche Skrupel nicht.)

Victoria konnte schon in der Antike einem bestimmten Gott, einem bestimmten Menschen oder einer bestimmten Schlacht zugeordnet werden. Diese Tradition wurde ebenfalls seit der Renaissance intensiv rezipiert. Peter Paul Rubens hat in seinem zwischen 1622 und 1625 geschaffenen Medici-Zyklus den *Triumph von Jülich* ins Bild gesetzt. Französische und protestantische Truppen hatten 1610 die Habsburger gezwungen, das von ihnen besetzte Jülich aufzugeben. Rubens formte aus diesem Thema ein gemaltes Reitermonument. Die Personifikation des Sieges schwebt über der französischen Königin mit Palmzweig und Lorbeerkranz. Die Bedeutung des Sieges wird unterstrichen durch eine weitere Personifikation, die ebenfalls auf die Antike zurückgeht, die Personifikation der *Fama*, des Ruhmes, die den Sieg ausposaunt. Links neben dem Pferd sieht man eine weitere begleitende Frauengestalt, die durch das Attribut des Löwen als Personifikation der *Fortitudo*, der Stärke, gekennzeichnet ist. Die Personifikationen dienen in diesem Bild dazu, die Person und das Ereignis zu charakterisieren und zu feiern.

Personifikationen in Mittelalter und Neuzeit

Kardinaltugenden

theologische Tugenden

In frühmittelalterlicher Zeit erfolgte die Ausformung der Personifikationen in enger Anlehnung an die Antike. Die Herausbildung von Personifikationen und ihre Typengeschichte lässt sich sehr gut am Beispiel der Personifikationen der Tugenden und Laster (s. S. 106 f.) verdeutlichen. In der antiken Ethik ist das System der vier Kardinaltugenden *Justitia* (Gerechtigkeit), *Fortitudo* (Stärke), *Prudentia* (Klugheit) und *Temperantia* (Mäßigung) entwickelt worden. Diesen waren weitere Tugenden als Typen positiven menschlichen Verhaltens anzugliedern. Sie wurden von den Kirchenvätern übernommen und um die drei theologischen Tugenden *Fides*, *Caritas* und *Spes* (Glaube, Liebe, Hoffnung) (1. Kor 13,13) erweitert. Anfänglich wurden diese Tugenden, die in der antiken Kunst keine Vorbilder hatten, nicht spezifisch gekennzeichnet. Einer der wichtigsten Texte, die *Psychomachie* des Prudentius (2. H. 4. Jh.), die den Kampf der Tugenden gegen die Laster beschreibt, gibt keine Auskunft über deren individuelles Aussehen. Dieser Befund wird auch durch frühe Darstellungen bestätigt. In der *Vivians-Bibel*, der sog. ersten Bibel Karls des Kahlen (um 845), sieht man auf dem Titelbild zu den Psalmen, das im Zentrum David in einer Mandorla darstellt, in den Ecken vier Frauen mit weißen Schleiern und Palmzweigen in den Händen, die die vier Kardinaltugenden darstellen, die man aber ohne die Beischriften nicht als solche erkennen würde.

Seit dem frühen Mittelalter findet man Personifikationen der Tugenden als Einzelfiguren oder als Gruppen in allen Gattungen der Kunst. Zu ihrer Verbreitung wie zur Ausweitung der Zyklen trug in besonderem Maße die Kathedralskulptur bei. Ein Schlüsselwerk ist dabei das mittlere Westportal (um 1200–1210) von Notre Dame in Paris, das im Tympanon das Jüngste Gericht zeigt und im Sockel erstmals einen umfangreichen Zyklus der Tugenden und Laster. Die Tugenden tragen Schilde mit Symbolen, sozusagen ihre Wappenbilder.

Die Reihe der Tugenden zeigt jeweils von innen nach außen am linken Gewände: *Fides*/Glaube (Kreuz), *Spes*/Hoffnung (Fahne), *Caritas*/Liebe (Lamm), *Castitas*/Keuschheit (Vogel Carista, der nach Albertus Magnus im Feuer nicht verbrennt und deshalb auch als Typus der Jungfrau Maria galt), *Prudentia*/Klugheit (Schlange), *Humilitas*/Demut (Taube); am rechten Gewände: *Fortitudo*/Stärke (Löwe), *Patientia*/Geduld (Ochse), *Mansuetudo*/Sanftmut (Schaf), *Concordia*/Eintracht (Olivenzweig), *Oboedientia*/Gehorsam (Kamel), *Constantia*/Standhaftigkeit (Krone).

Unter den Tugenden sieht man Tondi, in denen die den jeweiligen Tugenden antithetisch zugeordneten Laster dargestellt werden. Unter der *Fortitudo* sieht man einen Mann, der vor einem Hasen davonläuft und die Feigheit darstellt, unter der *Oboedientia* einen Mann, der seine Faust drohend gegen einen Bischof erhoben hat als Beispiel des Ungehorsams, unter der *Constantia* einen Mönch, der aus der Klosterpforte kommt und seine Kutte fortwirft und für den Wankelmut und die Unbeständigkeit steht.

Das Beispiel ist in verschiedener Hinsicht lehrreich. Es zeigt, dass das Quartett der Kardinaltugenden nicht notwendig vollständig auftritt und dass die Reihe der Tugenden von Fall zu Fall erweitert werden kann, wobei hier mit *Oboedientia*, *Castitas* und *Humilitas* typische Tugenden des mönchischen Lebens aufgenommen wurden, die im Hinblick auf die Rechtfertigung vor dem Endgericht einen hohen Stellenwert haben. Die Reihe belegt zudem, dass die Attribute der einzelnen Tugenden zu dieser Zeit noch nicht kanonisch festgelegt waren, dass sie aber in Übereinstimmung mit der tradierten Symbolik, insbesondere der Tiersymbolik ausgewählt wurden. Bemerkenswert ist schließlich, dass nur die Tugenden in den Rang von Personifikationen erhoben werden, während die Laster mit exemplarischen Szenen vorgeführt werden. Die Zuordnung erfolgt dabei in dem Sinne, wie wir sie auch in der scholastischen Ethik, z. B. bei Thomas von Aquin, finden. Der einzelnen Tugend wird jeweils die spezifische Form ihrer Verfehlung gegenübergestellt.

Der Zyklus von Notre Dame hat zahlreiche Nachfolger gefunden. Überhaupt begegnen in der Kunst des hohen und späten Mittelalters Personifikationen – einzeln und in Reihen – in großer Zahl. Besonders häufig tauchen sie im Kontext von Grabdenkmälern auf, wo sie die guten Eigenschaften der Verstorbenen vor Augen führen sollen. Mit dem zunehmenden Einsatz dieser Personifikationen setzte sich schließlich auch, zumindest für die wichtigsten der Tugenden, eine Kanonisierung ihrer Attribute durch. Dieser Prozess wurde verstärkt durch die Erfindung der druckgraphischen Techniken im 15. Jh. Serien der sieben Haupttugenden, wie sie Marcantonio Raimondi oder Lucas van Leyden geschaffen haben, fanden große Verbreitung und wurden immer wieder von anderen Künstlern als Vorlagen verwendet.

Eine bemerkenswerte Weiterentwicklung, die sich den neuen Möglichkeiten der Druckgraphik verdankt, sind didaktische Darstellungen, die die mit den personifizierten Begriffen verbundenen Vorstellungen mit beispielhaften Nebenszenen veranschaulichen. Der expandierende Graphikmarkt des 16. Jh.s gab die Möglichkeit, Bilder zu schaffen und zu verbreiten, für die es in den traditionellen Feldern der Kunst schwerlich Aufträge gegeben hätte. Besonders in den Niederlanden begeisterte man sich für diese Art der Darstellungen, die zumeist als Bilderfolgen erschienen. Die wohl bedeutendsten Beispiele schuf Pieter Bruegel d. Ä. Er zeichnete zwischen 1556 und 1560 einen Zyklus der Tugenden und Laster, der von Hieronymus Cock herausgegeben wurde.

Die Personifikation der *Justitia* erscheint mit den mittlerweile kanonischen Attributen Waage, Schwert und Augenbinde. Um sie herum entfaltet Bruegel eine schonungslose Darstellung des zeitgenössischen Rechtswesens und Strafvollzugs. Unter dem Stich der *Prudentia* (Abb. 26) ist zu lesen: «Wenn du klug sein willst, so halte dir die Zukunft vor Augen und stelle dir in Gedanken alles vor, was geschehen kann.» Die Tugend der Klugheit wird hier im Sinne des *providere*, des Voraussehens, aufgefasst. Deswegen tritt zu den Attributen des Handspiegels und des Siebes, mit dem auf das Unterscheiden von Gut und Böse angespielt wird, der Sarg hinzu: Der Kluge blickt immer auf sein Ende. Die umgebenden Szenen illustrieren Möglichkeiten, Vorsorge zu treffen. Die *Prudentia* steht auf Feuerleitern, neben der Löscheimer und eine Feuerspritze liegen, womit angedeutet werden soll, dass es klug ist, auf die Bekämpfung von Bränden vorbereitet zu sein. Die Frau vorne links gießt Wasser auf das brennende Reisig. Der Kranke, der hinter ihr im Bett liegt, hat einen Arzt und einen Priester gerufen und hält sein Testament in der Hand. Auf der rechten Seite der Darstellung wird auf verschiedene Weise Nahrungsvorsorge betrieben. All diese Stiche geben ein aufschlussreiches Bild der Lebensverhältnisse zur Zeit Bruegels.

Laster

Todsünden

In der Folge der sieben Laster stellt Bruegel nicht wie beispielsweise in Notre Dame in Paris das der jeweiligen Tugend entsprechende Gegenteil dar, sondern die so genannten Todsünden (*vitia capitalia*), deren Katalog in der christlichen Ethik entwickelt wurde und die Thomas von Aquin in seiner *Summa theologica* (I – II, q.84, a.4) eingehend behandelt hat, nämlich *Superbia vel inanis gloria* (Stolz), *Avaritia* (Geiz), *Luxuria* (Unkeuschheit), *Invidia* (Neid), *Gula* (Unmäßigkeit), *Ira* (Zorn) und *Acedia* (Trägheit). Anders als die sieben Tugenden hat Bruegel diese Personifikationen in eine phantastische Höllenwelt nach dem Vorbild von Hieronymus Bosch hineingestellt.

Die Personifikationen der Tugenden und Laster, wie Bruegel und seine Zeitgenossen sie uns in vielerlei Variationen zeigen, verbildlichen zwar die ethischen Vorstellungen der Epoche, für die in der Geistesgeschichte vielfältige Belege und Quellen zu finden sind. Beispielhaft hat Margit Kern diesen Zusammenhang für protestantische Tugendprogramme des 16. Jh.s aufgezeigt. Für die spezifische Ausgestaltung einzelner Personifikationen gab es bis dahin aber keine bestimmten Textquellen, auf die sich die Künstler hätten stützen können und die von den heutigen Interpreten heranzuziehen wären. Die Herausbildung der Figuren war ein Ergebnis der Typengeschichte, auf die man zurückblicken muss, um die spezifische Aussage jeder einzelnen Figur zu erfassen.

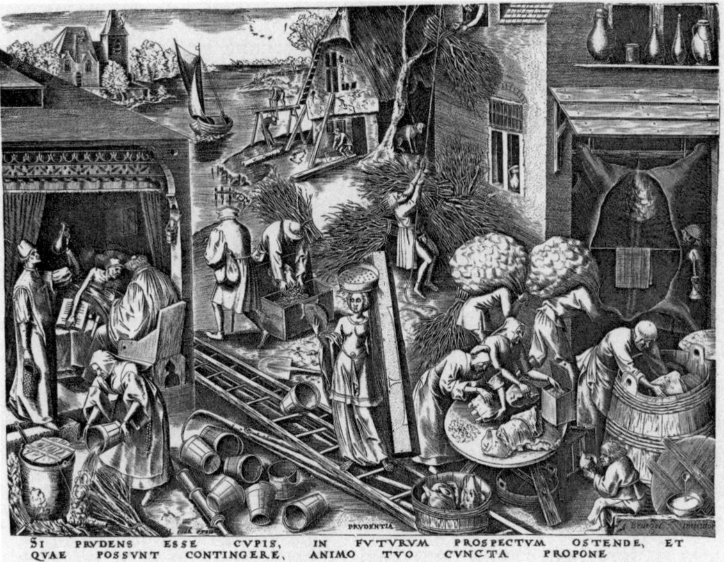

Abb. 26: Pieter Bruegel: Prudentia, Kupferstich (1559)

Cesare Ripa und die Kanonisierung der Personifikationen

Ripa, Iconologia

Diese Situation änderte sich am Ende des 16. Jh.s mit dem Erscheinen eines Buches, das für gut zwei Jahrhunderte ein unentbehrliches Handbuch für Künstler und Auftraggeber werden sollte: Die *Iconologia* des Cesare Ripa. Über den Autor ist wenig bekannt. Er wurde um 1555 in Perugia geboren, war ab 1611 in Rom ansässig und ist dort 1622 gestorben. Die erste Ausgabe erschien 1593 in Rom mit dem Titel: *Iconologia, ovvero descrittione dell' imagini universali cavate dall'antichità et da altri luoghi. Da Cesare Ripa Perugino. Opera non meno utile, che necessaria à poeti, pittori, scultori, per rappresentare le virtù, vitii, affetti, et passioni umane.* Eine erweiterte und erstmals auch illustrierte Ausgabe erschien 1603 in Rom, der dann zahllose weitere Ausgaben in fast allen europäischen Sprachen folgten.

In seiner Einleitung skizziert Ripa seine Theorie der Personifikationen, die er als «Bilder, die gemacht sind, um eine andere Sache zu bezeichnen als die, die man mit den Augen sieht», definiert. Mit den Personifikationen sollen *concetti*, Begriffe im weitesten Sinne, veranschaulicht werden, also etwas, was man an sich nicht sehen, sondern nur wissen kann. Im Zentrum steht dabei, anders als in der Symbolik oder in den Impresen, die menschliche Figur. Hier ist der Mensch das Maß aller Dinge. So wie die Worte des Redners über das Gehör vernommen werden, sollen die Personifikationen über die Augen erfasst werden und ihre Überzeugungswirkung entfalten. Der Geltungsanspruch, den er für die Personifikationen erhebt, ist hoch. Er stellt sie auf eine Stufe mit der Definition, wie sie in der Schul-Dialektik bekannt ist, wo die Begriffe und Dinge mit möglichst wenigen Worten nach *materia, efficiente, forma e fine* (Materie, Wirkursache, Form und Zweck) definiert werden. Das entspricht den von Aristoteles eingeführten Kategorien, den philosophischen Grundaussagen über das Seiende. Die Personifikation muss zugleich auf die Prädikabilien, die essentiellen Eigenschaften, und die Akzidentien, also auf die nicht essentiellen Eigenschaften, des jeweils zu veranschaulichenden Begriffes bezogen sein und sie anschaulich kenntlich machen.

Das für Ripa Entscheidende ist, den darzustellenden Begriff mittels eines klug gewählten Ähnlichen (*similitudine*) zu charakterisieren oder zu bestimmen. Das Ähnliche kann sich in der Erscheinung der Figur, ihrer Haltung und Kleidung sowie in den ihr beigegebenen Attributen zeigen. Personifikationen darzustellen heißt für Ripa, mit Bildern zu sprechen. Damit diese Rede auch verstanden wird, empfiehlt er, die jeweils verkörperten Begriffe hinzuzuschreiben. Vom Betrachter erwartet er, dass er die Figur und ihre Attribute in jeder Einzelheit genau erfasst und dabei über deren Bedeutung reflektiert. Auf diese Weise wird der Anspruch, mit den Personifikationen gemalte Definitionen zu liefern, erfüllt. Ripa selbst versucht diesem Anspruch gerecht zu werden, indem er in seinem Text jede Einzelheit einer Personifikation genau erklärt und damit tatsächlich Begriffsdefinitionen liefert.

Da die Fähigkeit, Personifikationen entschlüsseln zu können, für die Interpretation erhebliche Bedeutung hat, ist es nützlich, sich klarzumachen, wie Ripa seine Personifikationen konzipiert. Ein Grundsatz, der jedoch nicht ohne Ausnahme ist, lautet, dass das Wortgeschlecht des gemeinten Begriffes und Geschlecht der Personifikation übereinstimmen sollen. Das wird dort sehr deutlich, wo das Italienische und das Deutsche voneinander abweichen, den Tod, italienisch *la morte*, beschreibt er als *donna pallida, vestita di nero*.

Die der Personifikation beigegebenen Attribute sind das Mittel zu differenzierter Kennzeichnung, jedoch sollen es, so Ripas Empfehlung, so wenig wie möglich sein. Die primäre Kennzeichnung liegt in der Figur selbst, in ihrer Haltung und Kleidung. *Allegrezza*, die Fröhlichkeit, beispielsweise beschreibt er als junges Mädchen im weißen Kleid, das mit bunten Blumen geschmückt ist, die anmutig und schön aussieht und tanzt. Auch Nacktheit ist als Attribut zu verstehen, wie die Personifikationen der *Bellezza, Chiarezza* und *Verità* (Abb. 27) wie auch der *Povertà* zeigen. Die Nacktheit deutet dabei aber jeweils auf unterschiedliche Qualitäten. *Chiarezza*, die Klarheit des Ruhmes, ist Eigenschaft derjenigen, die durch Weisheit oder Heiligkeit hervorra-

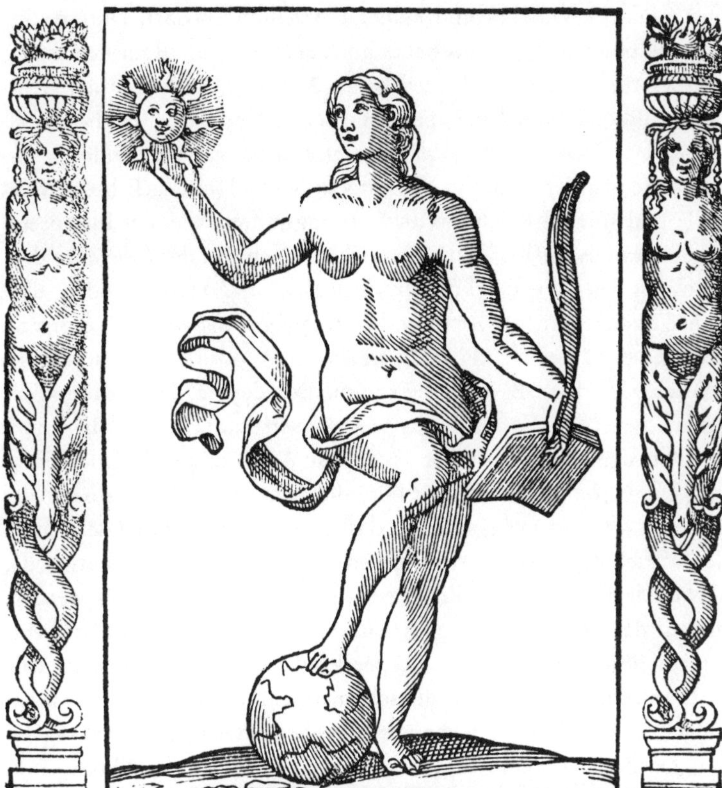

Abb. 27: Verità, aus: Cesare Ripa, Iconologia, Rom 1603

gen. Sie ist in erster Linie eine der Eigenschaften der Seligen im Himmel. Die *Bellezza* zeigt Ripa als eine weibliche Figur, deren Haupt in Wolken verborgen ist. Er begründet dies damit, dass der Mensch Schönheit nicht wirklich begreifen könne, sie sei, wie die Neoplatoniker sagen, «ein Glanz, der vom Licht des Antlitzes Gottes stamme». Mit dieser Personifikation folgt Ripa seinem Postulat, dass es bei einer Personifikation ein *idem per idem*, eine Sache oder Qualität durch diese selbst zu verbildlichen, ein unverzeihlicher Fehler wäre. Die Schönheit darf nicht einfach durch eine schöne Figur, oder Freundschaft durch zwei sich umarmende Freunde dargestellt werden.

Bei *Chiarezza* wie *Bellezza* deutet die Nacktheit auf den Zusammenhang mit Himmlischem. Bei dem *Peccato*, der Sünde, die er als nackten und blinden jungen Mann dargestellt sehen will, der durch unwegsames Gelände geht, deutet die Nacktheit darauf hin, dass der Sündige der Gnade und der Makellosigkeit der Tugend beraubt ist. Die *Verità* schließlich ist nackt, weil die Wahrheit einfach und rein ist und keines Schmuckes und keiner Einkleidung bedarf. Die «nackte Wahrheit» ist auch für uns heute noch eine stehende Redewendung.

Auch die den Figuren beigegebenen Attribute sind potentiell mehrdeutig und verschiedenen Begriffen zugeordnet. Das Füllhorn beispielsweise findet sich bei *Abbondanza, Felicità, Liberalità* oder *Prodigalità*. Seinem Ursprung in der antiken Mythologie nach bedeutet es Fülle und speziell Reichtum an Nahrungsmitteln. Bei der Interpretation ist jeweils der Kontext zu berücksichtigen. Bei der *Liberalità* deutet es auf das Geben, bei der *Prodigalità* auf das Verschwenden. Eine Lanze findet man als Attribut bei *Dispregio del mondo, Fortezza, Guerra* oder *Honore*. Als Waffe ist die Lanze positiver konnotiert als das Schwert, das z. B. in der Personifikation der *Ira*, der Todsünde des Zorns, begegnet. Von hier aus wird es verständlich, dass die Lanze auch bei der *Nobiltà* und der *Virtù*, dem Adel und der Tugend begegnet. Die *Nobiltà* hält als Attribute die Lanze und eine Statuette der Minerva, um zu zeigen, so Ripa, dass man sich Adel durch den Ruhm der Waffen oder der Wissenschaften erwirbt. Die Personifikation der *Virtù* soll nach Ripa als junge geflügelte Gestalt dargestellt werden, die auf der Brust ein Sonnenmedaillon trägt, in der einen Hand eine Lanze, in der anderen einen Lorbeerkranz. Die Tugend ist jung, weil sie nie altert, schön, weil sie der schönste Schmuck der Seele ist. Sie hat Flügel, weil man sich mit ihr über die «gemeinen» Menschen erhebt. Das Zeichen der Sonne trägt sie, weil sie den Körper als Mikrokosmos beleuchtet, erwärmt, kräftigt und seinen Lebensgang regelt. Die Lanze ist *Segno di maggioranza*, Zeichen der Überlegenheit.

Ripa stellt in seiner *Iconologia* nur Einzelfiguren vor, die natürlich in Dekorationsprogrammen auch als Paare oder Reihen auftreten können, womit dann komplexere Aussagen möglich werden. Wie die einzelne Personifikation von den Attributen her aufzuschlüsseln und zu deuten ist, so auch die Verknüpfung von Personifikationen. Ein besonders beliebtes Personifikationenpaar im 18. Jh., dem man insbesondere in Venedig vielfach begegnet, war die Vereinigung von *Virtù* und *Nobiltà*.

Giambattista Tiepolo zeigt die beiden in einem Deckenbild aus dem Palazzo Barbarigo von etwa 1744/45. Sie überwinden hier die Unwissenheit und erheben sich wechselseitig. Die Tugend adelt die Persönlichkeit und Adel ist gerechtfertigt durch die Tugend. Für die Interpretation einer solchen Gruppe und ihrer Beliebtheit ist natürlich auch der historische Kontext zu bedenken. Das Paar Tugend und Adel taucht in der Zeit auf, in der der Status des Adels problematisch wird. Die Darstellung des Paares ist also eine Demonstration des Geltungsanspruches dieses Standes.

Eigentlich ist kein Begriff denkbar, der nicht durch Personifikation darstellbar wäre. Von daher war das Prinzip der Personifikation insbesondere für die repräsentative Profandekoration von größter Bedeutung. Die Begeisterung für diese Darstellungsweise erlebte im 17. und 18. Jh. in ganz Europa eine lange Blütezeit. Personifikationen finden wir genauso in der Kleinkunst, beispielsweise in prachtvollen Tischaufsätzen und anderen Meisterwerken der Goldschmiedekunst, wie in der monumentalen Architekturdekoration. Besonders intensiv bediente man sich dieser Bildersprache bei Festdekorationen und ephemeren Architekturen. In skulpturaler Form begegnen die Personifikationen zumeist als Einzelfiguren, deren Orientierung an Ripas Werk zumeist unverkennbar ist. In der Malerei zeigt sich schon bald eine Tendenz zur zunehmenden Ausweitung der Darstellung, weniger im Hinblick auf die Attribute als in der Einbettung der Personifikationen in Landschaft oder Szenerie. Hier wurden neue Möglichkeiten der Charakterisierung entdeckt. Besonders deutlich ist dies bei der Darstellung der vier Erdteile, wie sie im Barock bekannt waren (von Australien hatte man bis zu den Entdeckungsreisen von James Cook so ungenügende Vorstellungen, dass es nicht als Erdteil gerechnet wurde). Ripa personifiziert die Erdteile in jeweils charakteristischer Tracht und ordnet ihnen als Attribut jeweils ein Tier zu, das für den jeweiligen Erdteil typisch ist: zu Europa gehört das Pferd, zu Asien das Dromedar, zu Afrika der Löwe und der Elefant, zu Amerika der Alligator. In entsprechender Weise gestaltete Andreas Schlüter um 1705 die Erdteil-Personifikationen im Rittersaal des ehem. Berliner Schlosses. Ein Maximum der Ausweitung der charakterisierenden Inszenierung finden wir im Deckenbild Giambattista Tiepolos im Treppenhaus der Würzburger Residenz (1752).

Die Kritik am Gebrauch von Personifikationen

Die Inflation von Personifikationen in der Barockdekoration provozierte in zunehmendem Maße Kritik an der Einfallslosigkeit oder der übertriebenen Künstlichkeit der Programme. Der 1766 veröffentlichte *Versuch einer Allegorie, besonders für die Kunst* von Johann Joachim Winckelmann richtete sich nicht gegen das Prinzip der Personifikation. Er entstand aus dem Bemühen, sie aus dem Geist der Antike zu erneuern. Ausdrücklich wendet sich Winckelmann gegen die seit der Renaissance hervorgebrachten Ikonologien, insbesondere gegen Ripas Werk, das «gleichsam der Künstler Bibel geworden» sei. Winckelmanns Gegenvorschläge haben wenig Anklang gefunden, weil sie sich letztlich nicht sehr weit vom tradierten Usus entfernten. Sie haben aber die Skepsis gegenüber dem Gebrauch von Personifikationen befördert.

Winckelmann

Goethe

Einen Schritt weiter ging Goethe. Mit seiner Zeitschrift *Propyläen*, die ab 1798 erschien, wollte er zu einem neuen Aufschwung der Kunst beitragen. Im ersten Band findet sich der programmatische Aufsatz *Über die Gegenstände der bildenden Kunst*, den Heinrich Meyer auf der Grundlage der von Goethe gegebenen Anregungen verfasst hat. Seine Grundforderung ist, dass ein Bild sich selbst aussprechen, mithin ohne Beischrift verständlich sein soll. *Sinnliche Darstellung abstrakter Begriffe*, also Personifikationen, werden von ihm strikt abgelehnt.

Fortleben der Personifikationen

Die Kritik von Goethe und anderen konnte das Fortleben der Personifikationen nicht verhindern. Die Entwicklung verlief allerdings doppelgleisig. Nachdem die Romantik versucht hatte, die allegorischen Formen durch eine neue Kunst des Symbols zu überwinden (s. S. 164 ff.), führte ein Zweig der künstlerischen Entwicklung über Realismus und Naturalismus zur frühen Moderne, die grundsätzlich allem «literarischen» gegenüber skeptisch war. Daneben aber blühte vor allem im öffentlichen Bereich eine Kunst, die ihren zumeist politischen Auftrag ohne Personifikationen gar nicht hätte erfüllen können. Die Wurzeln dieses zweiten Entwicklungszweiges sind in der Kunstpolitik der Französischen Revolution zu finden.

Französische Revolution

In dezidierter Absicht, eine Kunst zu schaffen, die sich an die zur politischen Macht gelangte bürgerliche Öffentlichkeit richtet und die ihren wichtigsten Auftrag in der *instruction publique* sieht, etablierten Jacques-Louis David und andere eine Bildersprache, in der Personifikationen eine entscheidende Rolle spielten. Dank der Druckgraphik, die in großem Umfang für die Bildpropaganda eingesetzt wurde, konnten für die Personifikationen der Schlüsselbegriffe der Revolution rasch kanonische Typen etabliert werden. *Liberté* hielt als wichtigstes Attribut eine Stange mit der phrygischen Mütze, die in der Antike das Kennzeichen der freigelassenen Sklaven war. Das Attribut der *Égalité* war das rechtwinklige Dreieck mit dem auf die Hypotenuse fallenden Lot, der Vorläufer der Wasserwaage. Beiden Figuren wurde das Liktorenbündel als Symbol des Rechts beigegeben. 1793 schlug David vor, eine monumentale Statue der Personifikation des *Französischen Volkes* auf den Trümmern der gestürzten Königsstatuen von Notre-Dame zu errichten. Einen der zahlreichen Entwürfe lieferte Jean-Guillaume Moitte: eine monumentale, nackte Jünglingsfigur, die den Fuß auf den Drachen der Tyrannis setzt, mit einer Keule Royalismus, Föderalismus und Fanatismus niederhält und eine Kugel trägt, auf der die Personifikationen von Freiheit und Gleichheit schweben. Von diesen Konzepten, die nie in großem Format ausgeführt wurden, ist eine direkte Linie zu der von Ludwig Schwanthaler entworfenen und 1850 enthüllten *Bavaria* auf der Theresienwiese in München zu ziehen, und weiter zur 1885 vollendeten Freiheitsstatue von Frédéric-Auguste Bartholdi in New York. Die Bildprogramme der Französischen Revolution, die durch die Graphik weit verbreitet wurden, haben auf die politische Ikonographie der Folgezeit einen eminenten Einfluss gehabt.

Personifikation im 19. Jh.

Die längst totgesagte Personifikation erlebte im 19. Jh. eine ungeahnte Blüte. Es gab wohl kein öffentliches Gebäude, bei dessen dekorativer Ausstattung darauf verzichtet worden wäre, die Bestimmung und Bedeutung des Gebäudes in allegorischer Form zu veranschaulichen. Auch in der Denkmalskunst, die zu einer führenden Aufgabe aufsteigen sollte, konnte man auf Personifikationen nicht verzichten. Die Sprache der Ikonologie war, obwohl das Werk Ripas so gut wie vergessen war, immer noch so präsent, dass sie auch in der Gebrauchsgraphik, die doch ein großes Publikum ansprechen sollte, wie selbstverständlich benutzt wurde. Die Personifikation der *Verité*, die Jules Lefèbvre 1870 schuf und die im Musée d'Orsay in Paris zu sehen ist, ist ein Beispiel für das Fortleben der ikonographischen Tradition. Die tradierten Personifikationen wurden dort, wo sie für neue Begriffe eingesetzt werden sollten, erfolgreich modifiziert, wie die von Cony Schmidt vor 1900 entworfene Geschäftsreklame der AEG zeigt, wo die personifizierte Elektrizität statt des Sonnenzeichens der Wahrheit eine Glühbirne emporhält. Ein Sammelwerk mit dem Titel *Allegorien und Embleme*, von Martin Gerlach 1882 in Wien herausgegeben, kann belegen, wie intensiv man sich um die Jahrhundertwende mit dem Problem der Personifikation beschäftigt hat. Dass die Tradition der Begriffspersonifikation bis heute fortlebt, kann man fast jeden Tag neu entdecken, wenn man die Karikaturen in den Zeitungen betrachtet.

Allegorische Kompositionen

Personifikationen der Tugenden und Laster begegnen uns in der gesamten Kunstgeschichte nicht nur als Einzelfiguren, Paare oder Serien, sondern auch in Kompositionen, in denen sie als agierende Gestalten auftreten. Der französische Abbé Jean-Baptiste Dubos stellte in seinen für die Kunsttheorie des 18. Jh.s wegweisenden *Réflexions critiques sur la poésie et la peinture* (1719) fest, dass es zwei Typen allegorischer Bilder gebe, die *composition purement allegorique* und die *composition mixte*. In ersterer treten nur Personifikationen und andere fiktive Personen wie zum Beispiel mythologische Gestalten auf. In der gemischten Komposition sind diese fiktiven Personen historischen Handlungen und Personen beigeordnet. Als Beispiel für diesen Kompositionstypus verwies Dubos auf den Medici-Zyklus von Rubens.

Das allegorische Bild, mit dem komplexe Gedankengebäude und Argumentationszusammenhänge verbildlicht werden können, ist nicht erst eine Erfindung des Barock. Das bedeutendste mittelalterliche Beispiel für ein allegorisches Bildprogramm bieten die Fresken Ambrogio Lorenzettis von 1238/39 in der *Sala della Pace* im Palazzo Pubblico in Siena. Der Saal war als Beratungsraum des Bürgergremiums, das die Stadt regierte, eingerichtet worden. Der Bilderzyklus, den Lorenzetti hier malte, war als anschauliche Mahnung an die Regierenden adressiert. An der nördlichen Schmalseite malte Lorenzetti die Allegorie des *Bon Governo*, des Guten Regiments (Abb. 28). Der Eindruck, den das Bild vermittelt, mag zunächst verwirrend sein. Bei der Lektüre einer derartigen Allegorie sollte man sich zunächst eine erste Orientierung hinsichtlich der Anordnung und der Hauptgewichte der Komposition verschaffen. Der entscheidende nächste Schritt muss dann die Identifikation und Benennung der einzelnen Figuren sein. Für die Ausdeutung ist die Beachtung jedes einzelnen Attributes entscheidend, wobei man sich stets fragen muss, ob es ein konventionelles Attribut ist oder hier vereinzelt auftritt und damit ein besonderes Gewicht hat. Von Bedeutung ist auch die Zuordnung der Figuren. Es gibt so etwas wie eine bildliche Syntax, in der das Nebeneinander von Figuren Beiordnung bedeutet, während übereinander angeordnete Figuren eine Hierarchie signalisieren.

Ambrogio Lorenzetti/ Sala della Pace

Die Komposition ist der Anlage nach zweipolig, wobei die beiden Teile nicht ganz gleichgewichtig sind. Nach rechts hin werden etwa zwei Drittel der Bildfläche von einer Gruppe von sieben Figuren eingenommen, die auf einer mit kostbarem Stoff überzogenen Bank sitzen. In ihrer Mitte sieht man eine männliche Figur, die durch ihre Größe hervorgehoben ist. Das weiß-schwarze Gewand der Figur ist heraldisch zu deuten. Es sind die Farben des Wappens von Siena. Die Figur trägt in der Rechten ein Szepter und hält mit der Linken eine runde Scheibe, in der man bei genauerer Untersuchung das Stadtsiegel Sienas erkennt. Die Figur ist die Personifikation der *Comune Senarum*, der Bürgerschaft Sienas.

Die Personifikation der Kommune wird ausgezeichnet durch die drei theologischen Tugenden, die über ihrem Haupt im Himmel schweben, mit Attributen, die wenigstens teilweise schon kanonisch waren. *Fides* trägt ein Kreuz, *Caritas* ein brennendes Herz und ein Szepter, *Spes* blickt anbetend auf das Antlitz Christi, das in den Wolken erscheint. Die zu beiden Seiten der *Comune Senarum* sitzenden Gestalten, die bei der Regierung gleichsam assistieren, sind Personifikationen der praktischen Tugenden, Tugenden des Handelns in der Welt: *Prudentia*, *Fortitudo* und *Pax* auf der linken Seite und rechts *Magnanimitas* (Großherzigkeit), *Temperantia* (Mäßigung) und *Justitia*. Die Personifikation der Gerechtigkeit erscheint links im Fresko ein zweites Mal. Über ihr schwebt die *Sapientia*, die göttliche Weisheit. Sie hält eine große Waage, auf deren

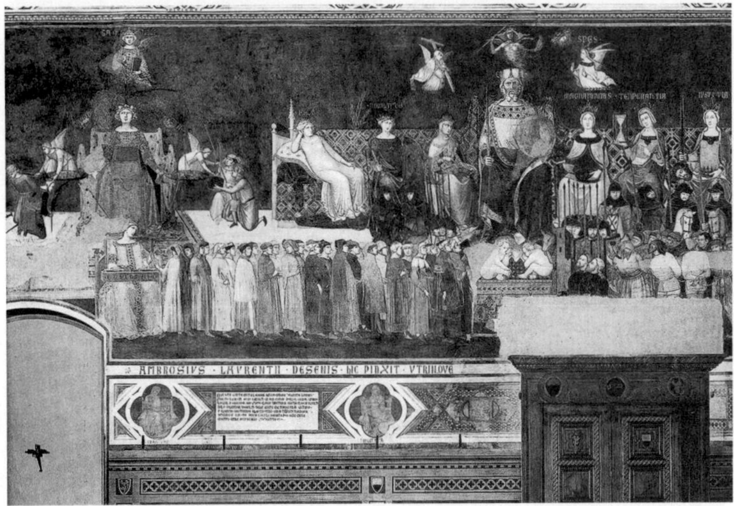

Abb. 28: Ambrogio Lorenzetti: Allegorie des Guten Regiments (1238/39), Siena, Palazzo Pubblico

Schalen Engel sitzen, die für die *Justitia distributiva*, die zuteilende Gerechtigkeit, und die *Justitia commutativa*, die Gerechtigkeit im wechselseitigen Tausch und im Handel, stehen. Von beiden Schalen gehen Seile aus, die zu der unterhalb der *Justitia* sitzenden Personifikation der *Concordia* führen. Sie hat auf ihren Knien einen Hobel, das Instrument des Ausgleiches und des Glättens, der für Gleichheit (*aequitas*) und Zivilisiertheit steht. *Concordia* dreht die beiden bei ihr zusammenlaufenden Stränge zu einem kräftigen Seil (womit zugleich auf die Etymologie des Begriffes «*con-cordia*» angespielt wird), das von der Schar der im Vordergrund stehenden Männer gehalten wird und schließlich an der rechten Hand der Personifikation der Kommune endet, die ihr Szepter also nicht frei führt, sondern an das Seil gebunden ist, das alle Bürger halten: Sie ziehen bei der Lenkung der Kommune alle am gleichen Strange.

Die monumentale Allegorie Lorenzettis führt eindringlich Schlüsselbegriffe der Staatslehre vor. Sie macht deutlich, dass das Recht letztlich himmlischen Ursprungs ist. Der über der *Justitia* zu lesende Spruch *Diligite justitiam qui judicatis in terram* (Liebt Gerechtigkeit, die ihr auf Erden entscheidet), die Anfangszeile im Buch der Weisheit (Weish I, 1), ist auch im großen Saal des Palazzo Pubblico in der *Maestà* auf einer Tafel, die Christus hält, zu lesen. Er galt mithin als göttliches Gebot. Lorenzettis Allegorie mahnt die Bürger, die hier veranschaulichten ethischen Prinzipien als Grundlage des Staatswesens zu achten.

In den Portalprogrammen der Kathedralen wurde jeder Tugend ihr Gegenbild, die verschiedenen Formen ihrer Verfehlung, zugeordnet, so wie dies auch in der scholastischen Ethik üblich war, beispielsweise bei Thomas von Aquin. Auch in Siena wird dem Idealbild der guten

Regierung an der linken anstoßenden Längswand ein ganz analog formuliertes Negativbild gegenübergestellt.

Im Zentrum thront die Personifikation der Tyrannis mit Teufelsgesicht und Reißzähnen. Als Gegenbild zu den theologischen Tugenden schweben über ihr *Superbia*, *Vanagloria* und *Avaritia*. Zu ihren Füßen liegt *Justitia* gefesselt am Boden. Ihre Waage ist zerstört. Die Beisitzer der Tyrannis sind auf der linken Seite *Crudelitas* (Grausamkeit, die ein kleines Kind mit einer Schlange bedroht), *Proditio* (Verrat, der ein Schaf mit Skorpionsschwanz hält), *Fraus* (List, mit Fledermausflügeln und Krallenfüßen). Rechts sitzen *Furor* (Schrecken, eine Art Kentaur mit Wildschweinkopf), *Divisio* (Zwietracht, die sich selbst zersägt) und *Guerra* (Krieg, mit dem Schwert drohend). In den teilweise zerstörten Szenen im Vordergrund herrschen Mord und Totschlag.

Lorenzetti beließ es nicht bei diesen allegorischen Kompositionen. Er führt dem Betrachter ganz konkret die Folgen der gut geführten Regierung wie der Tyrannis vor Augen. Auf der rechten Längswand bietet er einen Blick auf eine blühende Stadt Siena und ihr fruchtbares Umland. Stadt und Landschaft sind einzigartige frühe Zeugnisse einer deskriptiven Wiedergabe der Wirklichkeit. Die über dem Stadttor schwebende Figur der *Securitas* zeigt aber, dass auch dieses Bild jenseits des wörtlichen Sinnes einen übertragenen Sinn hat: Es ist als Bild der Sicherheit, die in Stadt und Land unter einer guten Regierung herrscht, zu lesen. In analoger Weise zeigt das Stadtbild, das links von der Allegorie der Tyrannis zu sehen ist, das Negativbild eines Lebens unter einer Gewaltherrschaft. Über der verwüsteten Landschaft schwebt die Personifikation des *Timor* (Furcht).

In der Renaissance schöpfte man aus der Antike neue Anregungen für allegorische Kompositionen, die auf den ersten Blick mit Historienbildern (s. S. 207 f.) verwechselt werden können, weil in ihnen die Personifikationen nicht mehr oder weniger additiv aufgereiht sind, sondern miteinander agieren. Quellen für derartige Bilder waren einmal allegorische Erzählungen, also Texte, die im Gegensatz zu der erst im Nachhinein operierenden Allegorese von vornherein als Allegorien geschaffen wurden. Zum anderen fand man Vorlagen in Texten, die der literarischen Form der Bildbeschreibung (*Ekphrasis*) zuzurechnen waren. Paradebeispiel ist die sogenannte *Verleumdung des Apelles*, ein von Lukian aus Samasota (um 120–180 n. Chr.) verfasster Text, der ein Bild beschreibt, das der griechische Maler Apelles geschaffen haben soll, nachdem er sich erfolgreich gegen eine Denunziation durch einen Konkurrenten hatte wehren können.

Ekphrasis

Verleumdung des Apelles

«Rechter Hand sitzt ein Mann, der so ansehnliche Ohren hat, daß ihnen wenig zu Midas-Ohren fehlt, und schon von ferne der auf ihn zu kommenden Verläumdung die Hand entgegen reicht. Zu beyden Seiten stehen zwei Frauenspersonen neben ihm, die mir die Unwissenheit und das Mißtrauen vorzustellen scheinen. Diesem nähert sich von der anderen Seite die Verläumdung in Gestalt eines wunderschönen aber etwas erhitzten Mädchens, deren Gesichtszüge Groll und Ingrimm verraten: sie trägt in der linken Hand eine brennende Fackel und schleppt mit der rechten einen jungen Menschen bey den Haaren herbey, der die Hände gen Himmel streckt und die Götter zu Zeugen seiner Unschuld nimmt. Vor ihr geht ein häßlicher, bleichsüchtiger, hohlaugichter Mann, der so aussieht, als ob er von einer langwierigen Krankheit ausgezehrt wäre, und den man ohne Mühe für den Neid erkennt. Hinter der Verläumdung gehen zwey andere Weibspersonen, die sie aufzuhetzen, zu unterstützen und an ihr zu putzen scheinen, und deren eine … die Arglist, und die andere die Täuschung vorstellt. Noch weiter hinter ihnen folgt in einem schwarzen und zerrissenen Traueraufzug die Reue: sie weint und wendet das Gesicht beschämt von der Wahrheit, die sich ihr nähert, ab, als ob sie sich scheute, ihr in die Augen zu sehen.»

Von diesem Text hat Leon Battista Alberti in seinem Traktat über die Malerei eine Zusammenfassung gegeben, die zur Vorlage werden konnte und beispielsweise von Botticelli in einem um 1485/90 zu datierenden Gemälde in den Uffizien umgesetzt wurde. Lukian hatte ein Lehrstück dafür geliefert, dass mit handelnden Personifikationen eine allegorische Historie geschaffen werden kann, die komplexe Inhalte zu veranschaulichen vermag.

Das allegorische Bild ist zu einer beliebten Kunstform der Malerei seit der Renaissance geworden, insbesondere im Bereich der höfischen und politischen Kunst, wo allegorische Aussageintentionen bevorzugt mit dem Repertoire der antiken Mythologie (s. S. 173 ff.) verwirklicht wurden. Eine wichtige Rolle spielte in diesem Zusammenhang Venedig, vor allem mit der Ausstattung des Dogenpalastes. Die *Allegorie der Liga von Cambrai* in der *Sala del Senato* (um 1590) ist ein Musterbeispiel einer politischen Allegorie, die es vermag, die prekäre Situation, in die die Republik durch die gegen sie gerichtete Liga gebracht wurde und die 1509 zur militärischen Niederlage bei Agnadello führte, als Erfolg erscheinen zu lassen. In Palmas Gemälde stürmen die Personifikation Venedigs und der venezianische Löwe so energisch auf die Personifikation Europas ein, die auf ihrem Stier reitet und abwehrend den Schild hebt, dass man spontan in dieser die Unterlegene vermutet. In der Bilderfolge der *Sala del Maggior Consiglio* wird die Inszenierung der venezianischen Geschichte überhöht durch eine Folge allegorischer Deckenbilder, die in der von Veronese geschaffenen *Apotheose Venedigs* (vor 1585) gipfelt. Entscheidende Weichen für die weitere Entwicklung wurden zunächst in Florenz mit der von Vasari geleiteten Ausgestaltung des Palazzo Vecchio zum Herrschaftssitz Cosimo de' Medicis gestellt, und dann auf künstlerisch weit höherem Niveau mit den Dekorationen des Hochbarock in Rom. Exemplarisch sei hier hingewiesen auf zwei Deckenfresken im Palazzo Barberini, nämlich Andrea Sacchis Fresko der *Divina Sapientia* (1629/30) und das 1639 vollendete Fresko Pietro da Cortonas im großen Saal des Palastes, eine monumentale Allegorie der *Divina Providenza*, der göttlichen Vorsehung und ihres Wirkens durch die Barberini, die Familie Papst Urbans VIII.

Bis in das späte 18. Jh. hinein findet man in den Residenzen Europas kaum eine Dekoration, die darauf verzichtet, den Anspruch des Herrscherhauses auf Macht und Geltung mit triumphalen Allegorien zu verkünden. Einen späten Glanzpunkt setzte Giambattista Tiepolo mit seinen Deckenbildern im Palacio Real in Madrid.

Im 1764 vollendeten Deckenfresko des Thronsaales sind auf dem ringsumlaufenden Bodenstreifen die Personifikationen der Provinzen Spaniens versammelt. Das Zentrum des Programmes bildet die Personifikation Spaniens, die in höchster Höhe über einer aus den Wolken herausragenden Erdkugel thront. Über ihr schwebt *Fama*, die den Ruhm der Monarchie verkündet. Unter dem Thron sind links unter anderem *Justitia*, *Clementia* und *Abundantia* zu sehen, rechts erkennt man *Virtus* mit Speer und Lorbeerkranz. Darunter ragt ein Obelisk hervor, der die Stiftungsinschrift von König Karl III. trägt und zugleich Attribut der Personifikation des Fürstenruhmes (*Gloria de'Prencipi* bei Ripa) ist. Rechts davon die Personifikation der *Magnanimitas* (Großherzigkeit), deren typische Attribute ein Löwe und ein Füllhorn mit kostbaren Gaben sind. Weiter rechts erkennt man unter anderem *Fides* und *Spes*. Der ganze Kreis traditioneller Herrschertugenden hat sich unter dem Thron Spaniens versammelt, womit vor Augen geführt werden soll, dass dieser Thron durch sie erhöht wurde in die Sphäre ewiger Dauer.

Mit der Aufklärung wuchs die Kritik an der auftrumpfenden Rhetorik derartiger Freskodekorationen, die mit der Französischen Revolution endgültig obsolet wurden. Das hieß aber nicht, dass das Prinzip der allegorischen Komposition abgelehnt worden wäre. Die politische Bildpropaganda konnte auf diese Form der Bildersprache nicht verzichten und führte sie zu einer neuen Blüte. Als ein bezeichnendes Beispiel kann das 1794 geschaffene Gemälde *La Liberté ou la Mort* (Abb. 29) von Jean-Baptiste Regnault gelten, in welchem eine Kerndevise der Französischen Revolution verbildlicht wird. Der Genius Frankreichs schwebt zwischen den Personifikationen des Todes und der Republik über dem Erdball. Die Personifikation der Republik sitzt auf einem Thron, der mit dem Schlangenring geschmückt ist, der Hieroglyphe der Ewigkeit, davor das Liktorenbündel als Symbol der Gerechtigkeit. Sie hält die phrygische Mütze als Symbol der Freiheit und den Winkel mit Lot, der als Vorläufer der Wasserwaage Symbol der *Égalité* ist. Die französische Revolutionskunst wurde im neuen Jahrhundert vorbildlich für die öffentliche, politische Kunst, selbst für die Monarchien Europas. Welch hoher Stellenwert dem allegorischen Bild nach wie vor zugemessen wurde, ist daran abzulesen, dass es nicht nur in der offiziellen Auftragskunst gepflegt wurde, sondern auch von

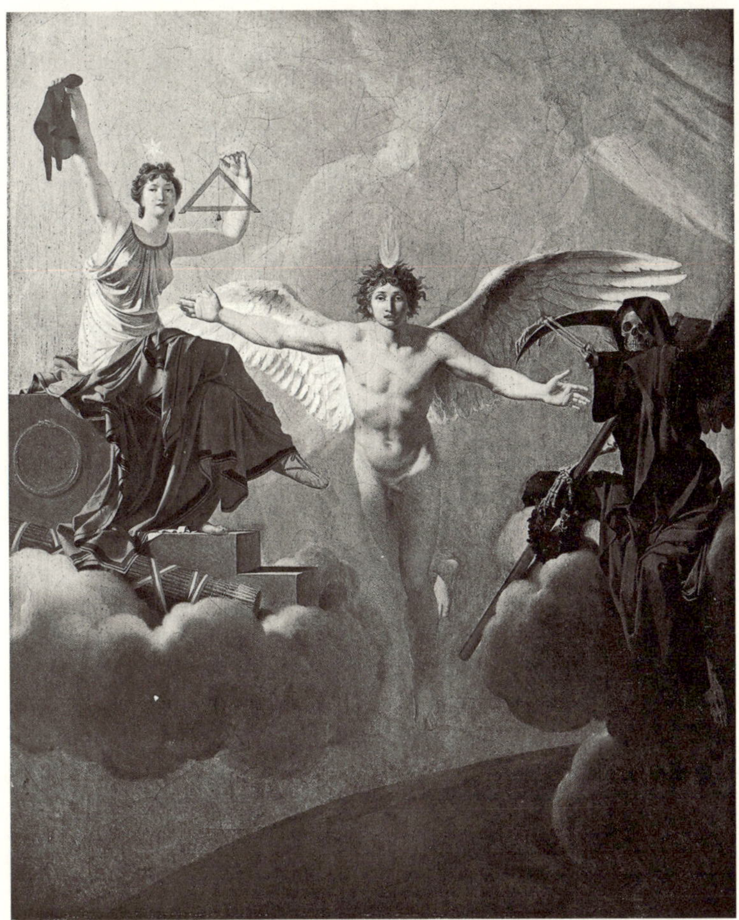

Abb. 29: Jean-Baptiste Regnault, La Liberté ou la Mort (1794), Hamburg, Kunsthalle

Künstlern, die für die Entwicklung der Kunst auf dem Weg in die Moderne herausragende Bedeutung haben sollten. Das wohl bekannteste Beispiel ist *La Liberté guidant le peuple*, von Eugène Delacroix als Denkmal der Barrikadenkämpfe während der Julirevolution von 1830 geschaffen. Die Linie lässt sich weiter ziehen über Bilder von Böcklin, der 1896 eine Allegorie des Krieges malte, bei der er sich von der Vision der apokalyptischen Reiter inspirieren ließ, bis ins 20. Jh. hinein, wo die Allegorie vor allem im Bereich der politischen Karikatur eine nach wie vor aussagekräftige Form der Darstellung ist. Allerdings gibt es für die Allegorie in der Moderne nicht einen so klaren Bezugspunkt, wie er für die Barockkunst mit der *Iconologia* Ripas gegeben ist, so dass die Interpretationen von Fall zu Fall aus dem jeweils gegebenen Kontext heraus zu entwickeln sind.

Symbol und Zeichen im 19. und 20. Jahrhundert

So zahlreich die Beispiele für den Gebrauch von Allegorien und Personifikationen in der Kunstgeschichte der letzten beiden Jahrhunderte auch sind, sie können nicht darüber hinwegtäuschen, dass der Status der Allegorie fragwürdig geworden ist. Das ist die Folge eines tiefgreifenden Wandels im ästhetischen Denken, der sich um 1800 angekündigt hat mit der Ablösung der barocken Wirkungsästhetik und der Durchsetzung des Postulats der Kunstautonomie. In diesem Diskurs wurde dem Begriff des Symbols eine Schlüsselstellung in der Ästhetik zugewiesen. *Kant* Kant bestimmte in seiner *Kritik der Urteilskraft* 1790 das Symbol als Mittel einer intuitiven Erkenntnis, das Begriffe, denen «keine sinnliche Anschauung angemessen sein kann», mittels Analogie zur Anschauung bringt und so fasslich macht. Welch hohen Stellenwert er dem Symbol zuschrieb, bezeugt sein immer wieder zitierter Lehrsatz: «Das Schöne ist das Symbol des Sittlichguten».

Einen wichtigen Beitrag zu dieser Neubewertung des Symbols hat *Schiller* Schiller geleistet. In seinem Aufsatz *Über Matthissons Gedichte* von 1794 geht er der Frage nach, wie Landschaftsmalerei «schöne Kunst» sein könne, was für ihn die Forderung einschließt, dass sie mit Gewissheit oder Notwendigkeit bestimmte Gefühle erzeugen kann. Diese Notwendigkeit wie auch die Gefühle liegen nicht in der Natur, sondern nur im Menschen. Damit folgt Schiller Kants These, dass das Erhabene, im ästhetischen Diskurs der Zeit ein zentraler Gegenstand, «nur im Gemüte des Urteilenden, nicht in dem Naturobjekte» gesucht werden dürfe. Der Künstler muss also die landschaftliche Natur durch eine «symbolische Operation» in eine menschliche verwandeln: «Es gibt zweierlei Wege, auf denen unbeseelte Natur ein Symbol der menschlichen werden kann: entweder als Darstellung von Empfindungen oder als Darstellung von Ideen.» Der Symbolgehalt des Kunstwerkes lässt sich nicht durch einen wie auch immer gearteten Begriff ersetzen. Er ist auch nicht explizit und isolierbar im Werk enthalten.

> «Der Tonsetzer und der Landschaftsmaler [...] bestimmen bloß das Gemüt zu einer gewissen Empfindungsart und zur Aufnahme gewisser Ideen, aber den Inhalt dazu zu finden überlassen sie der Einbildungskraft des Zuhörers und Betrachters. [...] darin liegt das Anziehende solcher ästhetischer Ideen, dass wir in dem Inhalt derselben wie in eine grundlose Tiefe blicken. Der wirkliche und ausdrückliche Gehalt, den der Dichter hineinlegt, bleibt stets eine endliche, der mögliche Gehalt, den er uns hineinlegen lässt, ist eine unendliche Größe.»

Die Interpretation eines nach diesen Maximen geschaffenen Kunstwerkes kann immer nur eine Annäherung sein.

Goethe

Auch Goethe hat entscheidend zur Aufwertung des Symbolbegriffs beigetragen. Unter den «Gegenständen» der Kunst standen für ihn die symbolischen Darstellungen an höchster Stelle. Das waren zu allererst die Gestalten der antiken Mythologie, doch auch die Madonna gehört dazu, die als «Symbol der Mutterliebe» aufgefasst wird. In seiner *Farbenlehre* (1810) unterschied er zwischen allegorischem, symbolischem und mystischem Gebrauch der Farbe. Purpur galt ihm als Symbol der Majestät. Die Definitionen von Allegorie und Symbol, die er in seinen *Maximen und Reflexionen* gab, sind richtungsweisend für die Diskussionen der Folgezeit geworden.

«Die Allegorie verwandelt die Erscheinung in einen Begriff, den Begriff in ein Bild, doch so, dass der Begriff im Bilde immer noch begrenzt und vollständig zu halten und zu haben und an demselben auszusprechen sei. Die Symbolik verwandelt die Erscheinung in Idee, die Idee in ein Bild, und so, dass die Idee im Bild immer unendlich wirksam und unerreichbar bleibt und, selbst in allen Sprachen ausgesprochen, doch unaussprechlich bliebe.»

«Das ist die wahre Symbolik, wo das Besondere das Allgemeinere repräsentiert, nicht als Traum und Schatten, sondern als lebendig-augenblickliche Offenbarung des Unerforschlichen.»

A. W. Schlegel

In der Romantik wurde die Aufwertung des Symbols noch weiter vorangetrieben. In der *Kunstlehre* (1801) von August Wilhelm Schlegel heißt es: «Das Schöne ist eine symbolische Darstellung des Unendlichen». Für Friedrich Schlegel war alle Kunst symbolisch und «das Bedeutende [...] der Zweck aller Malerei». Der Abwertung der Allegorie, wie Goethe sie postuliert hatte, folgten die Romantiker jedoch nicht. Der junge Friedrich Schlegel hatte sogar dem Begriff der Allegorie den Vorzug gegeben. Wenn er schreibt: «Die Unmöglichkeit, das Höchste durch Reflexion positiv zu erreichen, führt zur Allegorie», so hätten andere hier problemlos den Begriff des Symbols einsetzen können.

Die beiden Grundpositionen, in denen sich Klassik und Romantik einig waren, nämlich zum einen der Anspruch, dass es dem künstlerischen Genie gegeben ist, die tiefere Bedeutung, die im anschaulich Gegebenen eingeschlossen ist, sichtbar und begreifbar zu machen, und zum anderen die letztendliche Verknüpfung des Symbols mit dem Metaphysischen haben den Symbolgebrauch in der Kunst nachhaltig beeinflusst. Eine Konsequenz war, dass der Symbolgebrauch subjektiv wurde und sich von den Traditionen zu lösen begann. Ein Prozess der Pluralisierung begann, der die Schwierigkeit mit sich gebracht hat, dass generelle Aussagen über Symbolbedeutungen kaum noch möglich sind. Auf der anderen Seite hatte die Bindung ans Metaphysische zur Folge, dass der Begriff in der Moderne seiner hohen Geltung wegen immer häufiger in Anspruch genommen wurde und er damit zusehends sein bestimmtes Profil verlor.

Philipp Otto Runge

Die Künstler, die zuerst und am konsequentesten die neuen Anschauungen vom Symbolischen in der Kunst aufgegriffen haben, waren Philipp Otto Runge und Caspar David Friedrich. Runge, dem die Ideen der Frühromantiker durch Ludwig Tieck vermittelt wurden, hat sein Schaffen immer wieder reflektiert. Den Ursprung des Kunstwerks sah er in der religiösen Empfindung, der Erfahrung des Göttlichen in der Natur, und die Arbeit des Künstlers beginnt für ihn damit, dass er einen Gegenstand sucht, der dieser Empfindung entspricht und damit zu symbolisieren vermag. An Tieck schrieb er 1802, die alte Kunst habe Elemente und Naturkräfte in der Gestalt des Menschen symbolisiert. Die neue Kunst der «Landschaft», die er schaffen wolle, solle umgekehrt verfahren und in allen Blumen, Gewächsen und Naturerscheinungen den Menschen mit seinen Eigenschaften und Leidenschaften sehen. In seinem Hauptwerk, dem Zyklus der *Zeiten*, hat Runge dies konsequent umgesetzt. Die dort gewählte Darstellungsform der Arabeske, in der Bild und Rahmen wechselseitig aufeinander Bezug nehmen und sich erklären, hat er erstmals in dem Gemälde *Die Lehrstunde der Nachtigall* erprobt (Abb. 30). Das Gemälde, an dem Runge 1802 zu arbeiten begann, ist vielschichtig. Dem Titel nach ist es eine Illustration zu Klopstocks gleichnamiger Ode. Runge verbindet dies mit dem Motiv von Amor und Psyche, wobei er als Psyche seine zukünftige Frau Pauline Bassenge darstellt. Sie ist es, die die Amorette vor ihr im Spiel auf der Doppelflöte unterrichtet, während eine zweite Amorette auf einem Kissen schläft. Die Grundidee, dass Psyche, die Seele, das Musizieren lehrt, wird in der Rahmenarabeske weiter ausgeführt. Zu beiden Seiten wächst eine Blume empor: rechts eine Rose, links ein Lilie, aus deren Blüten geflügelte Amoretten emporragen. Die rechte reckt sich nach einer Nachtigall, ohne sie zu erreichen, während auf der Hand der linken Amorette bereits eine Nachtigall sitzt. Im Scheitel des Rahmens sitzt Amor und spielt auf einer Leier. In einem Brief erwähnt Runge, dass das aus der Lilie wachsende Kind Amor nicht sehen kann. Runge greift hier auf die Tradition der Pflanzensymbolik zurück, nach der die Rose immer eine Blume der Liebe und der Liebesgöttin war, die mit Schönheit und Duft betören und mit den Dornen verletzten kann. Demgegenüber ist die Lilie die Blume der Reinheit. Die Interpreten sind sich einig, dass Runge damit das Motiv der himmlischen und irdischen Liebe aufgreifen wollte, das zudem mit dem Motiv der Doppelflöte zu verbinden ist. Runges Werk ist auf mehreren Ebenen zu lesen. Es hat eine ganz private Aussage, die auf die Liebe des Künstlers zu Pauline Bassenge bezogen ist. Sicher darf

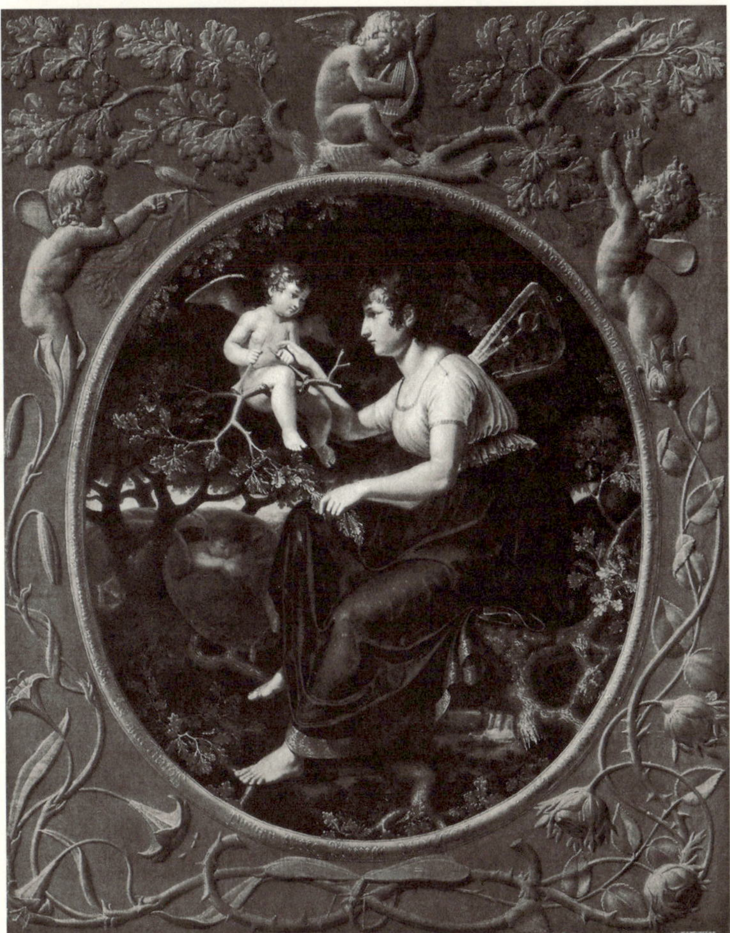

Abb. 30: Philipp Otto Runge: Lehrstunde der Nachtigall (1805), Hamburg, Kunsthalle

man auf dieser Ebene den Flötespielenden auf Runge selbst beziehen. So bezeichnet das Bild Psyche/Pauline als diejenige, die ihn zur Kunst beflügelt. Für Runge bedeutet Kunst Schöpfung aus dem inneren Gefühl. Die Liebe hat sein Gefühl entflammt und ihm Schöpfungskraft gegeben. Diese Liebe hat jedoch zwei Seiten, die durch Lilie und Rose bezeichnet werden, die konventionell auf den Topos von der himmlischen und irdischen Liebe hindeuten, konkreter auch auf die geistige und körperliche Liebe bezogen werden können. Runge schreibt, dass das Grundmotiv dreimal im Bilde vorkomme. Es werde «immer abstracter und symbolischer, je mehr es aus dem Bild heraustritt». Die Rahmenarabeske ist die symbolische Ebene, die das Innenbild ausdeutet und es zugleich zu allgemeinerer Bedeutung erhebt. Diese liegt auch in dem Motiv der Musik, die hier als Inbegriff aller Kunst zu verstehen ist. Runges «Arabesken» sind exemplarisch für die neue, subjektive Symbolik, die von einzelnen Zeitgenossen lebhaft begrüßt, von anderen als «hieroglyphisch» kritisiert wurde. Das Prinzip der Arabeske, der wechselseitigen Ausdeutung von Bildelementen, wurde zu einem Grundprinzip der Kunst des 19. Jh.s.

Der Begriff **Arabeske** wurde bis um 1800 als Synonym für die Ornamentform der Groteske verwendet. Die Frühromantiker erkannten in diesem Ornament ein freies Spiel der Phantasie, eine Urform der Poesie, das mit seinem fragmentarischen Charakter, der Verbindung von Widersprüchlichem sowie den ironischen Brechungen ein Paradigma für ihre Poetik abgeben konnte. Durch Philipp Otto Runge und Peter Cornelius wurde die Arabeske zu einer spezifischen Form der Kunst, die zugleich Ornament und Symbolsystem ist und mit der, dank des komplexen Verweisungszusammenhanges aller ihrer Einzelteile, ahnbar zu machen ist, was sich unmittelbarer Darstellung entzieht. Im späten 19. Jh. wurde der Begriff Arabeske von Alois Riegl – völlig unabhängig von dem romantischen Prinzip der Arabeske – für den Ornamenttypus der Pflanzenranke verwendet.

Caspar David Friedrich

In ganz anderer Weise als Runge hat Caspar David Friedrich die neue Konzeption des Symbolischen umgesetzt. Zu seinen ersten Ölgemälden gehört das 1807 entstandene Bilderpaar *Nebel* und *Meeresstrand mit Fischer* (Wien, Kunsthistorisches Museum). Besonders das erste Bild muss für den zeitgenössischen Betrachter eine Provokation gewesen sein, weil er darauf nur mit größter Mühe überhaupt etwas erkennen konnte: Jenseits des schmalen Strandstreifens zeichnen sich in dem kaum zu durchdringenden Nebel, der über dem Meer liegt, ein Segelboot und ein Ruderboot ab. Gerhard von Kügelgen, der Freund Friedrichs, schrieb über dieses Bild:

> «Die beiden Nebelstücke von Friedrich, wo das eine den sich herabsenkenden, das andere den aufsteigenden Nebel zeigt. Das erste zeigt ein steiniges Meeresufer, wo vom Lande weg nach dem Horizont ein Schiff durch den Nebel dahinschwimmt. So steuret auch der Mensch in die verschleierte Zukunft getrost hinein, und wir wissen nicht, wo, wann und wie er landet.»

Kügelgen verstand die Fahrt mit dem Schiff als Lebensmetapher. Die symbolische Bildaussage ist nach Kügelgen aus der Betrachterwahrnehmung, die durch den Nebel ihrer Grenzen bewusst wird, zu erschließen. Von hier aus ergibt sich die Analogie, dass Weg und Ziel der Lebensreise des Menschen, dass seine Zukunft von dem begrenzten Blickpunkt der Gegenwart aus nicht erkennbar ist.

Anders als die Werke Runges scheinen Friedrichs Gemälde auf den ersten Blick nichts als genaue Nachahmung der Natur zu sein. Erst bei einer genauen Betrachtung wird man einzelne Signale entdecken, die auf eine jenseits der reinen Sichtbarkeit liegende Bedeutung schließen lassen. Das können einzelne sinnbildlich zu verstehende Motive sein oder die Bildanlage, die bewusst mit Gattungstraditionen bricht und zugleich präzise kalkuliert ist. Vor allem aber ist es die Stimmung, die den Betrachter zur Reflexion auffordert. Friedrichs Gemälde erfüllen das Postulat Schillers, dass der Künstler die Landschaft in einer «symbolischen Operation» zur Darstellung von Empfindungen oder von Ideen machen soll. An seinen Bildern erweist sich auch, wie zutreffend Schillers These von der Unerschöpflichkeit der ästhetischen Idee ist.

Das Schaffen Friedrichs ist von den meisten Zeitgenossen und von der Nachwelt bis weit ins 20. Jh. verkannt worden. Die Irrwege der Rezeption seines Werkes zeigen an, wie prekär der Status einer Symbolik geworden ist, die kaum mehr auf konventionelle Bedeutungszuweisungen zurückgreift und deren Aussagen in der reflektierenden Betrachtung erschlossen werden sollen. Die Entwicklung ist, zunächst jedenfalls, rasch über diese Auffassung hinweggegangen. Wo sie sich nicht ganz der Naturnachahmung verschrieb, kehrte sie zu konventionellen Symbolformen zurück, wie Werke Ludwig Richters zeigen können, beispielsweise sein Hauptwerk *Die Überfahrt am Schreckenstein* (1837; Dresden, Staatl. Kunstsammlungen). Für die Interpretation bedeutet dies, dass die traditionellen Deutungsstrategien und das Korrektiv der Motiv- und Typengeschichte hier immer noch einsetzbar sind.

Einigen Einfluss auf die weitere Diskussion über den Symbolbegriff hat Friedrich Creuzer mit seinem Werk *Symbolik und Mythologie der alten Völker* (1810–12) gehabt, der im Symbol die ursprünglichste und elementarste Form der Andeutung des Göttlichen und Unbegreiflichen sah. Hegel hat in seinen Vorlesungen zur *Ästhetik*, die 1835 in Nachschriften bekannt wurden, den Begriff des Symbols auf die Frühformen der Kunst bezogen. Von beiden Autoren wurde das Symbol so in einen Gegensatz zur Moderne gebracht. Die weitere Entwicklung sollte dem widersprechen. Symptomatisch für den Anschauungswandel in der zweiten Hälfte des 19. Jh.s ist das Werk Friedrich Theodor Vischers. In seiner *Ästhetik* (1846–57) ging Vischer noch von der Metaphysik des Schönen aus. 1873 schrieb er in einer radikalen Wende: «Die Ästhetik muss den Schein, als gebe es ein Schönes ohne Zutun [...] des anschauenden Subjekts, schon auf ihrem ersten Schritte vernichten». Jetzt erkennt er, dass das, was als schön empfunden wird, von dem Betrachter in den Gegenstand hineingelegt wird. Er bezeichnet es als «leihenden Akt» und als «symbolisches Leihen», womit wir «dem Unbeseelten unsere Seele und ihre Stimmungen unterlegen».

Friedrich Theodor Vischer

Der künstlerische Akt der «symbolischen Operation» wie auch der Akt der Rezeption verlangen die Grundhaltung der Einfühlung, die jeder rationalen Inhaltsdeutung konträr gegenübersteht.

Als Vischer seinen fundamentalen Auffassungswandel vollzog, hatte der Begriff des Symbols wieder einmal Hochkonjunktur, nicht nur in Philosophie und Ästhetik, sondern genauso in Literatur und Kunst. Neben dem Impressionismus prägte der Symbolismus als eine gattungsübergreifende Kunstströmung das Bild des Fin de Siècle. Der Begriff Symbolismus geht auf den französischen Kritiker Jean Moréas zurück, der ihn im Hinblick auf die Richtung der Literatur prägte, die damals unter dem Begriff der *Décadence* bekannt war und zu der Dichter wie Charles Baudelaire, Stéphane Mallarmé, Paul Verlaine oder Joris Karl Huysmans gezählt wurden. Kennzeichnend für den Symbolismus ist ein extrem widersprüchliches Verhältnis zur Wirklichkeit. Die Künstler gehen auf Distanz zur banalen Alltagswirklichkeit, sehen die bürgerlichen und humanistischen Ideale als gescheitert an und suchen das Geheimnis dessen zu ergründen, was hinter den Dingen liegt oder was sie dahinter vermuten und was immer noch mit dem alten Begriff der Idee bezeichnet wird. Das aber kann nicht beschrieben und abgebildet, sondern nur symbolisch angedeutet werden. Die geheimnisvolle Unbestimmtheit ist ein Grundzug des Symbolismus in der Dichtung wie in der Bildkunst. «Die wesentliche Eigenschaft der symbolistischen Kunst besteht [nach Jean Moréas] darin, die Idee niemals begrifflich zu fixieren oder direkt auszudrücken. Und deshalb müssen sich die Bilder der Natur, die Taten der Menschen, alle konkreten Erscheinungen in dieser Kunst, nicht selbst sichtbar machen, sondern sie werden durch sensitiv wahrnehmbare Spuren, durch geheime Affinitäten mit den ursprünglichen Ideen verwirklicht.»

Symbolismus

Das Dunkel der Nacht und die Welt des Traums, in der die Logik der Wirklichkeit außer Kraft gesetzt ist, fasziniert die symbolistischen Künstler. Odilon Redon gab seiner ersten großen Serie von Lithographien 1879 den Titel *Dans le rêve*. Das Blatt *Triste montée* (Trauriger Aufstieg) zeigt vor schwarzem Hintergrund einen aufsteigenden Luftballon in Form eines Kopfes, in dessen Gondel ein kugeliger Kopf mit zwei Flügeln liegt, den man als karikierten Engelskopf bezeichnen würde, hätte er nicht die Ansätze von Hörnern auf der Stirn. Das traumhaft Irrationale des Blattes ist in einer logischen Erklärung nicht adäquat zu erfassen. Schon die Benennung der Einzelmotive, der wichtigste Schritt der ikonographischen Arbeit, bleibt im Ungewissen. Anzusetzen ist aber auch hier bei der Motiv- und Typengeschichte, die zunächst das engere Umfeld des Werkes, das Œeuvre des Künstlers aufzuarbeiten hat und dann weitere Kreise ziehen kann. Das Motiv des Ballons beispielsweise verwendet Redon in der 1882 geschaffenen Lithographie *L'Œil, comme un ballon bizarre, se dirige vers l'infini* (Das Auge entschwebt wie ein bizarrer Ballon ins Unendliche). Hier hat der Ballon die Gestalt eines monumentalen, nach oben blickenden Auges, während an die Stelle der Gondel eine Art Johannesschüssel getreten ist. Der Vergleich der Blätter verweist auch auf die Bedeutung des Blickes. Der Blick ins weitere Werk Redons lehrt, dass er das Auge als vieldeutige Metapher verwendet, es kann auf die Sehnsucht nach dem Jenseits, den strengen Blick Gottes, die Macht des Traumes oder auch auf die sexuelle Lust weisen. In der Motivgeschichte des Symbolismus sind Eros und Tod zentrale Themen und die Frau als *femme fatale* ein immer wieder aufgegriffenes Motiv, das beispielsweise in den Mythen von Sphinx, Medusa oder Salome variiert wird.

Wichtig ist, die Bilder des Symbolismus nicht in eine Reihung von Symbolen aufzulösen, sondern als Ganzes aufzufassen, als sinnbildliche Totalität, in der die durch die formale Erscheinung bewirkte Stimmung das gleiche Gewicht hat wie die Einzelmotive. Deren Aufzählung könnte der Aussage eines Bildes wie der *Toteninsel* von Böcklin (erste Fassung 1880) schwerlich gerecht werden. Ferdinand Hodlers *Nacht* von 1889/90 gewinnt ihre Bedeutung aus den Kontrasten zwischen den Schlafenden, die als Paare oder einzeln auf verschiedene Typen des Schlafs hindeuten, und der zentralen Figur des Mannes, der entsetzt aufblickt und sich nicht von der schwarz verhüllten Gestalt befreien kann, die sich wie ein Alb auf ihn gesetzt hat. Wer diese Gestalt ist, bleibt ein Rätsel, doch führt die metaphorische Bedeutung der Nacht darauf, dass hier das alte Thema von Schlaf und Tod neu gestaltet worden ist, ohne Rückgriff auf konventionelle Symbolik.

Surrealismus

Vom Symbolismus, speziell von der Faszination, mit der er sich mit dem Phänomen des Traumes beschäftigte, führt der kunsthistorische Weg über die Psychoanalyse Sigmund Freuds, dessen erstes Buch der Traumdeutung (1900) gewidmet war, zum Surrealismus, der ein einzigartiges Beispiel dafür ist, wie ein System von Thesen und Postulaten zu einer Kunstanschauung zusammengefügt wird und eine eigene Ikonographie hervorbringt, die dann in den Arbeiten der einzelnen Mitglieder in unterschiedlichen Brechungen realisiert wird. Es ist an diesem Ort nicht möglich, auf die «Ikonographie» des Surrealismus einzugehen. Der Begriff des Symbols spielt für das Selbstverständnis des Surrealismus, wie es Bréton in seinen Manifesten formuliert hat, keine Rolle. Implizit jedoch ist er wirksam, und zwar in der Fassung, die ihm Freud gegeben hatte, der sich zwar in seiner *Traumdeutung* von der herkömmlichen «symbolischen Traumdeutung» distanzierte, gleichwohl zugestand, dass Symbole, die er zu den «unbewußten», kollektiven Vorstellungen rechnet, im Traum eine wichtige Rolle spielen, wo sie der «verkleideten Darstellung latenter Gedanken» dienen. Wesentlich ist dabei, dass das Symbol mit der Psychoanalyse entmythologisiert wurde und die seit der Romantik dominanten Bindungen an das Metaphysische aufgelöst wurden, indem es jetzt ganz auf die Seelenarbeit des Menschen bezogen wurde.

Wie sich hier schon andeutet, ist die Verwendung des Symbolbegriffs im 20. Jh. uneinheitlich. Auf der Seite der Kunstwissenschaft erlangte er wachsende Bedeutung, je intensiver sich das Fach der Inhaltsdeutung zuwandte. In der Methode der Ikonologie, wie Erwin Panofsky sie ausgehend von Aby Warburg entwickelt hat, steht der Symbolbegriff im Zentrum, und zwar in dem von Ernst Cassirer definierten Sinne, nach dem Kunst, genauso wie Sprache oder Mythos, «Symbolische Formen» sind, in denen sich ein bestimmtes Weltverstehen dokumentiert. Die hohe Geltung, die der Begriff im 19. Jh. erlangt hatte, besteht hier fort. Ganz anders fasste die Semiotik den Begriff, die von Charles S. Peirce (1839–1914) als wissenschaftliche Disziplin begründet wurde. Er rückte den Begriff des Zeichens in den Mittelpunkt und fasste das Symbol als eine Form des Zeichens auf, die auf Konventionen oder Regeln zurückzuführen ist. Andere Semiotiker haben ganz auf den Symbolbegriff verzichtet. Von einem metaphysischen Substrat des Symbols ist hier nicht mehr die Rede.

Es kann angesichts der großen Auffassungsunterschiede nicht verwundern, dass in Kunst und Kunsttheorie des frühen 20. Jh.s im Hinblick auf den Symbolbegriff ein Schwanken und eine wachsende Zurückhaltung zu registrieren ist. Beispielhaft dafür können die Diskussionen im Kreis der Mitglieder des *Blauen Reiters* stehen. Franz Marc schrieb 1912 in seinem Aufsatz *Die «Wilden» Deutschlands*: «Ihr Denken hat ein anderes Ziel: Durch ihre Arbeit Symbole zu schaffen, die auf die Altäre der kommenden geistigen Revolution gehören». Damit setzte er den Begriff in seiner traditionell hohen Bedeutung ein. Kandinsky, der 1929 Symbol als «verbotenes Wort» bezeichnete, hat den Begriff gleichwohl benutzt, wie zahlreiche Belegstellen in *Punkt und Linie zu Fläche* zeigen können, doch er hat die Metapher der «Sprache» des Bildes eindeutig bevorzugt, die sich mit der Metapher des «Klanges» von Formen und Farben verbinden ließ. Seine Thesen provozierten schon bei Zeitgenossen, so bei Fritz Burger, der der Moderne gegenüber sehr aufgeschlossen war, die Frage nach der Verstehbarkeit einer Sprache, die frei von Konventionen sein will. Der Interpret muss diese Sprache erlernen. Er muss sich, stärker noch als bei den Werken des Symbolismus, in das «bildnerische Denken» jedes Künstlers einarbeiten. Das gilt auch dort, wo Kunst im Sinne der Semiotik als Zeichensystem definiert worden ist, was besonders von Theoretikern der ungegenständlichen Kunst propagiert wurde.

Mythologie

Überlieferungsgeschichte der antiken Mythologie

Der Begriff des Mythos wird in der Kultur der Gegenwart inflationär verwendet. Da wird ein Filmstar, eine Gruppe von Popmusikern oder auch ein Auto zum Mythos deklariert. Man greift zu einem Begriff, der möglichst großartig klingt, um dem Gewicht zu verleihen, was man für bedeutend hält, was aber letztlich, wenn man über den Tellerrand der Gegenwart hinausblickt, ziemlich belanglos ist. In der Kunst dagegen begegnen wir in den Mythen einer in unserem Kulturkreis tief verankerten Tradition. Sie bilden den Kernbereich dessen, was Aby Warburg als das Bildgedächtnis unserer Kultur bezeichnet hat.

Wenn in der Kunstgeschichte von Mythologie gesprochen wird, ist in erster Linie die Mythologie der griechischen und römischen Antike gemeint. Der Begriff ist abgeleitet vom griechischen μύθος und bezeichnet die Gesamtheit der Mythen oder die Lehre von ihnen. In Griechenland wird Mythos, das zunächst Wort, Rede oder Erzählung bedeutet, im 6. Jh. zu einem Begriff, mit dem die Erzählungen und Vorstellungen bezeichnet werden, auf die sich die Religion mit ihren für Leben und Zusammenleben zentralen Kulthandlungen und ihr Weltbild gründete. Der Begriff in dieser Bedeutung wurde gerade zu der Zeit üblich, in der dieser Bestand an Erzählungen kritisch und zunehmend distanziert betrachtet wurde. Das lässt sich unter anderem daran ablesen, dass immer wieder vom Gegensatz von Mythos und Logos gesprochen wird. Den phantastischen und teilweise sogar absurd oder lächerlich wirkenden Erzählungen des Mythos wurde die klare, auf Wahrheit gründende Rede der Philosophie entgegengestellt.

griechischer Mythos

Der griechische Mythos ist für uns erstmals greifbar in den Werken von Homer und Hesiod, in denen die älteste religiöse Überlieferung dichterisch zusammengefasst wurde. Der ursprüngliche Mythos war eine archaische Form des Weltverstehens und der Weltaneignung. Er ist von Religion, Kultus und Ritus nicht zu trennen. Die lange Rezeptionsgeschichte zeigt, dass der ursprüngliche Bedeutungskern mit der Überwindung der ihm zugehörigen Kulte durch das Christentum nicht zerstört worden ist. Im griechischen Mythos sind grundsätzliche Aussagen über das Verhältnis von Mensch und Welt aufgehoben, die immer neu aktualisiert werden konnten. Dies geschah schon im Übergang von der griechischen zur römischen Welt. Mit Ausbreitung des römischen Imperiums erfolgte die Adaption der griechischen Kulte

griechische und römische Götter

und Mythen. Die Gleichsetzung der griechischen und römischen Götter konnte bis zur Ununterscheidbarkeit führen. Diese Aneignung war für die Rezeptionsgeschichte folgenreich. Sie führte zur Dominanz der lateinischen Benennungen: Statt von *Zeus* sprach man von *Jupiter*, statt von *Hera* von *Juno*. Die Gleichsetzung nährte auch die Vorstellung, dass es sich bei der antiken Mythologie um ein einheitliches, überzeitlich gültiges Vorstellungsgebäude handelt. Das blieb so bis zur neuen, philologisch und historisch fundierten Beschäftigung mit der griechischen Antike im späten 18. Jh. und im Neuhumanismus. Für die kunsthistorische Interpretation ist daraus zu folgern, dass es angebracht ist, bei Werken, die vor dieser Wende entstanden sind, stets die lateinische Namensform zu wählen.

Das für die Rezeptionsgeschichte relevante Wissen von den antiken Mythen wurde primär durch literarische Quellen und nicht durch Texte des Kultes vermittelt.

Schon in Griechenland hatte sich so etwas wie ein System der Mythologie herauskristallisiert, an dem man sich gut orientieren kann. Im Kern stellt es sich als eine Art Genealogie dar. Am Anfang stehen die Kosmologie und die Welt der alten Götter. Das *Chaos* des Anfangs wurde durch die Vermählung von Himmel und Erde, von *Uranos* und *Gaia* überwunden, die die erste Generation der Götter zeugten, darunter auch die Titanen, zu denen *Kronos/Saturn* zählt, der dann *Uranos* entmannte und stürzte. *Kronos* wiederum wurde von seinen drei Söhnen *Zeus/Jupiter*, *Poseidon/Neptun*, *Pluton (Hades)/Pluto (Dis)* vertrieben, die die Welt unter sich aufteilten, wobei *Zeus* über den Äther herrschte, *Poseidon* über das Meer und *Hades* über die Unterwelt. Sie gelten als die mächtigsten der Götter des Olymp. Zum Kreis der olym-

Wichtige antike Textquellen der Mythologie:

Griechische Dichtungen:

- Homer (9./8. Jh. v. Chr.): *Ilias, Odyssee*
- Hesiod (um 700 v. Chr.): *Theogonie, Werke und Tage*
- Aischylos, Sophokles, Euripides (5. Jh. v. Chr.): Tragödien
- Apollonios Rhodios (3. Jh. v. Chr.): *Argonautica*
- Nonnos (5. Jh. n. Chr.): *Dionysiaka*

Lateinische Dichtungen:

- Vergil (70–19 v. Chr.): *Aeneis*
- Ovid (43. v. Chr. – 17 n. Chr.): *Metamorphosen, Fasti*

Mythensammlungen der Antike

- griechisch: Apollodor (1. Jh. n. Chr.): *Bibliotheca*
- lateinisch: Hyginus (2. Jh. n. Chr.): *Fabulae*

Kritische Auseinandersetzung mit dem Mythos

- Cicero (106–43 v. Chr.): *De natura deorum*

pischen Götter gehören die großen Göttinnen *Hera/Juno, Demeter/Ceres, Aphrodite/Venus, Artemis/Diana, Athena/Minerva* und die jüngeren Götter *Apollon/Apollo, Ares/Mars, Hermes/Merkur, Hephaistos/Vulkan, Dionysos/Bacchus*. Eigenständige Mythenkreise, die aber mit der Welt der Olympier vielfach verknüpft sind, bilden die Heroenmythen, die zunächst regionale Mythen sind, wie die von *Theseus* oder *Herakles/Herkules* und die großen Sagenkreise, von denen für Griechenland der trojanische Sagenkreis und die *Argonauten* die bedeutendsten sind. Für Rom ist hier der um die Figur des *Aeneas* sich rankende Gründungsmythos der Stadt anzuführen.

Für den Kunsthistoriker ist es ausgesprochen wichtig, sich einen Überblick über die antike Mythologie zu verschaffen. Lexika, die es in großer Zahl gibt, helfen da wenig, weil sie die vielfältigen Zusammenhänge, die die einzelnen Götter und Heroen miteinander verbinden, nicht anschaulich vermitteln können. Gleichzeitig ist darauf hinzuweisen, dass die Kenntnisse der griechischen und römischen Mythologie notwendig, jedoch für die kunstgeschichtliche Interpretation nicht ausreichend sind, denn in diesem Fach hat man es nicht mit originären Zeugnissen griechischer oder römischer Mythologie zu tun. Die Werke der europäischen Kunstgeschichte, in denen Figuren oder Szenen der antiken Mythologie vorkommen, müssen vor dem Hintergrund der Rezeptionsgeschichte gesehen und interpretiert werden, in der der Mythos vielfältige Brechungen und Umdeutungen erfahren hat. Einschneidend war dabei der mit dem Übergang zum Christentum vollzogene Bruch.

Die drei Traditionen der Mythendeutung

Die Verdammung der heidnischen Götter und ihrer Kulte durch das Urchristentum schloss selbstverständlich die Ablehnung ihrer Mythen ein. Die Abwehrstrategien werden in den so genannten apologetischen Schriften der Kirchenväter deutlich, wie im *Apologeticum* des Tertullianus (ca. 150–230) oder im Hauptwerk des Augustinus (354–430) *De civitate Dei*. Sie zielten in zwei Richtungen, die man als Entmythologisierung und Dämonisierung bezeichnen kann. Auf den gegen die Christen gerichteten Vorwurf, dass sie die alten Götter nicht verehrten, antworteten sie mit dem Nachweis, dass diese Götter keine Götter seien, sondern Phantasiegebilde der Menschen, so argumentierte beispielsweise Tertullian. Die Götter wurden aber nicht nur ins Reich der Phantasie verwiesen. Sehr folgenreich war die These, die Augustinus mit großem Nachdruck vortrug, dass die Gestalten, die in den Mythen umschrieben werden, als verführerische und böse Dämonen eine reale Existenz haben können.

Kirchenväter

Am häufigsten wurde die These vertreten, dass die heidnischen Götter wegen ihrer Sittenlosigkeit, Untätigkeit und Machtlosigkeit, von denen die antiken Autoren berichten, keine Götter sein können. Diese Diskussion war schon in der Antike geführt worden. Wie im Zusammenhang mit den Anfängen der Allegorese erwähnt wurde, haben schon die frühen griechischen Philosophen Kritik an der Unmoral der Götter geäußert. Spätere Autoren wie Cicero haben sich ausführlich mit dieser Frage befasst. Die Kirchenväter haben extensiv auf deren Texte zurückgegriffen. Leider ist das in diesem Zusammenhang wohl wichtigste Werk nicht erhalten, die Schrift *Antiquitates rerum* *Varro* *humanarum et divinorum* des Marcus Terentius Varro (116–27 v. Chr.), die Augustinus und andere ausführlich zitieren. Varro *Genera der Theologie* stellte die These auf, dass es drei Genera der Theologie gebe, nämlich die mystische Theologie (*genus mythicum*), die die Theologie der Dichter sei, die physische Theologie (*genus physicum*) als Theologie der Philosophen und die staatliche Theologie (*genus civile*), die dem öffentlichen Kult zugrunde liege. Die drei Formen haben für ihn unterschiedlichen Stellenwert. In der ersten könne sich die Phantasie der Dichter ausleben, die zweite diene zur Einkleidung philosophischer Lehren. Die dritte ergebe sich aus der politischen Notwendigkeit des öffentlichen Kultes, auf den sich der Volksglaube beziehen kann. Natürlich haben die Kirchenväter, für die es nur eine einzige Religion geben konnte, diese These kritisiert. Im Hinblick auf den Umgang mit dem antiken Mythos aber lag hier eine Lösungsmöglichkeit, nämlich die Möglichkeit zur produktiven Umdeutung, zur Allegorese, wie sie ja schon von griechischen Mythologiekritikern praktiziert worden war. Schon in dieser Tradition hatte sich abgezeichnet, dass es grundsätzlich drei Formen der Umdeutung geben könnte, aus der sich drei Überlieferungsstränge herleiten, die für die weitere Rezeptionsgeschichte bestimmend geworden sind, nämlich die auf die Natur bezogene physische Umdeutung (*genus physicum*), die historische Umdeutung und die moralische oder ethische Umdeutung, die dem von *mythicum* Varro postulierten *genus mythicum* entspricht. Diese drei Deutungstraditionen sind nicht immer strikt voneinander zu trennen und laufen oft nebeneinander her. Sie zu kennen, ist für die ikonographische Deutung ganz entscheidend.

Physische Mythendeutung

Die Auffassung, dass die Mythologie grundlegende Aussagen über die Entstehung und Beschaffenheit der Welt, über die das menschliche Leben bestimmende Natur enthalte, wurde den Kirchenvätern durch

Varros Konzept einer «physischen Theologie» vermittelt. Diese «physische» Mythendeutung hat eine lange, bis in den Ursprung des Mythos reichende Tradition. Hesiod entwarf in seiner *Theogonie* ein mythisches Bild der Genese des Kosmos, eine Kosmogonie. Die sinnvolle Ordnung des Kosmos konnten sich Griechen wie Römer nur mit einer letztlich hinter allem stehenden göttlichen Macht erklären, die allerdings in bestimmte Zuständigkeitsbereiche aufgeteilt war. Als Reich von *Jupiter* galt der Äther, das den Kosmos umspannende und belebende Feuer. Seiner Gemahlin *Juno* war die Luft zugewiesen und *Neptun* die Herrschaft über die Gewässer. *Pluto* herrschte über die Erde und ihre Schätze. Damit war zugleich eine Mythisierung der vier Elemente gegeben, die als die Grundbausteine der Welt angesehen wurden. Die Mächte der Natur wurden als Ausdruck der Gewalt der Götter angesehen: *Jupiter* war es, der die Menschen mit seinen Blitzen bedrohte, *Neptun* gebot über die bedrohlichen Kräfte der Meere. Die Götter galten auch als die Urheber der Gaben der Natur: *Ceres* schenkte der Menschheit die Feldfrüchte, *Bacchus* den Wein. Im Grunde stellte der Mythos die gesamte Natur als von Göttern beseelt vor, jeder Fluss hatte seinen Flussgott, in jedem Baum wohnte eine Nymphe.

Kosmogonie

Die Naturmythologie bot den frühen griechischen Philosophen, die gegenüber der populären Mythenvielfalt zunehmend skeptischer wurden, einen Ansatzpunkt für ihre Mythendeutung. In der Philosophenschule der Stoa wurde von deren Gründer Zenon von Kition (5. Jh. v. Chr.) eine konsequente physische Uminterpretation des Mythos entwickelt, die die Naturvorstellung der Philosophen mit dem tradierten Mythos und der praktizierten Religion versöhnen sollte. Ein umfassendes Bild von diesen Vorstellungen vermittelt Cicero im zweiten Buch von *De natura deorum*, einer in Mittelalter und Renaissance viel gelesenen Schrift.

Die Identifizierung der Naturmächte mit Göttern gab im Kultus die Möglichkeit, diese das menschliche Leben bestimmenden Gewalten anzurufen und durch Opfer gnädig zu stimmen. Im rhetorischen Tropus der Metonymie, in dem Ursache und ihre Wirkung, Besitzer und sein Besitz, Person und die ihr zugehörige Tätigkeit ausgetauscht werden, können die Götter genannt werden, wo eigentlich das gemeint ist, worüber sie herrschen oder was sie verursachen. Das auf den römischen Dichter Terenz zurückgehende Sprichwort *Sine Cerere et Baccho friget Venus*, das vielfach in Bilder umgesetzt worden ist, soll besagen, dass die Liebe schwindet, wenn es an gutem Essen und gutem Wein, den Gaben von Ceres und Bacchus, fehlt. Bilderzyklen der vier Elemente konnten sich darauf beschränken, die vier jeweils zuständigen Götter zu zeigen. Die metonymische Götterdarstellung ist quer durch die Kunstgeschichte eine Grundform der Mythologierezeption geblieben.

Mythologie und Astrologie

Ein gleich wichtiger zweiter Strang der physischen Mythendeutung ergab sich aus der Verbindung von Astronomie beziehungsweise Astrologie und dem Mythos. Eine Grundlage dafür war das Modell des kosmischen Weltbildes, nach dem die Sphären der sieben im Altertum bekannten Planeten mit der Erde als Mittelpunkt von der Fixsternsphäre als äußerster Schale umschlossen werden. Was in diese Sphäre gehoben wird, besteht ewig. Dies ist die Basis der Vorstellung von der Apotheose, die sich beispielsweise im Mythos der Ariadne findet. Der Erste, der in Griechenland die Konstellationen der Fixsterne mythologisch zu erklären versuchte, dürfte Eratosthenes mit seinem Werk Καταστερισμοί (Verstirnungen) (3. Jh. v. Chr.) gewesen sein. Von *Helios/Sol* (der später mit Apoll gleichgesetzt wurde) abgesehen, wurden die Planeten erst relativ spät Göttern zugeordnet. Wie es in der ursprünglichen Formulierung «Stern des Jupiter» oder «Stern des Saturn» zum Ausdruck kam, stellte man sich zunächst vor, die Wandelsterne seien den Göttern zugehörig oder unterworfen. Erst um die Zeitenwende wurden sie konkret mit ihnen identifiziert. Dabei waren die Einflüsse aus Babylon und Ägypten, wo Sternkunde und Sterndeutung schon sehr früh entwickelt worden waren, von entscheidender Bedeutung. Welche Rolle die Vorstellung von den Planetengöttern in Rom dann spielte, zeigt sich beispielsweise an der Durchsetzung der «Planetenwochentage» unter Kaiser Augustus.

Astrologie im frühen Christentum

Dem heidnischen Sternenglauben gegenüber fanden sich die Kirchenväter in einer schwierigen Situation. Jede mythische Vergötterung der Natur wurde von ihnen abgelehnt, somit auch die mythologischen Grundlagen der Astrologie, gegen die Augustin außerdem einwandte, dass sie die menschliche Freiheit verneine (*De civitate Dei*, Buch V). Auf der anderen Seite aber gab es unübersehbare astrologische Elemente im Christentum, wie sich an den Berichten über den Stern von Bethlehem und die drei *magi* zeigt, die keine «Könige» oder «Weisen» waren, wie man später meinte, sondern Sterndeuter. Der 25. Dezember, den die Christen als Geburtstag Christi feiern, galt den Heiden als Tag der Geburt der Sonne. In der westlichen Kirche allerdings war das Interesse an der Sternenkunde im ersten Jahrtausend recht gering. Am bekanntesten waren noch die *Phainomena* des Aratos (3. Jh. v. Chr.) mit ihren Beschreibungen der Sternbilder, die in einer lateinischen Bearbeitung vorlagen. Wie beispielsweise die karolingische Handschrift des lateinischen Arat in Leiden belegt, wurden mit den Texten auch die antiken Illustrationen kopiert, doch diese Bilder hatten auf die mythologischen Darstellungen keinen nachhaltigen Einfluss. Die Überlieferung erfolgte primär über die Texte, die zumeist aus der islamischen Welt übernommen wurden, wo die Astrologie in höchster Blüte stand. Seit dem 11. Jh. wuchs auch im Westen das Interesse daran. Der dominante islamische Einfluss brachte es mit sich, dass die Sternbilder und Planetengötter, die man unter den lateinischen Namen kannte, in ganz unantiker Erscheinung vorgestellt wurden. Das zeigt sich beispielsweise an der gegen 1340 von Andrea Pisano geschaffenen Folge von Reliefs mit Darstellungen der sieben Planeten am Campanile in Florenz. Pisanos Planetengötter unterscheiden sich nicht von den benachbarten Darstellungen der Tugenden. Wenn man einmal darauf aufmerksam gemacht wurde, dass es sich hier um die Planeten handelt, wird man Venus vielleicht identifizieren können, weil sie eine Statuette eines sich umarmenden Paares hält, doch wer ist in dieser Reihe der Mönch mit Kreuz und Kelch? Das Rätsel löst sich, wenn man das im Mittelalter wohl am weitesten verbreitete Handbuch der Astrologie zu Rate zieht, die *Picatrix* betitelte Übersetzung eines im 10. Jh. zusammengestellten arabischen Kompendiums der Magie und Astronomie. Dort heißt es, dass jeder Planet bestimmte Regionen der Erde in seiner Abhängigkeit halte und Jupiter den christlichen Westen unter sich habe. Der Autor empfiehlt, wenn man Jupiter anruft, dies in der Tracht der Mönche und Christen zu tun. An der *Picatrix* orientierte sich Michael Scotus, Astrologe am Hof Friedrichs II., der gegen 1250 einen astrologischen Traktat verfasste, in dem die orientalischen Götter nach christlichen Vorstellungen umgedeutet werden. In den Illustrationen zu diesem Text (Wien, Nationalbibliothek, Ms. 2378) erscheint Jupiter als Bischof. In anderen Handschriften wird Jupiter als Mönch vorgestellt (Vatikan, Ms. urb. lat 1398). Diese Bilder können zeigen, wie weit sich das hohe Mittelalter von der Antike entfernte, auch wenn die Vorstellungen von den Planetengöttern und den mythologischen Sternbildern nie in Vergessenheit gerieten.

islamischer Einfluss

Die weitere Geschichte der Rezeption des antiken Sternenglaubens ist durch zwei Tendenzen gekennzeichnet. Das wachsende Interesse an der Astrologie in der Frührenaissance verbindet sich mit einer neuen Annäherung an die antiken Texte. Erst in einem zweiten Schritt erfolgt auch eine Annäherung an die Gestaltung der antiken Götter auf Grund der Beschäftigung mit der antiken Kunst.

Ein wichtiges Beispiel eines astronomisch-astrologischen Bilderzyklus, das auch in der Geschichte der ikonographischen Forschung eine bedeutende Rolle spielt, sind die Fresken im *Salone dei Mesi* des Palazzo Schifanoia in Ferrara, die von Francesco del Cossa, Ercole de Roberti und Cosimo Tura um

Palazzo Schifanoia

1466/70 geschaffen wurden. Als sie im 19. Jh. wiederentdeckt wurden, war ihre Ikonographie ein Rätsel. Von den ehemals zwölf Bildfeldern im großen Saal sind nur sieben erhalten, die jeweils in drei Zonen unterteilt sind. Der oberste Bildstreifen zeigt im Zentrum jeweils den Triumphwagen einer antiken Gottheit. Der untere Bildstreifen stellt Szenen des höfischen Lebens und landwirtschaftliche Tätigkeiten dar, die mit den Monaten des Jahres verbunden sind. Diese Verknüpfung mit dem Kalender wird durch den mittleren Bildstreifen unterstrichen, in dem jeweils auf dunklem Grund eines der Tierkreiszeichen zu sehen ist, begleitet von drei Figuren, mit denen die Entdecker der Fresken nichts anzufangen wussten. Der Zyklus ist gegen den Uhrzeigersinn zu lesen. Er beginnt mit dem Bildfeld, das im Sternzeichen des Widders steht (Abb. 31). Im oberen Bildregister sieht man einen von weißen Pferden gezogenen Triumphwagen, auf dem *Minerva* thront. Er fährt durch zwei Gruppen hindurch. Auf der linken Seite stehen vornehm gekleidete Männer, die Bücher und Papiere in den Händen halten, auf der rechten Seite sieht man Frauen um einen Webstuhl versammelt. Das untere Bildfeld zeigt oben links das Beschneiden der Weinstöcke. Darunter brechen Reiter zur Falkenjagd auf. Rechts in der Loggia nähert sich ein einfach gekleideter Mann gebeugt dem vor ihm stehenden Herzog. Diese Szene ist als Rechtsprechung gedeutet worden.

Planetenkinder

Die Darstellung folgt einem Bildtypus, der im 15. Jh. geläufig wurde und für den der Begriff der *Planetenkinder* geprägt wurde. Grundlage ist der astrologische Glaube, dass Lebensumstände und Schicksal eines Menschen von dem zu seiner Geburtsstunde dominierenden Planeten bestimmt werden. In dem im nördlichen Europa entwickelten Bildtypus wird der Planetengott in der oberen Bildzone in einem Wagen dargestellt, der von den ihm geweihten Tieren gezogen wird. In der Landschaft darunter sieht man Menschen, die mit den Tätigkeiten beschäftigt sind, die als charakteristisch für die unter dem jeweiligen Planeten geborenen Menschen galten. Das der Venus gewidmete Bild lehrt, dass deren Kinder Musik und Tanz lieben und «zur Unkeuschheit» neigen. Dies findet man im Ferrareser Wandbild bestätigt. Die Frage aber, warum *Minerva* oder über dem Sternbild der Jungfrau *Ceres* dargestellt wurden, konnte zunächst nicht beantwortet werden. Den Schlüssel zur Deutung legte Aby Warburg vor. Er zeigte, dass die Verbindung des Triumphes der olympischen Götter mit einem Zeichen des Tierkreises auf die *Astronomica*, das Lehrgedicht des Marcus Manilius (1. Jh. n. Chr.) zurückgeht, das 1416 wiederentdeckt worden war. Warburg löste auch das Rätsel der Figuren, die im Mittelstreifen die Verbildlichungen des Zodiakus begleiten. Sie gehen auf eine arabische Tradition zurück, die vor allem von Abu Ma'shar (787–886), dem wohl bedeutendsten Astrologen im frühen Islam, begründet worden war. Er hat in seiner *Großen Einleitung in die Astrologie* die dreißig Tage des Monats in Dekaden unterteilt, denen so genannte Dekane vorstanden. Dieser Gedanke ist im *Astrolabium Magnum* des Pietro d'Abano (1293) aufgegriffen und modifi-

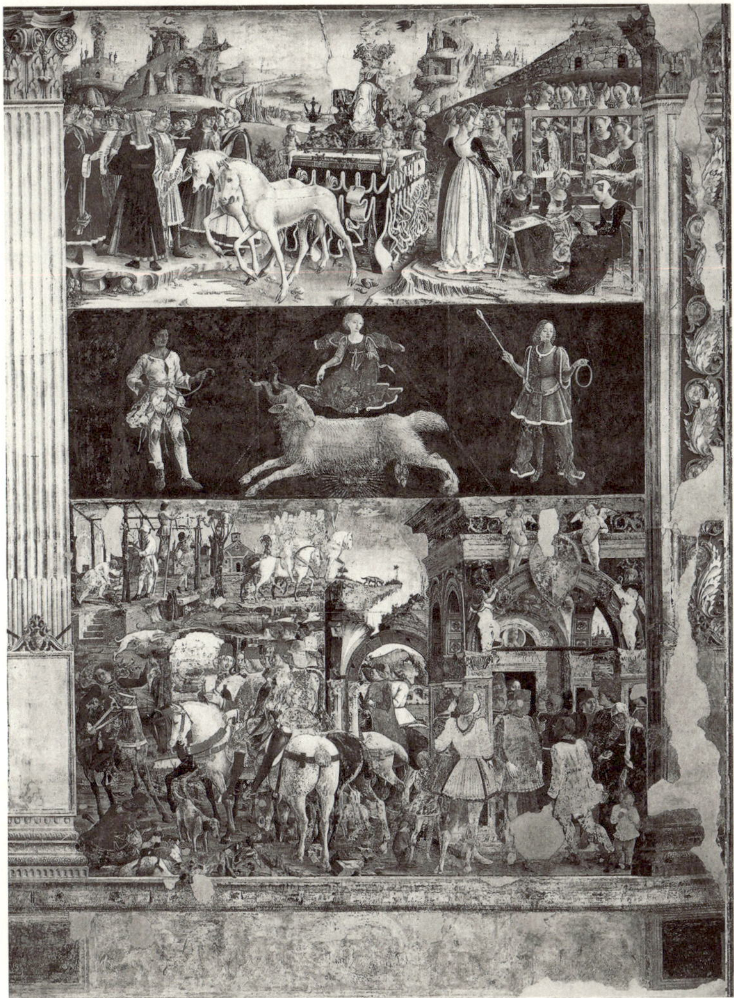

Abb. 31: Francesco del Cossa, Monat März – Sternzeichen des Widders, Wandbild (um 1466–1470), Salone dei Mesi, Ferrara, Palazzo Schifanoia

ziert worden. Vermutlich hielt man sich in Ferrara direkt an Abu Ma'shar, als man sich entschied, die Sternzeichen mit den Bildern der zugehörigen Dekane zu verbinden. Zum ersten Dekan des Widder heißt es dort: «Die Inder sagen, dass in dem Dekan ein Mann aufsteigt mit roten Augen, von großer Statur, starkem Mut und großer Gesinnung. Er trägt ein großes, weißes Kleid, das er in der Mitte mit einem Strick zusammengebunden hat; er ist zornig, steht aufrecht dar, und bewacht und beobachtet.» Das entspricht sehr genau der Figur links neben dem Widder. Für die Kunstwissenschaft war Warburgs Vortrag von 1912 ein nachdrücklicher Beleg für die Notwendigkeit, die hinter derartig ungewöhnlichen Darstellungen stehenden Quellen aufzuspüren.

Der Zyklus in Ferrara hat keine unmittelbare Nachfolge gefunden. Die Darstellung der Dekane blieb eine Ausnahme, ebenso die Zuordnung der olympischen Götter zu den Tierkreiszeichen. Mit der unglaublichen Popularität, zu der die Astrologie im 15. Jh. gelangte, setzte sich auch die Vorstellung von den Planetengöttern endgültig durch. Dies dokumentiert auch der große Erfolg, den Darstellungen der *Planetenkinder* um 1500 hatten. Die Bilderfolgen des Hausbuchmeisters (um 1480) oder von Georg Pencz (1531) zeigen aber auch, dass die Erscheinung der Planetengötter nur sehr zögernd dem Vorbild der Antike angepasst wurde.

Historische Mythendeutung

Die Götter der Heiden sind falsche Götter, schrieb Tertullian in seinem *Apologeticum*, denn sie sind nichts als Menschen, die auf Grund ihrer herausragenden Taten von den Zeitgenossen und den Nachlebenden wie Götter verehrt worden sind. Dieses Argument ist schon in Griechenland vorgebracht worden. *Euhemeros* Euhemeros aus Messene (um 300 v. Chr.) hat ein Werk mit dem Titel ἱερὰ ἀναγραφή (Heilige Aufzeichnung) verfasst, das von Ennius ins Lateinische übersetzt wurde. Der nur in kleinen Fragmenten überlieferte Text ist Reiseroman und Staatsutopie zugleich. Der Erzähler besucht die Insel Panachia, in deren zentralem Tempel er eine goldene Stele sieht, in die das «Grundgesetz» des Inselstaates eingemeißelt ist. Geschildert werden dort auch die Taten der ersten Könige von Panachia, die *Uranos, Kronos* und *Zeus* hießen. Sie waren Menschen, die mit ihren Taten alle anderen überragten und deswegen als Könige anerkannt und nach ihrem Tod als Götter verehrt wurden. Diese Allegorese ist politisch zu lesen. Herrscher steigen auf Grund ihrer Wohltaten (εὐεργεσία), die sie für ihr Volk vollbringen, zu göttlichen Ehren auf. Das war eine Rechtfertigung für den Herrscherkult – übrigens auch in der Frühen Neuzeit – und zugleich auch eine fundamentale Kritik am antiken Götterglauben und am Mythos. Auf Grund der Schrift des Euhemeros wird die historische Mythendeutung auch als *euhemeristische Mythendeutung* bezeichnet.

Die historische Mythendeutung hat sehr schnell Eingang in die christliche Geschichtsschreibung gefunden. Das lag insofern nahe, als es im Mythos zahlreiche Geschichten gab, die auf historischen Ursprung verwiesen, wie der trojanische Sagenkreis. Aus dieser Deutungsperspektive ergab sich auch die Möglichkeit, die Mythologie mit der in der Bibel niedergelegten Geschichtsschreibung zu versöhnen.

Von der Sintflut beispielsweise berichtete auch die antike Mythologie, wie man in Ovids *Metamorphosen* nachlesen konnte.

In dieser Deutungstradition hat Isidor von Sevilla (um 560–636) im 8. Buch seiner *Etymologiae* die antiken Götter als Herrscher, Erfinder und Städtegründer vorgestellt. Diese Auffassung wurde fortgeführt durch die großen und einflussreichen Kompendien, wie beispielsweise dasjenige des Hrabanus Maurus. Von hier aus entwickelte sich ein Traditionszweig der Mythenrezeption, der die Götter als «Erfinder» sieht. Die Mythologie wurde so zum Material für die Konstruktion einer Geschichte der Zivilisation. Danach ist *Demeter/Ceres* die Erfinderin des Ackerbaus, *Dionysos/Bacchus* brachte den Weinbau, *Athene/Minerva* erfand die Webkunst, *Hephaistos/Vulkan* die Schmiedekunst. Diese Vorstellungen hat Polydorus Vergilius 1499 mit seinem Werk *De inventoribus rerum* popularisiert, das als eines der erfolgreichsten Bücher der Renaissance gelten kann.

Wenn die euhemeristische Deutungstradition bei den Göttermythen schon recht erfolgreich war, so war sie bei den Heroenmythen und den auf diesen basierenden antiken Epen geradezu unausweichlich. Der trojanische Mythenkreis, wie ihn Homer in seinen Werken gestaltet hatte, musste als erzählte Geschichte aufgefasst werden, und ebenso die Fortsetzung, die er in Vergils *Aeneis* gefunden hatte, die ja auf die Gründung Roms führte. Die Mythisierung der Geschichte war dem Mittelalter aus den eigenen Sagenkreisen, die sich um die Nibelungen, um König Artus, um Roland oder den Gral rankten, bestens vertraut. Auf sehr folgenreiche Weise verband sich Mythos als Geschichte mit dem Denkschema der Genealogie, das aus der Bibel genauso bekannt war wie aus dem Werk Hesiods. In den *Genealogiae deorum gentilium libri*, die Giovanni Boccaccio (1313–1375) kurz vor seinem Tode abschloss, war, wie der Titel schon sagt, die Genealogie das grundlegende Gliederungsprinzip. In einer Zeit, in der die adelige Herkunft eine herausragende Rolle spielte, lag es nahe zu versuchen, die eigene Herkunft von mythischen Geschlechtern herzuleiten. Vorbilder dafür hatte schon die Antike gegeben. Das römische Geschlecht der *Iulier*, dem Cäsar entstammte, leitete sich von Julus und über dessen Vater Aeneas und Großvater Anchises letztlich von *Venus* her. Vergleichbare Anschlusspunkte wurden beispielsweise in dem durch viele Nachdichtungen populären Personal des trojanischen Sagenkreises gesucht. Die Herzöge von Burgund führten ihr Geschlecht, wie Olivier de la Marche in seinen *Mémoires* (um 1490) berichtet, auf Herkules zurück. In dem Bestreben, sich in die mythischen Traditionen einzuschreiben, haben die Burgunder mit der Gründung des Ordens des Goldenen Vlieses den Jason-Mythos aufgegriffen.

Genealogie

Dass die historische Mythendeutung für die christliche Welt eine ganz selbstverständliche Denkweise war, belegt auch die *Weltchronik* Hartmann Schedels (1493), wo beispielsweise in der Reihe der ersten Könige von «Welschland» *Janus*, *Saturn* und *Juno* genannt werden. Ausführlich wird auch die Geschichte Trojas berichtet, wobei der Hinweis nicht fehlt, dass es wie *Aeneas* auch *Franco*, dem Sohn Hektors, gelungen sei, aus der von den Griechen eroberten Stadt zu entkommen und in den Westen zu fliehen, wo er zum Gründungsvater der Franken geworden sei.

Die Apotheose

Der Euhemerismus war höchst folgenreich für die Ikonographie der Renaissance und des Barock. Das zeigt sich besonders deutlich am Topos der Apotheose. Cicero hatte im *Somnium Scipionis* die seit dem Hellenismus verbreitete Auffassung vertreten, dass «allen, die ihr Vaterland bewahrt, unterstützt und vergrößert haben, ein Platz im Himmel sicher ist, wo sie selig ein ewiges Leben genießen» (*De re publica VI,13*). In Rom war Caesar der Erste, dem nach seiner Ermordung auf Grund seiner Verdienste für das Römische Reich die Apotheose zugesprochen wurde. Von hier aus entwickelte sich der Ritus der *consecratio*, der Herrscherapotheose, der den Höhepunkt der Bestattungsfeierlichkeiten darstellte. Diese Form einer kultischen Feier der Entrückung des Verstorbenen konnte es im Christentum nicht geben. Die neuzeitliche Fürstenapotheose war kein Ritus, sondern eine rhetorische Metapher, die auch – und vorwiegend – zu Lebzeiten der Geehrten ausgesprochen werden konnte und von der in der Panegyrik wie in der Profandekoration bis zur Französischen Revolution ausgiebig Gebrauch gemacht wurde.

Diese rhetorische Auffassung der Apotheose zeigt sich beispielsweise in dem *Porträt des Andrea Doria in der Gestalt Neptuns*, das Agnolo Bronzino um 1550 für Paolo Giovios Galerie berühmter Männer malte. In der Gleichsetzung mit Neptun soll zum Ausdruck gebracht werden, dass Andrea Doria auf Grund seiner Siege, die er als Admiral für Genua, für Franz I. von Frankreich und Karl V. errungen hat, als Herr der Meere bezeichnet werden kann und damit ein zweiter Neptun ist.

Medici-Zyklus

Bedeutende Beispiele für diese Auffassung der Fürstenapotheose lassen sich auch im Medici-Zyklus von Peter Paul Rubens finden. Maria de Medici war 1600 mit dem französischen König Heinrich IV. vermählt worden. Nach dessen Ermordung 1610 war ihr vom Parlament die Regentschaft übertragen worden, die sie für ihren unmündigen Sohn Ludwig XIII. führte. Die Galerie in dem seit 1615 errichteten Palais de Luxembourg in Paris stattete Rubens mit Gemälden aus, die

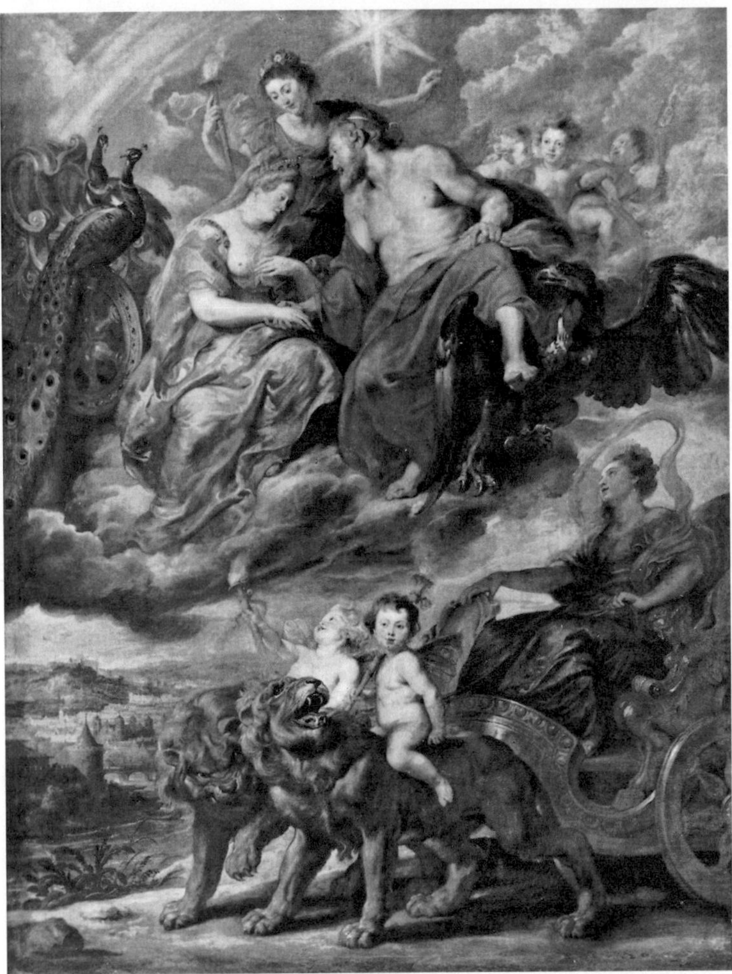

Abb. 32: Peter Paul Rubens, Begegnung in Lyon, Medici-Zyklus (1622–1625), Paris, Louvre

wichtige Stationen ihres Lebens verewigten. Mit dem Zyklus, den Rubens 1622–1625 schuf, wollte sich Maria de Medici, deren Verhältnis zu Ludwig XIII. mehr als gespannt war, vor der Mit- und Nachwelt rechtfertigen.

Das fünfte Bild der Folge stellt Heinrich IV. dar, wie er erstmals das Bildnis der Maria de Medici erblickt, das ihm von dem für Hochzeiten zuständigen Gott *Hymen* und von *Amor* präsentiert wird. Die Personifikation Frankreichs, durch die goldenen Lilien auf ihrem Gewand gekennzeichnet, steht hinter dem König und scheint ihm zuzuraten. Im Himmel erscheinen *Jupiter*, der höchste der Götter, olympisches Vorbild aller Regenten, und *Juno*, von der Antike als Beschützerin der Ehe verehrt. Die erste Begegnung des königlichen Paares, die in Lyon stattfand, wird auf dem achten Bild (Abb. 32) dargestellt. Hier werden

Maria de Medici und Heinrich IV. mit *Juno* und *Jupiter* identifiziert. Es ist eine Götterehe, die unter dem Schutz des *Hymen* geschlossen wird. Unten sieht man einen von zwei Löwen gezogenen Wagen, auf dem die Personifikation der Stadt Lyon sitzt und zum Herrscherpaar emporblickt. Die Amoretten, die auf den Löwen reiten, erinnern an das Emblem *Potentissimus affectus Amor* des Andrea Alciati, das die Macht der Liebe verherrlicht.

Der Zyklus von Rubens war wegweisend für eine Bildrhetorik, in der historische Persönlichkeiten auf einer Ebene mit Göttern und Personifikationen dargestellt werden und unmittelbar mit diesen agieren, womit die herausragende und überzeitliche Bedeutung des Geschehens und der Akteure herausgestellt werden sollte.

Moralische Mythendeutung

Die Überzeugung, dass sich in den Mythen philosophische Wahrheiten verbergen, die den Menschen, sein Leben und seine Verhaltensweisen, also das Moralische oder Ethische betreffen, ist unmittelbar mit den Anfängen der Allegorese (s. S. 144) zu verbinden. Vor allem die Stoiker haben sich dieser Form der Rettung des Mythos angenommen, später auch die Neoplatoniker. Die allegorisch-moralische Rezeption wurde in der Spätantike auch dadurch gefördert, dass vielfach Personifikationen Götterrang erhalten hatten: So *Victoria, Fortuna* oder *Fama*. Im frühen Christentum konnte sich die Mythenallegorese bald durchsetzen, trotz des anfänglichen Widerstandes der Kirchenväter, die befürchteten, dass damit die Vorstellungswelt der heidnischen Religion wieder annehmbar gemacht werde. Theodulf von Orléans (750–821), der zum Hofe Karls d. Gr. gehörte, schrieb über den Nutzen antiker Autoren in einem Gedicht: *In quorum dictis quamquam sint frivola multa,/ Plurima sub falso tegmine vera latent* (Obwohl in ihren Äußerungen viel Wertloses ist, verbirgt sich sehr viel Wahres unter dem täuschenden Schleier) (PL 105, 331D). Mit der Allegorese konnte dieser Schleier gelüftet und das darunter verborgene Wahre verständlich gemacht werden.

Fulgentius

Das wohl am meisten gelesene spätantike Sammelwerk, das allegorische Auslegungen tradierte, sind die *Mythologiarum libri tres* des Fabius Planciades Fulgentius (um 500 n. Chr.), der im Mittelalter fälschlicherweise mit dem gleichnamigen Bischof von Raspe identifiziert wurde. Das Anliegen des Fulgentius ist es, die «philosophische» Wahrheit der *fabulae* herauszustellen, wobei er auch auf die euhemeristische und physische Interpretation zurückgreift. Dabei ist für ihn die Etymologie – wie auch für Isidor und andere spätantike und mittelalterliche Autoren – ein wichtiges Instrument der Argumentation.

Über *Minerva* liest man bei Fulgentius, dass sie die *vita theoretica* und die *sapientia* (Weisheit) bedeute, weil man sagt, dass sie dem Kopf Jupiters entsprungen, mithin aus dem Sitz der göttlichen Weisheit hervorgegangen sei. Weiter heißt es dort, dass *Minerva* das Gorgonenhaupt als Bild des Schreckens auf der Brust trägt, weil der Weise das, was seinen Gegnern Schrecken bereitet, in der Brust bewahrt. Sie wird mit Helm dargestellt, weil der Geist Schmuck und Schutz des Weisen ist. Sie trägt eine Lanze, weil die Weisheit mit Worten den Gegner durchbohrt. Sie heißt bei den Griechen *Athena Parthenos*, was Fulgentius mit «unsterbliche Jungfrau» übersetzt, weil die Weisheit weder korrumpiert werden kann noch sterben wird.

Minerva

Die Ausdeutungen des Fulgentius nehmen, indem sie Detail für Detail vorgehen, die Konzeption der Personifikationen, die wir später bei Ripa (s. S. 151 f.) finden, vorweg. Fulgentius ist keineswegs ein origineller Autor. Er hat vielmehr seine Deutungen aus anderen, damals kursierenden Schriften zusammengesucht. Damit kann er aber doch als ein repräsentativer Zeuge für die spätantike Mythenallegorese gelten. Sie ermöglichte es, die alten Götter gleichsam als Personifikationen für bestimmte Bereiche, Vorstellungen einzusetzen: *Minerva* als Personifikation der *Sapientia* oder *Merkur* als Personifikation der Rhetorik. Die Geschichte vom Urteil des Paris ist allegorisch zu verstehen als Entscheidung zwischen den Lebensformen der *vita contemplativa*, die *Minerva* repräsentiert, der *vita activa*, die mit *Juno* gemeint ist, und der *vita voluptaria*, für die *Venus* steht.

Urteil des Paris

Das wichtigste Objekt mythologischer Allegorese waren die *Metamorphosen* des Ovid, die im Mittelalter zum festen Kanon der Schullektüre gehörten. Vom 12. Jh. an entstanden zahlreiche Kommentare, die sich mit ihren Auslegungen gegenseitig zu überbieten suchten. Die wichtigsten frühen Kommentare sind die *Allegoriae super Ovidii Metamorphosin* des Arnulf von Orléans (12. Jh.) und die *Integumenta Ovidiae et Allegoriae super Metamorphoses* des Johannes von Garland (13. Jh.). Das umfangreichste Werk ist der *Ovide moralisé*, ein zu Beginn des 14. Jh. von einem unbekannten Autor verfasstes Werk, das die Mythen nacherzählt und in weit ausholenden Kommentaren nach den verschiedenen Bedeutungstraditionen auslegt. Besonders einflussreich war der *Ovidius moralizatus* des Petrus Berchorius (Pierre Bersuire), der gegen 1350 als letzter Band einer enzyklopädisch angelegten allegorischen Auslegung der Welt entstand. Berchorius' Werk ist ein Beispiel dafür, wie unterschiedlich und sogar in sich widersprüchlich die Geschichten Ovids ausgelegt werden konnten. Für den Mythos von Apoll und Daphne bietet er beispielsweise drei Deutungen an, die jeweils auf verschiedene Phasen des Geschehens fokussiert sind.

Metamorphosen/ Ovid-Allegorese

Apoll und Daphne

Phoebus Apollon, der zuvor die Pythonschlange erlegt hatte und sich damit Amor gegenüber brüstete, steht für die Ruhmsucht des Menschen und Daphne für den Ruhm, der gerade vor denen flieht, die ihm am ehrgeizigsten nachfolgen. Diese Deutung ergibt sich aus ihrer Verfolgung durch Apoll. Der kann aber auch als Metapher des Teufels verstanden werden, der die arme Seele Daphne verfolgt, die sich dann ins Kloster flüchtet, um ihre Unberührtheit zu retten, was mit der Verwandlung in den Lorbeerbaum angedeutet werden soll. Schließlich kann Apoll, der den Lorbeerbaum liebevoll umarmt, mit Christus, der Sonne der Gerechtigkeit, gleichgesetzt werden, der das Kreuz umfängt, um uns Erlösung zu bringen. Diese Deutung stützt sich auf die Behauptung von Plinius d. Ä., dass der Lorbeer als einziger von allen Bäumen niemals von Blitzen getroffen werde; damit war er vergleichbar mit dem Kreuz Christi, das Schutz vor dem Zorn Gottes verhieß.

Ovids Metamorphosen waren, gerade weil sie auf vielfältigste Weise ausgedeutet werden konnten, ein unerschöpfliches Kompendium der antiken Mythologie, das auch als profane Bibel der Maler bezeichnet wurde. Mit der Erfindung des Buchdrucks und der Druckgraphik wurde die Breitenwirkung noch verstärkt. 1484 erschien in Brügge eine illustrierte Ausgabe einer Bearbeitung des *Ovidius moralizatus* von Berchorius. Die erste illustrierte Ausgabe in Italien, *Ovidio Methamorphoseos vulgare* von Giovanni Bonsignori, erschien 1497 in Venedig. Dem folgten zahllose weitere Ausgaben in allen europäischen Sprachen. Bis in das 17. Jh. hinein waren zahlreiche lateinische und volkssprachliche Ausgaben von Zitaten aus den mittelalterlichen Kommentaren begleitet.

Mythologische Darstellungen in der Frührenaissance

Aus der Betrachtung der drei Deutungstraditionen und der Ovid-Allegorese ist zu folgern, dass es in der Rezeption der Mythologie keine feste Gleichsetzung von Figur und Bedeutung gab. Mythologie wurde als Material begriffen, mit dem ständig neu Bedeutung generiert werden konnte. Die Deutungen mögen uns heute abstrus erscheinen und die Altphilologie hat sie verächtlich zur Seite geschoben. Die Kunstwissenschaft aber kann sie nicht ignorieren. Die Vermutung, dass mit der neuen Hinwendung zur Antike in der Renaissance auch eine Wiederbelebung des ursprünglichen Mythenverständnisses erfolgt sei, ist ein Irrtum. Zwar hat man im 15. Jh. mit großem Erfolg begonnen, nach authentischen antiken Texten zu suchen, und diese ediert. Homers Werke wurden erstmals 1488 in Florenz auf Griechisch gedruckt, Hesiods *Theogonie* erschien erstmals in Mailand 1491. Zunehmend kamen auch neue Übersetzungen auf den Markt, die zwar oft freie Bearbeitungen waren, aber doch zur Verbreitung der Kenntnisse beitrugen. Doch für die Mythologierezeption ist festzuhalten, dass die große Masse der jetzt im Druck erscheinenden Werke nicht die originalen Texte waren, sondern die nachantiken Handbücher und Bearbeitungen. Eine der wichtigsten mythologischen Informationsquellen der Renaissance waren die *Genealogiae deorum gentilium libri* des Giovanni Boccaccio, die seit 1472 in zahllosen Ausgaben und Übersetzungen verbreitet waren. Boccaccio hat mit seinem Werk, in dem er von antiken und nachantiken Quellen verarbeitet hat, was ihm nur erreichbar war, dafür gesorgt, dass die traditionellen Wege der Mythenallegorese auch in der Renaissance weiter begangen wurden. Bis weit in das 16. Jh. hinein hat man sich mit dem durch das Mittelalter tradierten mythologischen Wissen zufrieden gegeben. Bei einem Thema wie dem Urteil des Paris, das vor und nach 1500 überaus beliebt gewesen ist, darf man davon ausgehen, dass die Deutung des Fulgentius nach wie vor akzeptiert wurde, der darin ja ein mahnendes Exempel für die Entscheidung zwischen aktivem, kontemplativem oder triebhaftem Leben gesehen hat. In diesem Sinne verstanden war es ein passendes Thema für einen *desco da parto* (Geburtsteller), ein Geschenk zur Geburt eines Kindes, wie der um 1450 entstandene Teller im Florentiner Bargello zeigt, oder für den Titelholzschnitt des Traktates *Von der Priester Ehestand* des Reformators Johannes Kymeus (1533), der in der Werkstatt von Lucas Cranach d. Ä. entstand. Auch die anderen von Cranach geschaffenen Fassungen des Themas sind in diesem traditionellen Sinne zu deuten. Davon abzusetzen ist ein Kupferstich des Parisurteils, den Marcantonio Raimondi um 1517 nach einer Zeichnung Raffaels gestochen hat, denn die Bewertung des Urteils des Paris ist hier offenbar nicht negativ konnotiert. Darauf deutet die Einfügung der *Victoria* wie auch das Faktum, dass die olympischen Götter das Geschehen beobachten. Hier ist die weltschaffende und -lenkende Kraft der Liebesgöttin zu assoziieren, von der schon Hesiod berichtet, die die neuplatonischen Philosophen Marsilio Ficino und Pico della Mirandola wiederentdeckt hatten und die Baldassare Castiglione am Schluss des *Libro del Cortigiano* (1528) feierte. Dieser Auffassungswandel wird begleitet von einem neuen Figurenstil, der sich dezidiert an antiken Vorbildern orientiert.

Boccaccio

Diese Hinwendung zur Antike hatte sich bereits in der zweiten Hälfte des 15. Jh.s abgezeichnet. Während in den mythologischen Bildern der Frührenaissance, wie man sie auf zahlreichen *Cassoni* (Hochzeitstruhen) oder dem erwähnten Geburtsteller findet, die Götter in Gewändern dargestellt werden, die der Mode der Zeit entsprechen, sucht die Hochrenaissance ihre Vorstellungen von der Mythologie mit dem Wissen von der antiken Kunst zu verbinden, in der die Nacktheit ein Kennzeichen der Götter war. Dies geschah gleichzeitig mit der Entstehung des großformatigen, selbstständigen mythologischen Bildes.

Entstehung des selbstständigen mythologischen Bildes

Die bedeutendsten Beispiele für diesen Prozess finden wir im Werk von Sandro Botticelli (1444/45–1510).

Mars und Venus

Um 1483 schuf Botticelli die Darstellung von *Mars und Venus*. Die in ein weißes Gewand gekleidete Liebesgöttin lagert, auf ein rotes Kissen gestützt, am Boden und blickt auf Mars, der fast nackt und mit zurückgesunkenem Kopf vor ihr liegt und schläft, während vier bocksbeinige Putten mit seinen Waffen spielen. Es ist zu vermuten, dass das Bild, dessen Provenienz unbekannt ist, ursprünglich Teil einer Wandverkleidung oder eines Prunkbettes war. Die Bienen, die rechts oben zu sehen sind, könnten auf die Florentiner Familie der Vespucci verweisen. Möglicherweise entstand das Bild aus Anlass einer Hochzeit in dieser Familie. Das Liebesverhältnis von Mars und Venus wird schon von Homer und Hesiod erwähnt. Thema Botticellis war jedoch nicht die *fabula* von diesem Ehebruch und seiner Entdeckung durch Vulkan, den Ehemann der Venus, sondern die in diesen beiden Göttern verkörperten Prinzipien, also ihre moralische Ausdeutung, die schon durch Lucrez (*De rerum natura*, I, 31–37) vorgegeben war: die Macht der Liebe, die den Kriegsgott zu besänftigen und seinem Wüten ein Ende zu setzen vermag. Eine vergleichbare Aussage würde sich aus einer astrologischen Deutung ergeben, wie sie Marsilio Ficino in seinem Kommentar zu Platons *Symposium* vorschlug, nach der der Planet Venus die negativen Einflüsse des Mars beherrschen und beruhigen kann, Mars aber nie über Venus herrschen kann.

Geburt der Venus

Botticelli zeigt in diesem Gemälde nur Ansätze seiner Antikenrezeption. Deutlicher ist diese in seinen beiden mythologischen Hauptwerken, in der so genannten *Geburt der Venus* und in der *Primavera*. Die Figur der Venus im ersten, um 1480 zu datierenden Gemälde geht zurück auf den antiken Typus der *Venus pudica*, die Brust und Scham mit den Händen bedeckt. Die beiden Gemälde sind zugleich Exempel dafür, wie schwierig die Interpretation von Gemälden aus dieser Zeit ist, wenn keine spezifische Textvorlage nachgewiesen werden kann, auf den sich die Bilderfindung stützte. Die *Geburt der Venus*, die eigentlich eine Darstellung der Ankunft der Liebesgöttin auf Zypern ist, ist als Verbildlichung der keuschen *Himmlischen Liebe*, aber auch als erotisches Gemälde gedeutet worden, weil seine Pflanzensymbolik, zum Beispiel die Rohrkolben unten links, auf die Fruchtbarkeit verweist.

Primavera

Bei der bald nach 1482 entstandenen *Primavera* ist schon der tradierte Titel verwirrend, denn die Hauptfigur, über der der bogenschießende Amor schwebt, ist *Venus*. Links von ihr tanzen die drei Grazien und *Merkur* vertreibt mit seinem *Caducaeus*, der ihn als Friedensstifter ausweist, die Nebel. Die Gruppe rechts konnte als Verbildlichung einer Metamorphose identifiziert werden. Ovid schildert in den *Fasten* (5,193–214), wie *Zephyr*, der warme Frühlingswind, die

Nymphe *Chloris* verfolgt, die sich unter seinem Zugriff in *Flora*, die Göttin der Blumen, verwandelt. Mit *Primavera* ist nicht eine einzelne Figur, sondern das Thema des Bildes gemeint. Auch wenn die Benennung der Bildfiguren geklärt sein dürfte, ist die Deutung bis heute strittig. Gombrich und Wind haben die beiden Venus-Bilder als Pendants aufgefasst und sie im neoplatonischen Sinne als Darstellung der himmlischen und irdischen Liebe interpretiert. Da heute feststeht, dass die Bilder nicht als Paar konzipiert wurden, ist dieser Interpretation ein entscheidendes Argument genommen worden. Der Interpretation im Rahmen der physischen Deutungstradition, wie Dempsey sie vorlegte, hat Bredekamp eine politische Deutung entgegengestellt. Die Lektüre der verschiedenen Interpretationen ist höchst lehrreich im Hinblick auf die kunstgeschichtlichen Deutungsstrategien und die Argumentationsschritte der Bildinterpretation.

Deutungsstrategien und Argumentationsschritte

1. *Bestandssicherung*: gründliche Untersuchung des Werkbestandes, Frage nach möglichen Veränderungen.
2. *Werkgeschichte*: Fragen nach Auftraggeber und ursprünglichem Bestimmungsort; spätere Schicksale des Werkes (Provenienz).
3. *Werkanalyse*: genaues Erfassen des Werkes in allen Details; Benennung der Figuren und Bildgegenstände; gegebenenfalls Bestimmung der Bildhandlung; Analyse der Komposition und der darin gesetzten Akzente.
4. *Werkgenese*: Frage nach dem Entstehungsprozess; Untersuchung von Skizzen und anderen der Werkvorbereitung dienenden Arbeiten; Frage nach möglichen Modifikationen der Auffassung des Themas im Werkprozess.
5. *Quellen des Werkes*: Suche nach Texten, auf die die Darstellung zurückgeführt werden könnte, nach Zeugnissen für die Deutungstradition der Handlung oder einzelner Bildelemente; Einordnung in Typengeschichte, Bild- und Motivtraditionen.
6. *Werkkontext*: Frage nach den topographischen, gesellschaftlichen und historischen Zusammenhängen, aus denen das Werk stammt.
7. *Rezeptionsgeschichte*: Suche nach Zeugnissen für die Auffassung des Werkes zu verschiedenen Zeiten, die möglicherweise Aufschluss über aktuell nicht mehr ohne weiteres verständliche Aspekte des Werkes geben können; dabei muss aber auch die Möglichkeit des Missverstehens bedacht werden.
8. *Kritik der Deutungen:* Jede Deutung ist von den Fragestellungen abhängig, die explizit oder implizit am Anfang stehen. Eine Kritik der Fragestellungen kann die Zielrichtung der jeweiligen Deutung

erhellen. Ein Nebeneinander divergenter Fragestellungen ist möglich. Konkurrierende Deutungen sind mit dem Kriterium der Widerspruchsfreiheit und maximalen Übereinstimmung der Einzelargumente zu überprüfen.

Handbücher der Mythologie in der Frühen Neuzeit

Die Deutung der Bilder Botticellis und anderer mythologischer Darstellungen der Zeit um 1500 ist nicht zuletzt deshalb so schwierig, weil das mythologische Wissen in einer kaum überschaubaren Vielfalt von Texten und in oft widersprüchlichen Deutungen vorlag. Diese Situation änderte sich um die Mitte des 16. Jh.s mit dem Erscheinen von drei großen Handbüchern, die das Wissen von der Mythologie zusammenfassten und den Wildwuchs der Allegorese zu beschneiden suchten.

1548 erschien in Basel das Werk *De deis gentium varia et multiplex historia* des italienischen Humanisten Giglio Gregorio Giraldi (1479–1552), der auf der Grundlage authentischer Texte vor allem die Götter, ihre Namen und Kultorte beschreibt, ihre Mythen aber eher am Rande behandelt, so dass sein Werk eher für Philologen als für Künstler von Interesse war. Natale Conti, über dessen Leben man kaum etwas weiß, hat in seinen *Mythologiae sive explicatione fabularum libri decem*, die erstmals 1567 in Venedig erschienen, die Mythen und ihre Deutung in den Mittelpunkt gestellt, wobei er sich möglichst an die antiken Erklärer anschließt, im Grunde aber doch die drei großen Deutungstraditionen fortschreibt. Contis Werk stand in hohem Ansehen und ist vielfach wieder aufgelegt worden. Den größten Erfolg allerdings hatte das dritte Werk, nicht zuletzt deshalb, weil es in der Volkssprache geschrieben wurde: *Le imagini de i dei de gli antichi* des Vincenzo Cartari, 1556 in Venedig publiziert. Die Philologen haben von diesem Werk wenig gehalten, weil es nur die bekannten Deutungen zusammenfasst und dabei immer wieder auch auf die mittelalterliche Allegorese, insbesondere auf Boccaccio zurückgreift. Doch mit seiner klaren Gliederung und – erstmals in der Ausgabe Bologna 1571 – mit seinen Illustrationen war es für Künstler wie Kunstfreunde ein ideales Handbuch, das viel benutzt wurde, wie die zahlreichen Neuauflagen und Übersetzungen zeigen. Eine deutsche Bearbeitung veröffentlichte Joachim von Sandrart 1680 in Nürnberg unter dem Titel *Iconologia Deorum, oder Abbildung der Götter, welche von den Alten verehret worden.*

Giraldi *Conti* *Cartari*

Die Traditionen allegorischer Mythendeutung wurden mit diesen drei Werken geordnet, aber nicht verlassen. Wie lebendig diese Traditionen auch zu Beginn des 17. Jh.s noch waren, kann die Schrift von Francis Bacon *De sapientia veterum*, London 1609, belegen. Auch Bacon, einer der bedeutenden Neuerer der Philosophie, bewegt sich hier ganz in den Bahnen der Mythenallegorese. Um die Mitte des Jahrhunderts zeichnete sich eine Wende in der Erforschung der Mythologie ab. Es bildet sich eine vergleichende Mythologie heraus, die die Mythen der Ägypter, Griechen und Römer mit der Überlieferung der Bibel in Verbindung zu setzen sucht. Nachdem Gerhard Johann Voß (*De theologia gentili*, 1641) das gewaltige Material gesammelt hatte, versuchte Athanasius Kircher auch indianische Vorstellungen einzubeziehen, freilich auf eine ganz spekulative Weise. Der Mythenvergleich führte zu einer neuen Stärkung des Euhemerismus. Diese historische Mythendeutung, die sich selbst als rationalistisch verstand, fand ihren Gipfelpunkt im Werk des Abbé Antoine Banier: *Explication historique des fables* (Den Haag 1713–14), das auch ins Deutsche übersetzt wurde. Der Kunst hat diese Entwicklung der «wissenschaftlichen» Mythenforschung kaum Impulse gegeben. Hier blieben die alten Deutungstraditionen bis in die Aufklärung hinein lebendig. Alle zu seiner Zeit kursierenden Deutungsmöglichkeiten fasst das *Gründliche Lexikon Mythologicum* des Benjamin Hederich zusammen, das erstmals 1724 in Leipzig erschien und dann mehrfach und erweitert wieder aufgelegt wurde. Für den Interpreten mythologischer Darstellungen der Frühen Neuzeit ist dies die aufschlussreichste erste Informationsquelle.

Bacon

Hederich

Emanzipation des mythologischen Bildes in Renaissance und Barock

Bei aller Vorherrschaft der allegorischen Mythendeutung gibt es seit der Hochrenaissance in wachsender Zahl Beispiele dafür, dass mythologische Gestalten um ihrer selbst willen dargestellt werden. Diese Absage an die Deutungstraditionen war von großer Bedeutung auf dem langen Weg der Kunst zu ihrer Autonomie. Dieser Auffassungswandel lässt sich an der Entwicklung des Venusbildes aufzeigen. Auch wenn man sich über die Interpretation der Venusbilder Botticellis streitet, ist man sich doch einig, dass sie allegorisch aufzufassen sind. Das ist bei dem Gemälde der liegenden Venus von Giorgione (um 1508–10) und den zahlreichen Venusdarstellungen Tizians eher unwahrscheinlich. Venus wird in diesen Werken als Göttin der Liebe vorgestellt, sie repräsentiert die Macht der Erotik und es dürfte schwerfallen, sie darüber hinaus in irgendeiner Weise moralisierend zu deuten. Das

Venus

wird vor allem in Tizians *Venus von Urbino* evident, die 1538 wohl für Guidobaldo della Rovere, den späteren Herzog von Urbino, gemalt wurde, in der das mythische Thema durch die dargestellten Räumlichkeiten und Beifiguren aus dem antiken Kontext herausgehoben wird und der Akzent ganz auf der Darstellung des weiblichen Aktes liegt.

Wie sehr die Zeit von der erotischen Seite des Mythos fasziniert war, bezeugen Bilder, die Correggio für Francesco Gonzaga in Mantua schuf. *Danae* Die Darstellung der *Danae*, die Jupiter in Form eines goldenen Regens empfängt, ist wohl kaum noch, wie im Mittelalter üblich, als Allegorie der Bestechlichkeit des Menschen zu deuten. Correggios Zyklus erhielt in den Quellen den Titel *Amori di Giove*. Unter dem gleichen Titel wurden verschiedene Kupferstichserien geführt, darunter eine von Giulio Romano entworfene, die schlicht pornographischen Charakter haben.

Die Frage, ob mythologische Bilder auch eine übertragene allegorische Bedeutung haben, ist nicht immer leicht zu entscheiden. Zu dem *Ganymed* erwähnten Zyklus von Correggio gehören auch die Darstellungen der Io, der Jupiter in Gestalt einer Wolke beiwohnt, und des Ganymed, der vom Adler Jupiters entführt wird (beide um 1530/31). Die literarische Quelle für das Bild der Io waren Ovids *Metamorphosen* (I, 588–600). Rechts unten im Bild ist der Kopf eines Hirschs zu sehen, der aus dem Wasser zu Füßen der Nymphe trinkt. Es ist versucht worden, ihn – und damit das ganze Bild – unter Hinweis auf Psalm 42,1 als Symbol der Gottessehnsucht zu verstehen. Dagegen spricht aber die eindeutig erotische Sprache der Darstellung. Überdies galt der Hirsch, der in der Antike Amor zugeordnet war, auch als Symbol der Liebe. Das Bild des Ganymed verstand man in der Antike als mythische Rechtfertigung der Päderastie. Es wurde dann aber in der römischen Antike als Symbol der Erhebung der menschlichen Seele über das Irdische gedeutet. In Dantes *Divina Commedia* wie im *Ovide moralisé* ist Ganymed Präfiguration des Johannes. In der Emblematik wird in Ganymed ein Bild der Freude in Gott und des Strebens nach Ewigem gesehen. In diesem Sinne wird auch die Zeichnung des Ganymed, die Michelangelo um 1532 für Tommaso Cavalieri schuf, gedeutet, obwohl hier auch eine homoerotische Bedeutung nicht auszuschließen ist. Trotz der zahlreichen Belege für die moralische Allegorese des Themas wird man sie auf Correggios Bild nicht anwenden dürfen, weil der Kontext des Zyklus der *Amori di Giove* dagegen spricht.

Ein bezeichnendes Beispiel für die Problematik allegorischer Mythendeutung im Barock bietet Gianlorenzo Berninis Skulptur *Apoll und Daphne* (1622–25). *Apoll und Daphne* Von der Verwandlung der von Apoll verfolgten Daphne in einen Lorbeerbaum berichtet Ovid in seinen *Metamor-*

phosen (I, 452–567). Als Berninis Gruppe aufgestellt wurde, erhielt sie einen Sockel mit der Inschrift, die wohl von Maffeo Barberini, dem späteren Papst Urban VIII., verfasst wurde: *Quisquis amans sequitur fugitivae gaudia formae/fronde manus implet baccas seu carpit amaras* (Wer liebend dem Vergnügen flüchtiger Formen folgt, füllt die Hände mit Laubwerk oder pflückt bittere Früchte). Damit wurde das Werk in die Tradition moralisierender Mythendeutung gestellt (s. S. 188). Wenn man die Figurengruppe betrachtet, hat man allen Grund, sich zu fragen, ob dieser Vers nicht eine nachgeschobene Allegorese ist, mit der das sinnliche Bildwerk im Kardinalshaushalt gerechtfertigt werden sollte.

Mythologie in der Tradition der Herrscherikonographie

In der politischen Ikonographie bildeten sich seit dem Mittelalter eigene Traditionsstränge mythologischer Themen heraus, die in der barocken Profandekoration kulminieren sollten. Im Mittelpunkt standen dabei die Figuren des Herkules und des Apoll.

Florenz hatte den Brauch eingeführt, auf Kosten der Kommune Löwen zu halten. Mit diesem Tiersymbol, das als *Marzocco* Stadtwappen wurde, sollten Stärke und Selbstbewusstsein der Stadt versinnbildlicht werden. Später tritt die Figur des Herkules daneben, die erstmals 1277 im Stadtsiegel auftaucht. Der mythische Löwenbezwinger, der von den Mythographen als Inbegriff der *virtus* gefeiert worden war, wurde offenbar als Steigerung des Löwensymbols der Stadt angesehen. In dieser Bedeutung erscheint der Heros auch um 1400 in der Dekoration der *Porta della Mandorla* des Florentiner Doms. Wenig später haben dann die Medici Herkules für sich in Anspruch genommen. 1460 wurde der Hauptsaal des neu errichteten Palazzo Medici im Auftrage von Piero di Cosimo de' Medici (auch Piero il Gottoso genannt) mit drei Bildern ausgestattet, die bei Antonio und Piero Pollaiuolo in Auftrag gegeben wurden. Sie stellten drei Taten des Herkules dar, nämlich die Siege über Antäus, die Hydra und den Nemeischen Löwen. Schon in der Antike waren die Taten des Herkules als mythische Bilder politischer Erfolge eingesetzt worden. Verschiedene Herrscherhäuser, darunter auch die Habsburger, haben Herkules als ihren Stammvater ausgegeben. So konnte sich Maximilian I. um 1500 als Herkules Germanicus feiern lassen. Cosimo I. de' Medici, der seit 1537 in der Toskana herrschte und 1569 zum Großherzog aufstieg, ließ das Bild des Herkules auf den Revers von Münzen setzen, die auf der Vorderseite sein eigenes Bildnis zeigten. Von Vincenzo de' Rossi ließ er einen Skulpturenzyklus der Herkulestaten anfertigen, der für den *Salo-*

Herkules

ne dei Cinquecento im *Palazzo Vecchio* bestimmt war, dessen von der Werkstatt Vasaris angefertigte Wand- und Deckenbilder die Taten Cosimos feierten. Entsprechend sollte auch in der Münchner Residenz Maximilians I. der Teppichzyklus mit den Taten des Herkules als Anspielung auf den Fürsten verstanden werden, was dadurch unterstrichen wurde, dass die Teppiche in Weiß und Blau, den Landesfarben Bayerns, gehalten waren. In der politischen Ikonographie des Absolutismus ist die Gestalt des Herkules als Inbegriff herrscherlicher Tugenden omnipräsent. Ein signifikantes Beispiel ist die nach dem *Herkules Farnese* kopierte monumentale Figur, die Landgraf Karl von Hessen-Kassel 1717 in Kassel-Wilhelmshöhe errichten ließ.

Herkules am Scheidewege

Eine eigene Rolle spielt in dieser Tradition der Bildtypus des *Herkules am Scheidewege*. Er geht zurück auf einen Text, den der Philosoph Prodikos verfasst haben soll und den Xenophon in seinen *Memorabilien* (II,1,21) überliefert. Der junge Herkules, unschlüssig über seinen Lebensweg, geht in die Einsamkeit. Als er an eine Weggabelung kommt, begegnen ihm zwei Frauen, die zwei gegensätzliche Lebenswege verkörpern, den bequemen und lustvollen Weg der *Voluptas* und den steilen und mühseligen Weg der *Virtus*, der zur wahren Glückseligkeit führt, während der Weg der *Voluptas* in einem elenden Alter endet. Obwohl die Geschichte auf verschiedenen Wegen überliefert wurde, bildete sich erst in der spätmittelalterlichen Kunst eine eigene Bildtradition heraus, die Erwin Panofsky nachgezeichnet hat. Nach vereinzelten Beispielen aus der Zeit vor 1500 verbreitete sich der Bildtypus rasch und wurde auch bald politisch eingesetzt, wie ein Holzschnitt von Hans Burgkmair von 1511 belegt, der Erzherzog Karl (den späteren Kaiser) zwischen *Virtus* und *Voluptas* zeigt. Der Kupferstich von Johann Sadeler nach Friedrich Sustris (Abb. 33) ist vermutlich zur Übernahme der Mitregentschaft durch Maximilian I. von Bayern am 1. Januar 1595 geschaffen worden. In beiden Drucken wird der Herrscher als jemand gefeiert, der den rechten Weg der Tugend gewählt hat.

Für den «klassischen» Bildtypus ist auf das Gemälde hinzuweisen, das Annibale Carracci 1596 für den Palazzo Farnese in Rom geschaffen hat. Das Grundmotiv der Wahl des Herkules war so bekannt, dass auch Variationen leicht verständlich waren, wie das Deckenbild von Pietro da Cortona in der *Sala di Venere* des Palazzo Pitti in Florenz (1641–47) zeigt, wo die mit *Virtus* zu identifizierende Minerva den jungen Fürsten aus dem Bett der Venus, die natürlich für die *Voluptas* steht, fortreißt. Später wurde mit dem Typus auch gespielt, wenn etwa Joshua Reynolds den Schauspieler *David Garrick zwischen Komödie und Tragödie* darstellte (1762, England, Privatbesitz) oder Josef Anton Koch sich zwischen den Karikaturen von *Imitatio* und *Compositio* porträtierte (um 1790).

Apollon

Die zweite Schlüsselgestalt der politischen Ikonographie ist *Apollon*. Der Mythos bot verschiedene Anknüpfungspunkte, von denen Apolls

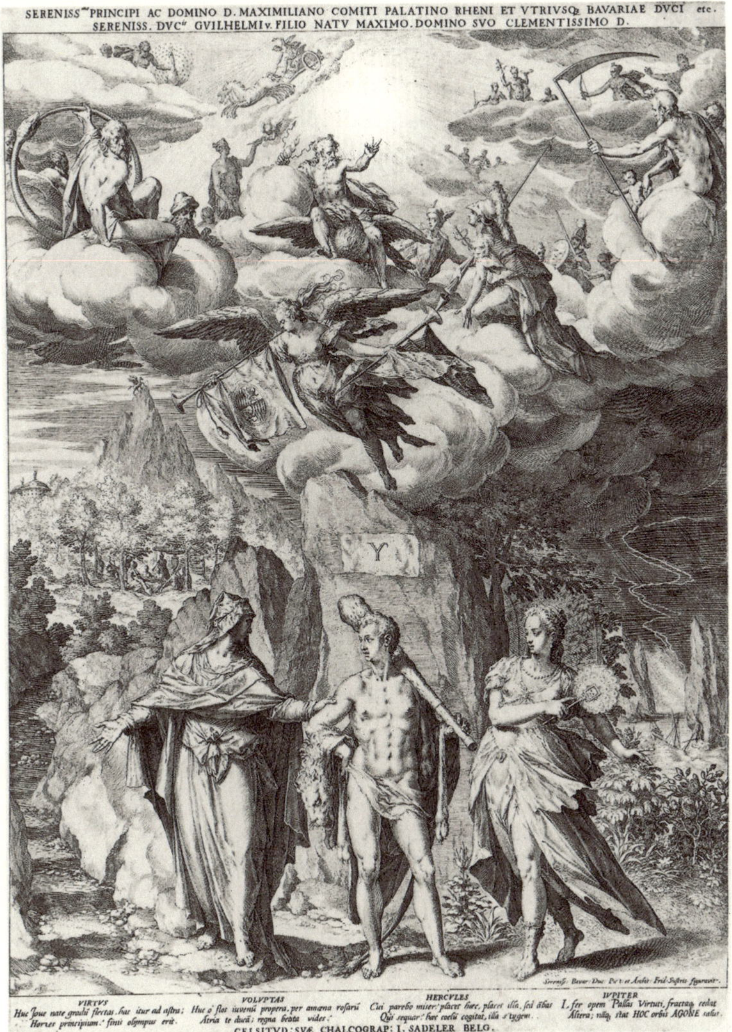

Abb. 33: Johann Sadeler nach Friedrich Sustris, Herkules am Scheidewege, Kupferstich (um 1595)

Sieg über die Pythonschlange und seine Gleichsetzung mit Sol, dem Lenker des Sonnenwagens, die wichtigsten waren. Spätrömische Cäsaren ließen sich als *Sol invictus* verehren. Die Verehrung Christi als «Sonne der Gerechtigkeit» (Mal 3,20) dürfte ein Grund dafür gewesen sein, dass die politische Sonnensymbolik im Mittelalter nur zögernd aufgegriffen wurde, und zwar im Umkreis von Friedrich II. Dante bezeichnete Heinrich VII. als *sol noster* (*Purgatorio* XVI,106). Auf dem *Großen Triumphwagen* von Dürer (1522) ist über dem Bal-

politische Sonnensymbolik

dachin Maximilians eine Sonne zu sehen mit dem Motto *Quod in celis sol, hoc in terra Caesar est.* In einer schon 1523 herausgebrachten anonymen Nachahmung des Triumphwagens wird Maximilian als Apoll dargestellt. Einen großen Aufschwung nahm die Sonnenikonographie am französischen Hof. Ludwig XIII. ließ sich auf einer Medaille und in Graphiken als «Pythischer Apoll» darstellen. Die politische Indienstnahme des Sonnengottes kulminierte dann unter Ludwig XIV., dessen *Lever*, das Zeremoniell seines morgendlichen Aufstehens, mit dem Sonnenaufgang gleichgesetzt wurde. Die Sonnensymbolik begegnet dem Besucher von Versailles in fast jedem der unter Ludwig XIV. vollendeten Repräsentationsräume. Der Jesuit Claude-François Menestrier hat ein Buch mit rund 130 auf Ludwig XIV. bezogenen Sonnenemblemen herausgebracht. Apoll wurde jedoch nicht nur in Frankreich in Anspruch genommen. In der Kaisertreppe des Stiftes Göttweig hat Paul Troger 1739 Karl VI. als Phoebus-Apollon dargestellt, der auf seinem Sonnenwagen durch den Zodiakus fährt, der gerade im Zeichen der Waage steht, was auf seine Gerechtigkeit hindeuten soll. Auch an den Höfen «kleinerer» Herrscher wie dem der Fürstbischöfe von Würzburg hat man sich des Vergleichs mit Apoll und der Sonnensymbolik bedient. Dieser anspruchsvollen, wenn nicht sogar anmaßenden Metaphorik wurde mit der Französischen Revolution ein Ende gesetzt.

Barocke Synthese: Das Fresko in der Galerie des Palazzo Medici-Riccardi in Florenz

Allegorie, Personifikation und Mythologie, die hier aus systematischen Gründen getrennt behandelt werden mussten, haben sich in der Ikonographie des Barock so weit angenähert, dass es oft unmöglich ist, eine Grenzlinie zu ziehen. Das von Luca Giordano (1634–1705) gemalte Deckenfresko in der Galerie des Palazzo Medici-Riccardi (Abb. 34) ist ein in verschiedener Hinsicht bezeichnendes Beispiel für die synthetische Ikonographie des Barock, das hier als Exempel für eine ikonographische Deutung etwas genauer behandelt werden soll. Giordano erhielt 1682 den Auftrag für dieses Werk, das er 1685 vollendete. Das Konzept oder Programm für das Fresko stammt von Alessandro Segni, dem Bibliothekar des toskanischen Großherzogs und Mentor des Auftraggebers Francesco Riccardi. Die «Arbeitsteilung» in Invention des Programmes und Bilderfindung war im Barock bei der Schaffung eines komplexen Kunstwerkes oder einer anspruchsvollen Raumausstattung eine Selbstverständlichkeit. Giordano hat die große Gewölbefläche nicht, wie es bis dahin die Regel war, mit Schein-

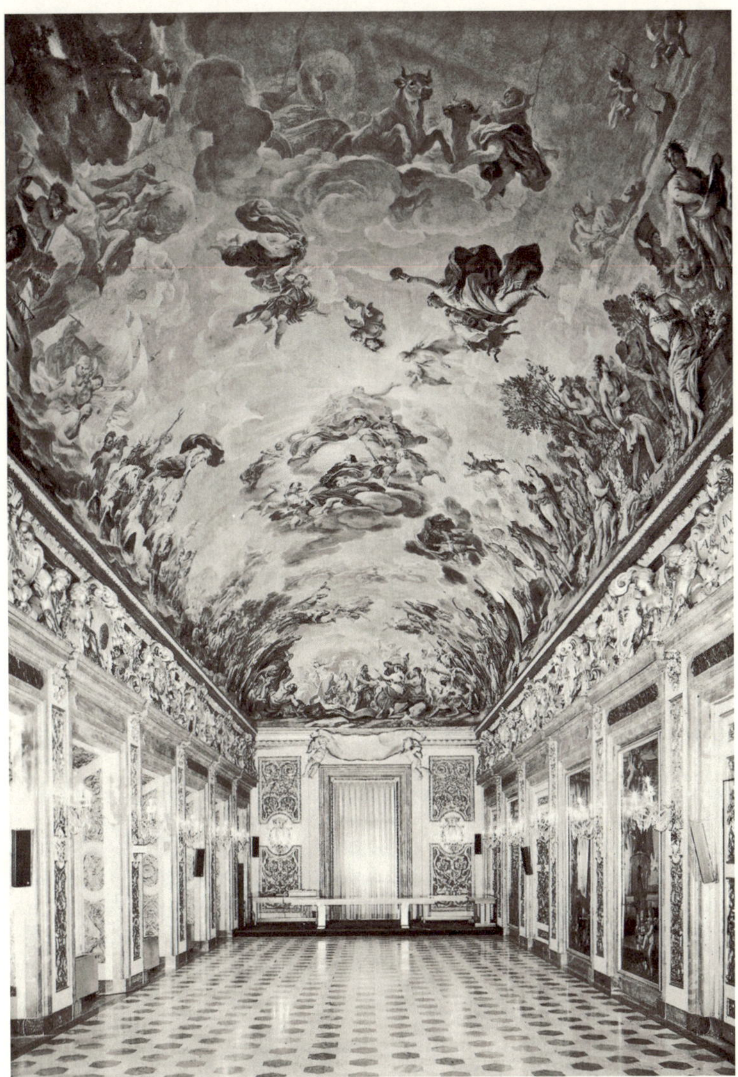

Abb. 34: Galerie im Palazzo Medici-Riccardi, Florenz, mit Deckenfresko von Luca Giordano (1682–1685)

architekturen unterteilt, sondern über einem ringsum laufenden Bodenstreifen eine zusammenhängende Bildwelt geschaffen. Vom Programm her sind drei Bereiche zu unterscheiden. In den Szenen über den Lang- und Schmalseiten wird mit mythologischen Figuren ein Bild der Welt gegeben. In den vier Ecken des Gewölbes unterbrechen Gruppen, in deren Mittelpunkt jeweils eine der Kardinaltugenden thront, die Sequenz der mythologischen Szenen. Im Gewölbescheitel sind unter anderem die Wagen von *Apollon/Sol* und *Diana/Luna* zu

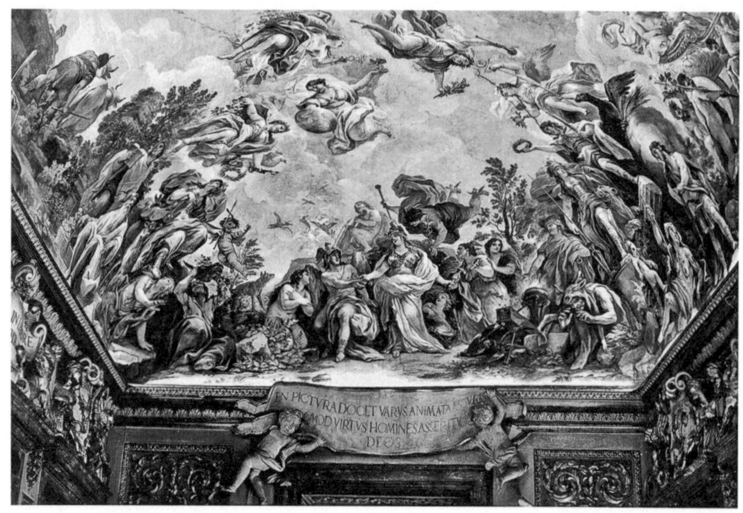

Abb. 35: Luca Giordano, Minerva zwischen Ingenium und Artificium, Deckenfresko der Galerie, Det. (1682–1685), Florenz, Palazzo Medici-Riccardi

entdecken. Im Zentrum thront *Jupiter* und um ihn herum sind insgesamt sechs Personen zu erkennen, die jeweils durch einen Stern über ihrem Haupt ausgezeichnet sind.

mythologisches Bild der Welt

Die Szene an der dem Eintretenden gegenüberliegenden Schmalseite wird als *Höhle der Ewigkeit* bezeichnet. Das ist ein Motiv, das bei Boccaccio wie bei Cartari ausführlich beschrieben wurde. Die Ewigkeit wird auch mit der Hieroglyphe der sich in den Schwanz beißenden Schlange angedeutet. In der Höhle sitzt ein geflügelter Alter mit Stundenglas: die Personifikation der Zeit. Vor der Höhle steht die verschleierte Personifikation der Ewigkeit, die der blinden, geflügelten *Fortuna* ein Szepter und der Personifikation der Natur eine Kugel reicht. Im Vordergrund sitzen die drei Parzen, die über das Leben der Menschen bestimmen. Sie erhalten von Janus, dem doppelgesichtigen Gott des Anfangs, die Wolle, aus der sie einen neuen Lebensfaden spinnen werden. Die ganze Szene ist eine Allegorie der Ewigkeit der Welt und des Ursprungs des Lebens. In dem darunter angebrachten Distichon heißt es: *Rectores orbis gens et primordia rerum/hos falso finxit, quos coluitque deos* (Das Heidenvolk hat die Lenker der Erde und den Ursprung der Dinge, die es als Götter verehrte, falsch ersonnen). Die Szene wird rechts von der Gruppe der *Justitia*, links von der der *Temperantia* begrenzt. Die Mitte der linken oder südlichen Langseite nimmt die Begegnung von *Neptun* und *Amphitrite* ein. Links davon sieht man den Triumph des *Bacchus*. Ihm steht auf der nördlichen Langseite die Darstellung des Ackerbaues gegenüber, für den *Triptolemos*, der mythische Erfinder des Pflügens, und *Ceres* stehen. Es folgt die Gruppe von *Flora* und *Zephyr.* In der Mitte der rechten Langseite ist als kontrastierende Entsprechung zur Neptungruppe *Plutos* Raub der *Proserpina* dargestellt. Den Abschluss dieser Gewölbeseite bildet die Darstellung der Unterwelt, zu deren «Personal» die an ihren Stäben erkennbaren Totenrichter *Minos*, *Aeacus* und *Rhadamanthus* gehören und die

Furien, die unter der Personifikation der Nacht zu sehen sind. In der Barke des *Charon* schwingt die Personifikation des Todes (nach dem lateinischen und italienischen Wortgeschlecht weiblich dargestellt) die Sense. Insgesamt wird an den Langseiten ein vielgestaltiges Bild der Welt gezeigt, in dem die Elemente, die Jahreszeiten (allerdings ohne den Winter), Leben und Tod anschaulich gemacht werden. Wie zwischen den beiden Langseiten Korrespondenzen erkennbar sind, so auch zwischen den Schmalseiten. Im Mittelpunkt der Szene über der Eingangsseite (Abb. 35) steht Minerva, zwischen den Personifikationen des *Artificium* (Handwerk) und der *Industria* (Fleiß) und der Personifikation des *Ingenium*. *Minerva* ist hier als Personifikation der *Sapientia* (Weisheit) aufzufassen. Der Schlüssel, den sie dem *Ingenium* reicht, soll ihm den Weg zur Wahrheit öffnen, die in dem links knienden nackten Mädchen personifiziert ist. Der Schlüssel ist zugleich Wappenbild der Riccardi. Diese Anspielung auf die Auftraggeber findet man auch an anderen Stellen im Fresko. Über *Minerva* schwebt *Merkur* mit Flügelhut, Caducaeus und Trompete. Er steht hier metonymisch für die Beredsamkeit. Wie Cartari hervorhob, soll mit diesem Götterpaar deutlich gemacht werden, dass *Sapientia* und *Eloquentia* notwendig aufeinander angewiesen sind: Die eine ist nichts ohne die andere. Das Distichon unter dieser Szene lautet: *En pictura docet variis animata figuris/quod virtus homines asserit una deos* (Siehe, die Malerei, mit verschiedenen Figuren belebt, lehrt, dass die Tugend allein Menschen den Göttern gleich macht).

Tugenden

Damit wird der Betrachter auf die allegorischen Gruppen der Kardinaltugenden in den vier Ecken verwiesen und zugleich auf die Gewölbemitte. Die Eckgruppen hat Giordano in einer für allegorische Darstellungen typischen «Syntax» so aufgebaut, dass eine Kardinaltugend im Zentrum thront. Neben ihr stehen «assistierende» Tugenden, während die überwundenen Laster ihr zu Füßen liegen. Über der Gruppe schweben weitere Personifikationen, mit denen Wirkungen und Folgen der Tugend zum Ausdruck gebracht werden. Die Tugend der *Justitia* (Abb. 36) trägt die üblichen Attribute Schwert und Waage. Ihr ist auch der Strauß zugeordnet, was Ripa damit begründet, dass der Strauß nach der antiken Naturlehre sogar Eisen verdauen könne, weswegen er ein Symbol des *animo patiente*, des geduldigen, standfesten Geistes sei, den man für die Durchsetzung des Rechtes brauche. *Justitia* wird von *Castigatio* (Strafe), mit Schwert und Messstab als Attribut, und von *Praemium* (Belohnung), mit Eichenzweig und Füllhorn, begleitet sowie von *Querela* (Klage, Anklage), die ihren von Schlangen gebissenen Arm erhebt. Sie überwindet die *Discordia* (Zwietracht), die einen Blasebalg hält, und *Fraus* (Betrug, Täuschung, italienisch: *Inganno*), mit Schlangenbeinen, einer schönen Maske vor dem Gesicht und einem Blumenstrauß, aus dem eine Schlange hervorkommt. Zu ihm gehört auch der Leopard, der in den Quellen zur Galerie als Panther bezeichnet wird und dem die antike Naturlehre nachsagte, dass er ein arglistiges Tier sei. Die Folgen oder Effekte der Gerechtigkeit sind rechts oben *Quies* (Ruhe), mit einem Anker in der Hand und einem Nest auf dem Kopf, die geflügelte *Fama bona* (guter Ruf, Ruhm), die ganz in Weiß gekleidet ist und auf einem Horn bläst, sowie die *Securitas* (Sicherheit), die mit Schild und Lanze bewaffnet heranschwebt. Zusammen mit den anderen drei Gruppen der *Temperantia*, der *Prudentia* und der *Fortitudo* wird dem Betrachter ein differenziertes Bild einer auf das menschliche Handeln bezogenen Ethik geboten.

Apotheose der Medici

Die vier Kardinaltugenden sind wiederum mit der Gruppe in der Gewölbemitte verbunden. Von den Gestalten, die um den Thron Jupiters versammelt und mit einem Stern ausgezeichnet sind, tragen die vier älteren Männer, die als

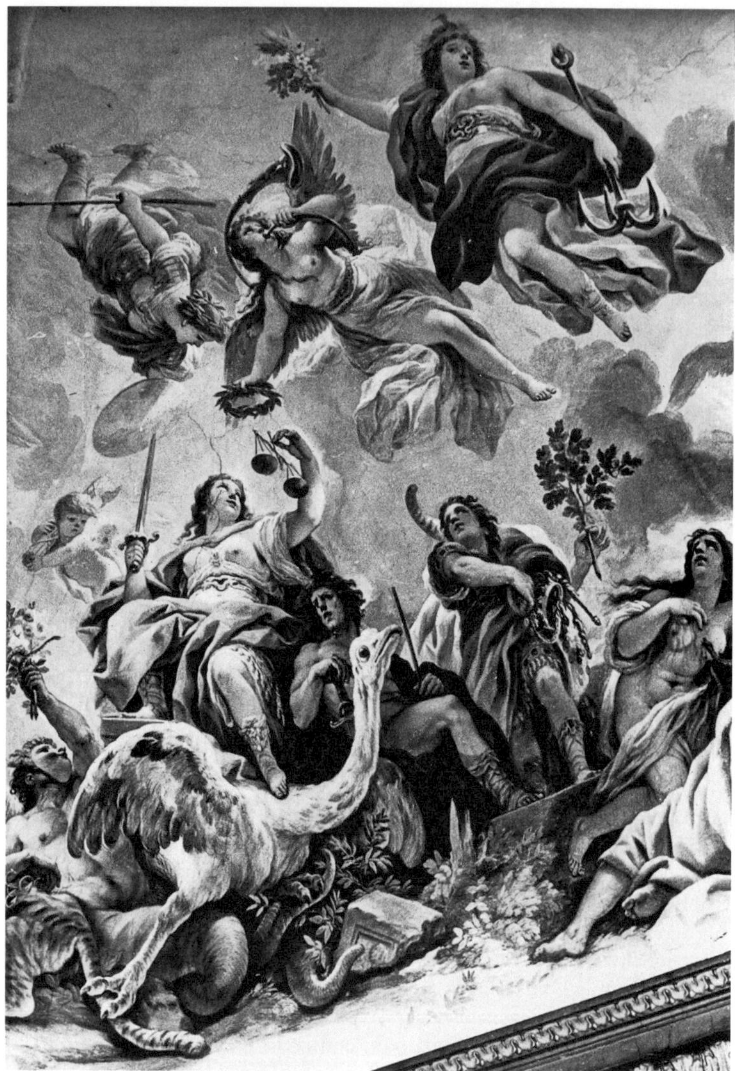

Abb. 36: Luca Giordano, Allegorie der Justitia, Deckenfresko der Galerie, Det. (1682–1685), Florenz, Palazzo Medici-Riccardi

Fürsten aus dem Hause der Medici zu identifizieren sind, Attribute der Kardinaltugenden. Mit Löwenfell und Keule als Attribut der *Fortitudo* zeigt sich Cosimo III., der damals regierende Großherzog. Sein Vater Ferdinando II. vor ihm wird mit Kohlenbecken und Zange dargestellt, die auf die *Temperantia* verweisen. Den von einer Schlange umwundenen Pfeil der *Prudentia* hält Cosimo I. in der Hand. Nicht eindeutig zu identifizieren ist der vierte mit dem Liktorenbündel der *Justitia*; es könnte Cosimo II. oder Ferdinando I. sein. Mit den beiden jungen Männern, die auf Schimmeln reiten, sind die Prinzen Ferdinando und Giangastone, die Söhne Cosimos III., gemeint. Sie erscheinen hier als die Dioskuren *Castor* und *Pollux*. In dieser Mittelgruppe steckt eine weitere, für das Verständnis des Ganzen entscheidende Anspielung. Die Anordnung der vier Sterne über den Köpfen der Fürsten um Jupiter entspricht genau der Anordnung der Sterne, die in der Imprese Cosimos III. über einem Schiff zu sehen sind. Diese Imprese hatte Alessandro Segni, der Inventor des Galerieprogrammes, ebenfalls erfunden. Mit der Sternengruppe sind die *Stelle Medicee* gemeint. Diesen Namen hatte Galileo Galilei den vier Monden des Planeten Jupiter gegeben, die er 1610 mit seinem Fernrohr entdeckt hatte. Er wollte damit seinen Landesherren die höchste nur denkbare Ehre erweisen. In der Imprese stehen die *Stelle Medicee* zugleich für die «heroischen Tugenden», die das Schiff des Großherzogs sicher in den Hafen des Ruhmes leiten, was durch das Motto *Certa fulgent sidera* (Sicher leuchten die Sterne) unterstrichen wird.

Stelle Medicee

In der von der Imprese Cosimos III. abgeleiteten Darstellung der *Stelle Medicee* haben wir den *Concetto fondamentale*, den zentralen Gedanken des ganzen Programmes. Die Regel, dass der Schlüssel zum Verständnis komplexer Programme im Zentrum zu suchen ist, indem die Gedankenlinien eines Programmes zu diesem Zentrum hinführen oder von ihm ausgehen, bewährt sich auch hier. Die rhetorische Struktur des Programmes der Riccardi-Galerie zeigt sich darin, dass es das argumentative Gefüge eines Syllogismus hat. Ihn kann man mit Hilfe der zitierten Inschriften an den Schmalseiten nachvollziehen. Die Tugend allein macht Menschen zu Göttern. Die Medici besitzen die Kardinaltugenden, also sind sie über die Welt und ihre Untertanen erhaben. Das Fresko der Galerie ist eine pathetische Huldigung an das Herrscherhaus der Medici. Den für einen Panegyrikus gültigen Regeln der Rhetorik entsprechend wird diese Huldigung im höchsten Stil vorgebracht, für den Götter und Personifikationen der angemessenste Schmuck sind.

Concetto fondamentale

Krise und Neuorientierung des mythologischen Bildes

Das Pathos barocker Dekorationen ist in der Aufklärung zunehmend fragwürdig geworden, genauso wie die Allegorie in der Tradition Ripas, die vielen als willkürlich und künstlich erschien. Die Mythenallegorese wurde geradezu als Vergewaltigung der antiken Überlieferung angesehen. Die historische Mythendeutung des Rationalismus hatte zwar unter den Aufklärern einige Anhänger, sie führte aber in eine endlose Folge von Widersprüchen, aus der man sich vergeblich zu retten versuchte, indem man aus einer Figur wie Apollon mehrere Personen machte, die an unterschiedlichen Orten und zu unterschiedlichen Zeiten gelebt haben sollen. Das Ende aller dieser Deutungsversuche war eine Banalisierung, die bis zu völliger Sinnentleerung führte, wie man sehr schnell merkt, wenn man in Hederichs *Mythologischem Le-*

xikon die «Eigentliche Historie» überschriebenen Abschnitte liest. Einzelne Künstler hatten sich schon seit längerem dem Pathos der rhetorisch konzipierten Programme widersetzt und die Mythen drastisch zugespitzt oder ironisiert, wie es beispielsweise Rembrandt mit seinem *Raub des Ganymed* (1635) getan hatte oder Tiepolo mit seinem Frühwerk *Raub der Europa*.

Winckelmann

Nach der Jahrhundertmitte setzte eine grundsätzliche Neuorientierung ein. Winckelmann propagierte eine neue Hinwendung zur Antike, wies mit seiner *Geschichte der Kunst des Altertums* (1764) den Weg zu einer historisch begründeten Stilgeschichte, die griechisch und römisch zu unterscheiden vermochte, und veröffentlichte mit seinen Beschreibungen des *Apoll* und des *Torso von Belvedere* Deutungsversuche, die Beispiele für ein authentisches Verständnis der antiken Kunst geben sollten. Parallel dazu entwickelte sich die Philologie zu einer historischen Wissenschaft, die die aus der Antike überlieferten Schriften textkritisch sichtete. Damit wurde die Bahn freigemacht für ein historisches und religionswissenschaftlich begründetes Verständnis der Mythen, mit dem die tradierte Auffassung von der Mythologie als ein überzeitlich gültiges, festes Begriffssystem überwunden wurde. Die geschichtliche Entwicklung des antiken Mythos wurde genauso herausgearbeitet wie die regionalen Besonderheiten und natürlich wurde auch hier sehr genau zwischen griechischen und römischen Traditionen unterschieden. Die nachantiken Deutungsansätze wurden radikal zur Seite geschoben. Eine Summe dieser Bemühungen gaben Ludwig Preller und Ulrich von Willamowitz-Moellendorf. Wilhelm Heinrich Roschers *Ausführliches Lexikon der griechischen und römischen Mythologie*, das ab 1884 erschien, dokumentiert das bis dahin von der Altertumskunde gesammelte und wissenschaftlich abgesicherte Wissen von der Mythologie. Als kunsthistorischer Interpret muss man sich allerdings vor Augen halten, dass in diesem großen Nachschlagewerk, genauso wie in seinem modernen, noch umfangreicheren Pendant, dem *Lexicon iconographicum mythologiae classicae*, nichts von der Vorstellungswelt zu finden ist, aus der heraus bis weit in das 18. Jh. hinein die mythologischen Bilder geschaffen wurden. Für den Kunsthistoriker bleibt Hederichs Lexikon eine unersetzliche Informationsquelle.

historisches und religionswissenschaftliches Verständnis der Mythen

Die wissenschaftlich gewordene Mythosforschung und die aktuelle Kunst entfremdeten sich zusehends. Dass die Mythologie dennoch weiterhin eine bedeutende Rolle in der Kunst spielen sollte, lag an dem tiefgreifenden geistesgeschichtlichen Wandel um 1800, der oben bereits im Zusammenhang mit der Neubegründung des Symbolbegriffs zur Sprache kam. Exemplarisches Dokument für eine subjektive Neudeutung des Mythos waren die großen Hymnen aus Goethes «Sturm-

und-Drang-Zeit». Johann Gottfried Herder begriff den Mythos als eine Art ursprüngliche Volkspoesie, die sich jeder rationalen oder allegorischen Auslegung widersetzt und nur aus ihren eigenen Quellen heraus erfassbar ist. Es ist kein Zufall, dass die zusammenfassende Darstellung der Mythologie, die für mehrere Jahrzehnte im deutschen Sprachraum führend sein sollte, im Umkreis Goethes entstand: die *Götterlehre* (1791) von Karl Philipp Moritz, der in Rom mit Goethe seine Kunstanschauungen diskutiert hatte. «Die mythologischen Dichtungen», so beginnt Moritz sein Buch, «müssen als eine Sprache der Phantasie betrachtet werden: als eine solche genommen, machen sie eine Welt für sich aus und sind aus dem Zusammenhang der wirklichen Dinge herausgenommen.» Der so verstandene Mythos und das als autonom begriffene Kunstwerk passen ideal zusammen. Diese ästhetische Auffassung des Mythos wurde von der Romantik, von Schelling wie von den Brüdern Friedrich und August Wilhelm Schlegel aufgegriffen und philosophisch vertieft. Für Schelling war die Mythologie die «notwendige Bedingung und der erste Stoff der Kunst»: «Die Mythologie ist nichts anderes als das Universum im höheren Gewand, in seiner absoluten Gestalt, [...] Bild des Lebens und des wundervollen Chaos in der göttlichen Imagination, selbst schon Poesie und doch wieder Stoff und Element der Poesie.»

Karl Philipp Moritz

Von Moritz ausgehend hat Peter Cornelius in der Münchner Glyptothek (1818–30) einen Zyklus geschaffen, der die Mythen nicht illustriert, sondern einsetzt, um mit ihnen ein Bild der Welt zu formen, das den Gegensatz von Natur und Geschichte herausstellt, die beide vom Widerstreit von *Eros* und *Eris* (der griechischen Göttin des Streites) bestimmt werden und in denen der Poesie als Inbegriff aller Kunst die Rolle der Vermittlerin zukommt. Noch freier als Cornelius ist Karl Friedrich Schinkel mit dem Stoff der Mythologie umgegangen, als er die Entwürfe für die Außenfresken des Alten Museums in Berlin schuf (1828–32), die eine gemalte Geschichte der menschlichen Kultur zu sein beanspruchen.

Im weiteren Verlauf des Jahrhunderts entfernten sich die Künstler zunehmend von dieser Auffassung des Mythos, die vom Symboldenken der Klassik und Romantik geprägt war. In den *Odyssee-Landschaften* Friedrich Prellers d. Ä. oder in den mythologischen Bildern Anselm Feuerbachs geht es eher um eine Veranschaulichung des humanistischen Bildungswissens. Bezeichnend ist auch die vor allem im Werk Böcklins auffällige Hinwendung zu den antiken Naturgottheiten. In Bildern wie *Pan im Schilf*, dem *Panischen Schrecken* oder dem *Spiel der Wellen* konnte er ein neues Verständnis einer beseelten Natur formulieren. Im *Kentaurenkampf* (1871/72) schuf er einen mythologischen Spiegel des von Krieg und Gewalt gekennzeichneten Weltzustandes.

Karikatur und Satire Dass die mythologischen Traditionen nicht vergessen waren, ist auch daran abzulesen, dass ihr Personal in Satire und Karikatur ein munteres Nachleben führte. Die olympischen Götter, die als allegorische Figuren zur Feier des Absolutismus verbraucht und kompromittiert waren und die deshalb von Böcklin und anderen gemieden wurden, wurden mit Vorliebe aufgegriffen, um die Vorstellungswelt des Bildungsbürgertums oder die Politik zu karikieren. Ein vergnügliches Beispiel dafür gab Honoré Daumier mit den Lithographien seiner *Histoire Ancienne* (1842). Lovis Corinth schuf eine Reihe mythologischer Gemälde, wie z. B. *Odysseus und die Freier* (1903), in dem der Held Odysseus als giftiger und sich prügelnder Alter auftritt. Der Witz dieser Bilder zündet nur dort, wo die Bildungswelten, die in den Gymnasien des Kaiserreiches vermittelt wurden, als Gemeingut des gehobenen Bürgertums noch lebendig waren. Auf dieser Grundlage, die freilich zunehmend schmaler geworden ist, werden bis in die Gegenwart hinein mythologische Figuren als bekannte Motive in der Karikatur eingesetzt. Besonders intensiv ist das Nachleben der *Europa*, die von dem in einen Stier verwandelten Jupiter entführt wurde.

Moderne Von den Künstlern der Moderne ist dann der Mythos als Form archaischen Denkens wiederentdeckt worden, wofür Werke von Picasso, z. B. Radierungen der *Suite Vollard* (1933), oder die 16 Radierungen von Georges Braque zu Hesiods *Theogonie* (1932) Beispiele liefern können. Die mythischen Gestalten werden hier als subjektiv gefasste Symbole eingesetzt, die nur sehr eingeschränkt aus dem Rückgriff auf die Vorstellungen der Antike erklärt werden können. Eine Tendenz zum Mythos ist vereinzelt auch in der ungegenständlichen Kunst zu registrieren, z. B. bei Willy Baumeister, der 1943 eine Folge von Bildern zum babylonischen Gilgamesch-Epos zeichnete (Stuttgart, Staatsgalerie). Die den Blättern beigegebenen Textzitate helfen bei der Interpretation nur begrenzt weiter, weil keine Figuren mehr erkennbar sind, die auf eine Handlung schließen lassen könnten. Die Deutung muss bei einer Erklärung der Bildzeichen ansetzen und ihrem subjektiven Gebrauch im Werk des Malers. Die Bilder evozieren Inhalte, die nicht mehr direkt abgebildet werden sollen und können. Gleichwohl ist festzustellen, dass die antike Mythologie, auch wenn heute, wie eingangs festgestellt, der Mythosbegriff ziemlich aufgeweicht und schwammig geworden ist, immer noch und immer wieder Stoff für die Kunst bietet. Sie ist wesentlicher Bestandteil des europäischen Bildgedächtnisses. Seine grundlegende Funktion vorstellbar zu machen, was eigentlich nicht vorstellbar ist, hat der Mythos nie verloren.

Geschichte

Historienbild und Geschichtsdarstellung

Geschichte als Gegenstand der Kunst ist aus ikonographischer Sicht ein schwieriges Gebiet. Der Stoffkreis der antiken Mythologie, so groß er auch ist, ist letztlich doch begrenzt und ist bis in die Moderne hinein als ein System begriffen worden, das von einem bestimmten Kreis von Figuren und Ereignissen gebildet wird, über die uns ein einigermaßen fest umrissener Kanon von Texten unterrichtet, zu dem sich dann wiederum die Bilder in Beziehung setzen lassen. Der potentielle Stoffkreis der Geschichte ist unendlich groß und die Zahl der möglichen Quellen, auf die Künstler zurückgreifen können, ist unüberschaubar. Eine Einführung in die Ikonographie kann hier noch viel weniger als bei den christlichen oder mythologischen Themen einen Überblick über das Stoffgebiet geben. Sie kann aber in Grundlagen einführen, auf Voraussetzungen hinweisen, die im sich wandelnden historischen Denken zu finden sind, und an Beispielen Grundtypen und Probleme der Geschichtsdarstellung erläutern.

Historienbild

Oft wird, wenn es um Darstellung von Geschichte geht, vom Historienbild gesprochen. Das ist prinzipiell nicht falsch, doch seit der Begriff der *Historia* von Leon Battista Alberti im 15. Jh. in die Kunstterminologie eingeführt worden ist, wird damit jede Darstellung handelnder Menschen bezeichnet, eine biblische Szene genauso wie eine mythologische oder eine im engeren Sinne historische oder geschichtliche Szene. Die Gattungsbezeichnung Historienbild umfasst also im Grunde alle Themenfelder, die in dieser Einführung in die Ikonographie behandelt werden. Die terminologischen Probleme sind durch den Geschichtsbegriff, wie er sich seit der Aufklärung durchgesetzt hat, geschaffen worden. Geschichte wurde fortan definiert als die Gesamtheit des tatsächlich Geschehenen und sie wurde von allem abgesetzt, was als nicht historisch belegt galt. Mythen, Sagen und Legenden bildeten danach einen eigenen Bereich, der geschichtliche Elemente enthalten mag, dem aber historische Wahrheit abgesprochen wurde. Dieser tiefgreifende Wandel der Geschichtsauffassung, der sich im Übergang zum 19. Jh. vollzog, hat auch für die Gattungstheorie wesentliche Folgen gehabt, denn als Historienbild verstand man im 19. Jh. nur solche Bilder, die Geschichte nach dem neuen Verständnis des Begriffes darstellten. Damit war die übergreifende Bedeutung des Begriffes aufgegeben, was Probleme mit sich bringt, wenn man den Auffassungen von der Gattungshierarchie in früheren Zeiten gerecht werden will. Von daher ist es sinnvoll, den Begriff der Geschichtsmale-

terminologische Probleme

Geschichtsdarstellung rei oder Geschichtsdarstellung einzusetzen, wenn es darum geht, die Wiedergabe von Ereignissen zu bezeichnen, die tatsächlich stattgefunden haben oder deren Tatsächlichkeit behauptet werden soll. Um auf dem Feld des Historienbildes das Faktische vom Fiktiven abzusetzen, *Ereignisbild* hat Werner Hager 1934 den Begriff des Ereignisbildes eingeführt. Damit sollen «Darstellungen von Vorgängen aus dem Bereich selbsterlebter Geschichte» bezeichnet werden, «in denen eine historische Begebenheit, die noch als gegenwärtig im Bewusstsein lebt, in berichtender Schilderung abgebildet wird». Das «Ereignisbild will geschichtliche Wirklichkeit [...] vor Augen führen». Die von Hager vorgeschlagene Abgrenzung ist allerdings mehr als schwierig, denn wir wissen, wie fragwürdig und einseitig Augenzeugenberichte oft sind und wie trügerisch das sein kann, was im kollektiven Bewusstsein lebendig ist. Es geht bei diesem Typus mithin nur um den Anspruch, historische Wirklichkeit wiederzugeben. Diesen Anspruch aber können Bilder oder Geschichtserzählungen nie in seinem ganzen Umfang erfüllen, weil beide notwendigerweise auswählen, verkürzen und akzentuieren müssen. Auch das Ereignisbild ist letztlich immer nur Fiktion des Faktischen.

Hier könnte sich die Frage erheben, ob diese Definition nicht auch *Genremalerei* auf die Genremalerei zutrifft, deren Ziel es doch ist, Wirklichkeit abzubilden. Der aus dem Französischen stammende Begriff *Genre* hat sich erst im 19. Jh. als kunstgeschichtlicher Gattungsbegriff durchgesetzt, über dessen genaue Definition allerdings immer wieder gestritten wurde. In der französischen Theorie des 18. Jh.s wurde zwischen der *peinture d'histoire* und der *peinture de genre* unterschieden, wobei zu Letzterer alles gezählt wurde, was nicht Historienmalerei war, also Landschafts- und Porträtmalerei genauso wie Stillleben und die Darstellungen von Alltagsszenen. Im Laufe der weiteren Diskussion wurde der Begriff dann auf diesen letzten Bereich eingeschränkt. Franz Theodor Kugler behandelt in seinem *Handbuch der Kunstgeschichte* (1842) die Genremalerei als eigenständige Gattung, die zuerst von den Niederländern gepflegt wurde und die Zustände des alltäglichen Lebens des Menschen zu ihrem Thema macht. Sie stellt allgemeine Sitten und Gebräuche dar, aber nicht bestimmte Ereignisse mit benennbaren Gestalten und ist darin strikt von der Historienmalerei geschieden. Dieser Gegensatz ist im 19. Jh. von Malern wie Courbet aufgegriffen und gegen die Historienmalerei gerichtet worden, indem sie für sich den Anspruch erhoben, in ihren Bildern das «reale Leben» darzustellen. Zur gleichen Zeit sind Versuche zu registrieren, die Genremalerei aufzuwerten durch die Darstellung von Alltagsszenen in historischen Kostümen und historischer Szenerie. Doch auch diese zumeist an niederländischen Vorbildern orientierte «Historische Genremalerei» unterscheidet sich darin, dass sie kein bestimmtes historisches Ereignis abbildet.

Historienmalerei: Der von Leon Battista Alberti 1435 in die Kunsttheorie eingeführte Begriff der *historia* bezeichnet das erzählende Bild, die Darstellung handelnder Menschen, ganz gleich, ob die Gegenstände der Geschichte, der Bibel oder der Mythologie entnommen sind. Diese Gattungsbezeichnung blieb bis in das 19. Jh. hinein üblich.

Geschichtsmalerei: In Absetzung vom Begriff der Historienmalerei und unter Berücksichtigung des modernen Geschichtsverständnisses sollten als Geschichtsmalerei solche Darstellungen bezeichnet werden, die Begebenheiten abbilden, die «Geschichte» sind, die sich also tatsächlich ereignet haben oder deren Tatsächlichkeit behauptet wird.

Geschichtsdarstellung ist der zugehörige allgemeine Begriff, der auch Darstellungen im Medium der Zeichnung, Druckgraphik usw. einschließt.

Ereignisbild: Darstellung eines historischen Ereignisses, das tatsächlich stattgefunden hat, mit dem Anspruch, historische Wirklichkeit wiederzugeben. Das Charakteristikum des Ereignisbildes ist die Fiktion des Faktischen.

Geschichtsdarstellung in Mittelalter und Renaissance

Als eine der genuinen Aufgaben der Kunst wurde schon in der Antike die *memoria* gesehen. Kunstwerke sollen die Erinnerung an Menschen und an ihre Taten bewahren. Natürlich war das Porträt die nächstliegende Kunstform für diese Aufgabe. Daneben entwickelten sich aber schon in früher Zeit Formen bildlicher Darstellung historischer Ereignisse. Beispiele dafür standen in Rom mit den Reliefs der Triumphbögen wie mit den Bildspiralen der Säulen des Trajan und des Marc Aurel vor aller Augen. Die frühmittelalterliche Kunst hat an dieser Bestimmung der Kunst, der *memoria* zu dienen, festgehalten. Allerdings ist die Überlieferungslage sehr schlecht, da nicht die Skulptur, sondern die Malerei das bevorzugte Medium war, von der kaum etwas erhalten ist. Wir haben vornehmlich Textzeugnisse, aus denen wir beispielsweise wissen, dass es in Kaiserpfalzen Wandmalereien mit Geschichtsdarstellungen gab, können jedoch nichts darüber sagen, wie sie aussahen.

Teppich von Bayeux

Das bedeutendste Denkmal mittelalterlicher Geschichtsdarstellung ist der *Teppich von Bayeux*. Der fast 70 Meter lange, aber nur einen halben Meter hohe, gestickte Teppich schildert die Ereignisse, die zur Schlacht von Hastings 1066 führten, in der sich Wilhelm der Eroberer gegen Harold Godwinson durchsetzte, der gerade als Nachfolger Edwards des Bekenners zum König von England gekrönt worden war. Mit schematisierten, aber gerade dadurch sehr prägnanten Figuren werden die Stationen des Geschehens in einer fortlaufenden Bilderzählung vor Augen geführt. Lateinische Beschriftungen erläutern die Szenen und benennen wichtige Figuren. Auftraggeber und Bestimmung des Werkes, das sehr bald nach 1066 entstanden sein muss, sind umstritten. Anzunehmen ist, dass der Teppich der Dekoration eines großen Saales diente. Aus der entwickelten Bildsprache des Teppichs ist zu schließen, dass es eine lebendige Tradition der Geschichtsdarstellung gab, die für uns so gut wie verschollen ist.

Buchmalerei Im Medium der Buchmalerei ist die Überlieferungslage besser. Die Illustration von Chroniken ist im hohen Mittelalter sehr üblich gewesen, und zwar sowohl als Einzelbilder, die in den fortlaufenden Text eingefügt werden, wie auch als Bildersequenzen, die einem Text vorangestellt werden. Ein Beispiel dafür ist die Bilderchronik von Kaiser Heinrich VII. und Kurfürst Balduin von Luxemburg, die um 1340 geschaffen wurde. Es ist eine Geschichte in Bildern. Auch hier werden die einzelnen Szenen mit lateinischen *tituli* erläutert. Die Bilderfolge beginnt mit der Weihe Balduins zum Erzbischof von Trier durch Papst Clemens V. und der Königswahl Heinrichs von Luxemburg 1308, um dann ausführlich Heinrichs Zug nach Rom zu schildern, wo 1312 die Kaiserkrönung stattfand. Das letzte Drittel der Bilder zeigt die Taten des Kaisers in Italien bis zu seinem Tod 1313 und dem Begräbnis in Pisa. Eine systematische Analyse müsste eine solche Bilderfolge vor dem Hintergrund der Ergebnisse geschichtswissenschaftlicher Forschungen untersuchen und das Verhältnis der Bilder zu möglichen Textquellen herausarbeiten. Das kann in diesem Rahmen natürlich nicht geleistet werden. Die Bilderchronik gibt aber Gelegenheit, Ansätze zu einer Typengeschichte mittelalterlicher Geschichtsdarstellung zu erkennen. Bestimmte Aktionen und rituelle Handlungen werden nach einem nur geringfügig variierten Schema dargestellt, so dass der Betrachter die Grundsituation sofort erfassen kann. Ein feststehender Typus ist beispielsweise der Reiterzug: eine Reihung von Reitern, die fast immer von links nach rechts führt, aber auch Begegnungen veranschaulichen kann. Eine Variante dazu ist der Einzug in eine Stadt, bei dem die Schlüsselübergabe ein üblicher Ritus ist. Bei der bedingungslosen Kapitulation kommen die Bürger dem König mit einem Strick um den Hals entgegen. Zerbrochene Türme bezeichnen die Zerstörung einer Stadtmauer oder der ganzen Stadt. Huldigungen oder Gerichtssitzungen zeigen den König immer im Zentrum thronend (Abb. 37). Bei Kampfdarstellungen werden die gegeneinander reitenden Gruppen gezeigt und das zum Schlag erhobene Schwert bezeich-

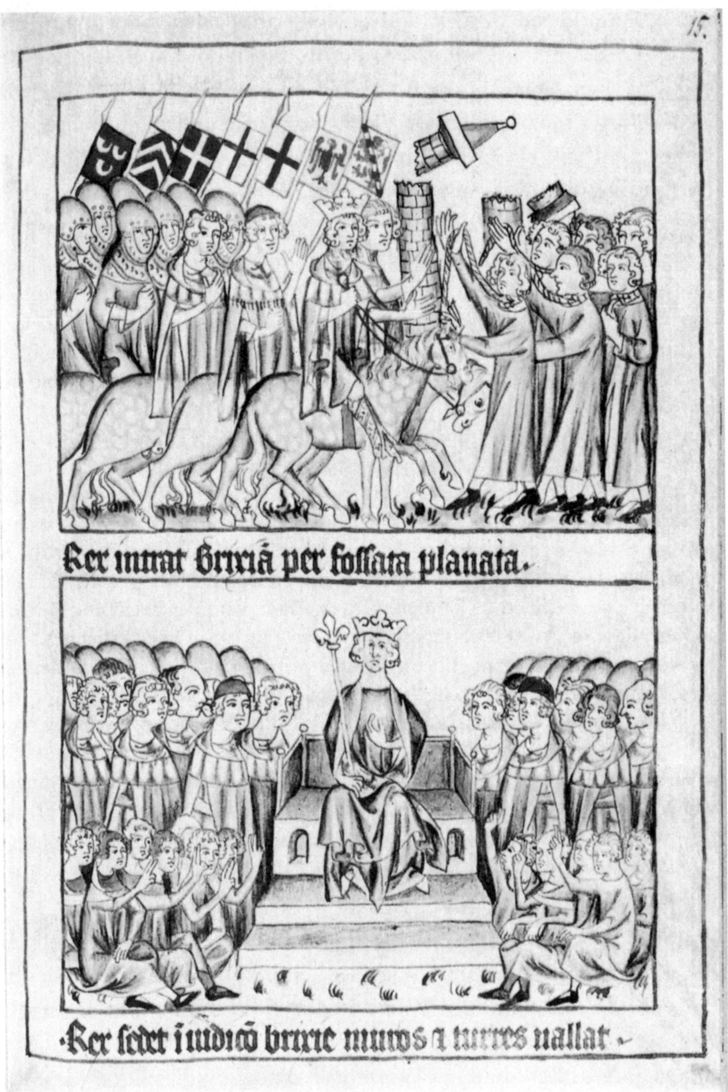

Abb. 37: Einzug in Brescia und Gerichtssitzung, aus: Bilderchronik von Kaiser Heinrich VII. und Kurfürst Balduin von Luxemburg 1308–1313 (um 1340), Koblenz, Landeshauptarchiv

net die Situation. Es sind die typischen Motivprägungen, die einen Ansatzpunkt für die ikonographische Interpretation bieten. Wichtig sind hier auch die Wappen, die auf Schilden und Fahnen gezeigt werden und dem Betrachter die Möglichkeit gaben, die Wappenträger zu identifizieren.

Dergleichen historische Darstellungen muss es in großer Zahl auch in mittelalterlichen Burgen und Schlössern gegeben haben. Ein um 1295 verfasster Panegyrikus des Petrus von Ebolo auf Heinrich VI. lässt vermuten, dass dieser in einem Saal seines Palastes in Palermo Szenen des Kreuzzugs seines Vaters Barbarossa darstellen ließ. Im Schloss Conflans bei Paris wurden um 1320 an den Wänden einer Galerie die Taten des früh verstorbenen Grafen Othon II. von Artois dargestellt. Es ist kaum abzuschätzen, was alles verloren gegangen ist.

Siena Einen guten Eindruck von der frühen monumentalen Geschichtsdarstellung kann man im Palazzo Pubblico in Siena erhalten. Der Saal, in dem der Stadtrat tagte, ist ringsum mit Fresken geschmückt, die zu ganz verschiedenen Zeiten entstanden sind. Unter diesen findet sich ein von Lippo Vanni gemaltes Bild, das an den Sieg der Sieneser Truppen in Val di Chiana (1363) erinnern soll, bei dem die Sieneser Truppen ein feindliches Söldnerheer unter dem Condottiere Niccolo di Montefeltro zurückgeschlagen haben. Das fast ganz in Brauntönen gemalte Bild gibt ein breites Landschaftspanorama wieder, in dem die Vegetation nur angedeutet ist, aber Dörfer und Kastelle markant hervorgehoben und durch Beischriften benannt werden. Links rückt das Sieneser Heer an, rechts wird die Schlacht gezeigt, in der die Ritter mit angelegter Lanze aufeinander losstürmen. Die wichtigsten Kämpfer werden durch die Wappenschilde und -farben gekennzeichnet. So kann man an der Fahne mit den roten und weißen Schrägbalken mit einer Rose im Schildhaupt Francesco Orsini erkennen, der aus Rom den Sienesern zu Hilfe gekommen war und im Kampf in vorderster Reihe focht. In einem abgetrennten Feld an der linken Seite wurde der Apostel Paulus dargestellt, der als Schutzheiliger der Schlacht angerufen worden war und von dem man glaubte, dass er auch geholfen habe, was mit seinem in das Schlachtbild reichenden Schwert angedeutet werden soll. Das Fresko dürfte bald nach dem Sieg in Auftrag gegeben sein, um die Erinnerung an den Erfolg zu bewahren und die Stärke der Kommune zu demonstrieren. Gut hundert Jahre später ließen die Sieneser daneben in ganz entsprechender Form ihren Erfolg in der Schlacht bei Poggio Imperiale (1480) verewigen.

Schlachtenmalerei Beispiele für eine derartige Schlachtenmalerei gab es im Spätmittelalter und in der Renaissance in großer Zahl. In Italien ist an die Bilder von Paolo Uccello für den Palazzo Medici zu erinnern oder an die Aufträge für Michelangelo und Leonardo, die an den Wänden des großen Saales im Florentiner Palazzo Vecchio die Schlacht bei Cascina beziehungsweise die Anghiari-Schlacht malen sollten. In diese Tradition gehört auch die unter Vasaris Leitung für Cosimo I. realisierte Ausmalung des Saales, in der die wichtigsten Schlachten gezeigt werden, die die Florentiner im 16. Jh. in den Kriegen gegen Siena und Pisa gewannen. Im Zentrum des gesamten Programmes steht hier die Apotheose des toskanischen Großherzogs.

Geschichtsdarstellungen dieser Art sind zumeist als Einzelbilder *Zyklen* oder Serien von Einzelbildern konzipiert. Es gibt auch Zyklen, die eine Geschichte regelrecht erzählen, indem sie die verschiedenen Stationen der Handlung in einer Folge von Bildern darstellen. Auch dafür findet sich im Sieneser Palazzo Pubblico ein frühes Beispiel. Dort schufen

Spinello Aretino und sein Sohn Parri in der Sala di Balia zwischen 1407–08 einen Wandzyklus, der die Geschichte Papst Alexanders III. schildert, der der Sieneser Familie Paparoni entstammte. Im Zentrum seines Pontifikates stand die Auseinandersetzung mit Barbarossa, die im Frieden von Venedig 1177 endete. Mit Siena hat diese Geschichte allerdings wenig zu tun. Der Anlass zur Darstellung ist in der damaligen politischen Lage zu finden. Der Zyklus entstand während des päpstlichen Schismas. Siena stand auf der Seite von Papst Gregor XII. (1406–1415), dessen Gegenpapst der in Avignon gewählte Benedikt XIII. (1394–1417) war. Die Art und Weise, wie in Spinellos Zyklus der Papst als Hauptakteur herausgestellt wird, unterstreicht die Absicht der Stadtväter, Gregor XII. ihre Ergebenheit zu signalisieren. Gleich wichtig dürfte auch die darin liegende antikaiserliche Tendenz sein. Die Darstellung des historischen Friedens von Venedig war eine Botschaft an die eigene Zeit. Dass Geschichtsdarstellung einen aktuellen Zeitbezug haben kann, sollte bei der Interpretation immer bedacht werden.

Venedig

Der Sieneser Zyklus hatte seinen Vorgänger in Venedig. Die Ereignisse um den Frieden von Venedig sind erstmals um 1320 in S. Nicolò, der Kirche des Dogen, festgehalten worden. Dann wurden sie nach 1365 in dem neu errichteten großen Saal des Dogenpalastes dargestellt. Dieser Zyklus wurde um 1500 unter Beteiligung von Giovanni Bellini und Tizian erneuert. Ihre Gemälde gingen beim Brand des Dogenpalastes 1577 zugrunde. Die Venezianer hielten aber an der Ausstattungstradition fest und haben von Tintoretto, Paolo Veronese, Palma il Giovane und anderen einen Bilderzyklus schaffen lassen, der die Auseinandersetzung mit Barbarossa und die Eroberung von Konstantinopel 1204 als heroische Taten der Stadt feiert. Eine der Schlüsselszenen malte Federico Zuccari 1582: Vor der Fassade von S. Marco küsst Barbarossa Papst Alexander III. die Füße (Abb. 38). Im Kontext des Zyklus kann diese Szene nur als Unterwerfung des Kaisers unter den Papst verstanden werden, während der venezianische Doge als derjenige erscheint, der den Papst stützt. Größter Wert wird darauf gelegt, den Ort des Geschehens eindeutig identifizierbar zu machen. Damit wird nicht nur das Geschehen lokalisierbar, es gewinnt für den Betrachter auch an Glaubwürdigkeit. Die Darstellung der Geschichte dient der Demonstration von Ruhm und Macht der Seerepublik. Dass dabei ein historisches Ereignis wie die Eroberung Konstantinopels 1204 durch das Kreuzfahrerheer in völlig anderem Licht erscheint als in einer um Objektivität bemühten Darstellung, ist nicht anders zu erwarten. Die Interpretation derartiger Geschichtsdarstellungen wird sich immer bemühen müssen, die Diskrepanz zwischen Geltungsanspruch und Wirklichkeit herausarbeiten zu müssen. Der mit dem Zyk-

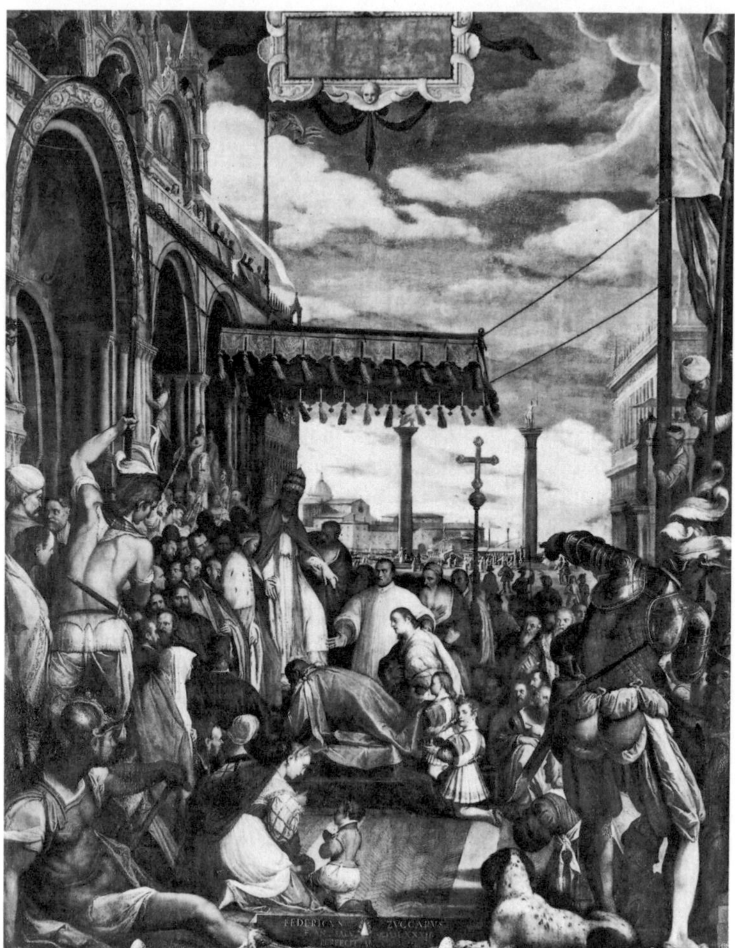

Abb. 38: Federico Zuccari, Barbarossa vor Papst Alexander III. (1582), Venedig, Dogenpalast, Sala del Maggior Consiglio

lus der historischen Wandbilder erhobene Anspruch wird noch überhöht durch die Bilder der Decke, deren Folge in der bereits erwähnten Darstellung der Apotheose Venedigs von Paolo Veronese gipfelt, mit der der Anspruch auf überzeitliche Geltung demonstriert wird. Das monumentale Wandbild Tintorettos an der Stirnseite des Saales, das das himmlische Paradies vor Augen stellen soll, die Gemeinschaft der Heiligen, die sich um Christus und Maria schart, gibt dem Programm eine letzte Wendung ins Eschatologische. Bezeichnend für die Konzeption des Programmes des ganzen Saales ist eine Schichtung nach Stillagen, wie sie von Rhetorik und Poetik gelehrt wurden. Die historischen Ereignisse werden in der mittleren Stillage berichtet, die die Ebene dessen, was als wirklich vorstellbar ist, nicht verlässt. Das so als faktisch bezeichnete Historische wird in den mittleren Deckenbildern im *genus grande* überhöht, in dem Personifikationen und mythologische Gestalten die Hauptrolle spielen, mithin Figuren, die schon per se einen überzeitlichen Anspruch erheben. Mit Tintorettos *Paradiso* schließlich werden Blick und Gedanken des Betrachters ins Transzendente geführt.

In der Dekorationskunst des späten 16. Jh.s finden sich historische Zyklen in großer Zahl.

Giorgio Vasari stellte 1546 im Palazzo della Cancelleria in Rom die Taten Pauls III. dar, in den Räumen des Palazzo Vecchio in Florenz die Taten der Medici (1555–72). Die Farnese ließen ihre Taten durch Francesco Salviati in ihrem römischen Stadtpalast verherrlichen (vor 1563) und durch Taddeo Zuccari im Schloss Caprarola (1562–63). Die Gonzaga feierten die Geschichte ihrer Dynastie in Mantua mit Jacopo Tintorettos heute in München bewahrten Schlachten-Zyklus (1578–80). Die Aufzählung ließe sich noch lange fortsetzen. Dabei würde man auch Kurioses entdecken, wie den von Giambattista Zelotti ab 1570 gemalten Zyklus in der Villa Il Cataio bei Battaglia Terme, der die Geschichte der Familie degli Obizzi veranschaulicht, die weitgehend frei erfunden ist. Die detailreichen Fresken mit ihren historisierenden Rüstungen und Kostümen und die ausführlichen begleitenden Inschriften, die Namen und Daten angeben, sollen dem Betrachter suggerieren, dass die dargestellten Ereignisse wirklich «Geschichte» sind.

In diesen Zyklen, für die es auch in anderen europäischen Ländern Vergleichbares gibt, ist zu beobachten, dass die anfängliche Trennung der Stilebenen gegen 1600 immer häufiger aufgegeben wird, dass zuerst Personifikationen und dann auch mythologische Figuren in die historische Szene wandern, dort dem Geschehen assistieren und schließlich zu aktiven Teilnehmern werden. Das herausragendste Beispiel für diese Form des Geschichtsbildes, die man auch als Geschichtsapotheose bezeichnen kann, bietet der Medici-Zyklus von Peter Paul Rubens. Eine nochmalige Steigerung erfuhr diese Verklärung der Geschichte auf höchstem Stilniveau im Schloss Versailles unter Ludwig XIV. In den Deckenbildern der *Grande Galerie*, die Charles Le Brun und seine Werkstatt 1679–84 schufen, werden die Siege Frankreichs im gerade erst beendeten Krieg gegen die Allianz von Spanien, Deutschland und den Niederlanden gefeiert. Das Gemälde, das dem Rheinübergang des französischen Heeres 1672 gewidmet ist, zeigt Ludwig XIV. in einem zweispännigen Wagen mit dem Blitzbündel des Jupiter in der Hand. Während Victoria vorauseilt, begleiten Minerva, Gloria und Fama den Wagen, dem noch Herkules folgt, der mit seiner Keule auf den Flussgott einschlägt. Der König wird in diesem Bild mit Jupiter identifiziert, dem die Göttin und der Heros assis-

Versailles

tierend beistehen. Höher war der Geltungsanspruch eines Historienbildes nicht zu schrauben.

Uomini illustri – Helden und Heldinnen

Die Aufgabe, Erinnerungen an vergangene große Ereignisse und Taten festzuhalten, erfüllte selbstverständlich auch die Literatur, und zwar in weit größerem Umfang, als dies der Bildkunst möglich war. Sie kam seit dem Hellenismus verstärkt dem Wunsch des Publikums nach, etwas über die Menschen, ihre Erscheinung und ihren Charakter zu erfahren, von deren Taten berichtet wurde. So entwickelte sich die Biographie zu einer eigenen Literaturform, die in den Kaiserbiographien des Sueton oder in den vergleichenden Biographien des Plutarch gipfelte. In diesen Biographien gibt es stets einen Abschnitt, der über das Aussehen der behandelten Persönlichkeit berichtet und dieses in Beziehung zu deren Charakter setzt. Hier stand die Literatur wiederum in scharfer Konkurrenz zur Kunst. Dass Griechen wie Römer in der Porträtskulptur Herausragendes geleistet haben, ist wohlbekannt. In Rom wurde es üblich, Porträtreihen zusammenzustellen, beispielsweise Serien von Hermenbüsten berühmter Philosophen und Dichter. Es gab auch eine blühende Porträtmalerei. Cicero berichtet in seiner zweiten Rede gegen Verres, dass dieser aus einem Tempel in Syrakus Gemälde geraubt habe, «darunter die Bildnisse der sizilischen Könige und Tyrannen, die nicht nur wegen der Meisterschaft der Künstler Freude bereiten, sondern auch, weil sie an die Personen und deren Aussehen erinnerten» (*In Verrem* II,4,123).

Porträt in der Antike

Die frühe westliche Kirche hatte zu diesen Traditionen ein zwiespältiges Verhältnis. Während die Textformen der Biographie adaptiert wurden, stand man dem Bildnis skeptisch gegenüber, vor allem in der Skulptur. Die individuellen Züge, die die römische Bildniskunst in kaum zu übertreffender Weise darzustellen vermochte, waren den Christen weniger wichtig als das Typische, auf Status und Amt Hindeutende. Ikonen und Stifterbilder waren das Feld, auf dem sich eine von der Kirche akzeptierte Form des Bildnisses entwickeln konnte. In der Dekorationskunst wurden bald auch Bildnisreihen gebildet, die Apostel und Patriarchen oder Bischöfe und Päpste vorstellten. Spätestens in karolingischer Zeit gab es dann solche Bildnisreihen auch in der profanen Kunst. Aus der um 830 verfassten Beschreibung der Kaiserpfalz in Ingelheim von Ermoldus Nigellus wissen wir, dass dort in der *aula regia* eine Folge berühmter Männer dargestellt war, die bei Ninus, dem assyrischen König und Gründer von Ninive begann, dann folgen der Perserkönig Kyros, Romulus und Remus, Hannibal, Alexander, der Tyrann Phalaris, Konstantin, Theodosius, Karl Martell, Pippin und Karl der Große. Unklar ist, wie der Zyklus genau ausgesehen hat. Es wird vermutet, dass es neben den Herrscherfiguren auch szenische Darstellungen gab.

Uomini famosi

Ein neuer Aufschwung des Interesses am Porträt und damit auch an den Bildniszyklen ist im 14. Jh. zu registrieren. Das bedeutendste Werk war der Zyklus der *Uomini famosi*, der «Berühmten Männer», den Giotto um 1330 für Robert von Anjou im Castel Nuovo in Neapel malte. In diesen im 16. Jh. zerstörten Fresken waren Salomon, Samson, Herkules, Hektor, Paris, Aeneas, Alexander und Cäsar dargestellt. Wenig später ist im Palast Azzo Viscontis in Mailand ein ähnlicher Zyklus geschaffen worden, in dem neben den antiken Helden auch Karl der Große dargestellt wurde, der leider ebenfalls nicht erhalten blieb. Das große Interesse an der Thematik dokumentiert sich auch in der zeitgenössischen Literatur. Boccaccio schrieb um 1360 zwei Werke über berühmte Männer und Frauen *(De casibus virorum illustrium* und *De claris mulieribus*), die große Popularität erlangten. Bedeutend für die Folgezeit wurde Petrarcas unvollendetes Werk *De viris illustribus*, das einen neuen Blick auf die Antike eröffnete. Nach Petrarcas Plan ließ Francesco da Carrara 1374 in Padua einen Saal im Palazzo del Capitano mit einem Zyklus schmücken, der 36 berühmte Männer der römischen Geschichte darstellte. Der umfangreichste Zyklus dieser Art entstand ab 1432 in Rom, wo Kardinal Umberto Orsini in seinem Palast auf dem Montegiordano in einem als *sala theatri* bezeichneten Raum 309 historische Persönlichkeiten darstellen ließ. Die Reihe, die durch Manuskriptkopien bekannt ist, begann mit Adam und Eva und endete beim Mongolenfürsten Tamerlan. Der Zyklus, dessen Autorschaft nicht gesichert ist, bot eine personalisierte Geschichte der Menschheit.

Boccaccio

Petrarca

Neuf Preux

Als eigenständiger Zweig in dieser Tradition ist die Darstellung der *Neuf Preux*, der «Neun Helden», anzusehen, die auf ein um 1310 entstandenes Epos des Jacques de Longuyon zurückzuführen ist. Ihr Charakteristikum ist, dass Dreiergruppen der berühmtesten Helden des biblischen, antiken und christlichen Zeitalters dargestellt werden. Zumeist sind es Josua, David und Judas Maccabaeus; Hektor, Alexander und Julius Caesar; Artus, Karl der Große und Gottfried von Boullion. Bildzyklen dieses Typus gibt es sowohl im bürgerlichen wie im höfischen Umfeld. Zur ersten Gruppe gehört die um die Mitte des 14. Jh.s entstandene Skulpturenreihe im Hansasaal des Kölner Rathauses, die auch weitere berühmte Männer enthält. Beispiele der zweiten Gruppe sind zunächst im Umkreis des burgundischen Hofes zu finden.

Der bekannteste Zyklus in Italien entstand um 1415 im Kastell von La Manta, wo den neun Helden in einer sehr üblichen Erweiterung noch neun Heldinnen zur Seite gestellt werden. Die Popularität dieser *Neun Helden* ist auch daran abzulesen, dass sie in verschiedenen Graphik-Serien wie der Holzschnitt-Folge von Lucas van Leyden (um 1520) verbreitet wurden. Das Modell der Triaden ist auch verschiedentlich variiert worden, wobei die Grenzen zur allgemeinen Tradition der *Uomini illustri* nicht immer klar zu ziehen sind.

Siena Ein Beispiel dafür, wie diese Tradition aufgegriffen und in größere Zusammenhänge gestellt werden konnte, bietet abermals der Palazzo Pubblico in Siena. In den Lünetten der «Anticapella» malte Taddeo di Bartolo ab 1413 einen Zyklus der Tugenden und an der Wand darunter eine Reihe von berühmten Römern. Unter *Justitia* sind Cicero, Cato Uticensis und Publius Scipio Nasica zu sehen, unter der *Magnanimitas* Marcus Curius Dentatus, Marcus Furius Camillus und Scipio Africanus. Wenn man nachschlägt, wie jeder einzelne der hier dargestellten Männer in der antiken Literatur charakterisiert wurde, so wird man feststellen, dass jedem von ihnen die Tugend zugeschrieben wurde, unter der er hier dargestellt ist. Einen besonderen Fall repräsentieren Cäsar und Pompeius. Unter ihren Bildnissen steht ein *Titulus*, der an den Betrachter, den Bürger Sienas, gerichtet, daran erinnert, dass Rom über die Welt geherrscht habe, solange man einträchtig dem öffentlichen Wohl gefolgt sei. Aus blindem Ehrgeiz (*ambitio caeca*) sei von ihnen der Bürgerkrieg vom Zaune gebrochen worden, der den Senat gespalten und die römische Freiheit zugrunde gerichtet habe. Cäsar und Pompeius sind warnendes Beispiel dafür, was mit der Kommune geschieht, wenn nicht das Gemeinwohl und die Eintracht Handlungsmaxime der Regierenden sind, sie sind Exemplum für rücksichtslosen Ehrgeiz und seine fatalen Folgen.

Geschichte als Exemplum

Die *Uomini illustri*, wie sie in Siena oder im Palazzo Orsini in Rom dargestellt wurden, sollten den Betrachtern ein belehrendes oder mahnendes Beispiel geben. Diese Absicht ist vielfach auch das treibende Motiv bei der Konzeption von Geschichtsdarstellungen gewesen. Hinter dem Postulat, dass der Mensch aus der Geschichte lernen könne und müsse, steht die Überzeugung, dass Geschichte sich wiederhole, dass sie letztlich sogar zyklisch ablaufe, weil die Natur des Menschen immer gleich bleibe. Diese Auffassung hat ihre Wurzeln in der Antike.
Livius Titus Livius formulierte sie in der Vorrede zu seinem Geschichtswerk *Ab urbe condita*:

«Dies ist ja das eigentlich Heilsame und Fruchtbare an der Geschichtsbetrachtung, dass man für Ereignisse aller Art Beispiele wie auf einem weitbekannten Denkmal vor sich sieht; dort kann man für sich persönlich und für seinen Staat

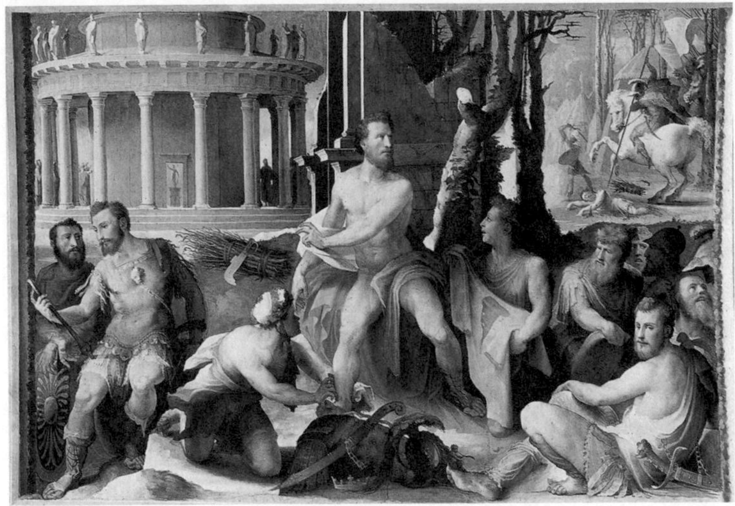

Abb. 39: Domenico Beccafumi, Kodrus, der König der Athener (1529–1535), Siena, Palazzo Pubblico, Sala del Concistorio

ablesen, was nachahmenswert ist oder was man meiden muss, weil es hässlich und schlecht in seinem Ursprung und seinen Folgen ist.»

Die Geschichte bietet – so das Schlüsselwort, dessen sich Livius bedient – *exempla* menschlichen Handelns. Cicero hat die Bedeutung der Geschichte für den Menschen auf die kurze Formel *historia magistra vitae* (Geschichte ist die Lehrmeisterin des Lebens) gebracht (*De oratore II,36*). Als Lehrmeisterin des Lebens gab sie Orientierung für das aktuelle Handeln und dem Redner diente sie als unerschöpflicher Fundus für Beispiele, mit denen er seine Ausführungen überzeugender machen konnte. Die Bedeutung dieser auf das Exemplarische fokussierten Geschichtsauffassung für die Kunstgeschichte kann gar nicht hoch genug eingeschätzt werden. Dass Geschichte, historische Persönlichkeiten wie Ereignisse, als Exemplum aufgefasst wurden, führte dazu, dass bestimmte Szenen wegen ihrer exemplarischen Bedeutung immer wieder dargestellt wurden und dass diese Bedeutung, auf die man abzielte, größeres Gewicht erhielt als die Historizität der Szene. *Cicero*

Ein bemerkenswertes Beispiel für einen Geschichtszyklus, dessen Themen ganz unter dem Aspekt ihrer Beispielhaftigkeit ausgewählt wurden, bietet der Palazzo Pubblico in Siena mit den Fresken Beccafumis an der Decke der *Sala del Concistorio*, die von 1529 bis 1535 ausgeführt wurden. Das Muldengewölbe ist mit einem schweren Rahmengerüst in einzelne Bildfelder unterteilt. Die Deckenmitte wird von drei Bildfeldern eingenommen, die durch Inschriften bezeichnete Tu- *Siena* gendpersonifikationen zeigen. In Bildfeldern an den vier Seiten sind Taten bedeutender Persönlichkeiten der Antike oder Einzelfiguren dargestellt, die jeweils durch eine Beischrift benannt werden. Zwischen den Darstellungen ist kein historischer Zusammenhang erkennbar. An der Eingangsseite liest man unter dem Hauptbild (Abb. 39) *Codrus Rex Athenensium*, unter dem Halbtondo links *Celius Praetor*, rechts *Genetius Cippus praetor.* Diese drei lebten zu ganz unterschiedlicher Zeit und in ganz verschiedenen Regionen. Auf die Frage, warum gerade diese drei – ebenso wie die anderen Historien – hier zusammengestellt worden sind, wird man in den Werken der Geschichtsschreibung der Antike von Herodot bis zu Livius und Tacitus keine konkrete Antwort finden. Es gibt jedoch einen einfachen Schlüssel zu diesem Programm. Alle Szenen und Figuren, die von Beccafumi dargestellt werden, sind in einem einzigen Buch, den *Facta et dicta memorabilia* des Valerius Maximus (1. Jh. n. Chr.), zu finden. Es handelt sich hierbei um eine Zusammenstellung von Begebenheiten und Anekdoten, die aus der antiken Geschichte genommen sind, hier aber nicht chronologisch dargeboten werden, sondern nach jenen Begriffen übersichtlich angeordnet wurden, für die sie jeweils als Beispiel stehen sollen. Das Werk des Valerius Maximus war in erster Linie für Redner bestimmt, die hier die für ihre Argumentation passenden historischen Exempla finden konnten. Das Inhaltsverzeichnis der neun Bücher liest sich wie ein Katalog der Tugenden und Laster, der moralischen Wertvorstellungen Roms. Für den Begriff, dem das jeweilige Kapitel gewidmet ist, werden zunächst Beispiele aus der römischen Geschichte geboten, sodann «externe» Beispiele, zumeist aus der griechischen Geschichte.

Valerius Maximus

Von den Taten der drei an der Eingangsseite dargestellten Männer, den König der Athener Kodrus und die Römer Aelius Praetor und Genucius Cippus Praetor, berichtet Valerius Maximus in einem Kapitel, das herausragende Beispiele für die Liebe zum Vaterland versammelt (*De pietate erga patriam*, Buch V,6). Über Kodrus ist dort zu lesen:

«Das Gebiet von Attika ward durch ein starkes feindliches Heer hart mitgenommen und mit Feuer und Schwert verwüstet. Von Menschenkräften keine Hilfe mehr erwartend, nahm der König von Athen, Kodrus, seine Zuflucht zum Orakel des Delphischen Apollo und ließ durch Gesandte fragen, auf welche Weise dieser schwere Krieg beendet werden könne. Der Gott antwortete, wenn der König durch des Feindes Hand falle, so werde der Krieg sein Ende finden. Diese Erklärung wurde nicht bloß im athenischen, sondern auch im feindlichen Lager ruchbar, was bei den Feinden den Befehl zur Folge hatte, niemand solle die Person des Kodrus verwunden. Kaum aber war dieser davon unterrichtet, so legte er alles ab, was ihn als König kenntlich machte, zog Bedientenkleidung an, stellte sich einer feindlichen Abteilung, welche auf Fütterung ausging, entgegen, und verwundete mit einer Sichel einen Krieger, wodurch dieser gereizt ward, und ihn tötete. Sein Tod bewirkte Athens Rettung.»

Die Geschichte des Kodrus, des sagenhaften Königs von Athen, steht hier also für die Tugend der Vaterlandsliebe, die er mit seiner Selbstaufopferung in höchstem Maße bewies. Beccafumi hat die Tat, das Ablegen der königlichen Rüstung, ins Zentrum gestellt. Der Rundtempel oben links ist als Hinweis auf das Orakel des Apoll zu verstehen. Der Tod des Kodrus wird in der Nebenszene oben rechts gezeigt.

Andere Exempel, die Beccafumi in diesem Zyklus verbildlicht, beziehen sich auf die *Severitas*, auf die Strenge sowohl in der Justiz wie gegenüber den Kindern, auf die Mäßigung, die militärische Disziplin, die Standhaftigkeit, die Gerechtigkeit, die Versöhnung. Insgesamt bietet sich auch hier, wie in den Fresken Ambrogio Lorenzettis oder Taddeo di Bartolos, ein Spiegel der Tugenden, die zum Erhalt und zur Blüte des Gemeinwesens beitragen. Auch hier findet sich die Zusammenfassung oder der Schlüssel des Programmes in der Deckenmitte, wo die Personifikation der *Justitia*, begleitet von den Personifikationen der *Mutua Benevolentia* (wechselseitiges Wohlwollen) und des *Amor Patriae* (Vaterlandsliebe), dargestellt wird.

Valerius Maximus war bis zum Ende des 18. Jh.s ein immer wieder neu aufgelegter Autor. Dann aber wurde er von der Altphilologie und der Geschichtswissenschaft als unzuverlässiger Kompilator eingestuft, dessen Buch als Geschichtsquelle keinerlei Wert habe, weil es nichts enthalte, was man nicht in anderen Texten besser finden könnte. Diese Kritik verkennt den Zweck dieses Werkes als Anthologie exemplarischer Geschichten. In der Kunst der Renaissance und des Barock war Valerius Maximus eine der meistbenutzten antiken Quellen. Wenn man eine Darstellung aus der antiken Geschichte vor sich hat, sollte man nicht versäumen, nachzusehen, ob sie nicht vielleicht bei Valerius Maximus zu finden ist und wo sie dort steht, um Aufschluss darüber zu erhalten, wofür sie ein Exempel ist.

Familie des Darius vor Alexander

Ein besonders beliebtes Exempel aus der Sammlung des Valerius Maximus war *Die Familie des Darius vor Alexander dem Großen*. Paolo Veronese stellte diese Geschichte um 1565 in einem Gemälde dar, das sich früher im Palazzo Pisani in Venedig befand. Sisygambis, die Frau des in der Schlacht bei Issos gefallenen Perserkönigs Darius, und ihre Töchter knien vor einer Gruppe von Männern, in deren Mittelpunkt Alexander steht, der mit der einen Hand nach rechts auf seinen Gefährten Hephaistion weist und die andere in der Geste des Beruhigens der Sisygambis entgegenstreckt. Valerius Maximus berichtet (IV,7):

«König Alexander hatte [nach der Schlacht von Issos] das Lager des Darius, in welchem sich alle Verwandten desselben befanden, genommen und begab sich dahin in Begleitung seines Lieblings Hephaistion, um sich mit ihnen zu unterreden. Seine Ankunft gereichte der Mutter des Darius zur Beruhigung. Sie richtete ihr Haupt, das den Boden berührte, empor, und bezeugte dem Hephaistion, dessen Schönheit und Wuchs ausgezeichneter waren, nach persischer Sitte ihre Ehrerbietung, als begrüße sie Alexander. Man belehrte sie über ihren Irrtum; und nun suchte sie in der äußersten Bestürzung Worte zur Entschuldigung. Alexander versetzte: ‹Du brauchst dich nicht durch diesen in Verwirrung setzen lassen, denn auch dieser ist Alexander.› Wem soll man mehr Glück wünschen, dem, der solches sagen konnte, oder dem, der es hören durfte? Der hochherzige König, durch seine Siege bereits Herr der ganzen Erde oder doch voll Hoffnung, es zu werden, stellte sich durch diese wenigen Worte in eine Linie mit seinem Begleiter. Welches Geschenk liegt in diesem gefeierten Ausspruch, gleich ehrenvoll für den, von welchem er ausging, wie für den, welchem er galt!»

Diese Geschichte ist bei Valerius Maximus Exempel der *Amicitia*, der Freundschaft. Aus der Rezeptionsgeschichte wird deutlich, dass man in ihr auch ein Exempel für die Tugend der *Magnanimitas*, der Großherzigkeit, erkannte. Dieser Aspekt steht in dem *Das Zelt des Darius* betitelten Gemälde von Charles Le Brun (1660/61) im Schloss von Versailles im Vordergrund. In der differenzierten Darstellung der Reaktionen auf den nach antiken Vorstellungen unverzeihlichen Fehler der persischen Königin und auf die Antwort des Alexander galt das Bild als ein Lehrstück der Ausdrucksdarstellung. Das Bild gehört zu einem Zyklus von monumentalen Darstellungen der Geschichte Alexanders des Großen, der von Le Brun in der Absicht geschaffen wurde, um mit dem makedonischen König Ludwig XIV. als «neuen Alexander» zu preisen. *Allusion* Diese Form der Anspielung oder Allusion war eine weitere, viel genutzte Möglichkeit, einer Historie eine Bedeutungsebene zuzuweisen, die über den konkreten Inhalt hinausführte und mit ihm eine aktuelle Aussage verband, die sehr oft der *augmentatio*, der rhetorischen Steigerung durch einen Vergleich, diente.

Auch wenn man eine Szene aus der Geschichte des Altertums bei Valerius Maximus nicht findet, kann man zumindest von der Arbeitshypothese ausgehen, dass sie als Exemplum aufzufassen ist. Das gilt beispielsweise für die im Barock sehr beliebte Szene, in der der ältere *Scipio Africanus* Scipio Africanus dem Iberer Allucius seine junge Braut zurückgab, die ihm nach der Eroberung von Neu-Karthago in die Hände gefallen war. Die von Livius (*Ab urbe condita* 26,50) überlieferte Geschichte ist zum Exemplum der politischen Tugend der *Continentia* (Enthaltsamkeit) geworden. Die «unantike» Erscheinung der Figuren und der Szenerie in derartigen Historien, die die Betrachter späterer Zeiten sehr irritiert hat, konnte mit der Aussageintention gerechtfertigt werden. Es ging dem barocken Künstler und seinen Auftraggebern eben nicht um die Darstellung antiker Geschichte, sondern um die exemplarische Bedeutung, die überzeitlich ist und deren Gewicht durch die Mittel eines hohen Stiles unterstrichen werden sollte.

Aufklärung

Im Zusammenhang mit der Kunsttheorie der Aufklärung, die vom Kunstwerk eine sittliche, erzieherische Wirkung forderte, erlebte das als Exemplum aufgefasste Historienbild einen Kulminationspunkt der Beliebtheit. Die im Revolutionsjahr 1789 von Nicolas Guy Brenet gemalte *Enthaltsamkeit Scipios* dokumentiert das fortdauernde Interesse an dem Thema. Es zeigt zugleich, dass die neue Einstellung zur Antike, die ihren deutlichsten Niederschlag in den Werken Winckelmanns gefunden hatte, jetzt den Stil bestimmt. Die klassizistischen Künstler waren bemüht, die Beispiele der alten Geschichte auch im antiken Gewand zu schildern.

Die höchste Steigerung ihrer Bedeutung erfuhren die Exempla aus der Zeit der römischen Republik im Werk von Jacques-Louis David.

Schwur der Horatier

Sein wohl bekanntestes Bild, *Der Schwur der Horatier* (1784), bezieht sich auf eine Begebenheit aus der Frühzeit Roms, von der Livius berichtet (*Ab urbe condita* 1, 24–26). Im Krieg gegen Alba Longa sollte der Kampf der drei Brüder aus der Familie der Horatier gegen die drei Brüder der Curatier entscheiden. David wählte den von Livius nicht geschilderten Moment, in dem die Brüder ihrem Vater schwören, ihr Leben für Rom einzusetzen, und es enthält mit der Gruppe der weinenden Schwestern, die rechts sitzen, einen Hinweis auf das Ende: Der einzig überlebende, siegreiche Horatier trifft, mit den im Kampf erbeuteten Waffen beladen, auf seine Schwester, die mit einem der Curatier verlobt war. Als sie zu weinen beginnt, weil sie erkennt, dass ihr Verlobter erschlagen wurde, wird sie von ihrem Bruder getötet, weil sie um einen Feind trauert. Valerius Maximus führt dieses grausame Ende als Exempel der *Severitas*, der Strenge, an. Die Schwurszene, die David in den Mittelpunkt rückte, ist als Beispiel des «martialischen Mutes» und der äußersten Entschlossenheit zu deuten.

Krise um 1800

Trotz seiner großen Beliebtheit in der Revolutionszeit kam das exemplarische Geschichtsbild um 1800 in eine tiefe Krise. Probleme ergaben sich zunächst von der Seite der Thematik. Seit der Jahrhundertmitte war von Rousseau und anderen gefordert worden, die Kunst für die öffentliche Erziehung einzusetzen. Angesichts der in den letzten Jahrzehnten des Ancien Régime immer deutlicher werdenden Symptome der Krise reagierte der Hof und entschloss sich, den Mahnungen der Aufklärer folgend, die Historienmalerei ihrer erzieherischen Wirkung wegen mit Staatsaufträgen zu fördern. Da im Interesse der Stabilisierung der Verhältnisse die Stärkung des Patriotismus besonders wichtig schien, ging man dazu über, die Exempla, die gemalt werden sollten, nicht nur in der antiken Geschichte zu suchen, sondern auch in der eigenen, nationalen Geschichte. So bezogen sich einige der Aufträge für Historienbilder, die der Direktor des königlichen Bauwesens Comte d'Angiviller 1777 vergab, auf Ereignisse des Mittelalters.

nationale Exempla

Nicholas Guy Brenet lieferte das Bild *Les honneurs rendue au connétable Du Guesclin par la ville de Randon.* Der Feldherr Du Guesclin starb 1380 bei der Belagerung von Châteauneuf-de-Randon. Das Bild zeigt, wie ihm die letzte Ehre nicht nur von den trauernden Franzosen erwiesen wird, sondern auch von seinen Feinden, die die Stadtschlüssel überbringen, weil sie versprochen hatten, sich zu ergeben, wenn sie nicht bis zu diesem Tag Entsatz erhalten hätten. Im Katalog des «Salon» von 1777 wurde Brenets Bild erläutert mit den Worten: *Trait de respect pour la vertu.* Das Exemplum steht auch hier noch im Vordergrund.

Die Rückbesinnung auf die nationale Vergangenheit gewann auch in den anderen europäischen Ländern zunehmend an Bedeutung. Dass einem klassizistischen Künstler die Wahl mittelalterlicher Themen einige Schwierigkeiten bereiten konnte, lässt sich am Beispiel von Wilhelm Tischbein zeigen. Dieser vollendete 1784 sein großes Bild *Konradin von Schwaben und Friedrich von Österreich vernehmen ihr Todesurteil.*

Konradin, der letzte aus dem Hause der Hohenstaufen, war mit dem Versuch, seinen Anspruch auf das väterliche Erbe durchzusetzen und die Herrschaft dem von Papst Clemens IV. unterstützten Karl von Anjou wieder zu entreißen, gescheitert. Er war in der Schlacht von Tagliacozzo geschlagen, auf der Flucht zusammen mit seinem Vetter Friedrich von Österreich gefangen genommen und nach Neapel gebracht worden. Dort wurde den beiden 1268 der Prozess gemacht, an dessen Ende die Hinrichtung stand.

Der Maler hatte 1781 in einem Brief an seinen Bruder geschrieben: «Die römischen und griechischen Geschichten sind so genotzüchtigt und in unserm Lande sind Geschichten vorgegangen, die ebenso malerisch sind wie die römischen, ebenso edel und für uns insbesondere.» Auch in seinem Gemälde steht die Absicht im Vordergrund, ein Exempel vor Augen zu führen, nämlich die Unerschütterlichkeit und innere Stärke, mit der Konradin sein Todesurteil aufnimmt. Als schwierig und letztlich nicht lösbar erwies sich das Problem des Stils. Das Thema verlangte ein der historischen Zeit entsprechendes oder wenigstens angenähertes «mittelalterliches» Kostüm. Das aber war mit dem herkömmlichen, an der Antike orientierten Stilideal der Historienmalerei nicht zu vereinen. Hinter der bisherigen Begeisterung für Exempel aus der antiken Geschichte standen Überlegungen, die sich aus den Regeln der Rhetorik erklären lassen. Ein Exempel wird nur dann überzeugen können, wenn es wenigstens in den Grundzügen bekannt ist, und es wird umso mächtiger wirken, je höher es steht, je herrlicher die Gestalten und Zeiten sind, die es präsentiert. Von diesem Gesichtspunkt aus waren die Wahl antiker Stoffe und ihre Darbietung mit den Mitteln des hohen Stils geradezu geboten. Für Tischbein ergab sich die

Schwierigkeit, die Forderung nach Überzeugungskraft und Allgemeingültigkeit des Exempels mit der Forderung nach Veranschaulichung des nationalen Charakters zu vereinen. Im Rahmen der Regeln, die im Klassizismus für den Stil der Historienmalerei als gültig erachtet wurden, war dieses Problem nicht zu lösen. Tischbein hat keinen weiteren Versuch in dieser Richtung unternommen.

Krise exemplarischer Geschichtsdarstellung

Tischbeins Scheitern ist Symptom einer Krise der Geschichtsdarstellung, die letztlich in der neuen Geschichtsauffassung wurzelt, die sich mit der Aufklärung durchzusetzen begann und schließlich in den Historismus hineinführte, der die geistige Kultur des 19. Jh.s über weite Strecken bestimmen sollte. Ein wesentlicher Aspekt dieses grundlegenden Wandels ist die Auflösung der Vorstellung einer grundsätzlich wiederholbaren Geschichte, die nach überzeitlichen Gesetzen abläuft.

Historismus

Der Historismus setzt das Postulat eines ewigen Fortschreitens der Geschichte dagegen. Die Geschichte lehrt, dass die Menschen in ihrem Handeln von den Bedingungen und Möglichkeiten ihrer Zeit abhängig sind. Jede Zeit hat ihr eigenes Gewicht und ihre eigene Bedeutung. Alle Epochen sind, wie Leopold von Ranke es formulierte, «gleich nah zu Gott». Ein Ergebnis dieses grundsätzlichen Auffassungswandels war, dass aus «Geschichten» der Kollektivsingular «Geschichte» wurde. Im Rahmen dieser Geschichtsauffassung verlor das historische Exemplum seine Überzeugungskraft. Die Folgen für die Geschichtsmalerei waren tiefgreifend. Das Exemplarische wurde zwar nicht mit einem Schlage abgeschafft. Es trat aber zurück, je stärker das Gewicht auf die historische Genauigkeit der Darstellung gelegt wurde, die als entscheidende Konsequenz aus dem historistischen Postulat zu ziehen war, dass Vergangenheit aus der jeweiligen Zeit selbst heraus verstanden werden soll.

Kostümstreit

Selbstverständlich war von der Position des Historismus aus auch im Hinblick auf die Gegenwart der Anspruch zu erheben, sie so darzustellen, wie sie sich zeigt. Dass diese Forderung nicht ohne weiteres einzulösen war, belegt der sogenannte Kostümstreit, der schon lange vor der Revolution eingesetzt hatte. Dabei ging es darum, ob Persönlichkeiten, die mit einem Denkmal öffentlich geehrt werden sollten – im Ancien Régime waren dies vor allem Könige und Feldherren –, in antikem Kostüm, das nach den tradierten Vorstellungen dem Decorum des hohen Stils entsprach und den Anspruch auf überzeitliche Geltung signalisierte, dargestellt werden sollten oder im Kostüm ihrer Zeit, mit dem der Akzent auf die Individualität der Persönlichkeit gelegt wurde.

Wie schwierig die Entscheidung in dieser Frage war, dokumentieren die Debatten, die in Berlin geführt wurden, als man daran ging, ein Denkmal für Friedrich d. Gr. (1786) zu errichten. Gottfried Schadow, der sich bei seinem Denkmal für General Zieten (1790–94) konsequent an das Zeitkostüm gehalten hatte, zeigt den Fürsten Blücher in dem für Rostock geschaffenen Denkmal (1815–16) auf Anraten Goethes in einer Art germanischer Tracht, drapiert mit einer Löwenhaut, die schon in der Antike Attribut der Heroen war, und ausgestattet mit den militärischen Insignien seiner Zeit, um ihn auf diese Weise als nationalen Kriegshelden zu charakterisieren.

Ähnliche Schwierigkeiten und Lösungsversuche zeigen sich in den Darstellungen zeitgenössischer Ereignisse. Ein in diesem Zusammenhang immer wieder angeführtes Beispiel ist das Gemälde von Benjamin West, *Der Tod des General Wolfe* (1770), das die Personen konsequent in ihrem zeitgenössischen Kostüm zeigt, die Hauptgruppe um den sterbenden General und die begleitenden Figuren aber nach dem Typus der Beweinung Christi unter dem Kreuz konzipiert. Der Heldentod des Generals wird mit dem Opfertod Christi gleichgesetzt. Höher konnte der Künstler in seiner Charakterisierung kaum greifen. Wests Gemälde ist ein gutes Beispiel dafür, wie durch die Adaption tradierter ikonographischer Typen Bedeutung in neuen Nuancen generiert werden kann.

Geschichtsdarstellung im Zeitalter der Revolution

Instruction publique

Einen enormen Aufschwung nahm die Ereignisdarstellung mit der Französischen Revolution. Sie wurde zusammen mit der Allegorie und der exemplarischen Geschichtsdarstellung zum dritten Pfeiler der *Instruction publique*, der öffentlichen Erziehung durch die Kunst, die der Selbstdarstellung und der Legitimation der Revolution zu dienen hatte. Auch dieser Zweig der Geschichtsdarstellung ist eng mit dem Namen von Jacques-Louis David verbunden. Ein besonders wichtiges Zeugnis dafür ist sein 1791 begonnenes, aber unvollendetes Gemälde *Le Serment du Jeu de Paume* (Der Schwur im Ballhaus). Im Auftrag des Nationalkonventes hatte David ein Ereignis darzustellen, das von den Zeitgenossen mehr noch als die Erstürmung der Bastille als Geburtsstunde der Revolution angesehen wurde. Am 17. Juni 1789 hatten sich die in Versailles versammelten Abgeordneten des dritten Standes als Nationalversammlung konstituiert. Zwei Tage später schloss sich der Klerus ihnen an. Tags darauf fanden sie die Türen des Hotels, in dem die Generalstände eigentlich tagten, auf königlichen Befehl verschlossen. Sie versammelten sich deswegen in dem in der Nähe gelegenen kahlen Ballspielhaus. Dort legten sie den feierlichen Eid ab, den der Präsident der Versammlung, der Astronom Jean Sylvain Bailly, ihnen vorsprach, «sich niemals zu trennen und überall dort zu versammeln, wo die Umstände es erfordern, bis die Verfassung des Königreichs festgelegt und auf soliden Grundlagen gesichert ist». Davids Projekt ist uns in einer großformatigen Zeichnung überliefert (Abb. 40). Das Bild zeigt eine fast unüberschaubare Menschenmenge, die sich in dem kahlen Raum des Ballhauses versammelt hat. Dramatik gewinnt das Bild durch die Figurengestaltung. Bailly, dessen Haupt sich genau im Fluchtpunkt der Raumkonstruktion befindet, steht wie ein Fels in der Brandung. Von allen Seiten werden ihm die zum Schwur erhobenen Arme entgegengereckt. Aus der bewegten Masse lösen sich im Vordergrund einzelne identifizierbare Figuren. Besonders sticht die Dreiergruppe in der Bildmitte hervor, in der sich die Vertreter der Konfessionen vereinigt haben. Um unmittelbar verständlich zu machen, dass es hier um einen kollektiven Schwur von größter historischer Bedeutung geht, arbeitet David mit Motivzitaten, die aus der Darstellung des *Rütli-Schwurs* von Füssli entlehnt sind und aus seinem eigenen *Schwur der Horatier.* Der Bildraum ist perspektivisch so konstruiert, dass er den Betrachter unmittelbar einbezieht und das Zentrum der Perspektive zugleich das Ziel aller Bewegung im Bilde ist, nämlich der Kopf Baillys. Das Bild ist als Appell an den Betrachter konzipiert. Dies war für den Künstler viel wichtiger als das Festhalten der historischen Faktizität. Zwar gibt es keine Allegorien oder mythologischen Gestalten mehr. Das heißt, dass David die Vermischung der Darstellungsmodi ablehnte und auch über der historischen Wirklichkeit keine höhere Wirklichkeit gelten lassen wollte. Dennoch war sein Ziel nicht ein historischer Realismus. Als David 1799 noch einmal aufgefordert wurde, sein Gemälde zu beenden, erbot er sich, statt der Porträts derjenigen, die an dem Schwur teilgenommen hatten, aber inzwischen in Misskredit geraten und zum Teil auch hingerichtet worden waren, Porträts von jenen einzusetzen, die seither für die Revolution Bedeutendes geleistet hatten.

Napoleon

Der Einsatz der Kunst als Medium der Propaganda wurde von Napoleon noch intensiviert. Er sorgte dafür, dass entscheidende Ereignisse seiner Herrschaft in Bildern monumentalen Formats festgehalten wurden, um so deren Wahrnehmung durch die Öffentlichkeit zu lenken. David erhielt im September 1804 den Auftrag, *Le Sacre de l'Empereur*, die Kaiserkrönung Napoleons, festzuhalten, die am 2. Dezember 1804 stattfand, und er konnte das großformatige Gemälde bereits 1807 vollenden, wobei er einen bezeichnenden Wechsel in der Wahl des Momentes vornahm, denn zunächst wollte er darstellen, wie Napoleon sich in Anwesenheit des Papstes selbst die Krone aufsetzt; am Ende war dann die Krönung der Kaiserin Josephine durch Napoleon das Thema des Bildes, das in der Anlage die Traditionen der Darstellung von Haupt- und Staatsaktionen fortsetzt, dabei aber natürlich auf alles allegorische Beiwerk verzichtet.

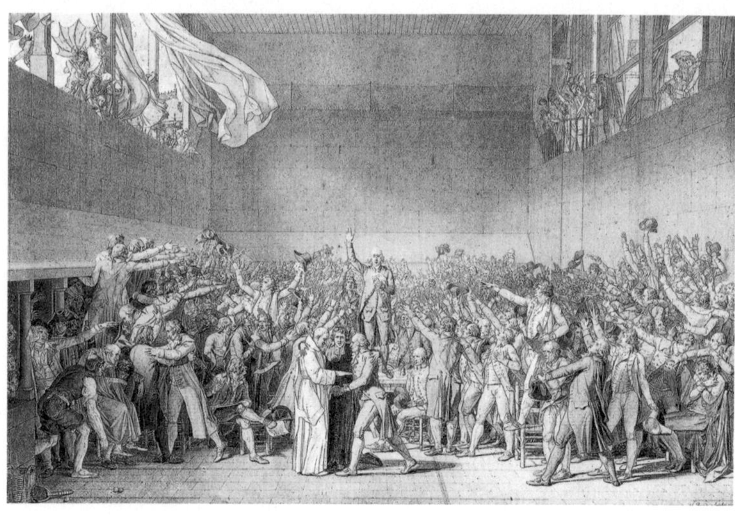

Abb. 40: Jacques-Louis David, Der Schwur im Ballhaus, Entwurfszeichnung (1791), Paris, Louvre

Schlachtendarstellung

Größten Wert legte Napoleon darauf, dass die Erfolge seiner Kriegszüge der französischen Bevölkerung durch bedeutende Kunstwerke vor Augen geführt wurden. Zu nennen sind hier die Gemälde von Louis François Lejeune, der 1802 die *Schlacht von Marengo*, 1805 die *Schlacht von Aboukir* und viele weitere Siege der napoleonischen Truppen darstellte. Antoine-Jean Gros gab mit seinem Gemälde *Napoleon auf dem Schlachtfeld von Eylau* (1808) ein Beispiel dafür, wie ein fragwürdiger Sieg zum Triumph Napoleons umgedeutet werden kann, der hier nicht als Schlachtenheld, sondern als Exemplum der *humanité* vorgeführt wird. Besonders erwähnenswert in diesem Zusammenhang ist Gros' Gemälde *Napoleon bei den Pestkranken in Jaffa*, das ein Ereignis aus dem Orientfeldzug Napoleons 1798–99 wiedergibt. Zu Beginn des Feldzugs in Syrien war in Ägypten die Pest ausgebrochen. Nach der Einnahme von Jaffa vermehrten sich die Pestfälle, durch die die Truppen demoralisiert wurden. Napoleon besuchte im März 1799 das Lazarett, um zu signalisieren, dass er keine Gefährdung erkenne. Mit dem Bild sollte englischen Vorwürfen entgegengetreten werden, die Franzosen hätten in Jaffa Kriegsverbrechen begangen und Gefangene und Kranke umgebracht. Gros zeigt in seinem Bild Napoleon als einen für seine Truppen sorgenden General und er geht sogar noch weiter, denn indem er Napoleon zeigt, wie er einen vor ihm stehenden Kranken berührt, spielt er auf einen alten Ritus der französischen Monarchie an, der noch durch Ludwig XVI. ausgeführt wurde. Mit der magischen Geste der «Königsberührung» sollten Aussätzige von ihrer Krankheit geheilt werden. Napoleon tritt hier als *Roi thaumaturge*, als wundertätiger König auf. Am Beispiel dieses Bildes zeigt sich abermals, dass die Interpretation einer Geschichtsdarstellung sich nicht damit begnügen darf, das Ereignis zu referieren, sondern historische Kontexte und typengeschichtliche Traditionen aufdecken muss, um über die Beschreibung hinauszukommen.

Zwischen Idealismus und Realismus

Die Geschichtsmalerei konnte ihren hohen Stellenwert in Frankreich auch nach dem Sturz Napoleons behaupten. In der Epoche der Restauration wurde sie zu einem viel benutzten Instrument zur Stiftung nationaler Identität. Vorbildlich für ganz Europa wurde die *Galerie historique* in Versailles. 1833 entschloss sich der Bürgerkönig Louis-Philippe, das Schloss zu einem Museum ausbauen zu lassen, das *A tous les gloires de la France* gewidmet sein sollte und in welchem Erinnerungsstücke der nationalen Geschichte zusammengetragen werden sollten. Kernstück war die *Galerie des Batailles*, die 1837 eröffnet wurde. Auch in Deutschland entstanden von etwa 1820 an zahlreiche monumentale Geschichtszyklen, die das kollektive Gedächtnis stärken sollten und zugleich eine aktuelle politische Botschaft hatten. Ein bedeutendes Beispiel dafür sind die *Karlsfresken*, die Alfred Rethel von 1840 an für das Rathaus zu Aachen konzipierte und dabei dem Grundsatz folgte, nur historisch verbürgte Szenen darzustellen. Schlüsselbild des Zyklus ist die Darstellung des Besuches Ottos III. in der Gruft Karls des Großen, das als ein Symbol der Erneuerung aus der Rückwendung zur Vergangenheit verstanden werden soll und nach Rethels eigenen Worten eine «geschichtliche Apotheose» der Kaiseridee ist.

Galerie historique Versailles

Aachen

Die Werke öffentlicher Geschichtsdarstellung entstanden in dem Spannungsfeld von politischer Instrumentalisierung und Wahrheitsanspruch. In den Diskussionen des Historismus spielte die Frage der historischen Wahrheit, wie sie wissenschaftlich erfasst und dargestellt werden kann, eine zentrale Rolle. Kunst und Kunsttheorie haben darauf in den Jahrzehnten um die Mitte des 19. Jh.s sehr unterschiedliche Antworten gegeben. 1835 erhielt Julius Schnorr von Carolsfeld von Ludwig I. den Auftrag, in der Münchner Residenz drei Säle zu dekorieren, die auf den Thronsaal hinführten. Der König trug ihm auf, Szenen aus der Geschichte Karls des Großen, Barbarossas und Rudolfs von Habsburg zu malen und alles wegzulassen, was nicht historisch sei. Der Maler wehrte sich dagegen: Wenn «jede Bezeichnung eines höheren Zusammenhanges, jede symbolische Andeutung weg-

München

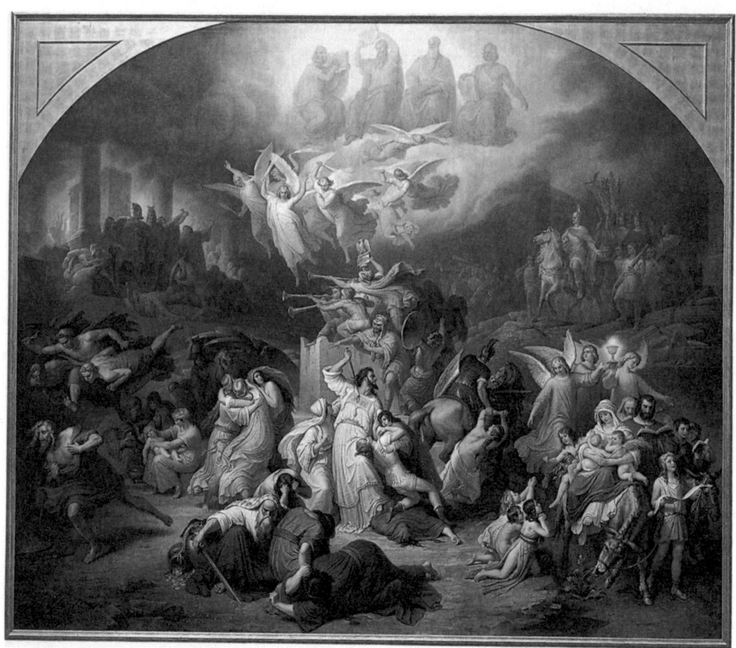

Abb. 41: Wilhelm von Kaulbach, Die Zerstörung Jerusalems durch Titus (1846), München, Neue Pinakothek

fallen, hingegen nur die äußere geschichtliche Wahrheit ins Auge gefaßt werden müsse, so ist wirklich eine tiefere Auffassung unmöglich» und das Ganze könne «nimmermehr eine zusammenhängende Kunstschöpfung werden». Kunst- und Geschichtsauffassung standen in einem Spannungsverhältnis. Wenn in München letztlich doch eine Lösung im Sinne einer idealistischen Geschichtsdarstellung gefunden wurde, so lag dies daran, dass die Geschichtsmetaphysik in dieser Zeit, in der der Herrscher noch König «von Gottes Gnaden» war, einen hohen Stellenwert hatte.

idealistische Geschichtsdarstellung

Als bedeutendster deutscher Vertreter einer idealistischen Geschichtsmalerei kann Wilhelm von Kaulbach gelten. In seinem 1846 vollendeten monumentalen Gemälde *Die Zerstörung Jerusalems durch Titus* (Abb. 41) bildet er nicht das historische Geschehen, die Zerstörung der Hauptstadt Judäas durch die Römer im Jahre 70 n. Chr. ab, sondern stellt dessen welthistorische Bedeutung heraus. Sein Bild will den Betrachter überzeugen, dass dieses historische Ereignis ein epochaler religiöser und kultureller Wendepunkt der Geschichte war. Im Himmel erscheinen die Propheten, deren Warnungen sich hier erfüllen. Von rechts her rücken die Römer an. Im Zentrum steht vor dem Altar der Hohepriester, der den Dolch zum Selbstmord ansetzt. Unberührt und von Engeln mit Kelch und Hostie geschützt, ziehen die Christen aus, um ihre Religion ins Römische Reich zu tragen, während am linken Bildrand der Ewige Jude davonstürzt, der fortan ruhelos durch die Welt ziehen muss. Kaulbach hat das Bild im Zyklus des Treppenhauses des Neuen Museums in Berlin wiederholt, der die Hauptmomente der Weltgeschichte darstellen sollte. Das Schlussbild des Berliner Zyklus war dem *Zeitalter der Reformation* gewidmet. Kaulbach stellt darin nicht ein bestimmtes Geschehen dar, sondern zeigt eine Versammlung von über hundert Persönlichkeiten, die in der Reformationszeit Bedeutendes geleistet haben. Dieser Bildtypus, den man als eine säkularisierte *Sacra Conversazione* (s. S. 92) bezeichnen könnte, hatte sein großes Vorbild in Raffaels *Schule von Athen*. Wenn diese Darstellungsform einer «Versammlung großer Geister» im 19. Jh. zu größter Beliebtheit aufstieg, so spiegelt sich darin ein Gemeinplatz des bürgerlichen Geschichtsverständnisses im 19. Jh., den beispielsweise Thomas Carlyle in seinen populären Vorlesungen über *Helden und Heldenverehrung* (1853) formulierte: «Die allgemeine Geschichte, die Geschichte dessen, was die Menschen in der Welt vollbracht haben, [ist] im Grunde die Geschichte der großen Menschen, die hier wirksam gewesen sind. [...] Alles, was wir in der Welt fertig da stehen sehen, ist eigentlich das äußere leibliche Ergebnis, die thatsächliche Verwirklichung und Verkörperung von Gedanken, welche den in die Welt gesandten Großen innewohnten». Auch die von Ludwig I. als «Ruhmeshalle der Deutschen» gestiftete *Walhalla* ist in diesem Kontext zu sehen.

Dass Metaphysisches und Irrationales in der Geschichtsauffassung des 19. Jh.s ihren Platz behaupten konnten, zeigt sich auch an dem lebhaften Interesse an Sagen und Legenden, die vielfach Stoff zu Bildern und ganzen Zyklen geliefert haben. Besonders erfolgreich auf diesem Themenfeld war Moritz von Schwind (1804–1871). Beispielsweise entwarf er 1834 im Auftrag des bayrischen Kronprinzen Maximilian für Schloss Hohenschwangau einen Zyklus der so genannten Bertha-Legende, in deren Mittelpunkt die Sage von der Geburt Karls des Großen steht. 1853–55 entstanden Schwinds Fresken in der Wartburg, die die Sagen vom Sängerkrieg, der hl. Elisabeth von Thüringen und von den Thüringer Landgrafen schildern.

historische Authentizität

Gegen diese idealistische Geschichtsmalerei stellten sich jene, die sich um eine konsequente Umsetzung der Forderung nach historischer Authentizität bemühten. Hier ist an erster Stelle Paul Delaroche (1797–1856) zu nennen. Seinen Durchbruch erzielte er im Salon 1827/28 mit dem *Tod der Königin Elisabeth*. Elisabeth I. von England ist von ihrem Thron gesunken und bestimmt sterbend, dass der Sohn ihrer Widersacherin Maria Stuart, James VI. von Schottland, ihr

Nachfolger auf dem englischen Thron werden soll. Der harte, immer noch energische Gesichtsausdruck der Königin lässt den Betrachter ahnen, dass der Sterbenden ihre letzte Entscheidung schwerfällt. Gerade die psychologischen Feinheiten haben die Zeitgenossen fasziniert, und natürlich hat das Bild Aufsehen erregt, weil es den Tod der Königin in bewusstem Verstoß gegen das Dekorum inszenierte. Das Dramatisch-Momenthafte verband Delaroche mit der genauesten Beachtung des historischen Kostüms, wie sie bis dahin nicht üblich gewesen war. Beides zusammen vermittelt dem Betrachter den Eindruck, Augenzeuge des Geschehens zu sein. Die von Delaroche gewonnene Überzeugungskraft der Vergegenwärtigung des historischen Geschehens wurde für die nächsten Jahrzehnte zum Maßstab, an dem sich alle Historienmaler messen lassen mussten.

Aus Anlass einer an verschiedenen Orten in Deutschland veranstalteten Ausstellung von zwei großformatigen Historienbildern, der *Abdankung Karls V.* von Louis Gallait und dem *Kompromiß der niederländischen Adeligen* (1566) von Edouard de Bièfve, die beide dem Vorbild der französischen Geschichtsmalerei folgten, kam es Mitte der 1840er Jahre in Deutschland zu einer erregten Debatte über das Problem der historischen Authentizität und Wahrheit in der Kunst.

Die sog. Belgischen Bilder

Jakob Burckhardt stellte fest, dass diese *Belgischen Bilder* «im Prinzip und theilweise auch in der Ausführung alle unsere historischen Bilder in den Schatten stellen». «Hier sehen wir Menschen vor uns und eine Wirklichkeit, die bis an die Illusion reicht». Für eine Mehrheit des deutschen Bildungsbürgertums war «wahre» Kunst ohne den Anspruch auf höhere ästhetische Wahrheit nicht denkbar, schon gar nicht auf dem immer noch ranghöchsten Gebiet der Geschichtsmalerei.

Synthese von Realismus und Idealismus

So war die Synthese des Realismus und des Idealismus, die Max Schasler für die Geschichtsdarstellung forderte, ein konsequenter Schritt, der breite Zustimmung gefunden hat.

Als Beispiel dafür, wie man sich diese Synthese vorstellte, kann eines der am meisten bewunderten Geschichtsgemälde der Zeit gelten: *Seni an der Leiche Wallensteins* (1855) von Carl Theodor von Piloty. Bis in das kleinste Detail hinein bemüht sich Piloty um die realistische Wiedergabe der historischen Szenerie und Kostüme. Grundlage der Bilderfindung sind jedoch nicht geschichtliche Quellen, sondern die literarische Verarbeitung der historischen Gestalt im Drama Friedrich Schillers. Dem Betrachter bleibt es überlassen, so wie offensichtlich auch der zwielichtige Seni, über das tragische Ende des Feldherrn zu reflektieren, der von seinem astrologischen Aberglauben, auf den der Sternenglobus hinweist, in die Irre geführt und von der Fortuna verlassen wurde, was durch die kleine Figur auf dem Leuchter, auf dem die letzte Kerze gerade erloschen ist, angedeutet wird. Das im Sinne

Schillers als tragisch interpretierte Schicksal Wallensteins war es, was Piloty an dem Stoff interessierte.

Nationalbewusstsein

Die Geschichtsmalerei feierte in der zweiten Hälfte des 19. Jh.s in ganz Europa Triumphe. Auf den nationalen Ausstellungen wie auf den Weltausstellungen nahmen Kunstwerke mit historischer Thematik breitesten Raum ein. Kaum ein öffentliches Gebäude entstand, in dem nicht im Medium der Geschichtsdarstellung Vergangenheit und Gegenwart des Ortes oder der Institution gefeiert wurden. Der Historiker Heinrich v. Sybel forderte 1856, man solle «die Gegenwart auffassen als das letzte Glied einer geschlossenen tausendjährigen Kette, die Vergangenheit als die sprossende Wurzel des gegenwärtigen Daseins». Daraus erwachse dann eine tiefere Auffassung der Nationalität, was durch die Erfolge und Wirkungen des durch die Wissenschaft geweckten Geschichtsbewusstseins belegt werde: «Vergangenheit und Gegenwart verbindend erhob sich die Vorstellung der Nationalität als einer großen, die einzelnen Menschen umfassenden, durch die Zeitalter hindurch wachsenden Persönlichkeit». Die offiziell geförderte Kunst folgte diesem Rat. Einen guten Querschnitt durch das Themenfeld, das in Deutschland bearbeitet wurde, erhält man beim Blick auf die Aktivitäten der *Verbindung für historische Kunst*, die 1854 zur «Förderung des vaterländischen Geschichtsbildes» gegründet wurde. Dieser als Zusammenschluss der deutschen Kunstvereine organisierte Verband wollte durch Aufträge und Ankäufe von Werken, die dann in den Ausstellungen der Mitgliedsvereine gezeigt werden konnten, das Interesse für die Geschichtsmalerei und damit das nationale Geschichtsbewusstsein fördern. Bevorzugte Themenfelder waren die Kaisergeschichte des deutschen Mittelalters, die Geschichte der Reformation und des Dreißigjährigen Krieges, die Geschichte Preußens, insbesondere unter Friedrich d. Gr. und während der Befreiungskriege, und schließlich die aktuellen Ereignisse des deutsch-französischen Krieges und der Reichsgründung 1871. Parallel dazu fand auch die antike Geschichte nach wie vor starkes Interesse, besonders die Phasen der Auseinandersetzung mit den Germanen.

Deutschland

Hier wie generell auch in den Nachbarländern gilt, dass die Geschichtsdarstellung Schritt hielt mit der Aufarbeitung der Geschichte durch die Wissenschaft und die ihr folgende Literatur. Mit dieser zusammen übernimmt die Kunst die Aufgabe, die Inhalte zu popularisieren und die «großen Momente» der Geschichte ins allgemeine Bewusstsein zu heben. So hat die Kunst einen wesentlichen Beitrag zur

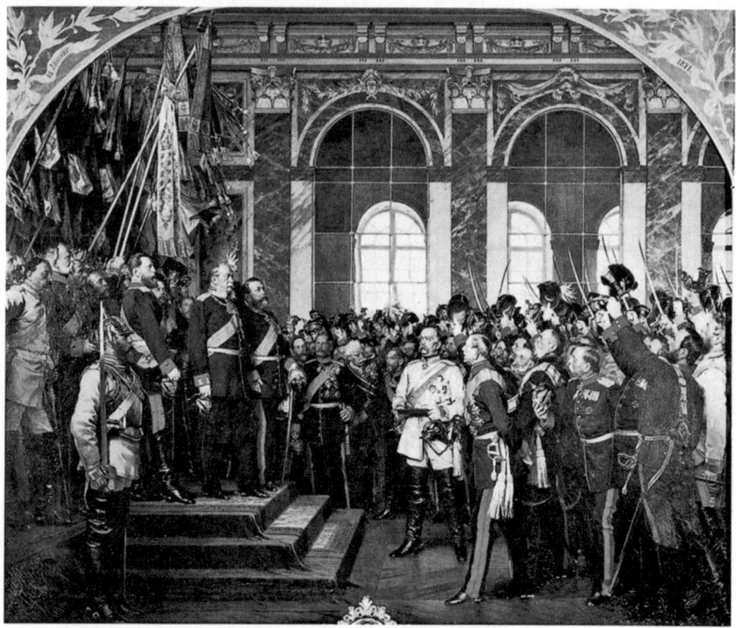

Abb. 42: Anton von Werner, Kaiserproklamation in Versailles am 18. Januar 1871 (1885), Friedrichsruh, Bismarck-Museum

Etablierung nationaler Geschichtsmythen geleistet. Von der Politik wurde diese Leistung klar erkannt und entsprechend gefördert.

Ein typisches Beispiel für die öffentliche Geschichtsmalerei bietet die Ausgestaltung der Kaiserpfalz in Goslar, deren großer Saal 1879–96 von Hermann Wislicenus ausgemalt wurde. Der historische Zyklus reicht von Karl dem Großen bis zu Luther, umfasst also die Zeit des mittelalterlichen Kaiserreiches. Er wird eingefasst von Darstellungen des Märchens von Dornröschen und der Sage von Barbarossa im Kyffhäuser, beides damals populäre Symbole der Wiederkehr des Kaiserreiches. Das Mittelbild ist eine Allegorie der Reichsgründung von 1871. Diese drei Darstellungen erweisen sich als Schlüsselbilder für das Verständnis des Ganzen. Durch sie wird das Neue Reich als Wiederkehr der alten Kaiserherrlichkeit gefeiert und zu mythischer Größe erhoben. Der Zyklus soll den Betrachter davon überzeugen, dass die Reichsgeschichte ihr Ziel in der Gegenwart, in der Reichsgründung von 1871, gefunden hat.

Dass derartige «historische» Denkmäler mehr über die Zeit ihrer Errichtung als über die Vergangenheit aussagen, macht das Beispiel des Berliner Zeughauses besonders deutlich. Der Bau Andreas Schlüters wurde von 1877 bis 1891 zu einer «Ruhmeshalle» umgebaut, die nichts anderes ist als eine monumentale Selbstdarstellung Preußens und des zur Kaiserwürde gelangten Hauses Hohenzollern. Die Wandbilder der zentralen «Herrscherhalle» zeigen Schlüsselereignisse der preußischen Geschichte. Sie suggerieren mit einem trockenen Realismus historische Objektivität, obwohl eine genauere Untersuchung schnell auf fiktive Elemente stößt. Das gilt auch für das bekannteste Bild dieser Folge, Anton von Werners *Kaiserproklamation in Versailles am 18. Januar 1871* (Abb. 42). Der Maler, der Augenzeuge war, berichtet in seinen Memoiren, dass die Proklamation «in prunkloser Weise und außerordentlicher Kürze» vor sich ging. Für seine Darstellung musste er den Staatsakt «rekonstruieren». Dabei hat er interpretierende Akzente gesetzt, indem er Bismarck fast ins Zentrum stellte und neben ihm die preußischen Generäle Moltke und Roon hervorhob, obwohl Letzterer gar nicht daran teilgenommen hatte. Die Kaiserproklamation wurde in Werners Bild zu einem primär preußischen Ereignis, und sie hat sich dem kollektiven Gedächtnis der Deutschen letztlich so eingeprägt, wie sie hier dargestellt wurde. Ereignisbilder können «Fakten» schaffen. Aufgabe des kunsthistorischen Interpreten ist es, im Vergleich mit Quellen, die über das historische Ereignis berichten, Manipulationen aufzudecken und die spezifische Auffassung des Künstlers herauszuarbeiten.

Frankreich

Die hier an deutschen Beispielen erläuterten Tendenzen einer offiziellen Geschichtsdarstellung sind in der zweiten Hälfte des 19. Jh.s fast überall in Europa zu registrieren. In Frankreich wurde beispielsweise das Panthéon in Paris, das in der Revolution zu einer Gedenkstätte für die Großen des Landes umgestaltet worden war, zwischen 1874 und 1906 auf Betreiben des Akademiedirektors Philippe de Chennevières mit einem monumentalen historischen Bilderzyklus geschmückt und so zu einem Monument der religiös-nationalen Geschichte Frankreichs ausgestaltet. Auch die Schlachtenmalerei feierte große Erfolge. Ereignisse aus dem Krieg von 1870/71 gehörten zu den am häufigsten gewählten Themen der Bilder, die in den Salons der Jahrhundertwende gezeigt wurden. Französische Maler wie Edouard Detaille oder Alphonse de Neuville feierten in ihren Bildern den heroischen Mut der Soldaten und wollten so dazu beitragen, das nationale Trauma der Niederlage zu überwinden. Das historische Kriegsgeschehen tritt in diesen Bildern in den Hintergrund. Eine Ikonographie des Schlachtenbildes hätte hier die Darstellungstypen und ihre Fokussierung auf verschiedene Kampfsituationen herauszustellen, in denen die bekämpften Feinde, die am Schluss gesiegt hatten, bezeichnenderweise kaum ins Bild geraten.

Italien

Besonders interessante Beispiele der Geschichtsdarstellung bietet Italien, das sich im Befreiungskrieg von 1859 gegen Österreich hatte durchsetzen können und Vittorio Emanuele II. zum König erhob. Der Prozess der Einigung war 1870 mit der Erklärung Roms zur Hauptstadt Italiens abgeschlossen. In zahllosen Bildern wurden die Kämpfe des Risorgimento und deren Protagonisten geschildert und trugen so zur Stiftung eines neuen italienischen Nationalbewusstseins bei. Für die Ausstattung des *Salone d'onore* in dem zum Sitz des Senates ausgebauten Palazzo Madama in Rom wurde ein Wettbewerb veranstaltet, den Cesare Maccari (1840–1919) gewann. Er realisierte hier ein Programm, das mit neuen künstlerischen Mitteln die alten Traditionen der Geschichtsmalerei fortsetzte. Gefordert waren Darstellungen berühmter Episoden aus der Geschichte des antiken römischen Senates. Maccari entschied sich für Persönlichkeiten und Taten, die als Exempla für einen politischen Tugendkatalog gelesen werden konnten und zugleich ein Appell an die eigene Zeit waren.

Ein bedeutendes Beispiel für die Darstellung der italienischen Zeitgeschichte bietet die *Sala del Risorgimento* im Palazzo Pubblico in Siena, deren Bilder 1886–87 ausgeführt wurden. Die Wandbilder, die alle den Eindruck fotografischer Genauigkeit vermitteln, schildern wichtige Momente der Einigung Italiens, wobei auch Schlachtenbilder einbezogen wurden. Der Zyklus endet mit Cesare Maccaris Darstellung des Begräbnisses von Vittorio Emanuele II. im römischen Pantheon. Die Geschichte wird auch hier in den Deckenbildern mit der Personifikation des geeinten Italien im Mitteltondo allegorisch überhöht.

Italien wie Belgien können Beispiele dafür geben, wie in neu geschaffenen Staatsgebilden eine offizielle Geschichtsmalerei dazu eingesetzt wurde, das Nationalgefühl zu festigen. Noch größer war die Bedeutung der Geschichtsdarstellung dort, wo nationale Bewegungen

Polen

sich gegen die bestehenden politischen Verhältnisse wandten. Polen hatte mit der dritten Teilung 1795 seine politische Eigenständigkeit verloren, die es erst mit dem Ende des Ersten Weltkrieges wiedergewinnen konnte. Mehrere Aufstände, mit denen die preußische, russische und österreichische Fremdherrschaft abgeschüttelt werden sollte, blieben vergeblich, doch sie dokumentieren den Drang zur nationalen Einheit. In dieser Situation war die Beschäftigung mit der polnischen Geschichte eine Möglichkeit, sich der nationalen Identität zu vergewissern, und die Geschichtsdarstellung spielte dabei eine entscheidende Rolle. Es gibt wohl kaum ein polnisches Geschichtsgemälde dieser Zeit, das nicht in einem deutlichen Bezug zur aktuellen Situation des Landes stand. Die Werke von Jan Matejko (1838–1893), des bedeutendsten polnischen Geschichtsmalers im 19. Jh., können zahlreiche Beispiele dafür bieten.

Engagement und Kritik

Die Frage, ob ein Bild ein Auftragswerk ist, ist für seine Beurteilung von erheblicher Bedeutung, denn wenn das der Fall ist, muss zunächst davon ausgegangen werden, dass der Künstler bemüht war, der von seinem Auftraggeber vorgegebenen Aussageintention gerecht zu werden. Der Erwartungsdruck, dem der Künstler sich ausgesetzt sah, war natürlich dort besonders stark, wo das Werk eine öffentliche Wirkung für die Repräsentation oder Propaganda haben sollte. In einem solchen Fall konnte der Künstler seine eigenen, möglicherweise abweichenden Ansichten nur versteckt und in Nuancen der Auffassung andeuten. Anders war seine Situation dort, wo er autonom, ohne bestimmten Auftrag arbeitete. Hier konnte er als kritischer Zeuge seiner Zeit auftreten. Wenn man von der privaten Kunstausübung der Zeichnung absieht und nur auf Werke blickt, die für ein wie auch immer geartetes Publikum geschaffen wurden, so wird man sagen können, dass die Künstler diese Freiheit zuerst in der Druckgraphik hatten und auch genutzt haben. Die *Misères et Malheures de la Guerre*, die Jacques Callot 1633 veröffentlichte, sind ein schonungsloser Spiegel des Kriegselends, das damals in weiten Teilen Europas herrschte, der nichts gemein hat mit den Schlachtenbildern, mit denen sich Herrscher in ihren Residenzen feiern ließen. Als zweites Beispiel eines Künstlers, der ein kritischer Zeuge seiner Zeit war, sei Francisco Goya (1746–1828) angeführt, der einerseits Hofmaler der spanischen Könige war, andererseits in seinen Graphikzyklen von *Los Caprichos* (1799) bis zu den späten *Disparates* ein verstörendes Bild der Welt zeigte, das von tiefem Pessimismus geprägt ist. 1824 überreichte Goya einem Freund ein Album mit 85 Radierungen, dem er den Titel gegeben hatte *Fatales consequencias de la sangriete guerra en Espana con Buonaparte y otos caprichos enfaticos* (Verhängnisvolle Folgen von Spaniens blutigem Krieg gegen Bonaparte und andere eindrucksvolle Caprichos). Dieser Graphikzyklus, der erst 1863 unter dem Titel *Los Desastres de la Guerra* publiziert wurde, ist eine radikale und schockierende Auseinandersetzung mit den Grausamkeiten und Gräueln des Krieges, der von 1808 bis 1813 zwischen Spanien und Frankreich geführt wurde, und eine bittere Abrechnung mit den Zuständen in Spanien nach der Wiedereinsetzung von Ferdinand VII. als spanischem König 1814. Kurz vor der Rückkehr des Königs nach Madrid hatte Goya, an seine frühere Rolle als Hofmaler anknüpfend, sich dem Regentschaftsrat gegenüber erboten, «die bemerkenswertesten und heroischsten Taten oder Szenen unserer ruhmreichen Erhebung gegen den Tyrannen Europas zu verewigen». Es ist nicht bekannt, ob Goya einen Auftrag erhielt, und es ist umstritten, ob die beiden Bilder, die er gemalt hat, einen der Triumphbögen zierten, die für den Einzug des Königs in Madrid aufgestellt wurden. Sicher ist nur, dass beide sofort in den Depots des Prado verschwanden. Das erste Bild, *Der 2. Mai 1808 an der Puerta del Sol*, stellt den Kampf der Bevölkerung Madrids gegen die Mamelucken dar, die im Auftrag Na-

Goya

poleons und seines Generals Murat die Mitglieder des spanischen Königshauses nach Bayonne ins Exil bringen sollten. Goya schildert einen ungleichen, von beiden Seiten mit den brutalsten Mitteln geführten Kampf und verzichtet auf alle in der Tradition der Schlachtenmalerei vorgegebenen Topoi der Heroisierung. Die aufständischen Madrilenen führten gegen die Übermacht der Mamelucken einen aussichtslosen Kampf. Die Beteiligten wurden am folgenden Tag hingerichtet, was Goya im zweiten Bild *Der 3. Mai 1808. Die Erschießung der Aufständischen* zeigt. Die geschlossene Reihe der schräg von hinten gesehenen französischen Infanteristen, die das Erschießungspeloton bilden, steht der Gruppe der Aufständischen gegenüber, die in einer Lache von Blut knien, das die vor ihnen Hingerichteten vergossen haben. Den sicheren Tod vor Augen reagieren sie ganz unterschiedlich. Aus ihrer Gruppe ragt ein Mann in leuchtend weißem Hemd hervor, der die Arme hoch ausgebreitet hat und mit weit aufgerissenen Augen auf seine Henker blickt. Diese Gestalt des wehrlosen Opfers zieht die Blicke unwillkürlich auf sich und bringt den Betrachter damit in eine bedrückende Analogie zu den Füsilieren. Im Bild des Aufstandes führte Goya die Entfesselung grausamer Gewalt vor Augen, in dem Bild der Erschießung die brutale Vernichtung von Menschen. In beiden Bildern geht er über die Gattungskonventionen weit hinaus. Was vom Thema her eine Ereignisdarstellung hätte sein können, die die schrecklichen Ereignisse von 1808 aus der Perspektive des für Spanien letztlich positiven Endes des Krieges in Erinnerung ruft und legitimiert, wird in den Bildern Goyas zu einer allgemeinen Anklage gegen die Unmenschlichkeit des Krieges.

Goya schuf sein Werk in einer prekären historischen Situation, in der er nur sehr eingeschränkt an die Öffentlichkeit treten konnte. Die Autonomie der Kunst, die eine Voraussetzung für eine politisch engagierte Kunst war, haben erst die nachfolgenden Generationen endgültig durchsetzen können. Für sie ist Goya zum Vorbild eines Künstlers geworden, der in seinem Schaffen seine Zeit kritisch und mahnend kommentiert. Dass eine kritische Haltung in erster Linie auf dem Felde der Geschichtsdarstellung und dort besonders im Ereignisbild zum Tragen kam, ergab sich mit einer gewissen Zwangsläufigkeit. Zwar wäre die Allegorie im gleichen Sinne einsetzbar gewesen, und die Karikatur hatte sich schon lange vor der Französischen Revolution dieses Mittels bedient, doch sie war als Darstellungsform in die Kritik geraten. Die Geschichtsdarstellung dagegen genoss höchstes Ansehen und in dieser Gattung waren Geltungsansprüche, die sich auf den hohen Status des Kunstwerks beriefen, am effektivsten vorzubringen und durchzusetzen. Zunächst standen auch politische Anliegen im Vordergrund, die im Ereignisbild ihr adäquates Medium hatten. Erst später wurde die Genremalerei als eine Möglichkeit entdeckt, auf die sozialen Probleme der Zeit aufmerksam zu machen.

Die Liste der Künstler, die im 19. Jh. die Geschichtsmalerei zu einem Medium des Engagements und der Kritik gemacht haben, ist lang und genauso lang ist die Liste der von ihnen gewählten Themen. Auf Théodore Géricaults *Floß der Medusa* (1817–19) wäre hinzuweisen; Eugène Delacroix engagierte sich mit dem Bild *Szenen des Massakers von Chios* (1824) für den griechischen Befreiungskampf und setzte mit *Die Freiheit führt das Volk* der Revolution von 1830 ein Denkmal. Edouard Manet wäre hier zu nennen, der mit seinem Gemälde *Die Erschießung Kaiser Maximilians* (1868–69) an Goyas Werk anknüpfend ein Gemälde schuf, das als kritische Auseinandersetzung mit der imperialistischen Politik Frankreichs unter Napoleon III. zu verstehen ist. In Deutschland nahm Adolf Menzel eine ambivalente Haltung ein. Mit seinem Gemälde *Aufbahrung der Märzgefallenen* (Hamburg, Kunsthalle) zollte er den Toten der Revolution von 1848 in Berlin seinen Respekt und stellte sich auf ihre Seite, doch er vollendete das Gemälde nicht. In seinen Gemälden zur Geschichte Friedrichs d. Gr. entwarf er dann ein Idealbild des Monarchen, das in einem gewissen Spannungsverhältnis zur politischen Wirklichkeit in Preußen stand. Im Auftrag des Hofes schuf er das offizielle Bild der *Krönung Wilhelms I. in Königsberg 1861*. In dem zehn Jahre später gemalten Bild *Abreise König Wilhelms I. zur Armee am 31. Juli 1870* muss man die Hauptakteure fast mit der Lupe suchen und das damals von einem solchen Bild erwartete Pathos patriotischer Begeisterung verliert sich in der Fülle der Details. An Menzels Geschichtsdarstellungen zeigt sich, dass nur eine sehr differenzierte Betrachtung, die den Zeitkontext einbezieht, einem solchen Werk gerecht zu werden vermag.

Frankreich

Deutschland

Die Krise der Geschichtsmalerei

Die offizielle Geschichtsdarstellung stand in der zweiten Hälfte des 19. Jh.s in ganz Europa auf dem Höhepunkt ihres Ansehens. Die wachsende Zahl von Bildern mit kritischer Tendenz hatte das nicht verhindern können. Dennoch geriet die Gattung um die Jahrhundertwende in eine Krise, die letztlich zu ihrem Niedergang führte. Eine der Ursachen dafür war, dass die Geschichtswissenschaft, die damals höchstes Ansehen genoss, zunehmend an der Möglichkeit, im Medium der Kunst «authentische» Darstellungen der älteren Geschichte zu schaffen, zweifelte. Dieser Skepsis wird man aus der heutigen Perspektive nur zustimmen können, denn selbst bei noch so großem Bemühen um historische Genauigkeit können die Werke nicht verleugnen, Produkte des

19. Jh.s zu sein. Der Anspruch der realistischen Geschichtsmalerei, den Betrachter gleichsam zum Augenzeugen großer historischer Momente zu machen, wurde grundsätzlich in Frage gestellt. Der Einstellungswandel zum Bild dokumentiert sich darin, dass von den 1860er Jahren an populäre Geschichtsbücher nicht mehr wie zuvor üblich mit Reproduktionen nach Werken zeitgenössischer Künstler illustriert wurden, sondern mit Abbildungen von historischen Dokumenten, ob dies nun Bauten, Urkunden oder Kunstwerke waren. Wenn die offizielle Geschichtsmalerei dennoch zunächst trotz dieser Zweifel an ihrer Fähigkeit zu historischer Authentizität ihre dominante Stellung behaupten konnte, so deshalb, weil sie ihre Rechtfertigung aus dem Anspruch auf ästhetische Wahrheit bezog, der letztlich aus der Genieästhetik herzuleiten war. Dieser Anspruch wurde von der frühen Moderne grundsätzlich in Zweifel gezogen, für die die ästhetische Wahrheit in der künstlerischen Form, in der unverwechselbaren Handschrift des Malers zu suchen war. Nach dieser Auffassung war das «Wie» eines Kunstwerkes entscheidend, das «Was» dagegen, sein Gegenstand oder Thema, war unwichtig. Eine Kunst, deren primäres Anliegen es ist, konkrete historische Inhalte zu vermitteln, wurde als fremdbestimmt abgelehnt. Die Absicht, mit einem Kunstwerk die Betrachter zu belehren, widersprach dem Postulat, dass «wahre» Kunst völlig autonom zu sein habe. Die offizielle Geschichtsdarstellung war mit dem Ideal *l'art pour l'art* nicht vereinbar. Mit diesem Ausschluss aus dem Kreis «wahrer» Kunst war der Geschichtsmalerei die Möglichkeit genommen, sich der Geschichtswissenschaft gegenüber damit zu rechtfertigen, eine vom Künstler intuitiv erfasste höhere Wahrheit zu zeigen. Wenn sie aber als Kunst keinen Geltungsanspruch mehr erheben konnte, taugte sie auch nicht mehr als Mittel nationaler Repräsentation und Selbstdarstellung. Die Folgen waren weitreichend. Gerade wegen ihres hohen Ranges als Kunstwerk war die Geschichtsmalerei ein überzeugungsmächtiges Mittel der Geschichtsdeutung gewesen, das durch die Kunstpolitik gut lenkbar war und beim Einsatz entsprechender Mittel praktisch zum Monopol in der Hand des Staates werden konnte. Dieses Deutungsmonopol war durch den avantgardistischen Kunstdiskurs, dem bald auch die bildungsbürgerlichen Kunstanschauungen folgten, zum Einsturz gebracht worden. Die Geschichtsdarstellung ist damit nicht gänzlich untergegangen, sie wurde jedoch abgedrängt in andere Bereiche, die durch den Kunstdiskurs nicht betroffen waren, weil sie außerhalb seines Anspruchsgebietes lagen. Wir finden sie weiterhin in populären Illustrationen bis hin zu Sammelbildern und Schautafeln für den Schulunterricht. Vor allem der Film mit seinen ganz anderen Möglichkeiten der Illusion und des anschaulichen Erzählens hat das Erbe der Historienmalerei angetreten. Ihre Möglichkeiten der anschaulichen und

unmittelbar überzeugenden Deutung und damit auch Instrumentalisierung von Geschichte blieben latent vorhanden.

Wiederbelebungsversuche

Wiederbelebungsversuche der Geschichtsmalerei wurden von den totalitären Ideologien des 20. Jh.s unternommen. Der sozialistische Realismus, der im stalinistischen Russland gegen die Avantgarde des Konstruktivismus durchgesetzt wurde, forderte eine «wahrheitsgetreue, historisch korrekte Darstellung der Wirklichkeit in ihrer Revolutionären Entwicklung», wie es in einem 1934 beschlossenen Statut hieß. Die Kunst, von der Allgemeinverständlichkeit gefordert wurde, hatte das Primat der Politik anzuerkennen und die Kontrolle durch die Partei zu akzeptieren. Die nationalsozialistische Kampagne gegen die «Entartete Kunst» ist der Versuch gewesen, mit der Unterdrückung der Avantgarden und der Durchsetzung eines von der Partei kontrollierten Kunstbegriffs das Deutungsmonopol «wahrer Kunst» zurückzugewinnen. Die Geschichtsdarstellung, insbesondere das Ereignisbild, wurde mit offiziellen Aufträgen und Ankäufen gefördert. Parallel dazu kann man die nationalsozialistische Aufwertung des Films zur «Filmkunst» als Versuch auffassen, das neue Medium als ein der bildenden Kunst gleichrangiges Instrument der Deutung und Sinnstiftung im Sinne der NS-Ideologie zu etablieren. Filme wie *Jud Süß* oder *Kolberg* sind ein anschaulicher Beleg dafür.

Avantgardekunst

Die Avantgardekunst, die bis in den Ersten Weltkrieg hinein Geschichtsdarstellung als obsolet betrachtete, hat unter dem Eindruck der historischen Katastrophen Geschichte und aktuelle Ereignisse als Thema wiederentdeckt und Wege der Darstellung und Auseinandersetzung gefunden, die nicht in die Falle einer mimetischen Fiktion des Faktischen liefen. Das bedeutendste Beispiel dafür ist Pablo Picassos Gemälde *Guernica*, das 1937 im spanischen Pavillon auf der Weltausstellung in Paris gezeigt wurde.

Picasso, Guernica

Während des Spanischen Bürgerkriegs bombardierte eine deutsche Flugstaffel am 26. April 1937 die baskische Stadt Guernica, um damit die Truppen Francos zu unterstützen. Militärisch hatte dieses Ereignis für den weiteren Verlauf des Spanischen Bürgerkriegs nur geringe Bedeutung, es löste jedoch weltweit äußerste Empörung aus, weil dieser Angriff nicht militärischen Zielen galt, sondern Terror gegen die Zivilbevölkerung war. Picasso zeigt in seinem Bild nur die Opfer des Terrors. Diese Beschränkung hat wesentlich dazu beigetragen, dem Bild eine Bedeutung zu geben, die weit über das historische Ereignis des Angriffes auf Guernica hinausgeht. Seine beeindruckende Aussagekraft bezieht Picassos Bild gerade daraus, dass er das Geschehen mit seinen Mitteln der Figuration und Abstraktion verallgemeinerte. Picasso arbeitet mit Bildzeichen wie der Mutter, die über den Relikten der zerbrochenen Figur eines Kriegers kniet, ihr totes Kind auf den Armen trägt und ihre Klage aus sich herausschreit. Sie erinnert an den Typus der Pietà, an die Muttergottes mit dem toten Christus in den Armen, die symbolisch als Urtyp mütterlicher Klage aufgefasst werden kann. Die Möglichkeit einer allegorischen oder symbolischen Deutung der einzelnen Figuren ist in der Literatur intensiv diskutiert worden. Der Krieger hatte ursprünglich größeres Gewicht und ist erst spät zu einer fragmentierten Figur geworden. Er soll wohl anklagend den zerbrochenen Widerstand versinnbildlichen. Im Pferd ist die leidende Kreatur zu sehen, die genauso Opfer ist wie der Mensch. Die Bedeutung des Stiers in Spanien und auch in Picassos Werk ist ambivalent. Er kann das Symbol des Bösen sein, aber auch Inbegriff der Macht und Kraft. In der Serie von Radierungen, in der Picasso die Ereignisse des Spanischen Bürgerkriegs verarbeitete und der er den Titel «Traum und Lüge Francos» gab, ist der Stier Symbol Spaniens. So ist er wohl auch in diesem Bild zu verstehen. Picasso klagt den Überfall auf Guernica an und meint zugleich sehr viel mehr, nämlich das Leiden der Bevölkerung unter der Unmenschlichkeit des Krieges. Damit trifft Picassos Bild elementare Erfahrungen des Menschen und gibt ihnen eine für unsere Zeit gültige Gestalt.

Im Hinblick auf die Frage der Ikonographie des Geschichtsbildes ergibt sich aus dieser exemplarischen und notwendigerweise sehr verkürzenden Betrachtung, dass die Deutungsarbeit bei Werken der Moderne, in denen wie in Picassos Bild mit Zeichen und Symbolen gearbeitet wird, noch mehr auf den Einzelfall, seine Genese und seine Kontextualisierung einzugehen hat. Dabei ist auch die Differenz zur Typengeschichte, der Kontrast zu den älteren und gleichzeitigen heroisierenden Bildern, wie sie in den totalitären Staaten üblich waren, zu berücksichtigen.

Dichtung

Texte und Bilder

In dem weiten Gebiet der *Historie*, worunter im Sinne der traditionellen Verwendung des Begriffs jedes narrative Bild, jede Darstellung einer Handlung verstanden wird, ist es die Regel, dass deren Ikonographie aus dem Zusammenhang mit Texten heraus zu beschreiben und zu deuten ist, die diesen Bildern vorausgehen. Wenn es nicht konkrete Texte sind, auf die die Künstler nachweislich zurückgegriffen haben, so sind die von ihnen verarbeiteten Stoffe, die ihnen auf anderen Wegen, zum Beispiel durch mündliche Überlieferung oder Bildtraditionen, vermittelt wurden, der Bezugspunkt der Interpretation, wobei diese Stoffe für uns zumeist wieder nur durch Texte fassbar und verständlich werden. Einen unerschöpflichen Reichtum an Stoffen und Figuren konnten die bildenden Künstler von jeher in den Werken der Dichtkunst finden. Rückgriffe auf die Dichtung sind schon für die griechische Antike vielfach belegt. In Vasenbildern lassen sich Szenen aus den homerischen Epen wie auch aus den großen attischen Tragödien identifizieren. Ein wichtiges Dokument dieses Textbezugs aus hellenistischer Zeit sind zwei um 150 v. Chr. entstandene Reliefbecher, die, begleitet von den entsprechenden Textstellen, Szenen aus dem 22. Gesang der Odyssee darstellen. Die «Kleinteiligkeit» der Szenen und der enge Ausschnitt aus dem Epos lassen darauf schließen, dass wir hier Reste einer größeren Folge haben, von denen man mit gutem Recht sagen kann, dass sie Homers Werk «illustrieren». Eine neue Qualität erhielt die Verbindung von Kunst und Literatur mit der Einführung bebilderter Texte. Es ist umstritten, wann dieser wichtige Schritt erfolgte, weil die ältesten erhaltenen Belegstücke erst aus dem 2. Jh. nach Christus stammen. Als sicher kann angenommen werden, dass zunächst Papyri mit Bildern versehen wurden. Dabei hatten die Künstler auf das Material und die Form seiner Aufbewahrung als Rolle Rücksicht zu nehmen und konnten deswegen in den Text nur Zeichnungen mit der Feder einfügen und allenfalls mit dünner Farbe lavieren. Erst mit der Einführung des Codex, des Buches mit Seiten aus Pergament, um 200 n. Chr., war der Weg für eine aufwändigere Bebilderung frei. Die bedeutendsten frühen Beispiele dafür sind der *Vergilius Vaticanus* aus dem frühen 5. Jh. n. Chr. und der etwas jüngere *Vergilius Romanus* sowie eine ebenfalls aus dem späten 5. Jh. stammende Handschrift der *Ilias*, von der 58 Miniaturen erhalten geblieben sind, die in der Ambrosiana in Mailand aufbewahrt werden. Die Buchillustration ist eine Erfindung der Spätantike.

Illustration

Rolle

Codex

Der Begriff der Illustration aber wurde erst um 1840 eingeführt und «fast ausschließlich für die bildliche Erläuterung, den bildlichen Schmuck eines gedruckten Buches gebraucht», wie man in Meyers Konversationslexikon von 1888 lesen kann. Für die ikonographische Arbeit ist dieses Begriffsverständnis zu eng. Nicht die physische Verbindung mit dem Text, sondern allein der Textbezug ist das ausschlaggebende Kriterium. Für die in dem Stoffgebiet der Dichtung zu behandelnden Kunstwerke muss als generelle Bedingung gelten, dass ihr Bezug auf den jeweils zugrundeliegenden literarischen Text oder Stoff für ihre Entstehung wie für ihr Verständnis konstitutiv ist. Diese Beziehung kann sehr eng oder auch sehr locker sein. Natürlich ist es für die Beurteilung eines Bildes wichtig, welchen Grad der Intensität es in seinem Textbezug hat. Von daher ist stets die Frage zu klären, ob es konkrete Belege für die Abhängigkeit von einem bestimmten Text gibt oder ob es sich nur um eine indirekte, beispielsweise über die Typengeschichte vermittelte Beziehung handelt oder ob nur von einem Bezug auf einen gemeinsamen, im Text wie im Bild verarbeiteten auch sonst bekannten und verbreiteten Stoff gesprochen werden kann. In jedem Fall aber sind die Kenntnis des Textes oder des Stoffes Voraussetzung für das Verstehen des Bildes.

Textbezug

Wenn ein konkreter Textbezug vorliegt, wenn also ein Künstler eine bestimmte Figur oder Szene darstellt, die er in einem Werk der Dichtkunst vorgefunden hat und nicht einfach auf vorgeprägte Typen rekurriert, so ist sein Werk, auf welche Art auch immer, eine Auseinandersetzung mit den Gedanken und Auffassungen des Dichters. Der Betrachter wird das Bildwerk nur dann richtig erfassen können, wenn er eine angemessene Vorstellung von dem Text hat, auf den sich das Werk bezieht. Nur so wird er Übereinstimmungen und Differenzen zwischen den Auffassungen von Künstler und Dichter erkennen. Das einzelne Bild zeigt in der Regel nur einen Ausschnitt, eine Momentaufnahme des im Text geschilderten Geschehens. Der Betrachter wird die Figuren und ihr Handeln nicht adäquat verstehen können, wenn er sie nicht auch vor der Folie des Gesamttextes und der darin entwickelten Charakterisierungen betrachtet.

Intertextualität

In der neueren Literaturwissenschaft wird der intendierte und mehr oder weniger deutlich markierte Bezug eines Textes auf einen Prätext als Intertextualität bezeichnet. Der Kunstwissenschaft steht kein analoger Begriff zur Verfügung. Da es aber durchaus gebräuchlich ist, ein Bild metaphorisch als Text zu bezeichnen, kann und sollte sie diesen Begriff adaptieren. Für die ikonographische Arbeit ist der pragmatische, engere Intertextualitätsbegriff sinnvoll und nützlich, wie ihn beispielsweise Ulrich Broich 1985 definierte, nach dem Intertextualität dann vorliegt, «wenn ein Autor bei der Abfassung seines Textes sich nicht nur der Verwendung anderer Texte bewusst ist, sondern auch vom Rezipienten erwartet, dass er diese Beziehung zwischen seinem Text und anderen Texten als vom Autor intendiert und als wichtig für das Verständnis seines Textes erkennt».

Das Konzept der Intertextualität eröffnet die Möglichkeit, das Verhältnis von Bild und Text differenzierter zu fassen. Die Illustration, die idealtypisch als primäre Form der Umsetzung eines Textes in ein Bild gelten kann, hätte danach den höchsten Grad der Intensität des Textbezuges. Die Illustration bezieht ihre Existenzberechtigung aus dem Text, den sie begleitet. Jeder Leser wird durch den Text, den er vor sich hat, provoziert, geistige Vorstellungsbilder zu entwickeln, die im Grad ihrer Anschaulichkeit natürlich von der Form und Sprache des Textes abhängig sind. Aufgabe von Illustrationen ist es, diese Vorstellungsbilder des Lesers zu antizipieren oder wenigstens zu unterstützen. Das kann in der Form eines Titelbildes oder Frontispizes geschehen oder als fortlaufende Folge. Darunter ist natürlich zunächst wieder die Buchillustration zu verstehen, doch gibt es auch Bilderfolgen, die selbständig sind, aber den Anspruch haben, einen bestimmten Text anschaulich vor Augen zu führen, so dass auch sie immer im Bezug auf den dahinter stehenden Text betrachtet werden.

Neben der Illustration im engeren Sinne gibt es das, was man in Analogie zum «christlichen» oder «mythologischen Bild» als «literarisches Bild» bezeichnen könnte: Das Einzelbild, das einen aus der Dichtung entnommenen Stoff bearbeitet, sich aber doch gegenüber seiner Vorlage verselbständigt. Der Inhalt, ob es nun eine Szene ist oder nur eine Figur, gewinnt eine eigene Bedeutung, ist aber stets im Sinne des Intertextualitätskonzeptes im Horizont des Prätextes aufzufassen. Für die Markierung der Intertextualität spielt beim Einzelbild der Bildtitel eine wichtige Rolle. Bestimmte Stoffe oder Figuren sind immer wieder in der Kunst aufgegriffen worden, so dass sie eine eigenständige Typengeschichte begründet haben, die diese Markierung zu leisten vermag. *«literarisches Bild»*

Diese Einzelbilder sind kunst- und kulturhistorisch von besonderem Gewicht. Sie dokumentieren den herausragenden Rang, der einer Dichtung zuerkannt wird, und sind zugleich vielsagende Zeugnisse von deren Rezeptionsgeschichte. In Einzelbildern treffen die Auffassungen von Dichter und Künstler weit spannungsvoller aufeinander, als dies bei den meisten Illustrationen der Fall ist, die in der Regel primär dem Text dienen sollen, in dessen Kontext sie ganz konkret eingebunden sind.

Eine weitere Vorbemerkung scheint notwendig: Wenn hier der Ikonographie von Stoffen aus der «Dichtung» ein eigenes Kapitel gewidmet wird, so liegt eine Berechtigung dazu in dem Status, der diesen Stoffen zuerkannt wird. Die Bedingung, dass eine bestimmte Figur oder Szene aus einem Text in einem Kunstwerk verbildlicht wird, gilt auch für historische und viele mythologische Bilder. Die Geschichtsdarstellungen jedoch greifen auf einen Stoff zurück, der den Anspruch auf Faktizität hat und sich damit von der prinzipiellen Fiktionalität der Dichtung absetzt. Fiktional sind auch die *Fabulae* der Mythologie, doch stellen sie insofern einen besonderen Fall dar, als ihr «Personal» in einem Bezugssystem gesehen wurde, das aller Literatur vorauslag und das, gerechtfertigt durch die verschiedenen Deutungstraditionen, eigenständig und unabhängig von allen Quellen in neue Zusammenhänge eingegliedert werden konnte. Die Verwendung mythologischer Figuren als Personifikationen ist der deutlichste Beleg dafür. Die Figuren der Dichtung hingegen sind Schöpfungen eines Autors, denen eine eigene Individualität zugesprochen wird. Selbstverständlich sind die Grenzen fließend und man kann sich mit guten Gründen darüber streiten, ob nicht diese Feststellung beispielsweise genauso für die Figur des Aeneas gilt, die Vergil mit seinem Epos geschaffen hat, oder für die Gestalten der griechischen Tragödie. Der Widerspruch, der sich hier zeigt, ist nicht aufzulösen. Um Überschneidungen zu vermeiden, ist es sinnvoll, pragmatisch vorzugehen und das hier zu behandelnde Stoffgebiet auf die nachantike Literatur zu begrenzen, wohl wissend, dass die dabei zu beachtenden Grundsätze der ikonographischen Deutung auch auf Darstellungen zu übertragen sind, die sich auf Werke der antiken Dichtung beziehen.

Illustration im Mittelalter – *Tristan und Isolde*

Illustration ist, wie oben festgestellt wurde, nicht an das Buch, nicht an die physische Verbindung mit dem illustrierten Text gebunden. In der Erörterung der ikonographischen Fragen, die an Illustrationen und generell an Bildwerke zu stellen sind, die sich auf literarische Texte beziehen, ist es aber sinnvoll, zunächst von der Buchillustration als dem «Normalfall» auszugehen. Einfach ist auch dieser Fall nicht, denn stets muss die entscheidende Frage gestellt werden, welche Textkenntnis bei dem Künstler, der die Illustrationen oder Miniaturen schuf, vorausgesetzt werden kann. Es gibt, wenn man auf die profane Illustration des Mittelalters blickt, mehrere Möglichkeiten der Entstehung, wobei der Fall, dass Schreiber und Miniator identisch sind, die absolute Ausnahme ist. Ein gebräuchliches Verfahren war es, dass zunächst der Text – zumeist als Abschrift – geschrieben und dabei Platz für Miniaturen gelassen wurde, wobei der Schreiber zuweilen knappe Angaben zum Inhalt der Bilder machte. Die Arbeit des Miniators konnte einfach darin bestehen, dass er Bildvorlagen kopierte und möglicherweise gar nicht genau wusste, was er abmalt. Er konnte aber auch, auf die ihm gegebenen Malanweisungen gestützt, auf Schemata zurückgreifen, was unproblematisch war, wenn es beispielsweise um gängige Situationen wie Begegnung, Gespräch oder Kampf ging. Schließlich konnte er die Szenen aus seiner Vertrautheit mit dem Text heraus auch neu erfinden. Um dies nachzuweisen, ist zu prüfen, ob es Hinweise gibt, die für eine in der Bildüberlieferung sonst so nicht nachweisbare Textnähe sprechen. Ein anderer Weg der Herstellung illuminierter Handschriften war, die Miniaturen auf gesonderte Blätter zu malen, die dann in den Text eingebunden wurden. In diesem Fall konnten Text und Bild parallel zueinander entstehen, aber auch hier waren die erläuterten Möglichkeiten von Kopie bis Neuerfindung gegeben. Die nächste Frage hat der Zahl und dem Ort der Illustrationen zu gelten. Es gibt Eröffnungsbilder, die am Anfang des Textes stehen, wie dies bei den Evangeliaren (s. S. 53 f.) sehr üblich ist, es gibt gliedernde Illustrationen, die Textabschnitte markieren, und es gibt die durchgängige Illustrierung. Die Illustrationsdichte ist in jedem Fall ein wichtiges Kriterium, zumal eine größere Zahl der Illustrationen in der Regel auch eine größere Textnähe mit sich bringt.

Illustrationsdichte

Fragen und Probleme der Illustration im Mittelalter lassen sich sehr gut am Beispiel von *Tristan und Isolde* erläutern, einem ausgesprochen beliebten Stoff, der in mehreren Bearbeitungen überliefert ist. Die erste deutsche Fassung von Eilhart von Oberge entstand um 1180 nach einer verlorenen französischen Vorlage. Um 1210 hat sich dann Gottfried von Straßburg des Stoffes angenommen, der sein umfangreiches Werk aber unvollendet zurückließ. Ulrich von Thürheim verfasste um 1240 die Fortsetzung. Im späten 15. Jh. entstand ein Prosaroman, der sich vor allem auf das Werk Eilharts stützte. Die älteste Handschrift des Gedichts von Gottfried von Straßburg entstand gegen 1250 im Bodenseegebiet (Bayer. Staatsbibliothek, Cgm 51). In die Handschrift wurden 15 Blätter eingebunden, die auf Vorder- und Rückseite in zwei oder drei Bildstreifen Illustrationen enthalten. Insgesamt sind auf diese Weise knapp 120 Szenen des Textes illustriert, so dass man von einer relativ dichten Illustrationsfolge sprechen kann, die den gesamten Erzählgang begleitet. Eine der Bildseiten ist dem Drachenkampf gewidmet, den Tristan auf seiner zweiten Irlandfahrt zu bestehen hatte.

Tristan hatte diese Fahrt unternommen, um für König Marke die Königstochter Isolde zu gewinnen, die demjenigen versprochen war, der den gefährlichen Drachen Serphant besiegt. Der Miniator zeigt nicht den Kampf, sondern den für die weitere Geschichte wichtigen Augenblick, in dem Tristan dem Drachen die Zunge herausschneidet. Während er erschöpft vom Kampf ohnmächtig zusammensinkt, reitet der Truchsess herbei, der vorher vor dem Drachen geflohen war. Er schlägt dem Drachen den Kopf ab, um ihn dem König zu bringen und so Isolde für sich zu gewinnen. Auf der Rückseite des Blattes ist zu sehen, wie die Königin, ihre Tochter Isolde und die Dienerin Brangäne hinausreiten, um den toten Drachen zu sehen. Sie finden den ohnmächtigen Tristan und bringen ihn zum Schloss. Während Tristan badet, betrachtet Isolde sein Schwert. Sie entdeckt, dass ein Stück herausgebrochen ist, das genau jenem Stück entspricht, das man bei ihrem Onkel Morolt gefunden hat, der von einem Unbekannten erschlagen wurde, und sie erkennt, dass Tristan diese Tat begangen haben muss. Der untere Bildstreifen zeigt, wie sie Tristan mit seinem Schwert erschlagen will und von der Königin daran gehindert wird. Brangäne beschwichtigt die empörte Isolde.

Der Miniator folgte dem Text nicht Szene für Szene, sondern wählte jene Momente aus, die für den weiteren Gang der Handlung wichtig sind: das Herausschneiden der Zunge, die Auffindung Tristans, die Badeszene, in der Brangäne am Schluss den Zorn der Frauen beschwichtigt. Die Betrachtung der Bilder kann und soll die Lektüre oder das Hören des Textes nicht ersetzen. Die Illustration markiert aber entscheidende Schritte, so dass sie sehr wohl in der Lage ist, den Stoff, um den es hier geht, zu vermitteln.

Genau dies sollen auch Bildfolgen leisten, die unabhängig vom Text bestehen und wahrgenommen werden. Das beste Beispiel dafür sind

Bildteppiche Bildteppiche aus dem niedersächsischen Kloster Wienhausen. Der älteste von ihnen, zu Beginn des 14. Jh.s geschaffen, zeigt in einer dichten Szenenfolge die Ereignisse von dem Kampf Tristans mit Morolt bis zu der Schlüsselszene des Liebestrankes, den Tristan und Isolde während der Überfahrt mit dem Schiff versehentlich von Brangäne erhalten. Die erläuternden Texte sind in niederdeutschem Dialekt verfasst und es gibt eine Reihe von Hinweisen, dass den Darstellungen nicht die Dichtung von Gottfried von Straßburg zugrunde liegt, sondern die Fassung Eilharts oder eine von dieser abgeleitete Version. Letztlich wird hier nicht ein bestimmter Text illustriert, sondern der Stoff, der in verschiedenen Versionen kursierte, wobei man auch die mündliche Überlieferung nicht außer Acht lassen darf.

Ein Bereich, in dem die Umsetzung von Werken der Dichtung in Bilderfolgen eine große Rolle spielte, war die Wandmalerei, von der uns aber nur sehr wenig überliefert worden ist. Der umfangreichste Tristan-Zyklus blieb auf Burg Runkelstein bei Bozen erhalten, der bald nach 1400 entstanden sein muss. Er zeigt die Geschichte Tristans in Terra-verde-Technik vor einer durchlaufenden Landschaft von dem Kampf mit Morolt bis zur Feuerprobe, mit der Isolde vor König Marke ihre Unschuld beweisen sollte. Es gibt eine Reihe von Hinweisen in den Bildern, die eine bemerkenswerte Nähe zu Gottfrieds Text erkennen lassen, doch ist dieser nicht die einzige Quelle gewesen. Motivübernahmen aus der Bildtradition und Umstellungen in der Erzählfolge sind zu registrieren. Nicht die Umsetzung eines bestimmten Textes, sondern die Veranschaulichung des Stoffes war das Anliegen des Künstlers: Die Geschichte von Tristan und Isolde sollte in ihren Hauptereignissen gezeigt werden. Von einem linearen Abhängigkeitsverhältnis des Künstlers vom Text kann hier, und das gilt wohl für die meisten Fälle mittelalterlicher Illustration, nicht ausgegangen werden.

Jenseits der Bilderfolgen, die die komplizierte und spannungsreiche Geschichte der Liebe von Tristan und Isolde erzählen wollen, gibt es *Einzelszenen* eine ganze Reihe von Bildwerken, in denen Einzelszenen dargestellt werden. Diese finden sich in ganz unterschiedlichen Gattungen und Medien von der Bauplastik über bemalte Fliesen bis zu Elfenbeinkästchen und Kämmen. Bei Szenen, die häufiger isoliert dargestellt wurden, haben sich Bildtypen entwickelt, die unabhängig von einer bestimmten Textversion tradiert wurden. Das gilt beispielsweise für die sogenannte Baumgartenszene, in der Marke in einem Baum sitzend Tristan und Isolde belauschen will, aber von diesen an dem vom Mondlicht geworfenen Schatten oder an der Spiegelung im Brunnen erkannt wird, so dass sie ihn mit ihrem Verhalten und ihren Reden täuschen können. Mit dem Beginn des Buchdrucks löst man sich zwar nicht gleich von den alten Traditionen, doch ist festzustellen, dass die Forderung der Textnähe in steigendem Maße beachtet wird.

Dante Alighieris *Divina Commedia*

Die *Divina Commedia* des Dante Alighieri (1265–1321) kann nicht nur in der Geschichte der abendländischen Literatur eine herausragende Stellung beanspruchen. Auch in der Geschichte der künstlerischen Rezeption und Verarbeitung von Dichtung spielte Dantes Werk eine besondere Rolle. Das gegen 1320 vollendete Werk, das in seinen drei Gesängen die imaginäre Wanderung des Dichters durch *Inferno*, *Purgatorio* und *Paradiso* schildert, ist schon bald nach dem Tod des Dichters nicht nur eingehend kommentiert, sondern auch immer wieder illustriert worden. Diese Illustrationen stehen für den Übergang von der Bebilderung eines Stoffes, wie es beim mittelalterlichen *Tristan* der Fall war, zur bildlichen Umsetzung eines bestimmten Textes, der mit seiner Einzigartigkeit einen engen Textbezug geradezu fordert. Durch die extensive Kommentierung der *Commedia*, die in Florenz zeitweise in Form von öffentlichen Vorlesungen vorgenommen wurde, wurden die Wege zu einem vertieften Textverständnis gebahnt, das sich auch auf die Illustrierung auswirken musste. Es gibt eine ganze Reihe herausragender Beispiele dafür, dass sich Künstler mit ihren Darstellungen bemühten, die von Dante evozierten Vorstellungsbilder und den in ihnen verborgenen Sinn zu erschließen. Ein kostbares Dokument dieses Bemühens ist eine Handschrift, die um 1480 für Federico da Montefeltro, den Herzog von Urbino, geschaffen wurde (Vatikan, Ms. urb. lat. 365).

Die Miniaturen der ersten beiden Teile stammen von dem Ferrareser Künstler Guglielmo Giraldi (gest. 1482). Das Eingangsbild zum dritten Gesang des Inferno (Abb. 43) zeigt, wie Dante und Vergil das Höllentor durchschreiten. Es ist ein Renaissanceportal, in dessen Giebelfeld die ersten fünf Zeilen der Inschrift zitiert werden, mit der Dante diesen Gesang einleitet: *Per me si va nella città dolente,/Per me si va nell'eterno dolore* ... (Durch mich geht man hinein zur Stadt der Trauer, / Durch mich geht man hinein zum ewigen Schmerze ...). Die immer wieder zitierte Schlusszeile *Lasciate ogni speranza, voi che entrate* (Lasst jede Hoffnung fahren, die ihr eintretet) fand auf der Schrifttafel keinen Platz mehr. Der Blick fällt zunächst auf die Gruppe der Lauen, die weder im Himmel noch in der Hölle ihren Platz finden und die hier ewig von Insektenschwärmen getrieben hinter einer Fahne (*insegna*) herlaufen müssen. Dahinter ist das Boot Charons zu erkennen, der die beiden Dichter zum *nobile castello* des unterweltlichen Elysiums hinüberfahren wird. Das Geschehen und die Szenerie, die von Dante oft nur mit wenigen Worten angedeutet werden, soll die Miniatur vor Augen stellen.

Die Tradition der Dante-Illustration ist im Zeitalter des Buchdrucks fortgesetzt worden. Die Holzschnitte einer der ersten illustrierten Ausgaben der *Commedia*, die 1487 in Brescia gedruckt wurde, halten sich eng an die Miniaturen Giraldis. Ihr folgten bis zum Ende des 16. Jh.s zahlreiche weitere Ausgaben. Der hohe Rang, der Dantes *Commedia* zugemessen wurde, zeigt sich auch daran, dass es umfangreiche Illustrationsfolgen gibt, die ohne konkrete Verbindung mit dem Text als eigenständige Werke das Epos veranschaulichen wollen. An erster Stelle sind hier die Zeichnungen Botticellis zu nennen, die in den Jahren um 1485 entstanden sind. Ein zweiter noch umfangreicherer Bilderzyklus zur *Commedia* wurde zwischen 1585 und 1588 von Federico Zuccari geschaffen.

wechselseitige Beeinflussung von Kunst und Dichtung

Die wechselseitige Beeinflussung von Kunst und Dichtung lässt sich an Dantes Konzeption der Hölle nachvollziehen. Seit karolingischer Zeit gab es im Rahmen der Darstellung des Jüngsten Gerichtes eine ikonographische Tradition der Höllendarstellung. Gegen 1250 war im Florentiner Baptisterium das Kuppelmosaik des *Jüngsten Gerichtes* entstanden, dessen Höllendarstellung von der mächtigen Figur Luzifers dominiert wird. Giotto hat in seinem um 1305 geschaffenen Gerichtsfresko in der Arena-Kapelle in Padua (Abb. 14) diese Höllendarstellung noch weiter differenziert, vor allem im Hinblick auf die verschiedenen Höllenstrafen, die die Sünder zu erwarten haben. Diese monumentalen Höllenbilder, die Dante bestens vertraut waren, sind Ausgangspunkt für seine Vision des Inferno gewesen: Ein gewaltiger, trichterförmiger Krater, der in neun Stufen bis zum Erdmittelpunkt reicht, wo die schreckliche Gestalt Luzifers sitzt. Dantes präzise Schilderung der Tektonik des Inferno, die zusammengeht mit der Abstufung der Strafen, hat dann wieder auf die Kunst zurückgewirkt. Das große Fresko des Nardo di Cione in der Strozzi-Kapelle von S. Maria Novella in Florenz (um 1355) bezieht sich unübersehbar und sehr detailliert auf die *Commedia*. Dantes *Inferno* «zitiert» auch Michelangelo in seinem 1541 vollendeten *Jüngsten Gericht*. Die Darstellung Charons, des Fährmannes der Unterwelt, der mit dem Ruder auf die Seelen einschlägt, um sie aus seinem Boot zu treiben, folgt der Beschreibung Dantes (*Inferno* III, 109–111), genauso wie die Schilderung des Totenrichters Minos, der mit der Anzahl der Windungen, in die er seinen Schweif um seinen Leib legt, jedem Verdammten den ihm bestimmten Höllenort anweist (*Inferno* V, 4–12).

Wiederentdeckung Dantes

Mit dem 17. Jh. setzte ein deutlicher Rückgang des Interesses am Werk Dantes ein, der bis in das 18. Jh. hinein andauerte. Sein Werk war mit den poetischen Regeln des Barock nicht vereinbar und von der Aufklärung wurde es für bizarr und unverständlich gehalten. Der erste Impuls für eine Wiederentdeckung ging von England aus, wo der

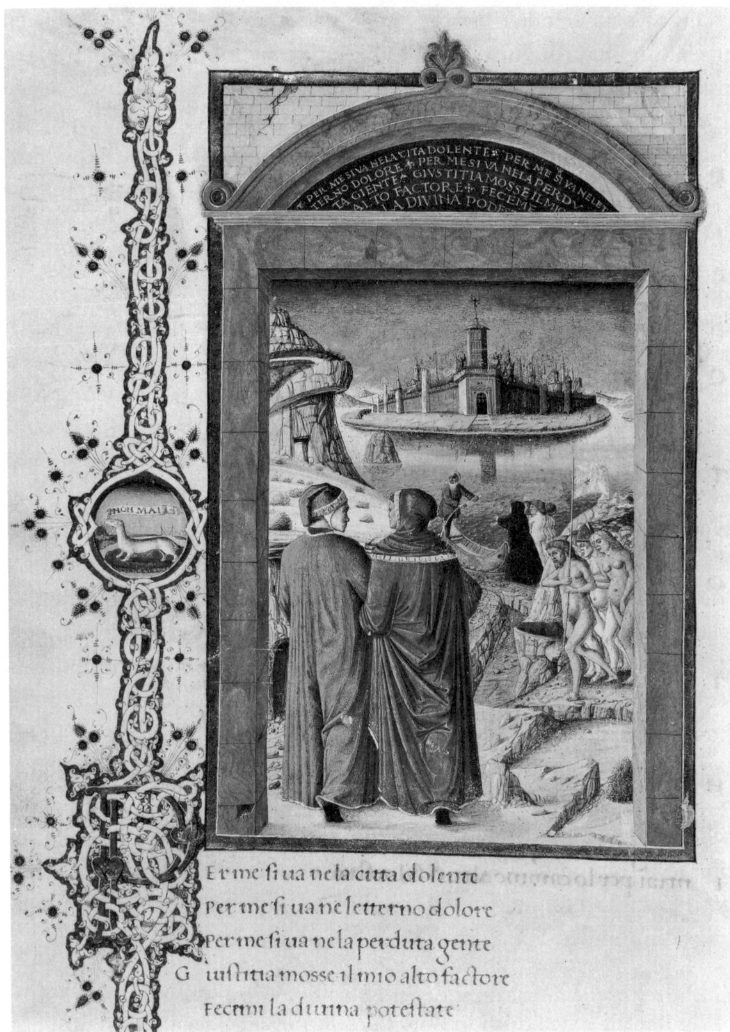

Abb. 43: Guglielmo Giraldi, Dante und Vergil am Höllentor (um 1480), Ms. urb. lat. 365, fol. 6 v., Vatikan, Bibliotheca Apostolica Vaticana

Maler Jonathan Richardson 1719 auf die beeindruckende und anrührende Ugolino-Episode (*Inferno* XXXIII) hinwies, von der er auch eine Übersetzung anfertigte. Danach war es vor allem der Schweizer Gelehrte Johann Jakob Bodmer, der um 1750 in verschiedenen Schriften auf die Originalität und Sprachmacht Dantes aufmerksam machte. Eine breitere Rezeption wurde erst durch die Übersetzungen möglich, die gegen Ende des 18. Jh.s erschienen. In Deutschland hat vor allem August Wilhelm Schlegel für Dante geworben und die Wege für eine regelrechte Dante-Begeisterung in der Romantik gebahnt.

Illustrationen Einen bedeutenden Beitrag zur Popularität der *Divina Commedia* nach 1800 hat die Kunst geleistet. Hier ist an erster Stelle John Flaxman zu nennen, dessen 110 Blatt umfassende Folge von Illustrationen zur *Commedia* erstmals 1793 erschien. Flaxmans Illustrationen haben nicht nur den Inhalt von Dantes Epos anschaulich vor Augen geführt, sie haben auch als Inkunabeln des so genannten *Outline-Style* der Kunst der Illustration neue Wege gewiesen und zugleich dem Typus der eigenständigen, textunabhängigen Illustrationsfolgen den Weg gebahnt. Flaxman blieb nicht der einzige, der sich an die Illustrierung der *Commedia* wagte. Der wohl bedeutendste, zugleich aber auch eigenwilligste Zyklus wurde von William Blake geschaffen. Es handelt sich dabei um eine Folge von hundert Aquarellen, an denen er von 1824 an arbeitete und die er bei seinem Tode 1827 unvollendet zurückließ. Der populärste Illustrationszyklus des 19. Jh.s dürfte wohl derjenige von Gustave Doré gewesen sein, der 1861 bzw. 1868 in Form von Holzstichen publiziert wurde. Wie Flaxman Dante in den Klassizismus transponiert hat, so hat Doré versucht, die imaginären Welten der *Commedia* in einen detailgenauen phantastischen Realismus zu übersetzen, der eine Affinität zum Symbolismus aufweist.

Noch deutlicher wird die Zeitbedingtheit der Rezeption in den Werken, die nicht als Illustrationsfolgen konzipiert wurden. Bei ihnen dokumentieren die Künstler schon durch die Auswahl des Stoffes eine bestimmte Präferenz. Höchst bezeichnend ist es, dass die neuzeitlichen Künstler bei ihrer Beschäftigung mit der *Commedia* sich fast ausschließlich dem *Inferno* zuwandten. Die vom christlichen Denken geprägte Ordnung des Werkes, seine Theologie, die in der Vision des göttlichen Lichtes und der allumfassenden göttlichen Liebe gipfelt, trat damit in den Hintergrund.

Eine bezeichnende Ausnahme ist der Zyklus im Dante-Saal im Casino Massimo in Rom, der zunächst von Peter Cornelius geplant, dann aber von Philipp Veit und Joseph Anton Koch 1818–1829 ausgeführt wurde. Die Nazarener, die die *Divina Commedia* dezidiert als «christliches Epos» auffassten, haben, um den theologischen Gehalt anzudeuten, die drei Teile des Werkes bildlich umgesetzt, wobei das von Philipp Veit ausgemalte Gewölbe der Veranschaulichung der Himmelssphären, die Dante im *Paradiso* durchwandert, gewidmet ist, während die Wandbilder von Joseph Anton Koch *Inferno* und *Purgatorio* darstellen.

Ugolino Joshua Reynolds war der Erste, der in der Zeit der Wiederentdeckung Dantes ein Gemälde nach einer Episode aus der *Divina Commedia* geschaffen hat. Mit seinem Bild *Count Ugolino and his Children in the Dungeon* von 1773 griff Reynolds die Anregung von Richardson auf, der nicht nur die Erzählung Ugolinos von seinem Ende aus dem 33. Gesang des *Inferno* übersetzt hatte, sondern auch ein Relief mit diesem Thema vorstellte, das er für ein Werk Michelangelos hielt (heute wird es Pierino da Vinci zugeschrieben), und sich am Schluss wünschte, ein großer Maler möge sich dieser Szene annehmen. Ugolino war unter dem Vorwurf des Verrates von seinem Widersacher Erzbischof Ruggieri von Pisa zusammen mit seinen Kindern in den Hungerturm eingeschlossen worden. Reynolds zeigt Ugolino starr blickend und mit ineinander verkrampften Händen, der nicht auf sein neben ihm kniendes Kind achtet und auch nicht darauf, dass in der Gruppe rechts einer seiner Söhne schon vom Hunger geschwächt ohnmächtig niedersinkt. *Io non piangea, sì dentro impietrai* (Ich weinte nicht, ich ward zu Stein im Innern) lässt Dante Ugolino sagen (*Inferno* XXXIII, 49). Reynolds hat versucht, dies im Bild umzusetzen und damit zugleich das grausige Ende der Eingeschlossenen anzudeuten, an das jeder Betrachter, der auch Dantes Text gelesen hat, unwillkürlich denken muss. Andere Künstler wie zum Beispiel Johann Heinrich Füssli sind Reynolds in seiner Themenwahl gefolgt.

Möglichkeiten der Bildfindung

Dantes *Inferno* war für Künstler gerade deswegen besonders reizvoll, weil es zwei grundsätzlich verschiedene Möglichkeiten der Bildfindung bot. Sie konnten die Schilderungen, die Dante von seiner fiktiven Höllenwanderung gab, aufgreifen, die Stoff für Bilder von schauervoller Erhabenheit boten. Für diesen Weg hat sich zum Beispiel Eugène Delacroix entschieden, als er zum Thema des Bildes, mit dem er auf dem Salon debütieren wollte, die Szene wählte, in der Dante und Vergil im Boot des Fährmanns Phlegyas den Styx überqueren (*Inferno*, VIII, 1–30). Seine *Barque de Dante* wurde auf dem Salon von 1822 zu einem großen Erfolg. Die andere Möglichkeit war, sich an jene Stellen zu halten, in denen wiedergegeben wird, was die Verdammten Dante von ihren Sünden und Verfehlungen berichteten. Ihre Erzählungen konnten, wie die Ugolino-Episode zeigt, Anregungen zu emotionsgeladenen Historien geben. Beide Möglichkeiten wurden bei derjenigen Episode des *Inferno* gewählt, die im 19. Jh. bei weitem am häufigsten dargestellt worden ist: Die Geschichte von Paolo und Francesca.

Paolo und Francesca

Im zweiten Kreis der Hölle begegnet Dante der großen Schar von Seelen der *peccatori carnali*, der Sünder der Fleischeslüste, die von einem mächtigen Sturm wie ein Vogelschwarm umhergetrieben werden. Unter ihnen entdeckt Dante ein eng umschlungenes Paar, das er zu sich ruft, um nach ihrem Schicksal zu fragen. Es sind Paolo und Francesca, die hier in Tod und Buße auf ewig vereint sind. Francesca da Rimini war jung mit Gianciotto di Malatesta verheiratet worden und verliebte sich in dessen Bruder Paolo di Malatesta. Francesca erzählt, wie sie gemeinsam die Geschichte von Ritter Lancelot und Königin Ginevra lasen. «Als wir gelesen, dass in seiner Liebe/Er das ersehnte Antlitz küssen musste,/Hat dieser, der mich niemals wird verlassen,/Mich auf den Mund geküsst mit tiefem Beben. / Verführer war das Buch und der's geschrieben. / An jenem Tage lasen wir nicht weiter» (*Inferno*, V, 133–138). Es bleibt dem Leser überlassen, sich vorzustellen, was dann geschehen ist, und aus Andeutungen, die zuvor gemacht wurden, kann er schließen, dass die beiden von Gianciotto in flagranti ertappt und ermordet wurden. Die tragische Liebesgeschichte der beiden berührt Dante so tief, dass er ohnmächtig niedersinkt.

Ein Bildtypus zeigt, wie Dante das Paar in der Schar der vom Sturm umhergetriebenen Seelen erblickt. Auf diese Weise hat Asmus Jakob Carstens die Szene 1796 illustriert, die Joseph Anton Koch mehrfach kopiert und in seinen eigenen Dante-Illustrationen modifiziert hat. Eine Variante dazu, die Füssli, Flaxman und Blake gewählt haben, zeigt, wie die beiden sich entfernen und Dante ohnmächtig niedersinkt. Der Belgier Ary Scheffer konzentrierte sich in seinem Gemälde, das er auf dem Salon von 1835 präsentierte, ganz auf das schwebende Liebespaar, das Dante und Vergil nachdenklich betrachten. Diese Version erlangte eine einzigartige Berühmtheit. Das aufschwebende Paar wird hier zum Exempel der hingebungsvollen, passionierten Liebe, zum Urbild des Liebestodes. Hier schloss sich eine Bildtradition an, in der sich das Motiv des schwebenden Paares immer weiter verselbständigte und zur Metapher der sich über die Welt erhebenden höchsten Liebe wurde, wobei das Schweben zugleich auf deren prekären Status verweist. Ein herausragendes Beispiel dafür ist Oskar Kokoschkas 1913 datiertes Gemälde *Die Windsbraut*.

Der andere Typus, mit dem die Geschichte von Paolo und Francesca ins Bild gesetzt wurde, zeigt das Paar bei seiner Lektüre oder bei jenem ersten Kuss. Jean-Auguste-Dominique Ingres hat von 1814 an in mehreren Versionen den Moment gewählt, in dem das Buch Francesca aus der Hand gleitet und Paolo, der vor ihr kniet, sie umarmt und küsst, während von hinten Gianciotto heranstürzt und seinen Degen zieht. Auch Anselm Feuerbach hat sich mehrfach des Themas angenommen. In seiner 1864 datierten Fassung in München zeigt er die beiden nebeneinander im Garten sitzend. Feuerbach hat sowohl das Motiv des Kusses als das des heranstürmenden Gianciotto vermieden. Das Paar sitzt dicht nebeneinander und doch berührt Paolo Francesca kaum, die gerade sinnend das Buch sinken lässt. Graf Schack, für den das Bild gemalt wurde, bewunderte darin «die verhaltene Glut, die lange zurückgedrängte Liebe, die nun, nach vergeblichem Kampfe, im Begriffe ist, zu unterliegen». Der Betrachter wird dieses Bild nur dann ganz erfassen können, wenn er den Bezug zu der tragischen Geschichte, wie Dante sie schildert, herzustellen vermag und zugleich erfasst, worin sich die Auffassung des Themas bei Feuerbach von anderen, pathetischeren Darstellungen des Themas unterscheidet.

Rodin Höllentor

Welches Potential von Anregungen die *Divina Commedia* birgt, welche Faszination sie zu erregen vermag, welche Phantasie und Kreativität sie wecken kann, zeigt wohl kein Werk der Moderne deutlicher als das *Höllentor* von Auguste Rodin. 1880 erhielt Rodin den Auftrag, für das geplante Musée des Arts Décoratifs in Paris ein Bronzeportal zu entwerfen. Für dieses Werk, das man sich wohl als ein Gegenstück zu Ghibertis so genannter Paradiespforte des Florentiner Baptisteriums vorstellte, einigte man sich auf Dantes *Inferno* als thematischen Rahmen. Der Name *Porte de l'enfer* provoziert die assoziative Verbindung mit Dantes Beschreibung des Höllenzugangs im dritten Gesang des *Inferno*. Das *Höllentor* sollte zum Lebenswerk Rodins werden, der in einem komplizierten Entwurfsprozess die Konzeption um 1887 zu einem gewissen Abschluss brachte, jedoch bis zu seinem Tod 1916 daran arbeitete, so dass es erst posthum in Bronze gegossen werden konnte. Am Anfang stand offensichtlich ein ganz konkreter Bezug auf Dantes Dichtung. Die acht Bildfelder der Türflügel und die Rahmen sollten wohl Darstellungen der neun Höllenkreise aufnehmen. Im Laufe der Entwurfsarbeit jedoch entfernte sich Rodin immer weiter von seiner literarischen Vorlage. Irritiert haben Zeitgenossen festgestellt, dass in dem *Höllentor*, von Paolo und Francesca sowie Ugolino abgesehen, kaum noch Figuren zu entdecken waren, die konkret mit Dantes Dichtung in Verbindung gebracht werden konnten. Eher war es möglich, das Werk symbolisch als Sinnbild des Lebens zu verstehen. Für Rodin allerdings hatte die Verbindung seines Werkes mit der *Divina Commedia* nach wie vor Gewicht.

In einem Gespräch sagte Rodin: «Wenn ein literarischer Vorwurf allerdings so bekannt ist [sc. wie Dantes Dichtung] ... kann ihn der Künstler ohne Furcht, nicht verstanden zu werden, behandeln. Dennoch haben meiner Meinung nach die Gemälde und Skulpturen den Vorzug, die ganz allein aus sich heraus zu interessieren vermögen. Die Kunst kann tatsächlich den Geist und die Phantasie beschäftigen, ohne die Literatur irgendwie in Anspruch zu nehmen. Anstatt dichterische Vorgänge zu illustrieren, sollte sie sich lieber ganz schlichter und klarer Symbole bedienen, die von keinem geschriebenen Text abhängig sind.»

Die Wendung, die Rodin während der Arbeit an seinem *Höllentor* genommen hatte, ist für das Verhältnis von Kunst und Dichtung in der Moderne symptomatisch. Die Illustration, die textgetreue Umsetzung eines Stoffes der Dichtung, wird abgelehnt. Wie das Zitat belegt, war für Rodin der Bezug zur *Commedia* damit nicht eliminiert. Er erwartete, dass der Betrachter einen assoziativen Bezug zu Dantes Epos herzustellen vermag, und sah sich dazu auf Grund des hohen Bekanntheitsgrades des Werkes berechtigt. Erst die Realisierung dieses Textbezuges versetzt den Rezipienten in die Lage, den Bedeutungshorizont seines Kunstwerkes auszumessen. An diesem Beispiel zeigt sich die Leistungsfähigkeit des Konzepts der Intertextualität.

Das Verhältnis von Rodins Werk zur *Commedia* Dantes ist mit dem Begriff der Illustration überhaupt nicht zu fassen und auch Begriffe wie «darstellen» oder «veranschaulichen» treffen das Verhältnis nicht, da diese stets einen konkreten, abbildlichen Bezug meinen, während es bei Rodin darum geht, das *Höllentor* allgemein auf die Vorstellungswelt zu beziehen, die Dante in seinem *Inferno* entfaltet hat. Erst vor diesem Horizont erschließen sich dem Betrachter entscheidende Sinndimensionen dieses Werkes.

Ludovico Ariosto und Torquato Tasso

Bis weit in das 19. Jh. hinein haben Künstler überall in Europa Stoffe aufgegriffen, die ihnen die großen Epen von Ludovico Ariosto (1474–1533) und Torquato Tasso (1544–1595) boten. Ariosto hat seinen

Ariosto, Orlando furioso

Orlando furioso zwischen 1505 und 1515 verfasst und in überarbeiteter Fassung 1532 veröffentlicht. Den Inhalt dieses umfangreichen epischen Gedichts resümierend wiederzugeben, ist fast unmöglich. Die Haupthandlung, der Kampf Karls des Großen und seiner Paladine gegen die Heiden, wird von unzähligen Episoden und Nebenhandlungen überlagert. Diese Episoden waren es, die die Künstler vor allem angezogen haben, insbesondere die Geschichten um die schöne fernöstliche

Angelica und Medoro

Prinzessin Angelica. Orlando (Roland), einer der tapfersten Ritter im Heer Karls, verliebt sich in Angelica und sucht sie für sich zu gewinnen. Als er dann entdeckt, dass sie nicht ihn, sondern den einfachen Knappen Medoro liebt, bringt es ihn um den Verstand. Die Szene, in der Angelica den verwundeten Medoro findet und sich in ihn verliebt (XIX, 17–25), und die andere Szene, in der sie als Zeichen ihrer Liebe ihre Namen in die Bäume schnitzen (XIX,36), sind von allen Stoffen, die Ariostos Epos den Künstlern bot, mit Abstand am häufigsten dargestellt worden. Als Beispiel können die Fresken Giambattista Tiepolos in der Villa Valmarana bei Vicenza (um 1757) angeführt werden. Dem Betrachter, der den *Orlando furioso* kannte, war bewusst, dass die von den größten Helden am Hofe Kaiser Karls begehrte Prinzessin sich mit Medoro für jemanden entscheidet, der den Standesregeln nach weit unter ihr steht. Er hatte vielleicht auch die schönen Verse im Gedächtnis, in denen Ariosto schreibt, dass die Wunde, die Angelica vom Pfeil Amors empfing, viel tiefer war als die Verwundung Medoros (XIX,28). Angelica und Medoro sind Exempel für die unwiderstehliche Macht der Liebe. Wenn bestimmte exemplarische Szenen sich einmal als ikonographischer Typus durchgesetzt hatten, wie es in diesem Fall im Barock geschah, war eine eingehende Kenntnis der Dichtung des Ariosto gar nicht mehr erforderlich, um das Exemplum und seine Botschaft zu verstehen. Das ist hier nicht anders als bei den historischen Exempla.

Ariost-Saal im Casino Massimo, Rom

Ein bemerkenswertes Dokument der künstlerischen Rezeptionsgeschichte Ariostos sind die Fresken, die Julius Schnorr von Carolsfeld zwischen 1823 und 1827 im Casino Massimo in Rom ausführte. Wie schon Veit und Koch im Dante-Saal wollte auch er mit seinem Zyklus eine Vorstellung von Ariostos Epos als Ganzem vermitteln. Er hat die verwirrende Vielfalt der Episoden zu einem überschaubaren Programm geordnet. Die drei wichtigsten Erzählstränge verteilte Schnorr von Carolsfeld so, dass die eine Schmalwand der Geschichte Orlandos, die andere der Geschichte Ruggieros gewidmet ist. Die Hauptwand und das Gewölbe zeigen die Begebenheiten des Glaubenskampfes von der Belagerung von Paris bis zum siegreichen Ende. Von den Darstellungstraditionen löste sich Schnorr in verschiedener Hinsicht und in sehr bezeichnender Weise. Zur Kennzeichnung Ruggieros wählte er nicht die beliebte Szene der Befreiung Angelicas (X, 91–112), sondern seine Taufe, die ein greiser Eremit am Gestade des Meeres vollzieht. Orlando, der Titelheld des Epos, ist in der älteren Bildtradition erstaunlich selten berücksichtigt worden. Seinen Wahnsinn machte Schnorr zum Thema des zweiten Hauptbildes. Wenn in der älteren Bildtradition mit der Konzentration auf Angelica und Medoro die Betonung auf der Liebe als sinnlicher Macht lag, so verstärkt Schnorr eine Tendenz, die ebenfalls in dem Epos liegt: «Einstimmig sagen ja die Weisen alle, daß Liebe nichts als Tollheit sei. Ist einer auch nicht just in Rolands Falle, so zeigt er eine andere Raserei» (XXIV,1). Doch während Ariosto diese Warnung vor der Liebe ironisch relativiert, führt sie Schnorr mit gravitätischem Ernst vor Augen. Hier kommt eine Leibesfeindlichkeit zum Tragen, die für die Nazarener bezeichnend ist.

Der Hauptakzent liegt bei Schnorr auf dem Glaubenskampf, den Karl der Große und seine Paladine führen. Ihm sind das Fresko der Hauptwand und die vier Gewölbebilder über den Langseiten gewidmet. Im Mittelpunkt des Hauptbildes der Decke thront Kaiser Karl. Sein Triumph wird mit der Hochzeit von Ruggiero und Bradamante verbunden. Wenn man von hier aus zum Text Ariostos zurückkehrt, so wird man mit Erstaunen feststellen, dass dieser die in der Gesamtanlage des Epos durchaus wichtige Szene der Belagerung von Paris im 15. Gesang in erstaunlich knappen Versen behandelte und über die Hochzeit als abschließenden Höhepunkt der Handlungsfolge dort mit geradezu kargen Worten hinweggeht. In der Bildtradition, auch in den vollständigen Illustrationszyklen, spielt die Gestalt Karls des Großen, wenn sie überhaupt auftritt, eine ganz nebensächliche Rolle. Schnorr dagegen weckt dadurch, dass er den Kaiser ins Zentrum rückt, die Erinnerungen an das unter dem Druck Napoleons untergegangene Heilige Römische Reich Deutscher Nation. Der Glaubenskampf zwischen den Heiden und dem christlichen Heer Kaiser Karls kann als Anspielung auf die erfolgreich bestandenen Befreiungskriege gelesen werden. In das Bild Karls d. Gr. wird das politische Wunschbild der eigenen Zeit hineinprojiziert.

Torquato Tasso, Gerusalemme liberata

Wenn man von der künstlerischen Rezeption ausgeht, war Torquato Tassos *La Gerusalemme liberata*, 1581 veröffentlicht, noch erfolgreicher als das Epos des Ariosto. Die Zahl der Illustrationsfolgen zu Tassos Werk ist groß. Die erste illustrierte Ausgabe mit Stichen nach Zeichnungen von Bernardo Castello erschien schon 1590. Besondere Beachtung verdient auch die Prachtausgabe mit Illustrationen nach Giambattista Piazzetta, die 1745 publiziert wurde. Bald nach dem Erscheinen gab es auch die ersten Gemälde- und Freskenzyklen. Wie Ariosto hat auch Tasso in seine Haupthandlung, die Eroberung Jerusalems durch das von Gottfried von Bouillon geleitete Kreuzfahrerheer, zahlreiche Episoden hineingewoben, in denen sich Helden- und Liebesthematik verbinden. Auch im Fall Tassos sind es vor allem diese Episoden, die die Künstler bevorzugt für ihre Darstellungen ausgewählt haben.

Tancredi und Clorinda

Eine Nebenhandlung rankt sich um den christlichen Ritter Tancredi. Er verliebt sich in die heidnische Amazone Clorinda, die diese Liebe nicht erwidert, und umgekehrt ignoriert er die Liebe, die ihm Erminia, die Tochter des Königs von Antiochien, entgegenbringt. Durch ein tragisches Missgeschick wird Clorinda von Tancredi in einem Kampf tödlich verwundet und lässt sich sterbend von ihm taufen. Erminia nimmt in Clorindas Rüstung an den Kämpfen teil, um Tancredi wiederzusehen. Erst nach langen Verwicklungen, nach der Einnahme Jerusalems, erreicht sie ihr Ziel. Sie findet Tancredi verwundet auf, stillt sein Blut mit ihren Haaren und rettet ihn so.

Eine bevorzugt dargestellte Szene aus diesen tragischen Verwicklungen ist die Taufe der sterbenden Clorinda. Ein frühes Beispiel ist ein Gemälde, das Domenico Tintoretto zugeschrieben wird und gegen 1600 entstanden sein dürfte. Tancredi beugt sich über die am Boden liegende Clorinda und tauft sie mit Wasser, das er aus seinem Helm über ihre Stirn gießt. Die beiden Engelsköpfe im Himmel weisen darauf hin, dass hier der Akzent weniger auf der Liebesthematik als auf der christlichen Bedeutung von Bekehrung und Taufe liegt, was durchaus in Einklang mit den in Tassos Dichtung liegenden gegenreformatorischen Tendenzen steht.

Erminia und Tancredi

Sehr oft ist auch die Szene dargestellt worden, in der Erminia den verwundeten Tancredi auffindet (XIX, 103–114). In einem Bild Guercinos von 1651 liegt Tancredi bewusstlos am Boden; Vavrino, der ihn aufgefunden hat, steht rechts hinter ihm, während von links Erminia

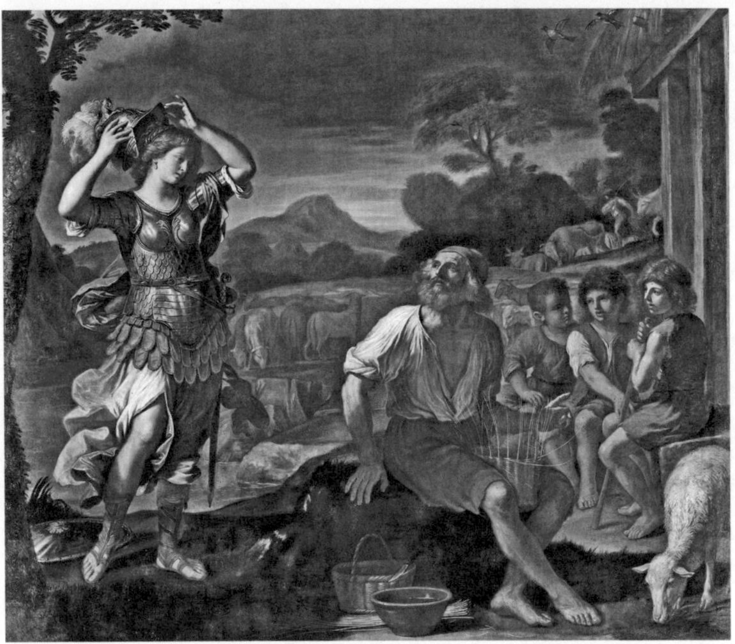

Abb. 44: Guercino, Erminia bei den Hirten (1648), Minneapolis, Minneapolis Institute of Arts

mit ausgebreiteten Armen herbeieilt. Poussin zeigt in den beiden Gemälden, in denen er diese Szene darstellte, Erminia, wie sie sich mit dem Schwert eine Locke abschneidet, um damit das Blut des Verwundeten zu trocknen. Dieses Motiv ist besonders geeignet, Erminia als Exempel aufopferungsvoller Liebe erscheinen zu lassen. Damit ist zugleich ein charakteristischer Unterschied zu der sonst ganz ähnlichen Szene der Angelica mit dem verwundeten Medoro bezeichnet.

Erminia bei den Hirten

Besonders beliebt war eine Szene, die geeignet war, den Charakter Erminias in sehr positivem Licht erscheinen zu lassen: Erminia bei den Hirten. Auf der Flucht vor Verfolgern gerät Erminia nach langem Ritt in eine idyllische und friedliche Gegend, die Tasso nach der Tradition des *locus amoenus* als idyllische Naturszenerie schildert. Sie hört Gesang, dem sie nachgeht, und trifft auf einen alten Mann, der bei seiner Herde wacht und dabei Körbe flicht, während seine drei Kinder singen und musizieren (VII, 1–7).

Guercino stellt in einem 1648 geschaffenen Gemälde (Abb. 44) den Moment der Begrüßung dar: Der Hirte wendet sich erstaunt zu Erminia um, die ihren Helm abnimmt, so dass ihre langen, goldenen Haare zum Vorschein kommen. In einem anderen schon gegen 1620 gemalten Bild hatte Guercino Erminia und den Hirten gezeigt, wie sie am Boden sitzen und miteinander sprechen, wobei sie die linke Hand in der Geste des Erstaunens hebt, während er mit der Linken aus dem Bild zeigt, gerade auf den Betrachter.

Die tiefere Bedeutung des Bildes und dieser Erminia-Episode wird nur erfassen, wer den Inhalt des Gespräches der beiden kennt, was beim Publikum des Barock vorausgesetzt werden kann. Der Hirte erzählt Erminia, dass er als junger Mann am königlichen Hof als Gärtner tätig war, doch er habe bald die Falschheit und Bösartigkeit des Hoflebens durchschaut und sich deswegen in seine heimatlichen Gefilde zu den Schafherden zurückgezogen. In der langen Rede des alten Hirten geht es immer wieder um Gegensätze, die diesem Kontrast von Hof- und Landleben an die Seite gestellt werden: der Gegensatz von Hochmut und Demut, von Ehrgeiz und Selbstgenügsamkeit, von Krieg und Frieden. Es ist ein bewegendes Plädoyer für das Landleben, das auch Erminia dazu bewegt, bei dem Hirten zu bleiben, für einige Zeit wenigstens, bis sie sich wieder auf die Suche nach Tancredi macht. In diesem Sinne sind auch die bildlichen Darstellungen der Szene als Preis des Landlebens und als Gegenbild zum höfischen Leben zu deuten. Kein Zufall ist es, dass gerade diese Szene immer wieder in eine weite Landschaft versetzt wurde. Ein um 1621 zu datierendes Gemälde von Domenichino und ein spätes, wohl 1667 entstandenes Gemälde von Claude Lorrain sind herausragende Beispiele dafür. Mit der Staffage der Begegnung zwischen Erminia und dem Hirten wird der Idyllencharakter der Landschaft zusätzlich unterstrichen.

Rinaldo und Armida

Die zweite große Nebenhandlung in Tassos *Gerusalemme liberata* ist die Geschichte von Rinaldo und Armida. Sie hat in der bildkünstlerischen Rezeption den größten Erfolg gehabt.

Armidas Auftreten wird von Tasso als List des Teufels beschrieben, der, als er erkennt, dass die Christen dabei sind, Jerusalem zu erobern, die bösen Mächte gegen sie aufwiegelt. Idraote, Zauberer und Fürst von Damaskus, schickt seine wunderschöne Nichte in das Lager der Christen, die dort mit ihren Zauberkünsten Verwirrung stiften soll. Armida, deren Schönheit von Tasso wortreich besungen wird, vermag in der Tat mit Täuschungen und Zaubereien den Christen zu schaden, doch als sie Rinaldo, den jugendlichen Helden, den sie in eine Falle gelockt und in Schlummer versenkt hat, töten will, überkommt sie eine Liebe, der sie nicht widerstehen kann. Sie entführt Rinaldo auf eine Zauberinsel, wo sie ein ganz den Genüssen und der Lust hingegebenes Leben führen. Ohne Rinaldo bleiben im Heer der Christen die Erfolge aus. Gottfried von Bouillon schickt die Ritter Ubaldo und Guelfo aus, die auf abenteuerlichen Wegen zu der Zauberinsel gelangen und Rinaldo zur Rückkehr bewegen können.

Poussin hat gegen 1630 ein Gemälde geschaffen, in dem er die erste Begegnung zwischen Rinaldo und Armida darstellt. Mit dem Messer in der rechten Faust beugt sich Armida über den schlafenden Rinaldo und blickt ihn an. Dass es der Moment ist, in dem sich ihre Liebe entzündet, deutet Poussin dadurch an, dass ein Erot, vielleicht sogar Amor selber, sie am Messerstoß hindert. Auch die Entführung Rinal-

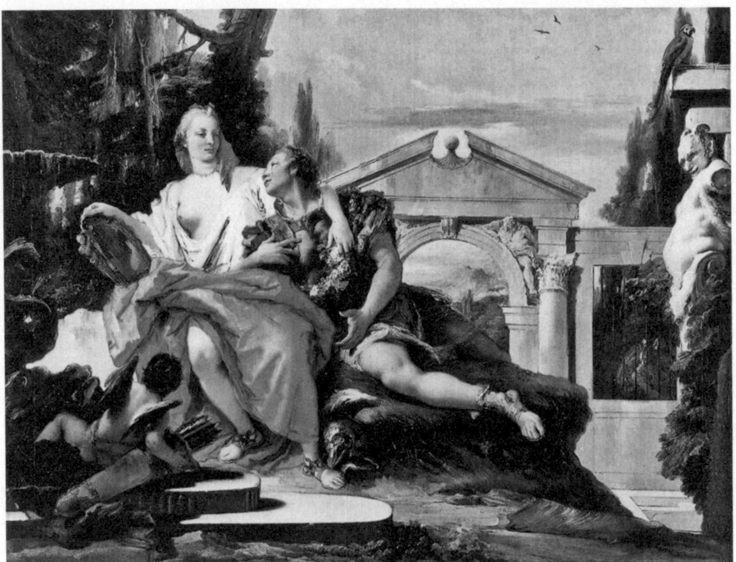

Abb. 45: Giambattista Tiepolo, Rinaldo und Armida (1752/53), Würzburg, Residenz

dos im Zauberwagen der Armida (eine Parallele zum Mythos von Diana und Endymion) hat Poussin dargestellt. Am weitaus häufigsten jedoch ist jene Szene dargestellt worden, die sich Ubaldo und Guelfo bot, als sie das Paar inmitten eines paradiesischen Schlossgartens entdeckten (XVI, 17–25). Giambattista Tiepolo, der mehrere Fassungen der Szene geschaffen hat, betont stets, wie sehr sich Rinaldo zu Armida hingezogen fühlt, wie ihre erotischen Reize und der Zauberspiegel, den sie hält, ihn in ihren Bann ziehen (Abb. 45). Die Szene ist Exempel der sinnlichen Liebe, die alles, was ringsumher ist, vergessen lässt. In diesem Sinne ist sie in zahllosen Gemälden des 17. und 18. Jh.s vor allem in der italienischen und französischen Malerei gefeiert worden. François Boucher beispielsweise wählte das Thema für das Aufnahmestück in die Akademie, das er 1734 präsentierte.

Ganz anders wurde Tassos Epos von Friedrich Overbeck aufgefasst. In seinen Wandbildern im Casino Massimo in Rom, die er 1819 begann und die Joseph v. Führich 1829 vollendete, stellte er die Haupthandlung der Eroberung Jerusalems in den Mittelpunkt. Bei den Liebesepisoden, die in der Rezeptionsgeschichte im Vordergrund standen, bemühte er sich erfolgreich, jeden sinnlichen Akzent zu vermeiden. Der Nazarener interpretierte das Werk Tassos dezidiert als «christliches Epos». Im weiteren Verlauf des 19. Jh.s wurde das Verhältnis zu Tassos Epos distanzierter. Eine gewisse Beliebtheit behielt die Episode von Olindo und Sofronia, die als Christen verbrannt werden sollen und im letzten Augenblick von Clorinda gerettet werden. Auf diese Szene, die schon in der Barockmalerei begegnet und die auch Overbeck darstellte, hat auch Eugène Delacroix zurückgegriffen. Sein 1856 datiertes Gemälde lässt erahnen, dass die Dramatik der Szene ihn gereizt hat, die für den Betrachter eindrucksvoll ist, auch wenn er den Handlungshintergrund nicht kennt. Doch Bilder wie dieses sind Ausnahmen. Beim Publikum schwand das Interesse an dem Epos und verlagerte sich auf die Person des Dichters, der nicht zuletzt durch Goethes Drama *Torquato Tasso* zum Inbegriff des in und an der Gesellschaft leidenden Genies geworden war. Die Tasso-Darstellungen in der Kunst bereicherten das Themenspektrum der Künstlerbilder, die im 19. Jh. eine bemerkenswerte Konjunktur hatten.

Von Shakespeare zu Goethe

Die Kunstgeschichte der Darstellungen nach den Epen von Ariosto und Tasso belegt, dass die entscheidenden Prägungen ikonographischer Typen im Barock erfolgten, und sie zeigt zugleich, dass die Typenprägung dort am markantesten war, wo den Sujets eine exemplarische Bedeutung zugewiesen werden konnte. Die künstlerische Rezeption von Literatur, die erst später als Stoff künstlerischer Darstellung entdeckt wurde, verlief anders. Das zeigt sich besonders deutlich an der Shakespeare-Rezeption. Obwohl William Shakespeare (1564–1616) nur zwanzig Jahre jünger war als Tasso, begannen die Künstler erst im 18. Jh., sich für sein Werk zu interessieren. Die erste illustrierte Ausgabe seiner Werke erschien 1709. In der Frühphase der Shakespeare-Illustration war das Theater die entscheidende Vermittlungsinstanz. Das gilt beispielsweise für William Hogarth, der sich jedoch nur gelegentlich mit Shakespeare auseinandersetzte. So malte er um 1728 *Falstaff examining his recruits* nach *Henry IV, Part II* und stellte um 1735 eine Szene aus *The Tempest* (I,2) dar. Größeres Interesse fand die Shakespeare-Darstellung erst in der 2. Hälfte des 18. Jh.s. Wesentlichen Anteil daran hatte der Schauspieler David Garrick, den Hogarth 1745 in der Rolle Richards III. porträtierte. Durch ihn ist beispielsweise Angelika Kauffmann angeregt worden, sich mit Shakespeares Dramen zu beschäftigen. Eine herausragende Rolle in der Geschichte der Shakespeare-Darstellung spielte Johann Heinrich Füssli, der schon früh in Zürich im Kreis um Johann Jakob Bodmer Werke Shakespeares kennen lernte. Theateraufführungen mit Garrick, die er in London sah, wo er sich ab 1764 aufhielt, haben ihn fasziniert, wie

Zeichnungen zu *Richard III.* und *Macbeth* belegen. In den 1770er Jahren entwickelte er seinen eigenen, unverwechselbaren Stil, der sich durch die ausdrucksstarke, energiegeladene Figurendarstellung auszeichnet und weder die Regeln des Klassizismus noch die Forderungen der Angemessenheit des Kostüms achtet. Beispiele dafür können die frühen, zum Teil noch in Rom entstandenen Werke zu *Macbeth* geben. Seine intensive Beschäftigung mit dem Dichter belegt sein Plan, einen Zyklus von Shakespeare-Fresken zu schaffen, der eine Art profanes Gegenstück zur Sixtinischen Kapelle sein sollte.

Boydell Shakespeare-Gallery

Einen bedeutenden Aufschwung nahm die Beschäftigung der englischen Künstler mit Shakespeare durch das Projekt des John Boydell, eine Shakespeare-Gallery einzurichten. Boydell wollte auf Basis der Dramen Shakespeares eine nationale englische Historienmalerei begründen. Die Bilder sollten zum einen in einer Ausstellung gezeigt, zum anderen sollten sie graphisch vervielfältigt werden, um so eine möglichst große Breitenwirkung zu erreichen. Von 1786 an wurden Aufträge vergeben und schon 1789 konnte eine erste Ausstellung mit 34 Gemälden gezeigt werden. Insgesamt entstanden so 167 Bilder, bis das Unternehmen 1804 in finanzielle Schwierigkeiten geriet und eingestellt werden musste. Füssli hat eine ganze Reihe von Bildern für dieses Projekt geliefert. In einer nur im Stich überlieferten Komposition stellte er die Begegnung von Macbeth und Banquo mit den drei Hexen dar (*Macbeth* I,3). Die Hexen erscheinen auf einer Rauchwolke schwebend als verhüllte Gestalten, während Macbeths und Banquos Erschrecken und zugleich ihre Entschlossenheit gezeigt werden. An der Art, in der Füssli diese kurze, wegen der darin ausgesprochenen Prophezeiungen für das Stück aber sehr wichtige Szene gestaltet hat, ist beispielhaft zu erkennen, dass das ästhetische Konzept des Erhabenen in der Shakespeare-Rezeption eine zentrale Rolle spielt.

Sommernachtstraum

Füssli ließ sich immer wieder durch Literatur anregen. Er verstand es, die Vorstellungswelt der Dichtung auszuschöpfen und ging doch immer wieder weit darüber hinaus. Die Ergebnisse sind so unvergleichlich, dass man eigentlich gar nicht von Illustrationen sprechen möchte. Das zeigt sich besonders eindrucksvoll in seinen Bildern nach Shakespeares *A Midsummer Night's Dream*, die ebenfalls für Boydells Galerie entstanden.

Das Gemälde *Titanias Erwachen* (Abb. 46) zeigt mit überbordender Phantasie das Elfenreich, in dem König Oberon herrscht, der seiner Frau Titania ein Zaubermittel in die Augen geträufelt hatte, so dass sie sich in den zufällig vorbeikommenden plumpen Weber Bottom verliebte, dem Oberon noch einen Eselskopf verpasst hatte, den Puck gerade davonträgt. Neben der erwachenden Titania steht Oberon, der auf den immer noch schlafenden Bottom zeigt. Dieser

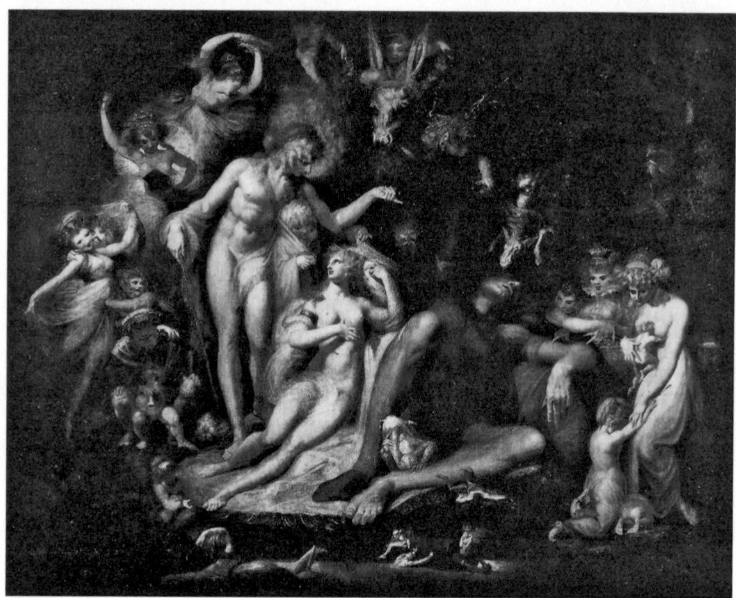

Abb. 46: Johann Heinrich Füssli, Titanias Erwachen (1785–90), Winterthur, Kunstmuseum

scheint von den guten und bösen Geistern, die ihn und Titania umkreisen, nichts zu merken, doch lässt der Alb, der auf dem Nachtmahr über seinen Kopf hinweg galoppiert, darauf schließen, dass ihn bedrückende Träume plagen. Der verwirrende Figurenreigen, der sich an keinen einheitlichen Größenmaßstab hält, erscheint wie ein phantastischer Traum.

Füssli hat mit seinen Bildschöpfungen für Boydell kaum an ikonographische Traditionen anknüpfen können. Die Bilder sind Produkt seiner durch Shakespeare entzündeten Phantasie und sie sind in ihrer Auffassung so subjektiv, dass sie ihrerseits auch keine Bildtraditionen begründen konnten. Dass hier ein Problem liegt, das nicht nur darin begründet ist, dass Füssli unbestreitbar ein Einzelgänger und Sonderfall war, zeigt sich beim Blick auf Werke der anderen von Boydell hinzugezogenen Künstler, die das Spektrum künstlerischer Möglichkeiten um 1800 abdecken. Angelika Kauffmann gestaltete 1788 ihre Darstellung der Auseinandersetzung zwischen *Valentine, Proteus, Silvia und Julia im Wald* (*Two Gentlemen of Verona*, V,4) im Sinne eines sentimentalischen Klassizismus, wobei sie sich in den Kostümen an der Aufführungspraxis der Zeit orientierte. Benjamin West stellte in einem 1788 vollendeten Gemälde für die *Shakespeare Gallery* den von seinen Töchtern verstoßenen König Lear dar, der dem Wahnsinn nahe

King Lear

zusammen mit seinem Hofnarren im Sturm über die Heide irrt und auf den ihm wohlgesonnenen Kent trifft, der ihm rät, in einer Hütte Schutz zu suchen (*King Lear* III,4). Seine Klage: «*The tempest in my mind/Doth from my senses take all feeling else/Save what beats there. Filial ingratitude!*» ist der Schlüsseltext zu Wests Bild. Der Gewittersturm, Topos der Erhabenheit der Naturgewalten, spiegelt die Qualen der Seele Lears. Seine Auflehnung ist vergeblich. Ganz im Einklang mit der Charakterisierung Lears bei Shakespeare zeigt West ihn als einen Zerrissenen, der den äußeren Widrigkeiten zu trotzen scheint, doch an den inneren Schmerzen zerbricht. Dieser Aussage zuliebe hat West die klare, klassizistische Strenge, die sonst seine Historien auszeichnen, aufgegeben. Die Bewegtheit, die bis in den Malstil hinein zu spüren ist, soll den Aufruhr der Seele spüren lassen. James Barry, der für Boydell die Schlussszene von *King Lear* malte, zeigt eine ganz entsprechende Auffassung des greisen Königs. Barry stellt der Szenenanweisung folgend das britische Lager an der Steilküste bei Dover dar und zeigt auf der Höhe ein an Stonehenge erinnerndes Bauwerk, um so anzudeuten, dass sich das Geschehen in ferner Vorzeit abspielt. Lear steht mit dem Leichnam seiner Tochter Cordelia auf dem Arm da, von Schmerz und Wahnsinn gezeichnet. Unbeachtet liegen die Leichen seiner beiden anderen Töchter Regan und Goneril am Boden, die ihn schändlich betrogen hatten. Edgar, der Sohn des Earl of Gloucester, der gerade seinen Halbbruder Edmund besiegt hat, der links davongetragen wird, und die anderen richten ihre ganze Aufmerksamkeit auf den König, der an seinem Schmerz zerbrechen wird. Um die packende Dramatik der von Barry gestalteten Szene richtig zu würdigen, muss man sich vor Augen halten, dass Shakespeares Tragödie damals auf der Bühne in einer überarbeiteten Fassung gespielt wurde, mit dem versöhnlichen Schluss, dass sich Cordelia und Edgar in Liebe finden. Selbst David Garrick, der mit der Rolle des Lear seine größten Erfolge feierte, wagte es nicht, die Tragödie in ihrer ursprünglichen Fassung auf die Bühne zu bringen. Das Bild Barrys konnte für sich in Anspruch nehmen, das Tragische des Werkes in seiner bedrückenden Größe anschaulich zu machen.

Wenn es der *Shakespeare Gallery* Boydells, trotz der Verbreitung der Bilder als Kupferstiche, nicht gelang, eine Typengeschichte für einzelne Figuren oder Szenen zu begründen, so lag dies wohl auch daran, dass der Bezug auf Shakespeares Texte so dominant war, dass eine Verselbständigung einzelner Szenen, wie sie bei der bildkünstlerischen Umsetzung der italienischen Epen beobachtet werden konnte, nicht möglich war. Auch in der Rezeption der Werke Shakespeares in der Kunst des 19. Jh.s zeigt sich, dass der Intertextualität ein großes Gewicht zukommt. In Frankreich, wo man den Dramen Shakespeares

Söhne Heinrichs IV.

sehr viel reservierter gegenüberstand als etwa in Deutschland, hat Paul Delaroche mit seiner Darstellung der *Söhne Heinrichs IV.* ein Gemälde geschaffen, das auf dem Salon von 1831 größte Beachtung fand. In Shakespeares Drama *Richard III.* lässt Richard Gloucester die beiden Söhne seines Bruders Heinrich IV. im Londoner Tower ermorden, um so den englischen Königsthron für sich zu sichern. Delaroche zeigt nicht den Mord, über den man im Drama nur durch einen Botenbericht erfährt, sondern den Moment vor dem Mord. Die beiden Prinzen sitzen verängstigt auf dem Bett. Durch den Hund wird die Aufmerksamkeit des Betrachters auf den Lichtspalt unter der Tür gelenkt, wo man einen schwachen Schatten erkennt. Dramatisch ist die Szene nur für den, der den Bezug zu Shakespeares Drama herzustellen weiß. Derjenige, der sich vorstellen kann, was im nächsten Moment geschehen wird, wenn die gedungenen Mörder ins Zimmer eindringen, wird den Ausdruck der Kinder anders deuten als ein uninformierter Betrachter. Dass Textkenntnis in die Betrachtung einfließen muss, ist von den Bewunderern dieses Bildes nicht als Defizit verstanden worden. Es wurde positiv als Stimulans intensiver und nachdenklicher Betrachtung gewertet.

In Deutschland hat Eduard Bendemann den Stoff 1835 mit seinem Gemälde *Die Ermordung der Söhne Eduards IV.* aufgegriffen, wobei er sich genau an den Botenbericht in Shakespeares Drama hielt. Er zeigt die beiden friedlich schlafenden Kinder, unmittelbar bevor die beiden Mörder sie ersticken. Bendemann geht es dabei um die Rührung, die sie bei diesem Anblick verspürten und sie fast davon abhielt, ihren schrecklichen Auftrag durchzuführen: *We smothered/The most replenished sweet work of nature,/That from the prime creation e'er she framed.* Auch hier wird erst die Kenntnis des Dramas, die beim damaligen bildungsbürgerlichen Publikum vorausgesetzt werden konnte, den Bedeutungshorizont erschließen, wobei es für die Rezeption in Zeiten der politischen Restauration großes Gewicht hatte, dass es hier um Königsmord ging.

Der Stellenwert der Intertextualität literarischer Bilder ist graduell verschieden. Er ist, wie sich an den Bildern zu Ariosto oder Tasso zeigt, geringer, je stärker das Gewicht auf dem Exemplum, also auf der generellen Bedeutung liegt, umgekehrt verstärkt er sich, wenn Szenen komplex sind und die Charaktere einen hohen Grad von Individualität haben, wie es in den Dramen Shakespeares der Fall ist. Selbstverständlich findet man aber auch unter den Shakespeare-Bildern Beispiele für eine weitgehende Loslösung vom Text. So sind Romeo und Julia zum Inbegriff des tragischen Liebespaares geworden und vielfach dargestellt worden. Auch für die Figur Hamlets lässt sich feststellen, dass er als Persönlichkeit voller innerer Konflikte, voller Zweifel über Leben und Tod, als Prototyp eines modernen Helden verstanden wurde und uns so in der Kunst des 19. Jh.s begegnet.

Goethe, Faust

Eine einzigartige Rezeptionsgeschichte, die bis zur Mythisierung führte, durchlief die Gestalt des Doktor Faustus. Faust war in Deutschland bereits durch verschiedene Fassungen des Volksbuches bekannt, doch erst durch Goethes Drama wurden er und sein höllischer Gegenspieler Mephisto zu Gestalten, die einen Bekanntheitsgrad erreichten, der eine Rezeption in verschiedensten Bereichen der Bildkunst bis hin zu Reklame und Karikatur ermöglichte. Wegweisend für die bildliche Rezeption des Dramas, dessen erster Teil in seiner endgültigen Fassung 1808 veröffentlicht wurde, waren die Zeichnungen von Peter Cornelius, die 1810 begonnen und 1816 in Kupferstichreproduktionen publiziert wurden. Cornelius hat sich bemüht, durch Kostüm und Szenerie Faust als «deutschen» Helden zu charakterisieren, der in der *Szene am Ausgang der Kirche* aufdringlich verführerisch auftritt, im *Gang zum Brocken* grüblerisch erscheint und in der *Szene im Kerker*, die den Schluss des ersten Teils bildet, als jemand gezeigt wird, der über die Folgen seines Handelns erschrocken ist, aber auf Grund seines Paktes mit Mephisto diesem ausgeliefert ist. In der Gestaltung des Mephisto lag die besondere Schwierigkeit, dessen Teufelsnatur sichtbar zu machen. Die Brüder Riepenhausen hatten ihn in einer 1811 datierten Zeichnung zur *Szene am Ausgang der Kirche* als muskulösen Akt mit krallenbewehrten Flügeln dargestellt. Cornelius wählte den Weg der karikierenden Überspitzung der Züge, und mit dieser Lösung wies er sogar der Bühnendarstellung den Weg, bis hin zur legendären Inszenierung von Gustav Gründgens 1957.

Delacroix, Faust

Die bemerkenswertesten Faust-Illustrationen des 19. Jh.s hat Eugène Delacroix geschaffen, dessen Lithographien 1828 veröffentlicht wurden. Die Folge wird durch ein Blatt eröffnet, das Mephisto als fliegenden Teufel über einer Stadt zeigt. Delacroix hat das Diabolische weit stärker betont als Cornelius, wie sich zeigt, wenn man beide Fassungen der *Szene am Ausgang der Kirche* miteinander vergleicht. Der Grundton der Lithographien von Delacroix ist düster und unheimlich (Abb. 47). Goethe sprach von einer «wilden Behandlungsart» und «einem wunderlichen Erzeugnis zwischen Himmel und Erde, Möglichem und Unmöglichem, Rohestem und Zartestem». Ein wichtiges Kriterium zur Beurteilung von Illustrationen und «literarischen Bildern» bietet die vom Künstler getroffene Szenenauswahl. Cornelius hat von den ersten Szenen in der Studierstube, die für die Charakterisierung von Faust wie von Mephisto wesentlich sind, nur den *Osterspaziergang* aufgegriffen, so dass bei ihm ein sehr viel stärkerer Akzent auf der Tragödie Gretchens liegt. Delacroix dagegen hat der Exposition des Dramas fünf Blätter gewidmet. In der Gegenüberstellung des ersten Blattes, das Faust zeigt, wie er einen auf einem Tisch liegenden Schädel betrachtet, mit dem 5. Blatt, in dem Mephisto in

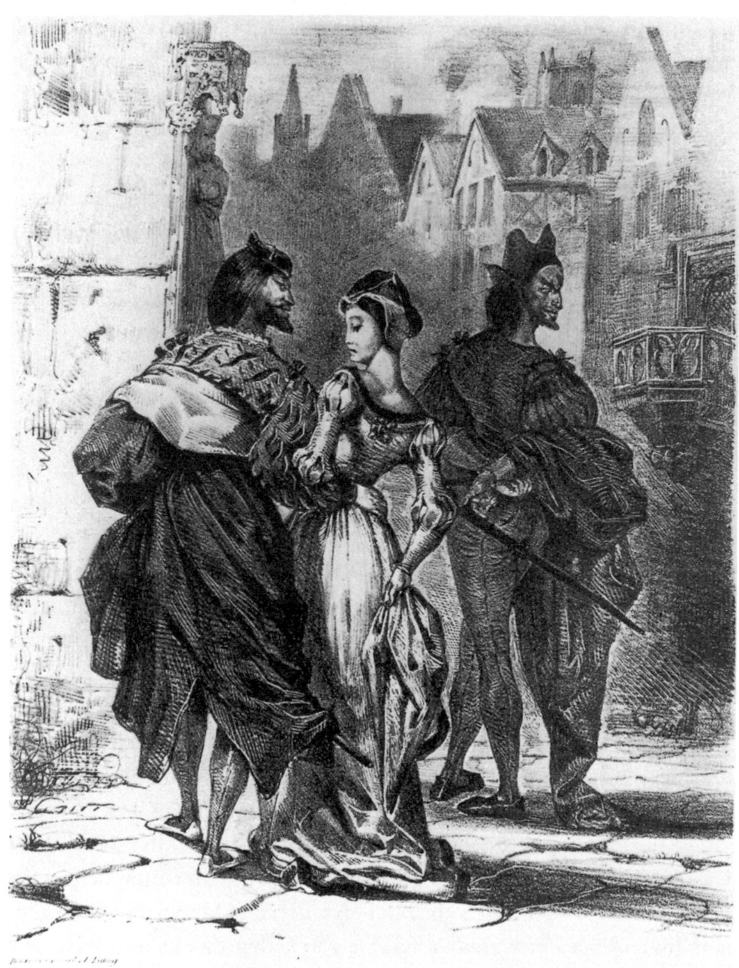

Abb. 47: Eugène Delacroix, Faust versucht Gretchen zu verführen, Lithographie (1827)

Gestalt eines Junkers vor Faust erscheint, wird das Einbrechen des Dämonischen in die trübe Welt des Faust besonders deutlich.

Die Darstellung Fausts in seinem Studierzimmer, die von dem Betrachter, der mit dem Drama vertraut ist, spontan mit dessen Eingangsmonolog in Verbindung gebracht werden dürfte, diente immer wieder dazu, Faust als grüblerisch Suchenden, als einen von seinem Erkenntnisdrang Getriebenen zu charakterisieren und damit jenen Grundzug hervorzuheben, der ihn zu einer Identifikationsfigur werden ließ. Zwischen bildlicher Rezeption und literarischer Rezeptionsgeschichte besteht unübersehbar eine Parallele, die bei der typengeschichtlichen Untersuchung, die Auffassung und Interpretation einer Figur herausarbeiten soll, zu berücksichtigen ist.

Dass Goethes *Faust* ein Stoff war, der auch in der Moderne nichts an Anziehungskraft einbüßte, bezeugt die ungewöhnlich breite Rezeption im 20. Jh. Als ein wichtiges Beispiel sei auf die Zeichnungen von Max Beckmann verwiesen, die dieser 1943–44 in der Notzeit seines Amsterdamer Exils zu Faust II anfertigte. In vielen Zeichnungen ist unverkennbar, dass Faust Beckmanns eigene Züge trägt. Der Künstler identifizierte sich mit ihm. Wenn er in seinem Tagebuch zu Faust schrieb: «Auf der Suche nach seinem Daheim, aber er hatte sein Daheim auf dem Wege verloren – so sterben alle wahrhaft großen Könige des Lebens», so kann dies auch auf den Künstler selbst bezogen werden. Der aber sah in sich auch etwas von Mephisto, den er meistens kahlköpfig mit großem Ohrring zeichnet, denn auch dieser zeigt zuweilen deutliche Ähnlichkeiten mit Beckmann, wie wir ihn aus seinen Selbstbildnissen kennen. Die Beschäftigung mit dem literarischen Stoff war für Beckmann – wie für andere Künstler auch – eine Möglichkeit, sich mit seiner eigenen prekären Lebenssituation auseinanderzusetzen.

Die Nibelungen

Welche Bedeutung subjektives Interesse auf der einen und Zeitbedingtheit auf der anderen Seite für die künstlerische Rezeption literarischer Stoffe haben, lässt sich besonders gut am Beispiel der Rezeptionsgeschichte der Nibelungen zeigen. Bei der Wiederentdeckung des Nibelungenliedes spielte Johann Jakob Bodmer eine entscheidende Rolle, der in dem mittelhochdeutschen Lied ein nationales Gegenstück zu den Epen Homers erkannte. Seine Teilveröffentlichung der 1755 aufgefundenen Handschrift des Nibelungenliedes fand allerdings zunächst nur geringe Resonanz, obwohl das Interesse an der altnordischen Literatur stark zu wachsen begann, wie die Begeisterung für die Ossian-Dichtungen belegt, eine Fälschung, die der Schotte MacPherson 1762 veröffentlicht hatte. Johann Heinrich Füssli, der durch Bodmer auf den Text aufmerksam gemacht worden war, setzte sich als erster Künstler ab 1798 mit dem Stoff auseinander. Füsslis Beschäftigung mit den Nibelungen zielte nicht auf Illustration ab. Er ging dabei höchst selektiv vor und ließ für das Verständnis der Dichtung wesentliche Passagen unbeachtet. Auf der anderen Seite entwarf er Bilder, die keine Entsprechung im Text haben. Ein Beispiel dafür ist das 1809 datierte Blatt *Sieglinde, geweckt durch den Streit des guten und des bösen Genius um ihren Sohn Siegfried*, das den Helden der Dichtung als Opfer im Kampf widerstreitender Mächte darstellt. Füssli interes-

Füssli: subjektive Rezeption

siert sich weniger für die Helden, die für ihn offensichtlich fragwürdig geworden sind, als für Frauen wie Kriemhild und Brünhild, deren Stärke und Überlegenheit zum Teil drastisch ins Bild gesetzt wird, etwa in dem Blatt *Brünhild betrachtet den von ihr gefesselten und an der Decke aufgehängten Gunther* (1807) oder *Kriemhild zeigt Hagen das Haupt Gunthers* (1805). Edmund Burke hatte in seinen Untersuchungen zu den Ideen des Erhabenen und des Schönen (1757) das Schöne der Frau in ihrer Rolle als Mutter zugeordnet, das Erhabene dem Mann und Vater. Diese Rollenzuweisung wurde von Füssli in Frage gestellt und sogar umgekehrt. Füsslis Umgang mit den Nibelungen ist ein Paradebeispiel für eine ganz subjektive Rezeption. Er nutzte den epischen Stoff nicht, um ihn dem Inhalt nach dem Betrachter anschaulich zu machen, sondern um Grundsätzliches über den Menschen und das Verhältnis der Geschlechter auszusagen.

Füssli zeigt sich in seiner Auseinandersetzung mit den Nibelungen einmal mehr als genialer Einzelgänger, der keine Nachfolge gehabt hat. Die Nibelungenrezeption der deutschen Romantik ging ganz andere Wege. Die Brüder Schlegel hatten auf die Bedeutung des mittelalterlichen Epos hingewiesen und Ludwig Tieck verfolgte den Plan einer Übersetzung, doch das *Nibelungenlied* fand erst größere Resonanz, als man nach den Niederlagen Preußens im Krieg gegen das napoleonische Frankreich nach Wegen für eine politische Erneuerung Deutschlands suchte. Der Rückgriff auf nationale Traditionen in Literatur und Kunst sollte Beitrag zu einer nationalen Selbstbesinnung sein. So verstand auch Peter Cornelius seine Arbeit, als er 1810 in Rom mit seinen *Darstellungen aus dem Liede der Nibelungen* begann: «Es soll ein Werk werden, worin sich die ganze Herrlichkeit der alten Zeit, vorzüglich aber die unseres Vaterlandes spiegeln soll», und er sagte von sich, dass er «vor Eifer brenne, alles was nur in meinen Kräften steht, beizutragen, dass sich unsere Bildung wieder an die gediegene der alten Zeit anschließt». Die patriotische Einstellung von Cornelius und die politische Situation in Deutschland während der Befreiungskriege gaben den entscheidenden Ausschlag für die Wahl des Stoffes. Diese Einstellung ist an der Auswahl der Szenen abzulesen. Cornelius gestaltete in den bis 1813 ausgeführten Zeichnungen, die 1817 in Kupferstichen publiziert wurden, die Tragödie Siegfrieds, des an sich unbesiegbaren Helden, der nur durch Falschheit und List überwunden werden konnte. Für die zeitgenössischen Betrachter war die Analogie zu den aktuellen Geschicken Deutschlands nicht zu verkennen. Als sich das Kriegsglück der deutschen Länder im Herbst 1813 zu wenden begann, machte sich Cornelius daran, seinen Illustrationszyklus zu erweitern, und zeichnete den *Auszug in den Sachsenkrieg* und die *Heimkehr der Sieger*. Er schrieb zu der Neu-

patriotische Rezeption

orientierung des Zyklus: «In diesen beiden Blättern hoffe ich mit göttlichem Beistand alles das auszusprechen und gleichfalls als im Spiegel der alten Heldenzeit zu zeigen, was die neue ähnliches getan und gesehen. Sollte es mir auch nicht zu dem Maße gelingen äußerlich in der Kunst auszudrücken, was innerlich in der Seele lebt, so wird der Beschauer doch daraus ersehen, dass es aus einem deutschen Herzen geflossen, das wenn auch entfernt von dem Vaterland, doch heiß dafür schlägt».

Mit dieser Einstellung lag Cornelius genau auf der Linie einer patriotischen Rezeption des Nibelungenliedes, die auch von literaturgeschichtlicher Seite propagiert wurde. Die national orientierte Auffassung sollte die künstlerische Rezeption der folgenden Zeit bestimmen. Bilderfolgen, wie sie Julius Schnorr von Carolsfeld im Auftrag Ludwigs I. von Bayern in der Münchner Residenz von 1831 an malte, hatten das Ziel, ein anschauliches Bild vom deutschen Mittelalter zu vermitteln und auf dem Wege historischer Bildung den patriotischen Zusammenhalt der Bürger zu fördern. Die politische Instrumentalisierung der Nibelungendarstellung förderte nationalistische und chauvinistische Auffassungen, die in Kriegs- und Krisenzeiten kulminierten. Zu berücksichtigen ist dabei allerdings, dass ganz entscheidende Impulse von Richard Wagners *Ring des Nibelungen* ausgingen. Die Tetralogie wurde als Ganzes erstmals 1876 im neuen Festspielhaus in Bayreuth aufgeführt. Gegen die generelle Tendenz, die Nibelungen als eine Sage mit historischem Kern aufzufassen, hat Wagner den Stoff sozusagen remythisiert. Unter Rückgriff auf die skandinavischen Überlieferungen der Edda und anderer Quellen zur germanischen Mythologie schuf er eine mythische Parabel der Welt, in der Machtgier und Liebe herrschen und die an ihrer Schuld, die auch die tragische Schuld der Götter ist, zugrunde geht. Die tiefsinnigen mythischen Dimensionen haben eine Rezeption des Stoffes jenseits nationalistischer Vorstellungswelten ermöglicht, wie sie beispielsweise die zahlreichen Nibelungenbilder von Jean Théodore Fantin-Latour (1836–1904) zeigen. Andererseits hat Wagners Mythenschöpfung auch zu der chauvinistischen Verabsolutierung geführt, die den Helden der Nibelungen im Dritten Reich zuteil wurde.

R. Wagner: Re-Mythisierung

Die Propaganda des Dritten Reiches hat die Nibelungen und die germanische Mythologie so diskreditiert, dass ihr Stoff nach dem Ende des Zweiten Weltkrieges, als die Kunst in Deutschland an die zerrissenen Fäden der Moderne wieder anzuknüpfen versuchte, jahrzehntelang gemieden wurde. Dass die Nibelungen nicht gänzlich in Vergessenheit gerieten, dürfte ganz wesentlich auf das kontinuierliche Interesse an Wagners *Ring des Nibelungen* zurückzuführen sein. Die Umsetzung des Stoffes in der Kunst allerdings musste ganz neue Wege gehen. Einer der Künstler, die sich immer wieder damit beschäftigt haben, ist Anselm Kiefer. In seiner *Der Nibelungen Leid* betitelten Arbeit von 1973 zeigt er einen aus rauem Holz zusammengezimmerten Innenraum, auf dessen Bodenbretter die Namen der Nibelungen-Helden geschrieben sind: Giselher, Gernot, Gunther, Kriemhild, Hagen und Rüdiger. Die Kunst kann und will die Heroen nicht mehr darstellen. Sie evoziert mit der Namensnennung Erinnerungen, die jetzt nicht mehr nur auf den Text des «Heldenepos» rekurrieren, sondern dessen Rezeptionsgeschichte und ihren ideologischen Missbrauch mitschwingen lassen wollen. Die Wirkung des Bildes hängt in erster Linie von dem ab, was der Betrachter an intertextuellen Bezügen zu aktualisieren vermag. Die Feststellung, dass in der Moderne die weit über alle illustrativen Bezüge hinausreichende Intertextualität das Verhältnis von Kunst und Dichtung bestimmt, beweist sich auch hier.

IV. Ende der Ikonographie?

In der Kunstwissenschaft ist verschiedentlich die These aufgestellt worden, dass der tiefgreifende kulturelle Umbruch der Revolutionszeit um 1800 auch das Ende der Ikonographie mit sich gebracht habe. Damit ist gemeint, dass die tradierte Ikonographie ihre Gültigkeit als ein festes Regelsystem, auf das sich die Künstler bei ihrem Schaffen stützen konnten und das sie zu beachten hatten, verloren hat. War damit aber nicht auch impliziert, dass die ikonographische Methode, wie sie die Kunstgeschichte entwickelt hat, bei Werken, die bis zu diesem Umbruch entstanden, angewendet werden könne und müsse, bei später entstandenen Werken jedoch nicht mehr greife? Dass sich die Kunstwissenschaft nur sehr zögernd mit der Ikonographie der Kunst seit 1800 beschäftigt hat und die Ikonologie strenger, panofskyscher Observanz diese Grenze tunlichst nicht überschritt, scheint diese These zu bestätigen. Die Autoren der vorliegenden Einführung vertreten demgegenüber die These, dass es für die Ikonographie als Methode eine solche Grenze nicht gibt, dass sie im Rahmen ihrer Möglichkeiten und Ziele als «Lehre von den Bildinhalten» für die Moderne genauso zuständig ist wie für die ältere Kunst.

Werner Busch, der die These vom «Ende der Ikonographie» in der Kunst nach 1800 besonders dezidiert vertreten hat, sah sie bestätigt in der Säkularisierung biblischer Themen, im Verlust des Attributes, im Verlust der Verweisungskraft von Bild, Symbol und Zeichen und im Bedeutungsverlust des Einzelgegenstandes. In der Tat hat es im Zeitalter der Revolution in der Kunst folgenreiche Umbrüche gegeben, die eine Krise des über mehrere Jahrhunderte hinweg relativ stabilen ikonographischen Systems mit sich brachten. Sie wird am deutlichsten greifbar in der fundamentalen Kritik an der herkömmlichen Allegorie bei gleichzeitiger Aufwertung des Symbols. Sie zeigt sich aber auch in der Auflösung der exemplarischen Geschichtsauffassung. Ein weiteres Symptom dieser Krise ist in der Marginalisierung des Inhalts zu sehen, die in der Kunst seit dem Impressionismus in immer neuen Schüben vorangetrieben wurde. Dass Form und malerischer Ausdruck als die für den Rang des Kunstwerks entscheidenden Werte angesehen werden, ist eine Konsequenz aus der Genie-Ästhetik und aus der wachsenden Bedeutung des Autonomie-Postulates. Mit der These, dass der Künstler über dem Stoff stehe und dass die Bedeutung des Kunstwerks in dem liege, was er in seiner schöpferischen Subjektivität hervorgebracht habe, wurden Wahrheits- oder Geltungsansprüche erhoben, die gegen ikonographische Überlieferungen ausgespielt werden konnten, bis sie ihrerseits wieder in Frage gestellt wurden, besonders radikal von der frühen Avantgarde, die das bürgerliche «System Kunst» insgesamt ablehnte.

Die Ikonographie ist mit dem *l'art pour l'art* aber nicht an ihrem Ende angelangt. Kunstrichtungen, die sich von allen verbal fassbaren Bildinhalten losgesagt haben, waren und sind nur Strömungen neben anderen. Kennzeichen der Moderne ist die Pluralisierung der Möglichkeiten. Jede Bewegung hat Gegenbewegungen provoziert. Eine Reaktion auf die Säkularisierung war der Versuch der Rettung der tradierten Ikonographie bei den Nazarenern. Ihr Bemühen, Wahrheitsansprüche aus der Vergangenheit in die neue Zeit herüberzuretten, hatte großen Erfolg, konnte aber doch nur kurzfristig überzeugen. Folgenreicher war die Neubegründung der Allegorie in der Romantik. Friedrich Schlegel postulierte, dass das «Bedeutende [...] überhaupt der Zweck aller Malerei» sei, und er wollte nur eine Gattung in der Malerei anerkennen, die mit dem Attribut «symbolisch» zu kennzeichnen sei. Die enge Verflechtung mit der Aufwertung des Symbolbegriffs ist nicht zu übersehen. Die facettenreiche Strömung des Symbolismus, in der diese Aufwertung kulminierte, ist zugleich als Antwort auf das Gleichgültig-Werden des Gegenstandes in den auf das Rein-Malerische ausgerichteten Tendenzen zu sehen. Der Symbolismus war nicht ein letztes Aufflackern obsoleter Traditionen. Hier wurde der alte Anspruch neu erhoben, dass das Kunstwerk mehr ist als das, was der bloße Anblick zeigt, und dieser Standpunkt ist in der Geschichte der Moderne immer wieder geltend gemacht worden. Natürlich wirkt hier das Erbe der metaphysischen Aufladung des Symbolbegriffs nach. Das gilt auch für die Spiritualisierung der Kunst, wie sie beispielsweise von Kandinsky vertreten wurde, in der auch eine Reaktion auf die Säkularisierung zu erkennen ist und ein Fortschreiben der bildungsbürgerlichen Auffassungen, die mit dem Begriff der «Kunstreligion» umschrieben werden. Schließlich ist auf die weitere Ausdifferenzierung der Bedeutungsmöglichkeiten von Bildwerken in der Moderne hinzuweisen, die mit dem Begriff des Zeichens zu verbinden sind.

Mit den Verwerfungen und Verschiebungen, die die Moderne im System der Kunst gezeitigt hat, sind tradierte Stoffe und Texte, von denen Bildinhalte herzuleiten und zu erklären waren, fragwürdig geworden, aber nicht das Prinzip der Ikonographie. Der Bezug auf vorgängige Stoffe oder Texte, vielleicht auch nur auf Vorstellungen, ist nach wie vor eine Basis der künstlerischen Produktion. Im Zeitalter der Individualisierung und Pluralisierung gibt es keine kanonisierten Bezugssysteme mehr, dafür haben intertextuelle Anspielungen und

Verweisungen umso größere Bedeutung. Ihr Nährboden ist das Fortwirken der Traditionen im sozialen Gedächtnis, das Aby Warburg mit seinem Bildatlas dokumentieren wollte. *Mnemosyne*, die Mutter der Musen, zugleich die Personifikation der Erinnerung, war die Taufpatin seines Projektes, mit dem er zeigte, dass die Kunst wesentlicher Träger unserer kollektiven Erinnerungen ist. Sie bleibt es auch, wenn diese Erinnerungen zunehmend verblassen und durch anderes überlagert werden. Aufgabe der Ikonographie ist es, das Verständnis für Kunst und für die in ihr aufgehobenen Erinnerungen wachzuhalten, Bildinhalte zu deuten und die Vielfalt der darin enthaltenen offenen und verdeckten Bezüge aufzudecken und zu erklären. Unter den Bedingungen der Kultur der Gegenwart ist die Ikonographie als kunstgeschichtliche Methode komplexer geworden, aber sie ist notwendiger denn je, nicht zuletzt deswegen, weil ihr ein wichtiger Part bei der Pflege und Bewahrung unseres kulturellen Erbes zukommt.

Literaturhinweise

Es kann und soll hier keine erschöpfende Bibliographie zu allen Fragen der Ikonographie geboten werden. Der Aufbau der Literaturangaben folgt dem des Textes, lediglich allgemeine Einführungen und Lexika sind vorangestellt. Die Literaturangaben sollen die notwendigen Nachweise zum Text liefern, vor allem aber sollen sie Hinweise für die weitere ikonographische Arbeit geben. Auf eine durchgehende Kommentierung der Angaben wurde verzichtet, gelegentlich wurden aber Besonderheiten, Defizite und Qualitäten einzelner Titel herausgestellt.

Die Sekundärliteratur ist aufsteigend chronologisch geordnet.

Hilfsmittel ikonographischer Forschung: Nachschlagewerke

Reallexikon zur deutschen Kunstgeschichte (RDK), begründet von Otto Schmidt, 10 Bde., Stuttgart 1937 – München 2003. *Bietet fundierte Artikel zu Sachbegriffen wie zu ikonographischen Themen (bis zum Stichwort Futurismus).* Druckfassung mit Abschluss von Bd. 10 eingestellt. Weiterentwicklung des Lexikons zu der Online-Plattform RDK Labor. Neben den bereits erschienenen Artikeln werden laufend neue Artikel aus den Bereichen Architektur, Bildende Künste, Kunsthandwerk und Ikonographie sowie zu Materialien und Techniken veröffentlicht. URL: <http://www.rdklabor.de/wiki/Hauptseite> [02.01.2019]

Reallexikon für Antike und Christentum (RAC), 29 Bde., Stuttgart 1950–2018 *(bis zum Stichwort Rhetorik).*

Lexikon des Mittelalters (LexMA), hg. v. R. Auty, R.-H. Bautier u. a., München, 10 Bde., München/Zürich 1980–1999. *Fächerübergreifend, zur Geschichte und Kultur des europäischen Mittelalters.*

Pigler, Andor: Barockthemen. Eine Auswahl von Verzeichnissen zur Ikonographie des 17. und 18. Jahrhunderts, 2. erw. Aufl., 3 Bde., Budapest 1974. *Bilderlisten zu wichtigen christlichen und profanen Themen.*

Krauss, Heinrich/Uthemann, Eva: Was Bilder erzählen. Die klassischen Geschichten aus Antike und Christentum in der abendländischen Malerei, München 1987 (^{6}2011).

Poeschel, Sabine: Handbuch der Ikonographie. Sakrale und profane Themen der bildenden Kunst, Mainz ^{5}2014 (Neuausg.).

Hilfsmittel ikonographischer Forschung: Spezielle Einführungen

Mrazek, Wilhelm: Ikonologie der barocken Deckenmalerei, Wien 1953 (Österreichische Akademie der Wissenschaften Wien, Philosophisch-Historische Klasse: Sitzungsberichte, 228, 3). *Sehr empfehlenswerte Anleitung für Lektüre und Deutung barocker Dekorationsprogramme.*

Telesko, Werner: Einführung in die Ikonographie der barocken Kunst, Köln 2005.

Büttner, Nils: Einführung in die frühneuzeitliche Ikonographie, Darmstadt 2014.

I. Einleitung

Zur Geschichte der ikonographischen Methode

Springer, Anton: Ikonographische Studien, in: Mitteilungen der k. k. Centralkommission zur Erforschung und Erhaltung der Baudenkmale, Jg. 5, Wien 1860.

Springer, Anton: Die Quellen der Kunstdarstellungen im Mittelalter, in: Berichte über die Verhandlungen der königlich-sächsischen Gesellschaft der Wissenschaften zu Leipzig, Phil.-hist. Klasse, 31. Bd., 1879, Leipzig 1880.

Mâle, Emile: L'art religieux du XIIIe siècle en France. Étude sur l'iconographie du moyen âge et sur ses sources d'inspiration, Paris 1898. *Das Werk erschien seither in zahlreichen Auflagen.*

Dvořčak, Max: Kunstgeschichte als Geistesgeschichte. Studien zur abendländischen Kunstentwicklung, München 1924.

Tietze, Hans: Programme und Entwürfe zu den großen österreichischen Barockfresken, in: Jahrbuch der kunsthistorischen Sammlungen des ah. Kaiserhauses 30 (1911/12), 1–28.

Warburg, Aby M.: Ausgewählte Schriften und Würdigungen, hg. v. Dieter Wuttke, Baden-Baden 1979.

Panofsky, Erwin: Zum Problem der Beschreibung und Inhaltsdeutung von Werken der bildenden Kunst, in: Logos 21 (1932), 103–119. *Dieser Aufsatz wurde mehrfach in Sammelbänden nachgedruckt, zuletzt in: Panofsky, Erwin: Deutschsprachige Aufsätze, hg. v. Karen Michels und Martin Warnke, Berlin 1998, Bd. II, 1064–1077.*

Panofsky hat sein Interpretationsmodell dann in erweiterter Fassung vorgelegt in:

Panofsky, Erwin: Studies in iconology. Humanistic themes in the art of the Renaissance, New York 1939; *dt.: Panofsky, Erwin: Studien zur Ikonologie. Humanistische Themen in der Kunst der Renaissance, Köln 1980, 30–54.*

Nochmals modifiziert hat er es in:

Panofsky, Erwin: Meaning in the visual arts. Papers in and on art history, Garden City/N. Y. 1955; *dt.: Panofsky, Erwin: Sinn und Deutung in der bildenden Kunst, Köln 1975, 36–67 (In dieser Fassung ist das Interpretationsmodell weltweit rezipiert worden).*

Zur kunstgeschichtlichen Methode Panofskys:

Heidt, Renate: Erwin Panofsky. Kunsttheorie und Einzelwerk (Dissertationen zur Kunstgeschichte, Bd. 2), Köln/Wien 1977.

Eine Zusammenstellung wichtiger Texte zur Geschichte der Ikonographie und Ikonologie bietet:

Kaemmerling, Ekkehard (Hg.): Bildende Kunst als Zeichensystem. Ikonographie und Ikonologie. Theorien, Entwicklung, Probleme, Köln 1979, [6]1994 (DuMont-Taschenbücher, 83); *darin der Artikel von Jan Białostocki: Skizze einer Geschichte der beabsichtigten und interpretierenden Ikonographie» (S. 15–63), der einen Überblick über die historische Entwicklung der Ikonographie liefert.*

Bätschmann, Oskar: Einführung in die kunstgeschichtliche Hermeneutik. Die Auslegung von Bildern, Darmstadt [6]2009.

Felder ikonographischer Forschung

Krautheimer, Richard: Introduction to an «Iconography of Medieval Architecture», in: Journal of the Warburg and Courtauld Institutes 5 (1942), 1–33.

Bandmann, Günter: Mittelalterliche Architektur als Bedeutungsträger, Berlin 1951.

Warnke, Martin: Politische Landschaft. Zur Kunstgeschichte der Natur, München 1992.

Raff, Thomas: Die Sprache der Materialien. Anleitung zu einer Ikonologie der Werkstoffe, München 1994.

Fuhrmeister, Christian: Beton, Klinker, Granit. Material, Macht, Politik. Eine Materialikonographie, Berlin 2001.

Wagner, Monika: Das Material der Kunst. Eine andere Geschichte der Moderne, München 2001.

Zur Ikonographie des Sündenfalls

Glang-Süberkrüb, Annegret: Einige Bemerkungen zu Tizians und Rubens' Sündenfall, in: Büttner, Frank/Lenz, Christian (Hg.): Intuition und Darstellung. Erich Hubala zum 24. März 1985, München 1985, 117–128.

Schoen, Christian: Albrecht Dürer. Adam und Eva. Die Gemälde, ihre Geschichte und Rezeption bei Lucas Cranach d. Ä. und Hans Baldung Grien, Berlin 2001.

Flasch, Kurt: Eva und Adam. Wandlungen eines Mythos, München 2005.

Rubens im Wettstreit mit den Alten Meistern. Vorbild und Neuerfindung, Ausst. Kat. Alte Pinakothek, München, Ostfildern 2009, S. 208–219 (Jeremy Wood).

II. Christliche Ikonographie

Nachschlagewerke

Mâle, Emile: L' art religieux de la fin du moyen-age en France: Étude sur l'iconographie du moyen âge et sur ses sources d'inspiration, Paris 1908.

– ders: L' art religieux du XIIe siècle en France: Étude sur les origines de l'iconographie du Moyen Âge, Paris 1922.

– ders: L' art religieux du XIIIe siècle en France: Étude sur l'iconographie du moyen âge et sur ses sources d'inspiration, Paris 1898.

– ders: L' art religieux après le Concile de Trente: Étude sur l'iconographie de la fin du XVIe siècle, du XVIIe, du XVIIIe siècle: Italie, France, Espagne, Flandres, Paris 1932.
Mâles Werke sind mehrfach aufgelegt worden, auch in dt. und engl. Sprache.

Künstle, Karl: Ikonographie der christlichen Kunst, 2 Bde., Freiburg i. Br. 1926–1928. *Gegliedert in historischen Überblick, der bei der Katakombenmalerei beginnt und einen deutlichen Schwerpunkt im Mittelalter setzt, «Didaktische Hilfsmotive» (Tiersymbolik, Personifikationen, Totentanz u. a.) und «Ikonographie der Offenbarungstatsachen» (Hauptthemen der christl. Ikonographie).*

Réau, Louis: Iconographie de l' art chrétien, 6 Bde., Paris 1955–1959. *Bd. 1 mit allgemeiner Einführung in die christl. Ikonographie, mit dem Ziel, Komplexität der Einflüsse (z. B. Liturgie, außereuropäische Bezüge) aufzuzeigen, etwas umständlich im Aufbau, Bd. 2–3 Hauptthemen des AT und NT, Bd. 4–6 Heilige.*

Aurenhammer, Hans: Lexikon der christlichen Ikonographie, Bd. 1, Wien 1959. *Erschienen ist nur der 1. Bd. A-C. Stellt in alphabetischer Reihenfolge biblische und heilige Gestalten vor sowie wichtige Szenen der Heilsgeschichte in gesonderten Artikeln. Literaturhinweise inzwischen veraltet. Als Ergänzung zum LCI (s. u.) zu empfehlen, da die Auswertung der Bildzeugnisse bis ins 19. Jh. reicht.*

Schiller, Gertrud: Ikonographie der christlichen Kunst, 4 Bde. (6 Teilbände), Gütersloh 1966–1976.
Bd. 1. Inkarnation, Kindheit, Taufe, Versuchung, Verklärung, Wirken und Wunder Christi, 1966, ²1969, ³1983; Bd. 2. Die Passion Jesu Christi, 1968, ²1983; Bd. 3. Die Auferstehung und Erhöhung Christi, 1971, ²1986, Bd. 4/1. Die Kirche, 1976, ²1988; Bd. 4/2. Maria 1980; Bd. 5/1. Die Apokalypse des Johannes. Textteil, 1990; Bd. 5/2. Die Apokalypse des Johannes. Bildteil, 1991.
Keine lexikalische, sondern biblisch-dogmatische Ordnung. Von den ersten Darstellungen eines Themas bis um 1550, wenige jüngere Beispiele. Geht auch auf das Verhältnis verschiedener Themen zueinander und wechselseitige Beeinflussung ein.
Schillers umfassendes Bildarchiv (ca. 12 000 Fotos) wurde der Forschungsstelle zur Politischen Ikonographie in Hamburg angegliedert.

Lexikon der christlichen Ikonographie (LCI), hg. v. Engelhard Kirschbaum, 8 Bde., Freiburg/Basel/Wien 1968–1976, *Sonderausgabe Freiburg 1990, Nachdruck 1994. Bd. 1–4 allgem. Ikonographie, Bd. 5–8 Heilige. Umfangreichstes Speziallexikon, das detaillierte und punktgenaue Orientierung ermöglicht. Schwerpunkt im Mittelalter, Abbildungen der wesentlichen ikonographischen Typen. Benutzung aufgrund des lexikographischen Telegrammstils und zahlloser Abkürzung teilweise beschwerlich.*

Sachs, Hannelore/Badstübner, Ernst/Neumann, Helga: Wörterbuch der christlichen Ikonographie, Regensburg ¹⁰2012. *Zur ersten Orientierung geeignet, jedoch zu sehr auf die Bibel und die Legenda Aurea als Quellen beschränkt.*

Hilfswissenschaftliche Nachschlagewerke

Dictionnaire de l'archéologie chrétienne et de liturgie (DACL), hg. v. Fernand Cabrol u. Henri Leclerq, 15 Bde., Paris 1907–1953. *Umfassendes Repertorium über alle Belange des gottesdienstlichen Geschehens.*

Braun, Joseph SJ: Liturgisches Handlexikon, Regensburg 1922. *2. erw. Aufl. Regensburg 1924, Nachdruck München 1993. Wörterbuch zu liturgischen Terminologien (mittelalterlich und modern), Funktionen und Zeremonien.*

Lexikon für Theologie und Kirche (LThK), bearb. v. Michael Buchberger, 10 Bde., Freiburg 1930–38, 3. neubearb. Aufl. hg. v. Walter Kasper, 11 Bde., Freiburg 1993–2001.

Reallexikon zur byzantinischen Kunst (RBK), unter Mitw. von Marcell Restle, hg. v. Klaus Wessel, bisher 7 Bde., Stuttgart 1966 ff. *(Bd. 7, 2007: Numidien – Mauretanien und Africa proconsularis)*

Lexikon der Marienkunde, hg. v. Konrad Algermissen, Ludwig Böer u. a., Bd. I (Aachen-Elisabeth), Regensburg 1967.

Theologische Realenzyklopädie (TRE), hg. v. Gerhard Krause, Gerhard Müller u. a. 36 Bde., Berlin u. a. 1967–2004. *Studienausgabe (ohne Kunstdrucktafeln und Faltkarten) Bd. 1–17, 1993, Bd. 18–27 (bis Stichwort «Publizistik/Presse») 1999. Systematische Artikel über kirchliche und theologische Realia, theolog. Stellungnahmen in Vergangenheit und Gegenwart. Die Dokumentation umfasst die verschiedenen Kirchen.*

Marienlexikon, hg. v. Remigius Bäumer u. Leo Scheffczyk im Auftrag des Institutum Marianum Regensburg, 6 Bde., St. Ottilien 1988–1994. *Knappe Artikel zu Fragen des Marienglaubens und der Marienverehrung.*

Religion in Geschichte und Gegenwart (RGG), Handwörterbuch für Theologie und Religionswissenschaft, hg. v. Hans Dieter Betz u. a., 9 Bde., 4. völlig neubearb. Aufl. Tübingen 1998–2007.

Historischer Überblick

Didron, Adolphe Napoléon: Iconographie chrétienne. Histoire de Dieu, Paris 1843.

Campenhausen, Hans: Die Bilderfrage in der Reformation, in: Zeitschrift für Kirchengeschichte 68 (1957), 96–128.

Grabar, André: Christian iconography. A study of its origins, London 1969 (The A. W. Mellon Lectures in the Fine Arts 10).

Knipping, John B.: Iconography of the Counter Reformation in the Netherlands. Heaven on earth, 2 Bde., Nieuwkoop 1974.

Smitmans, Adolf: Die christliche Malerei im Ausgang des 19. Jahrhunderts. Theorie und Kritik. Eine Untersuchung der deutschsprachigen Periodica für christliche Kunst 1870–1914, Sankt Augustin 1980 (Kölner Forschungen zu Kunst und Altertum B 2).

Büttner, Frank O.: Imago Pietatis. Motive der christlichen Ikonographie als Modelle der Verähnlichung, Berlin 1983.

Rombold, Günter/Schwebel, Horst: Christus in der Kunst des 20. Jahrhunderts, Freiburg i. Br. [u. a.] 1983.

Tuchman, Maurice (Hg.): The Spiritual in Art. Abstract Painting, 1890–1985, Kat. Ausst. Los Angeles County Museum of Art, New York 1986.

Reinle, Adolf: Die Ausstattung deutscher Kirchen im Mittelalter. Eine Einführung, Darmstadt 1988.

Duggan, Lawrence G.: Was art really the ‹book of the illiterate›?, in: Word and image 5 (1989), 227–251.

Gross, Friedrich: Jesus, Luther und der Papst im Bilderkampf 1871 bis 1918. Zur Malereigeschichte der Kaiserzeit, Marburg 1989.

Belting, Hans: Bild und Kult. Eine Geschichte des Bildes vor dem Zeitalter der Kunst, München 1990, [7]2011.

Humfrey, Peter/Kemp, Martin (Hg.): The altarpiece in the Renaissance, Cambridge [u. a.] 1990.

Michalski, Sergiusz: The Reformation and the Visual Arts: The Protestant Image Question in Western and Eastern Europe, London/New York 1993.

Büttner, Frank: »Argumentatio« in Bildern der Reformationszeit. Ein Beitrag zur Bestimmung argumentativer Strukturen in der Bildkunst, in: Zeitschrift für Kunstgeschichte 57, Heft 1 (1994), 23–44.

Guratzsch, Herwig (Hg.): Julius Schnorr von Carolsfeld, 1794–1872, Kat. Ausst., Leipzig 1994.

van Os, Henk (Hg.): The art of devotion in the late Middle Ages in Europe, Kat. Ausst. Rijksmuseum, Amsterdam, London 1994.

Koch, Guntram: Frühchristliche Kunst. Eine Einführung, Stuttgart 1995.
Hecht, Christian: Katholische Bildertheologie im Zeitalter von Gegenreformation und Barock. Studien zu Traktaten von Johannes Molanus, Gabriele Paleotti und anderen Autoren, Berlin 1997.
Lowden, John: Early Christian and Byzantine art, London 1997.
Traeger, Jörg: Renaissance und Religion. Die Kunst des Glaubens im Zeitalter Raphaels, München 1997.
Büttner, Frank: Vergegenwärtigung und Affekte in der Bildauffassung des späten 13. Jahrhunderts, in: Frühwald, Wolfgang/Peil, Dietmar (Hg.): Erkennen und Erinnern in Kunst und Literatur, Kolloquium Reisensburg, 4.–7. Januar 1996, Tübingen 1998, 195–213.
Thümmel, Hans Georg: Die Stellung des Westens zum byzantinischen Bilderstreit des 8./9. Jahrhunderts, in: Christin, Olivier/Gamboni, Dario (Hg.): Crises de l'image religieuse de Nicée II à Vatican II (Krisen religiöser Kunst: vom 2. Niceanum bis zum 2. Vatikanischen Konzil), Paris 1999, 55–74.
Dupeux, Cécile/Jezler, Peter (Hg.): Bildersturm. Wahnsinn oder Gottes Wille? Kat. Ausst. Bernisches Historisches Museum, München 2000.
Faupel-Drevs, Kirstin: Vom rechten Gebrauch der Bilder im liturgischen Raum. Mittelalterliche Funktionsbestimmungen bildender Kunst im Rationale divinorum officiorum des Durandus von Mende (1230/1–1296), Leiden [u. a.] 2000 (Studies in the history of Christian thought 89).
Jensen, Robin Margaret: Understanding early Christian Art, London 2000.
Büttner, Frank: Die ästhetische Illusion und ihre Ziele. Überlegungen zur historischen Rezeption barocker Deckenmalerei in Deutschland, in: Das Münster 54 (2001), 108–127.
Schedler, Uta/Tauss, Susanne (Hg.): Kunst und Kirche. Beiträge der Tagung Kunst und Kirche, 20.–22. September 2000 in Osnabrück, Osnabrück 2002.
Büchsel, Martin: Die Entstehung des Christusporträts. Bildarchäologie statt Bildhypnose, Mainz [4]2007.

Systematischer Überblick

Bibelillustration

Die Bibel: Quellentexte

Stellen- und Zitatnachweise: nicht Seitenangabe der benutzten Bibelausgabe, sondern Buch, Kapitel und Vers (z. B. Gen 5, 1). Aufschlüsselung der verbindlichen Abkürzungen für die Bücher der Bibel z. B. im Lexikon für christliche Ikonographie (LCI, s. o.). Bibelausgaben, die sich in Wortwahl und Syntax der modernen Umgangssprache anpassen, sind nicht zitierfähig.

Biblia sacra iuxta Vulgatam versionem ..., hg. v. Robert Weber, 5. verb. Aufl., Stuttgart 2015.
Die Bibel, Einheitsübersetzung, Stuttgart 2017. *Amtliche Übersetzung für die katholischen Diözesen im deutschen Sprachraum.*
Neue Jerusalemer Bibel. Einheitsübersetzung mit dem Kommentar der Jerusalemer Bibel, hg. v. Alfons Deissler, neu bearb. und erw. Ausg., Freiburg [u. a.] [11]2000. *Mit umfangreichen Kommentaren.*
Luther-Bibel, Stuttgart 2002. *Nach dem revidierten Text Stuttgart 1984, hg. v. der deutschen Bibelgesellschaft. Für die Evangelische Kirche in Deutschland maßgeblicher Bibeltext, nach der nicht immer exakten Übersetzung Luthers.*
Große Konkordanz zur Lutherbibel, Stuttgart 1979.

Allgemeine Literatur

Deckers, Johannes G.: Der alttestamentliche Zyklus von S. Maria Maggiore in Rom. Studien zur Bildgeschichte, Bonn 1976.
Zahlten, Johannes: Creatio mundi. Darstellungen der sechs Schöpfungstage und naturwissenschaftliches Weltbild im Mittelalter, Stuttgart 1979 (Stuttgarter Beiträge zur Geschichte und Politik 13).
Cahn, Walter: Romanesque Bible Illumination, Ithaca 1982.

von Erffa, Hans Martin: Ikonologie der Genesis. Die christlichen Bildthemen aus dem Alten Testament und ihre Quellen, 2 Bde., München 1989 und 1995.

Büchsel, Martin: Die Schöpfungsmosaiken von San Marco. Die Ikonographie der Erschaffung des Menschen in der frühchristlichen Kunst, in: Städel-Jahrbuch, N. F. 13 1991 (1992), 29–80.

Tümpel, Christian: Im Lichte Rembrandts. Das Alte Testament im Goldenen Zeitalter der niederländischen Kunst. Künstlerbiographien von Hermann Arnhold, München [u. a.] 1994.

Williams, John (Hg.): Imaging the early medieval Bible, Pennsylvania 1999.

van der Coelen, Peter: Bilder aus der Schrift. Studien zur alttestamentlichen Druckgrafik des 16. und 17. Jahrhunderts, Bern [u. a.] 2003.

Münch, Birgit Ulrike: Geteiltes Leid. Die Passion Christi in Bildern und Texten der Konfessionalisierung. Druckgraphik von der Reformation bis zu den jesuitischen Großprojekten um 1600, Regensburg 2009.

Giottos Fresken in der Arenakapelle

In Giottos Zyklen in der Arenakapelle werden verschiedene Quellen verarbeitet. Aus Gründen der Übersichtlichkeit wird die Auswahlliteratur zu den Fresken hier zusammengefasst.

Schlegel, Ursula: Zum Bildprogramm der Arena-Kapelle, in: Zeitschrift für Kunstgeschichte 20 (1957), 125–146.

von Nagy, Maria: Die Wandbilder der Scrovegni-Kapelle zu Padua. Giottos Verhältnis zu seinen Quellen, Bern [u. a.] 1962.

Imdahl, Max: Giotto. Arenafresken. Ikonographie, Ikonologie, Ikonik, München 1980.

Wollesen, Jens T.: Die Ausstattung kirchlicher Innenräume. Dargestellt am Beispiel der Scrovegni-Kapelle in Padua, in: Busch, Werner (Hg.): Funkkolleg Kunst. Eine Geschichte der Kunst im Wandel ihrer Funktionen, München/Zürich 1987, Neuausgabe 1997, 127–154.

Lisner, Margrit: Die Gewandfarben der Apostel in Giottos Arenafresken. Farbgebung und Farbikonographie mit Notizen zu älteren Aposteldarstellungen in Florenz, Assisi und Rom, in: Zeitschrift für Kunstgeschichte 53 (1990), 309–375.

Typologie: Quellentexte

Cornell, Henrik: Biblia pauperum, Stockholm 1925. *Der Anhang enthält den Text der deutschen Biblia Pauperum nach Cod. Graz, Landesarchiv, Nr. 3. Untersuchung der bis 1925 bekannt gewordenen Handschriften.*

Heilsspiegel. Die Bilder des mittelalterlichen Erbauungsbuchs Speculum Humanae Salvationis. Mit einem Nachwort und Erläuterungen von Horst Appuhn, Dortmund 1981.
Nach der Hs. 2505 (34 Kapitel umfassende Kurzfassung des Heilsspiegels) der Hessischen Landes- und Hochschulbibliothek Darmstadt, Abbildungen vollständig, jedoch nur Textseiten des letzten Kapitels.

Biblia pauperum: die Bilderhandschrift des Codex Palatinus latinus 871 im Besitz der Biblioteca Apostolica Vaticana = Armenbibel. Einf. und Kommentar: Christoph Wetzel. Transkription und Übers.: Heike Drechsler, Stuttgart [u. a.] 1995. *Text des Faks. lat., Transkription und Übersetzung frühneuhochdt. und hochdt.*

Falkenau, Karsten: Die «Concordantz Alt vnd News Testament» von 1550. Ein Hauptwerk biblischer Typologie des 16. Jahrhunderts illustriert von Augustin Hirschvogel, Regensburg 1999 (Studien zur christlichen Kunst 2). *Hervorragende monographische Erschließung und vollständige Publikation des Radierzyklus.*

Wirth, Karl-August (Hg.): Pictor in carmine. Ein Handbuch der Typologie aus der Zeit um 1200. Nach Ms 300 des Corpus Christi College in Cambridge, Berlin 2006. *Edition des ältesten Textzeugen des Pictor in carmine, mit ausgezeichneter Einleitung.*

Typologie: Sekundärliteratur

Röhrig, Floridus: Der Verduner Altar, Wien/München 1955, [7]1995.

Kaspersen, Soren: Cotton-Genesis, die Toursbibeln und die Bronzetüren. Vorlage und Aktualität, in: Gosebruch, Martin/Steigerwald, Frank N. (Hg.): Bernwardinische Kunst. Bericht über ein wissenschaftliches Symposium in Hildesheim vom 10. 10. bis 13. 10. 1984, Göttingen 1988, 79–103.

Dahm, Friedrich: Studien zur Ikonographie des Klosterneuburger Emailwerkes des Nicolaus von Verdun, Wien 1989.

Bruns, Bernhard: Die Bernwardstür. Tür zur Kirche. Fotos zur Bernwardstür von Hermann Wehmeyer, Hildesheim 1992.

Rehm, Sabine: Spiegel der Heilsgeschichte. Typologische Bildzyklen in der Glasmalerei des 14. bis 16. Jahrhunderts im deutschsprachigen Raum, Frankfurt am Main [u. a.] 1999 (Europäische Hochschulschriften 28, 349).

Cohen, Adam S.: Bernward and Eve at Hildesheim, in: Gesta 2001, 19–38.

Telesko, Werner: Moses – Joseph – Christus – Benedikt. Beiträge zu einer Typologie im Zeichen des Orantengestus, in: Römische historische Mitteilungen 45 (2003), 373–398.

Linke, Alexander: Typologie in der Frühen Neuzeit. Genese und Semantik heilsgeschichtlicher Bildprogramme von der Cappella Sistina (1480) bis San Giovanni in Laterano (1650), Berlin 2014.

Erweiterung und Ausdeutung des biblischen Themenkanons

Jüdische Quellen: Quellentext

Des Flavius Josephus Jüdische Altertümer. Übers. v. Heinrich Clementz, 2 Bde., Darmstadt 1967 (Reprint der Ausg. Halle 1900), Wiesbaden [12]1994.

Jüdische Quellen: Sekundärliteratur

Liebl, Ulrike: Die illustrierten Flavius-Josephus-Handschriften des Hochmittelalters, Frankfurt am Main [u. a.] 1997 (Europäische Hochschulschriften 28, 304).

Patristik: Quellentexte

Migne, Jacques-Paul: Patrologia latina (PL). Patrologia cursus completus sive Bibliotheca universalis ..., 221 Bde., Paris 1844–1865. *Enthält Texte der wichtigen zwischen 200 und 1200 n. Chr. verfassten Texte christlich-lateinischer Autoren. CD-Rom-Ausgabe: Cambridge 1994. Datenbank: http://pld.chadwyck.co.uk/.*

Migne, Jacques-Paul: Patrologia Graeca (PG), 161 Bde., Paris 1857 ff. *Texte christlich-griechischer Autoren bis 1439.*

Corpus Christianorum, Series Latina (CCSL), Turnhout 1954 ff., Continuatio Mediaevalis (CC CM), 1971 ff., Series Graeca (CC SG) 1977 ff.
Lateinische und griechische Autoren, zudem gesammelte Werke mehrerer großer Autoren (Augustinus, Hieronymus, Gregor d. Gr., Bernhard von Clairvaux).

Glossa ordinaria, hg. v. Mary Dove, Turnhout 1997 *nur zum Hohelied.*

Derolez, Albert (Hg.): The autograph manuscript of the Liber floridus. A key to the encyclopedia of Lambert of Saint-Omer, Turnhout 1998.

Apokryphen: Quellentexte

Die apokryphischen Evangelien und Apostelgeschichten. In's Deutsche übersetzt und mit Einleitungen und Anmerkungen begleitet von Karl Friedrich Borberg, Stuttgart 1841.

Kautzsch, Emil (Hg.): Die Apokryphen und Pseudoepigraphien des Alten Testaments, 2 Bde., Tübingen 1900 *(mehrfach nachgedruckt).*

Apokryphe Kindheitsevangelien, übers. v. Gerhard Schneider, Freiburg 1995 (Fontes Christiani 18). *Auch hier eine Auswahl; das Evangelium des Pseudo-Matthäus beginnt erst mit der Geburt der Maria.*

Schindler, Alfred (Hg.): Apokryphen zum Alten und Neuen Testament, Zürich [7]2004.

Die Apokryphen zum AT umfassen im Wesentlichen die aus der Lutherbibel als «apokryph» ausgeschiedenen Bücher und Kapitel, nicht jedoch z. B. Das Leben Adams und Evas. Von den Apostelakten nur Petrus- und Paulusakten, zudem Legenden über Christusbilder und Pseudo-Matthäus, jedoch stark gekürzt (u. a. um Kapitel über Christi Geburt). Geeignet zur schnellen Aneignung der Inhalte der wichtigsten Apokryphen, für wissenschaftliches Arbeiten sind vollständige Ausgaben vorzuziehen.

Meditationsliteratur: Quellentexte

Des Bruders Johannes de Caulibus Betrachtungen vom Leben Jesu Christi, verdeutscht von Vinzenz Rock, 2 Bde., Berlin 1928. *Nach der Bonaventura-Ausgabe von Peltier, Paris 1864–71, Bd. 12.*

Clarus, Ludwig [= Volk, Wilhelm] (Hg.): Leben und Offenbarungen der heiligen Birgitta, 2 Bde. (mit je 2 Teilbänden), Regensburg 1856 (Sammlung der vorzüglichsten mystischen Schriften aller katholischen Völker X).

Undhagen, Carl-Gustaf/Aili, Hans/Bergh, Birger (Hg.): Sancta Birgitta: Revelaciones, 9 Bde., Stockholm 1967–2002. *Kritische Gesamtausgabe, lat., Kommentare englisch oder schwedisch. Die Geburtsoffenbarung in Bd. 7, 1967, mit schwed. Kommentar.*

Vita Jesu Christi des Ludolf von Sachsen, ausgew. u. eingel. v. Susanne Greiner, Freiburg 1994. *Enthält nur die Kapitel, die in I. v. Loyolas Exerzitienbuch hohen Stellenwert haben.*

Stallings-Taney, M. (Hg.): Johannis de Caulibus: Meditaciones Vite Christi, olim S. Bonaventura attribuitae, Turnhout 1997. *Kritische Edition, lateinisch.*

Andachtsbilder: Sekundärliteratur

Pinder, Wilhelm: Die dichterische Wurzel der Pietà, in: Repertorium für Kunstgeschichte XLII, Berlin/Leipzig 1920, 145–163.

Pinder, Wilhelm: Die Pietà, Leipzig 1922.

Panofsky, Erwin: «Imago Pietatis: Zur Typengeschichte des «Schmerzensmanns» und der «Media Mediatrix», in: Festschrift für Max J. Friedländer zum 60. Geburtstage, Leipzig 1927, 261–308.

Berliner, Rudolf: Arma Christi, in: Münchner Jahrbuch der bildenden Kunst 6 (1955), 35–152.

Ringbom, Sixten: Icon to narrative. The rise of the dramatic close-up in fifteenth-century devotional painting, Åbo 1965 (Acta Academiae Aboensis A, 31,2).

Suckale, Robert: Arma Christi. Überlegungen zur Zeichenhaftigkeit mittelalterlicher Andachtsbilder, in: Städel-Jahrbuch 6 (1977), 177–208.
Wieder abgedruckt in: Suckale, Robert: Stil und Funktion: ausgewählte Schriften zur Kunst des Mittelalters, hg. v. Peter Schmidt und Gregor Wedekind, München [u. a.] 2003, 15–58.

Belting, Hans: Das Bild und sein Publikum im Mittelalter. Form und Funktion früher Bildtafeln der Passion, Berlin 1981, [3]2000.

Suckale, Robert: Süddeutsche szenische Tafelbilder um 1420–1450. Erzählung im Spannungsfeld zwischen Kult- und Andachtsbild, in: Harms, Wolfgang (Hg.): Text und Bild, Bild und Text, Stuttgart 1990, 15–34.
Wieder abgedruckt in: Suckale, Robert: Stil und Funktion: ausgewählte Schriften zur Kunst des Mittelalters, hg. v. Peter Schmidt und Gregor Wedekind, München [u. a.] 2003, 59–85.

Schade, Karl: Andachtsbild. Die Geschichte eines kunsthistorischen Begriffs, Weimar 1996 (zugl.: Berlin, Freie Univ., Magisterarbeit, 1994).

Noll, Thomas: Zu Begriff, Gestalt und Funktion des Andachtsbildes im späten Mittelalter, in: Zeitschrift für Kunstgeschichte 67 (2004), 297–328.

Heiligenikonographie

Nachschlagewerke zur Heiligenikonographie
Zur Ikonographie vieler Heiliger, insbesondere zu den Gründern der großen Orden (z. B. Ignatius von Loyola, Dominikus, Franziskus), gibt es eine umfangreiche Spezialliteratur.

Braun, Joseph: Tracht und Attribute der Heiligen in der deutschen Kunst, Stuttgart 1943.

Bibliotheca Sanctorum. Istituto Giovanni XXIII. nella Pontificia Università Lateranense, 12 Bde. und Index, Rom 1961–1970.
In italien. Sprache. Verehrungswürdige, Selige und Heilige sowie verehrte Personen des AT und NT in alphabetischer Reihenfolge. Zum Teil auch Abschnitte über die Ikonographie, hier sind jedoch kunsthistor. Speziallexika meist ausführlicher. Hilfreiche Informationen z. B. über Vita, Schriften und Werke sowie deren theolog. Bedeutung und Volksfrömmigkeit.

Wimmer, Otto: Kennzeichen und Attribute der Heiligen, Innsbruck 1976.
Zahlreiche neue Auflagen, zuletzt ebd. 2000. Erfasst «alle Meßbuchheiligen, fast alle deutschen Heiligen und die markanten Heilsgestalten der Weltkirche». Der erste Teil schlüsselt Attribute auf, der zweite stellt die Heiligen kurz mit Sterbedaten, Festtagen, Beruf und Attributen vor.

Kaftal, George: Iconography of the Saints in Tuscan Painting, Florenz 1952.
- derselbe: Iconography of the Saints in Central and South Italian Painting, Florenz 1965.
- derselbe und Fabio Bisogni: Iconography of the Saints in the painting of North East Italy Painting, Florenz 1978.
- derselbe und Fabio Bisogni: Iconography of the Saints in the painting of North West Italy Painting, Florenz 1985.

Sekundärliteratur zu Heiligenikonographie und -kult

Heusinger von Waldegg, Joachim: Der Künstler als Märtyrer. Sankt Sebastian in der Kunst des 20. Jahrhunderts, Worms 1989.

Kerscher, Gottfried (Hg.): Hagiographie und Kunst. Der Heiligenkult in Schrift, Bild und Architektur, Berlin 1993.

Legner, Anton: Reliquien in Kunst und Kult zwischen Antike und Aufklärung, Darmstadt 1995.

Wolff, Ruth: Der Heilige Franziskus in Schriften und Bildern des 13. Jahrhunderts, Berlin 1996.

Angenendt, Arnold: Heilige und Reliquiare. Die Geschichte ihres Kultes vom frühen Christentum bis zur Gegenwart, 2., überarb. Aufl., München 1997.

Bock, Nicolas, u. a. (Hg.): Kunst und Liturgie im Mittelalter. Akten des internationalen Kongresses der Bibliotheca Hertziana und des Nederlandse Instituut te Rome, Rom, 28.–30. September 1997, München 2000 (Römisches Jahrbuch der Bibliotheca Hertziana 33 (1999/2000), Beiheft).

Fricke, Beate: Ecce fides. Die Statue von Conques. Götzendienst und Bildkultur im Westen, München 2007.

Hagiographie: Quellentexte

Le martyrologe d'Usuard. Texte et commentaire par Jacques Dubois, Brüssel 1965 (Subsidia hagiographica 40) *Text lat., Kommentar franz.*

Jacobus de Voragine: Legenda Aurea, aus dem lateinischen übers. v. Richard Benz, Jena 1925.
Auf der Grundlage der ältesten lat. Handschriften übersetzt. Knüpft im (antiquierten) Sprachduktus an die elsässische Ausgabe an, da neben Wissenschaftlern auch der «andächtig und dichterisch Genießende» (ebd. S. XXXVII) angesprochen werden sollte. Mehrfach nachgedruckt, zuletzt Gütersloh 2014.

Jacopo da Varazze: Legenda Aurea. Edizione Critica, hg. v. Giovanni Paolo Maggioni. Florenz ²1998.
Kritische Ausgabe. Rekonstruktion des Textes letzter Hand Voragines. Text und Kommentar lateinisch, Einleitung italienisch.

Die ‹Elsässische Legenda Aurea›. Bd. 1: Das Normalcorpus, Hg. v. Ulla Williams und Werner Williams-Krapp, Tübingen 1980, Bd. 2: Das Sondergut, 1983, Bd. 3: Die lexikalische Überlieferungsvarianz, Register, Indices, 1990.
Mittelhochdeutscher Text nach den verbreitungsmäßig dominierenden deutschen Exemplaren.

Rader, Matthaeus: Bavaria Sancta, 3 Bde. München 1615–1627.

Warncke, Carsten-Peter: Bavaria Sancta – Heiliges Bayern. Die altbayerischen Patrone aus der Heiligengeschichte des Matthaeus Rader. In Bildern von J. M. Kager, P. Candid u. R. Sadeler, Dortmund 1981.
Enthält die 142 Kupferstiche, jedoch nicht den lateinischen Text der Ausgabe Raders. Heiligenlegenden, die nicht von einem Kupferstich begleitet wurden, fehlen ebenfalls. Knapp gefasste Erläuterungen zu den dargestellten Heiligen, ergänzend Verse in der Übersetzung Rasslers. Kurzes, fundiertes Nachwort über Auftraggeber, Autor und Bildstrategien.

Acta Sanctorum quotquot tot orbe colluntur […], hg. v. Jean Bolland, ab Bd. 6 von der Société des Bollandistes, 68 Bde. Antwerpen, Brüssel 1643–1940. *Geordnet nach Gedächtnistagen (umfasst 1.1.–10.11.) der Heiligen, Ausgabe 44 Bde., Venedig 1734–70, 60 Bde., Paris 1863 ff.*

Acta Sanctorum Ordinis S. Benedicti [AASS-OSB], hg. v. Jean Mabillon, 9 Bde., Lyon/Paris 1668–1701. *Microfiche-Ausgabe Hildesheim 1996, weitere Ausgabe 9 Bde., Venedig 1733–1740.*

Martin von Cochem: Legend der Heiligen, Augsburg 1705.
Bis ins 19. Jh. zahlreiche weitere, veränderte Ausgaben unter dem Titel «Neue Legend» oder «verbesserte Legend».

Martin von Cochem: Neue Legend der Heiligen, dergleichen niemals in teutscher Sprach außgegangen, darinn neben den uralten und alten vile neue und unbekante, in keinen teutschen Legenden begriffene Leben der Heiligen und Heiliginnen, nach Ordnung des Calenders usw., Mikrofiche-Ausgabe Wildberg 1994.

Stadler, Johann E./Heim, Franz Josef/Ginal, J. N.: Vollständiges Heiligen-Lexikon, (Digitale Bibliothek 106). CD-ROM, Berlin 2005. *Hagiographisches Standardwerk des 19. Jh.s.*

Symbole und Personifikationen (s. auch unten S. 289)

Frühchristliche Symbole:
Das Apsismosaik von S. Apollinare in Classe, Ravenna

Dinkler, Erich: Das Apsismosaik von S. Apollinare in Classe, Köln [u. a.] 1964.

Deichmann, Friedrich Wilhelm: Ravenna. Geschichte – Monumente, Bd. 1, Wiesbaden 1969, 261–276.

von Simson, Otto G.: Sacred fortress. Byzantine art and statecraft in Ravenna, Princeton 1987.

Fox, Robin Lane: Art and the beholder. The apse mosaic of S. Apollinare in Classe, in: Bosphorus. Essays in honour of Cyril Mango, hg. v. Stephanos Efthymiadis u. Claudia Rapp, Amsterdam 1995, 247–251 (Byzantinische Forschungen 21).

de Chapeaurouge, Donat: Einführung in die Geschichte der christlichen Symbole, Darmstadt [6]2012.

Disguised symbolism

Panofsky, Erwin: Jan van Eyck's Arnolfini-Portrait, in: Burlington Magazine 64 (1934), 117–127.

Panofsky, Erwin: Early Netherlandish painting. Its origins and character, 2 Bde., Cambridge/Mass. 1953.
Zur versteckten Symbolik bes. Kap. 5, dt. Ausgabe: Die Altniederländische Malerei. Ihr Ursprung und Wesen, übers. und hg. v. Jochen Sander und Stephan Kemperdick, 2 Bde., Köln 2001.

de Coo, Jozef: A Medieval Look at the Merode Annunciation, in: Zeitschrift für Kunstgeschichte 44 (1981), 114–132.

Bedaux, Jean-Baptist: The Reality of Symbols. The question of disguised symbolism in Jan van Eyck's Arnolfini portrait, in: Simiolus 16 (1986), 5–28.

Lane, B. G.: Sacred versus Profane, in: Simiolous 18 (1988), 109.

Harbison, Craig: Iconography and Iconology, in: Ridderbos, Bernhard/van Buren, Anne/van Veen, Henk (Hg.): Early Netherlandish paintings. Rediscovery, reception and research, Amsterdam 2005, 378–406.

Eclercy, Bastian: Von Mausefallen und Ofenschirmen. Zum Problem des «disguised symbolism» bei den frühen Niederländern, in: Der Meister von Flémalle und Rogier van der Weyden, hg. v. Stephan Kemperdick und Jochen Sander, Ostfildern 2008, 133–147.

Exemplarische Analysen

Gotische Kathedralen: Das ikonographische Programm der Portale – Das Straßburger Münster

Zu den Programmen der bedeutenden Portale besteht eine umfangreiche Spezialliteratur.

Sauerländer, Willibald: Gotische Skulptur in Frankreich 1140–1270, München 1970.

Sauerländer, Willibald: Die Kathedralfassade, in: Busch, Werner (Hg.): Funkkolleg Kunst. Eine Geschichte der Kunst im Wandel ihrer Funktionen, München, Zürich 1987, Neuausgabe 1997, 81–107.

Bengel, Sabine: Der Marientod am Südquerhausportal des Straßburger Münsters, in: Krohm, Hartmut (Hg.): Meisterwerke mittelalterlicher Skulptur, Berlin 1996, 151–165.

Schulte-Fischedick, Valeria: Der Straßburger Engelspfeiler, in: Krohm, Hartmut (Hg.): Meisterwerke mittelalterlicher Skulptur, Berlin 1996, 167–183.

Schultz, Simone: Iconographie des portails occidentaux. Nouvelle approche, in: Bulletin de la Cathédrale de Strasbourg 22 (1996), 106–110.

Van den Bossche, Benoît: L'authenticité iconographique des portails occidentaux de la cathédrale de Strasbourg, in: Bulletin de la Cathédrale de Strasbourg 25 (2002), 21–48.

Barocke Deckenfresken – Die «Asamkirche» Mariae Himmelfahrt in Aldersbach

Mrazek, Wilhelm: Ikonologie der barocken Deckenmalerei, Wien 1953.

Corpus der barocken Deckenmalerei in Deutschland, hg. v. Hermann Bauer, Bernhard Rupprecht u. a., München 1976–2010, *geordnet nach Regierungsbezirken, 15 Bde. erschienen. Fortsetzung als Forschungsplattform: https://deckenmalerei.badw.de/das-projekt.html.*

Lindemann, Bernd Wolfgang: Cosmas Damian Asams Fresken in der ehemaligen Zisterzienserkirche zu Aldersbach. Fragen nach den Quellen des ikonologischen Programms, in: Münchner Jahrbuch der bildenden Kunst 35 (1984), 129–156.

Möseneder, Karl: Zur Ikonologie und Topologie der Fresken, in: Bushart, Bruno/Rupprecht Bernhard (Hg.): Cosmas Damian Asam. 1686–1739. Leben und Werk, München 1986, 28–42.

Lindemann, Bernd Wolfgang: Bilder vom Himmel. Studien zur Deckenmalerei des 17. und 18. Jahrhunderts, Worms am Rhein 1994.

Hundemer, Markus: Rhetorische Kunsttheorie und barocke Deckenmalerei. Zur Theorie der sinnlichen Erkenntnis im Barock, Regensburg 1997.

Bauer, Hermann: Barocke Deckenmalerei in Süddeutschland, München 2000.

III. Profane Ikonographie

Systematischer Überblick

Symbolik, Hieroglyphik, Emblematik

Allgemeine Literatur

Ohly, Friedrich: Schriften zur mittelalterlichen Bedeutungsforschung, Darmstadt 1977, *darin u. a.: Vom geistigen Sinn des Wortes im Mittelalter (1958); Proble-*

me der mittelalterlichen Bedeutungsforschung und das Taubenbild des Hugo de Folieto (1968).

Wittkower, Rudolf: Allegory and the Migration of Symbols, London 1977 *(dt. unter dem Titel: Allegorie und der Wandel der Symbole in Antike und Renaissance, Köln 1984).*

Brinkmann, Hennig: Mittelalterliche Hermeneutik, Tübingen 1980. *Ausgezeichnete Einführung in die mittelalterliche Zeichenlehre und ihre Hermeneutik aus literaturwissenschaftlicher Perspektive.*

Marle, Raimond van: Iconographie de l'art profane au moyen-age et à la renaissance et la décoration des demeures, Bd. 1: La vie quotidienne; Bd. 2: Allégories et symboles, Den Haag 1931–1932.

Daly, Peter M./Manning, John: Aspects of Renaissance and Baroque symbol theory 1500–1700, New York 1999 (AMS studies in the emblem, 14).

Warncke, Carsten-Peter: Symbol, Emblem, Allegorie. Die zweite Sprache der Bilder, Köln 2005.

Tier- und Pflanzensymbolik: Nachschlagewerke

Tervarent, Guy de: Attributs et symboles dans l'art profane. Dictionnaire d'un langage perdu (1450–1600), Genf 1997. *1. Aufl. 1958; nützliches, nach Begriffen geordnetes französisches Lexikon, das jeweils Quellen und verschiedene Bedeutungsmöglichkeiten angibt.*

Ferro, Marino/Ramón, Xosé: Symboles animaux. Un dictionnaire des représentations et croyances en occident, Paris 1996.

Dittrich, Sigrid/Dittrich, Lothar: Lexikon der Tiersymbole. Tiere als Sinnbilder in der Malerei des 14. bis 17. Jahrhunderts, Petersberg 2004.

Meyer, Heinz/Suntrup, Rudolf: Lexikon der mittelalterlichen Zahlenbedeutungen, München 1978, Nachdruck 1999.

Tier- und Pflanzensymbolik: Quellentexte

Physiologus. Naturkunde in frühchristlicher Deutung. Übers. und hg. v. Ursula Treu; Berlin 1991, Hanau [3]1998. *Enthält im Unterschied zu der von Otto Seel hg. Übersetzung (Zürich 1960, zahlr. Neuauflagen) zusätzlich zu den 48 ursprünglichen Kapiteln auch Ergänzungen späterer Redaktionen.*

Physiologus, griechisch-deutsch übers. u. hg. v. Otto Schönberger, Stuttgart 2001.

Barber, Richard: Bestiary, being an English Version of the Bodleian Library M. S. Bodley 764, with all the original miniatures reproduced in Facsimile, Woodbridge 1993.

Megenberg, Konradus von: Das «Buch der Natur», hg. v. Luff Robert, Bd 2: Kritischer Text nach den Handschriften, Tübingen 2003.

Clark, Willene B.: The Medieval Book of Birds. Hugh of Fouilloy's Aviarium. Edition, Translation and Commentary by Willene B. Clark, Binghampton/New York 1992.

Tier- und Pflanzensymbolik: Sekundärliteratur

Behling, Lottlisa: Die Pflanze in der mittelalterlichen Tafelmalerei, Weimar 1957.

Behling, Lottlisa: Die Pflanzenwelt der mittelalterlichen Kathedralen, Köln/Graz 1964.

Collins, Minta: Medieval Herbals. The Illustrative Traditions, The British Library and University of Toronto Press, London 2000.

Harms, Wolfgang/Reinitzer, Hartmut (Hg.): Natura loquax. Naturkunde und allegorische Naturdeutung vom Mittelalter bis zur frühen Neuzeit, Frankfurt [u. a.] 1981.

Hieroglyphenkunde der Renaissance und des Barock: Quellentexte

Des Niloten Horapollon Hieroglyphenbuch, hg. und übers. v. Heinz Joseph Thissen (Bd. 1: Text und Übersetzung), Leipzig 2001.

Horapollo, Zwei Bücher über die Hieroglyphen. In der lat. Übers. v. Jean Mercier nach der Ausg. Paris 1548/bearb., mit einer dt. Übers. vers. und kommentiert v. Helde Weingärtner, Erlangen 1996.

[Francesco Colonna], Hypnerotomachia Poliphili, Venedig 1499.

Valeriano, Pierio: Hieroglyphica siue De sacris Aegyptiorum literis commentarii/Ioannis Pierii Valeriani Bolzanii Bellunensis, Basel 1556.

Picinelli, Filippo: Mondo symbolico o sia università d'imprese, scelte, spiegate ed illustrate con sentenze ed eruditioni sacre e profane, Mailand 1653.

Picinelli, Filippo: Mundus Symbolicus. In Emblematum Universitate Formatus, Explicatus, Et Tam Sacris, quam profanis Eruditionibus ac Sententiis illustratus ..., übers. und hg. v. Augustinus Erath, Köln 1681.

Savarese, Gennaro/Gareffi, Andrea: La letteratura delle immagini nel cinquecento, Rom 1980. *Nützliche Zusammenstellung wichtiger Quellenschriften zur Theorie von Hieroglyphik, Symbolik, Emblematik und Mythologie des 16. Jh.s in Italien.*

Hieroglyphenkunde der Renaissance und des Barock: Sekundärliteratur

Giehlow, Karl: Die Hieroglyphenkunde des Humanismus in der Allegorie der Renaissance besonders der Ehrenpforte Kaisers Maximilian I. (Jahrbuch d. Kunsthistorischen Sammlungen d. Allerhöchsten Kaiserhauses, Bd. 32), Wien 1915.

Volkmann, Ludwig: Bilderschriften der Renaissance. Hieroglyphik und Emblematik in ihren Beziehungen und Fortwirkungen, Leipzig 1923.

Assmann, Aleida/Assmann, Jan (Hg.): Hieroglyphen. Stationen einer anderen abendländischen Grammatologie, München 2003.

Schauerte, Thomas: Die Ehrenpforte für Kaiser Maximilian I. Dürer und Altdorfer im Dienst des Herrschers, München [u. a.] 2001.

Impresen: Quellentexte

Giovio, Paolo: Dialogo dell'imprese militari e amorose, Lyon 1555.

Giovio, Paolo: Dialogo dell'imprese militari e amorose, hg. v. Maria Luisa Doglio, Roma 1978 (Biblioteca del Cinquecento, 4).

Impresen: Sekundärliteratur

Gelli, Jacopo: Divise – motti e imprese di famiglie e personaggi italiani, Mailand ^{2}1928 (Reprint: Mailand 1976).

Ames-Lewis, Francis: Early Medicean Devices, in: Journal of the Warburg and Courtauld Institutes 42 (1979), 122–143.

Caldwell, Dorigen: Studies in sixteenth-century Italian imprese, in: Emblematica 11 (2001), 1–257.

Emblematik: Nachschlagewerk

Henkel, Arthur/Schöne, Albrecht: Emblemata. Handbuch zur Sinnbildkunst des 16. und 17. Jahrhunderts, Stuttgart 1967. *Unentbehrliches Nachschlagewerk, systematisch nach Bildgegenständen geordnet.*

Emblematik: Quellentexte

Alciati, Andrea: Emblematum liber, Nachdruck der Ausgabe Augsburg 1531, Hildesheim [u. a.] 1977 (Emblematisches Cabinet, 10).

Alciatus, Andreas: Emblematum libellus, Nachdruck der Ausgabe Paris 1542, Darmstadt 1967. *Älteste lateinisch-deutsche Ausgabe.*
Im Hinblick darauf, dass Emblembücher im Internet sehr gut zugänglich sind, wird hier auf eine detailliertere Aufzählung verzichtet. Die wichtigsten Emblembücher liegen auch als Reprint vor, z. B. in der Reihe Emblematisches Cabinet, Begründet von Ernst Benz und Dimitrij Tschizewskij. Hg. v. Wolfgang Harms und Michael Schilling, des Georg Olms Verlages, Hildesheim.

Emblematik: Sekundärliteratur

Praz, Mario: Studies in seventeenth-century imagery, London 1939/47, Rom ^{2}1964.

Heckscher, William S./Wirth, Karl August: Artikel «Emblem, Emblembuch» in: Reallexikon zur deutschen Kunstgeschichte, Bd. 5, Stuttgart 1959, Sp. 85–228. *Wichtige Einführung in den Problemkreis.*

Harms, Wolfgang/Freytag, Hartmut (Hg.): Außerliterarische Wirkungen barocker Emblembücher. Emblematik in Ludwigsburg/Gaarz/Pommersfelden, München 1975.

Kemp, Cornelia: Angewandte Emblematik in süddeutschen Barockkirchen, München [u. a.] 1981.

Allegorie und Personifikation

Allegorie und Allegorese: Sekundärliteratur

Meier-Staubach, Christel: Überlegungen zum gegenwärtigen Stand der Allegorie-Forschung. Mit besonderer Berücksichtigung der Mischformen, in: Frühmittelalterliche Studien 10 (1976), 1–69.

Haug, Walter (Hg.): Formen und Funktionen der Allegorie. Symposium Wolfenbüttel 1978, Stuttgart 1979.

Meier-Staubach, Christel: Gemma spiritalis. Methode und Gebrauch der Edelsteinallegorese vom frühen Christentum bis ins 18. Jahrhundert. Teil I, München 1977 (Münstersche Mittelalter-Schriften 34/1).

Rahner, Hugo: Griechische Mythen in christlicher Deutung, Zürich 1945. *Zahlreiche spätere Auflagen, zuletzt Freiburg 1993.*

Personifikation: Quellentexte

Ripa, Cesare: Iconologia overo Descrittione dell' Imagini universali cavate dall'antichità e da altri luoghi, Rom 1593.

Ripa, Cesare: Iconologia overo Descrittione di diverse Imagini cavate dall'antichità et di propria inventione, Rom 1603. *Erste illustrierte Ausgabe, auch als Reprint erschienen: Hildesheim [u. a.] 1970.*

Ripa, Cesare: Iconologia oder Bilder-Sprach, worinnen allerhand anmuthige Außbildungen von den fürnehmsten Tugenden, Lastern, menschlichen Begierden, Wissenschaften, Künsten, Lehren, Elementen, himmlischen Cörpern, Italiänischen Landschaften, Flüssen und anderen unzähligen Dingen hergenommen, gantz sinnreich vorgestelltet, und auß den bewehrtesten Skribenten erklährt werden [...], übers. v. Lorenz Strauß, Frankfurt a. M. 1669.

Ripa, Cesare/Hertel, Georg: Des berühmten italiänischen Ritters Caesaris Ripae allerley Künsten und Wissenschafften dienliche Sinnbilder und Gedancken, welchen jedesmahlen eine hierzu taugliche Historia oder Gleichnis beygefüget [von] Georg Hertel, Augsburg [um 1760], Nachdruck mit einer Einleitung von Ilse Wirth, München 1970.

Personifikation: Sekundärliteratur

Mandowsky, Erna: Untersuchungen zur Iconologie des Cesare Ripa, Diss. Hamburg 1934.

Katzenellenbogen, Adolf: Allegories of virtues and vices in Medieval Art, London 1939.

Werner, Gerlind: Die Zielsetzung der «Iconologia» des Cesare Ripa, aufgezeigt an der ersten illustrierten Edition von 1603, Utrecht 1978.

Tung, Mason: Two concordances to Ripa's Iconologia, New York 1993. *Nützliches Nachschlagewerk, das z. B. die Attribute alphabetisch auflistet.*

Hourihane, Colum: Virtue & vice. The personifications in the Index of Christian Art, Princeton, NJ 2000.

Orenstein, Nadine M.: Pieter Bruegel the Elder – drawings and prints, Kat. d. Aust. Metropolitan Museum of Art, New York/New Haven [u. a.] 2001.

Kern, Margit: Tugend versus Gnade. Protestantische Bildprogramme in Nürnberg, Pirna, Regensburg/Ulm/Berlin 2002.

Poeschel, Sabine: Studien zur Ikonographie der Erdteile in der Kunst des 16.–18. Jahrhunderts, München 1985 (Beiträge zur Kunstwissenschaft, 3).

Logemann, Cornelia/Thimann, Michael (Hg.): Cesare Ripa und die Begriffsbilder der Frühen Neuzeit, Zürich 2011.

Die Kritik am Gebrauch von Personifikationen: Quellentexte

Winckelmann, Johann Joachim: Versuch einer Allegorie, besonders für die Kunst, Dresden 1766.

Goethe, Johann Wolfgang v. (Hg.): Propyläen. Eine periodische Schrift, Tübingen 1798–1800, Fotomechan. Nachdr. hg. v. Wolfgang Frhr. v. Löhneysen, Darmstadt 1965.

Die Kritik am Gebrauch von Personifikationen: Sekundärliteratur

Sørensen, Bengt A.: Symbol und Symbolismus in den ästhetischen Theorien des 18. Jahrhunderts, Kopenhagen 1963.

Herding, Klaus/Reichardt, Rolf: Die Bildpublizistik der Französischen Revolution, Frankfurt a. M. 1989.

Hess, Günther: Allegorie und Historismus. Zum «Bildgedächtnis» des späten 19. Jahrhunderts, in: Verbum et signum. Festschrift für Friedrich Ohly. Beiträge zur mediävistischen Bedeutungsforschung, hg. v. Hans Fromm u. a., München 1975, Bd. 1, 555–591.

Wappenschmidt, Heinz-Toni: Allegorie, Symbol und Historienbild im späten 19. Jahrhundert. Zum Problem von Schein und Sein, München 1984.

Rämisch-Sommer, Petra: Die Personifikation in der Monumentalmalerei des 19. Jahrhunderts am Beispiel der Düsseldorfer Malerschule, Diss. Münster 1986.

Wagner, Monika: Allegorie und Geschichte. Ausstattungsprogramme öffentlicher Gebäude des 19. Jahrhunderts in Deutschland, Tübingen 1989.

Tragatschnig, Ulrich: Sinnbild und Bildsinn. Allegorien in der Kunst um 1900, Berlin 2004.

Wenk, Silke: Versteinerte Weiblichkeit. Allegorien in der Skulptur der Moderne, Köln [u. a.] 1996.

Allegorische Kompositionen: Quellentext

Dubos, Jean Baptiste: Réflexions critiques sur la poësie et sur la peinture, Paris 1719 *(Nachdr. der 7. Aufl., Paris 1770: Genf 1967).*

Allegorische Kompositionen:
Sekundärliteratur zum Palazzo Pubblico in Siena

Southard, Edna Carter: The Frescoes in Siena's Palazzo Pubblico 1289–1539. Studies in Imagery and Relation to other Communal Palaces in Tuscany, New York/London 1979.

Brandi, Cesare (Hg.): Palazzo Pubblico di Siena. Vicende costruttive e decorazione, Mailand 1983.

Belting, Hans/Blume, Dieter: Malerei und Stadtkultur in der Dantezeit. Die Argumentation der Bilder, München 1989.

Wolters, Wolfgang: Der Bilderschmuck des Dogenpalastes. Untersuchungen zur Selbstdarstellung der Republik Venedig im 16. Jahrhundert, Wiesbaden 1983.

Symbol und Zeichen in der Moderne

Quellentexte

Kant, Immanuel: Kritik der Urteilskraft. Mit einer Einl. und Bibliogr. hg. v. Heiner F. Klemme, Hamburg [3]2009 (Philosophische Bibliothek, 507).

Schiller, Friedrich: Über Matthissons Gedichte (1794), in: Friedrich Schiller, Sämtliche Werke, hg. v. Gerhart Fricke und Herbert G. Göpfert, Bd. 5, München 1960, 992–1011.

Goethe, Johann Wolfgang von: Maximen und Reflexionen, in: Goethe, Kunsttheoretische Schriften und Übersetzungen. Schriften zur Literatur II, Berlin 1972 (Goethe, Berliner Ausgabe, 18).

Schlegel, August Wilhelm: Die Kunstlehre, Stuttgart 1963 (ders.: Kritische Schriften und Briefe, hg. v. Edgar Lohner, Bd. 2).

Schlegel, Friedrich: Ansichten und Ideen von der christlichen Kunst (Kritische Friedrich-Schlegel-Ausgabe. Bd. I/4, hg. v. Ernst Behler), Paderborn 1959.

Runge, Philipp Otto: Hinterlassene Schriften, hg. v. Johann Daniel Runge, 2 Bde., Hamburg 1840–41.

Hoch, Karl-Ludwig (Hg.): Caspar David Friedrich. Unbekannte Dokumente seines Lebens, Dresden 1985.

Vischer, Friedrich Theodor: Ästhetik oder Wissenschaft des Schönen, Reutlingen/Leipzig 1846–1857. *2. Auflage, hg. v. Robert Vischer, München 1922/23.*

Vischer, Friedrich Theodor: Kritik meiner Ästhetik, in: ders.: Kritische Gänge, Heft 5 und 6, Stuttgart 1866 und 1873. *Wiederabgedruckt in: F. Th. Vischer, Kritische Gänge, hg. v. Robert Vischer, München 1922/23, Bd. 4.*

Breton, André: Manifestes du surréalisme, Paris 1962.

Sekundärliteratur

Hofstätter, Hans Hellmut: Symbolismus und die Kunst der Jahrhundertwende. Voraussetzungen, Erscheinungsformen, Bedeutungen, Köln 1965 (DuMont Dokumente).

Ringbom, Sixten: Art ‹In the Epoch of the Great Spiritual›. Occult Elements in the early Theory of Abstract Painting, in: Journal of the Warburg and Courtauld Institutes 29 (1966), 386–418.

Lehmann, Andrew George: The Symbolist aesthetic in France, 1885–1895, Oxford 1968.

Titzmann, Michael: Strukturwandel der philosophischen Ästhetik 1800–1880. Der Symbolbegriff als Paradigma, München 1978.

Pochat, Götz: Der Symbolbegriff in der Ästhetik und Kunstwissenschaft, Köln 1983.

Busch, Werner: Die notwendige Arabeske. Wirklichkeitsaneignung und Stilisierung in der deutschen Kunst des 19. Jahrhunderts, Berlin 1985.

Heraeus, Stefanie: Traumvorstellung und Bildidee. Surreale Strategien in der Graphik des 19. Jahrhunderts, Berlin 1998.

Rampley, Matthew: From symbol to allegory. Aby Warburg's theory of art, in: The Art Bulletin 79 (1997), 41–55.

Mythologie

Nachschlagewerke

Hederich, Benjamin: Gründliches Lexicon Mythologicum, Worinne So wohl die fabelhafte, als wahrscheinliche und eigentliche Historie derer alten und bekannten Römischen, Griechischen und Egyptischen Götter und Göttinnen, wie auch Helden und Heldinnen ... Mit ihren unterschiedenen Nahmen und Beynahmen ... entfasset, Anbey ein so nöthiges, als nützliches Genealogicon Mythistoricum mit angehänget, Leipzig 1724. *Die Ausgabe von 1770 mit dem Titel «Gründliches mythologisches Lexikon» erschien als Reprint in Darmstadt 1967 (und öfter).*

Für die kunsthistorische Recherche zur Mythologie in der Frühen Neuzeit ist Hederich ein ideales Nachschlagewerk, weil es auch die verschiedenen nachantiken Deutungstraditionen berücksichtigt.

Roscher, Wilhelm Heinrich, Ausführliches Lexikon der griechischen und römischen Mythologie, 10 Bde., Leipzig 1884–1937.

Lexicon iconographicum mythologiae classicae, 9 Bde., Zürich-München 1981–1999. *Monumentales Standardwerk der klassischen Altertumskunde.*

The Oxford Guide to classical mythology in the arts, 1399–1990, 2 Bde., hg. v. Davidson Reid, Jane, New York 1993.

Lücke, Hans K./Lücke, Susanne: Antike Mythologie. Der Mythos und seine Überlieferung in Literatur und bildender Kunst. Ein Handbuch, Reinbek 1999.

Lücke, Hans K./Lücke, Susanne: Helden und Gottheiten der Antike. Der Mythos und seine Überlieferung in Literatur und bildender Kunst, ein Handbuch, Reinbek 2002.

Da das «Nachleben» der Mythologie ausführlich behandelt wird, sind die beiden Bände von Lücke für die kunsthistorische Recherche besonders empfehlenswert.

Moog-Grünewald, Maria (Hg.): Mythenrezeption. Die antike Mythologie in Literatur, Musik und Kunst von den Anfängen bis zur Gegenwart, Stuttgart 2008 (Der Neue Pauly, Supplement, Bd. 5). *Lexikon mythologischer Gestalten.*

Antike Mythologie: Einführungen

Brodersen, Kai/Zimmermannn, Bernhard (Hg.): Antike Mythologie, Stuttgart [u. a.] 2005 (Metzler kompakt).

Rose, Herbert J.: Griechische Mythologie. Ein Handbuch, München 1969 (zuletzt: München 2012).

Antike Mythologie: Quellentexte

Homer: Ilias, gr. u. dt., übertr. v. Hans Rupé, München [u. a.] 1948 (^{16}2013) (Sammlung Tusculum).

Homer: Odyssee, gr. u. dt., übertr. v. Anton Weiher, München 1955 (^{14}2013) (Sammlung Tusculum).

Hesiod: Theogonie; Werke und Tage, gr. u. dt., hg. und übers. v. Albert von Schirnding, München 1991 (^{5}2012) (Sammlung Tusculum).

Apollodoros: Götter und Helden der Griechen, gr. u. dt., hg. und übers. v. Kai Brodersen, Darmstadt 2004.

Vergil: Aeneis, lat.-dt., übers. u. hg. v. Johannes Götte, München 1958 (^{8}2014) (Sammlung Tusculum).

Ovidus Naso, Publius: Fasti – Festkalender, lat.-dt., übers. u. hg. v. Niklas Holzberg, 4., überarb. Aufl., Berlin 2012 (Sammlung Tusculum).

Ovidius Naso, Publius: Metamorphosen, lat.-dt., übers. u. hg. v. Niklas Holzberg, Berlin/Boston 2017 (Sammlung Tusculum).

Hyginus (Mythographus): Fabulae ed. Peter K. Marshall, München, Leipzig 2002 (Bibliotheca Teubneriana).

Griechische Sagen. Apollodoros, Parthenios, Antonius Liberalis, Hyginus, übers. v. Ludwig Mader, Zürich/Stuttgart 1963.

Cicero, Marcus Tullius: Vom Wesen der Götter, lat. u. dt., hg. und übers. v. Wolfgang Gerlach und Karl Bayer, München 1978 (Sammlung Tusculum).

Nachantike Quellentexte

Fulgentius, Fabius Planciades: Opera, hg. v. Rudolf Helm, Leipzig 1898.

Fulgentius, Fabius Planciades: Fulgentius the mythographer, übers. v. Leslie George Whitbread, Columbus 1971.

Scriptores rerum mythicarum latini tres Romae nuper reperti, hg. v. Georg Heinrich Bode, 2 Bde., Celle 1834. *Bis in die jüngste Zeit einzige Ausgabe der so genannten «Mythographi Vaticani».*

Mythographi Vaticani I et II, hg. v. Péter Kulcsár, Turnhout 1987 (Corpus Christianorum, Series Latina, 91, C).

Pepin, Ronald E.: The Vatican Mythographers, New York 2008. *Englische Übersetzung.*

Ovide moralisé. Poème du commencement du XIVe siècle, hg. v. Cornelis de Boer, 5 Bde., Wiesbaden 1966–1968. *Im Auftrag der Königin Jeanne de Bourgogne zwischen 1315 und 1328 entstanden.*

Petrus Berchorius, Reductorium morale, Liber XV: Ovidius moralizatus. Cap. I: De formis figurisque Deorum. Naar de Parijse druk van 1509, hg. v. J. Engels, Utrecht 1960.

Petrus Berchorius, Reductorium morale, Liber XV: Ovidius moralizatus. Cap. II–XV. Naar de Parijse druk van 1509, hg. v. J. Engels, Utrecht 1962.

Geneologia degli Dei. I quindeci libri di M. Giovanni Boccaccio ... tradotti et adornati per Messer Giuseppe Betussi da Bassano, 1547. *Auch im Internet (Bivio).*

Genealogie deorum gentilium (Giovanni Boccaccio, Tutte le opere, hg. v. Vittore Branca, Bd. 7/8), Mailand 1998.

Giraldi, Giglio (Lilio) Gregorio: De deis gentium varia et multiplex historia in qua simul de eorum imaginibus et cognominibus agitur, Basel 1548.

Conti, Natale (Natalis Comes): Mythologiae sive explicationum fabularum libri decem, Venedig 1567. *Die in der Literatur vertretene Ansicht, dass die Erstausgabe bereits 1551 erschienen sei, wurde inzwischen widerlegt.*

Cartari, Vincenzo: Le Imagini con la spositione de i dei de gli antichi (Le imagini de i dei de gli antichi), Venedig 1556.

Cartari, Vincenzo: Le imagini de i Dei de gli antichi, con figure nuovamente stampate, Venedig 1571. *Erste illustrierte Ausgabe.*

Cartari, Vincenzo: Imagini delli Dei de gl' antichi, Nachdr. d. Ausg. Venedig 1674, Einl. v. Walter Koschatzky, Graz 1963.

Cartari, Vincenzo: Le imagini de i dei de gli antichi, hg. v. G. Auzzas, M. P. Stocchi u. a., Vicenza 1996. *Kritische Ausgabe mit den Illustrationen von 1571, Kommentar und Bibliographie der Cartari-Ausgaben.*

Sandrart, Joachim: P. Ovidii Nas. Metamorphosis, oder: Des verblümten Sinns der ovidianischen Wandlungsgedichte gründliche Auslegung, Nürnberg 1679.

Sandrart, Joachim: Iconologia deorum, oder Abbildung der Götter, welche von den Alten verehret worden ..., Nürnberg 1680. *Reprint beider Bände in: J. v. Sandrart, Teutsche Akademie, Bd. III, Nördlingen 1995.*

Bacon, Francis: De sapientia veterum, London 1609 (Nachdr. d. Ausg. 1609 u. 1619): New York [u. a.] 1976. *Deutsche Übersetzung: Bacon, Francis: Weisheit der Alten, hg. und übers. v. Philipp Rippel, Frankfurt a. M. 1991.*

Voß, Gerhard Johann: De theologia gentili, 3 Bde., Amsterdam 1641 *Nachdruck New York 1976.*

Banier, Abbé Antoine: Explication historique des Fables, ou l'on découvre leur origine et leur conformité avec l'histoire ancienne ..., 2 Bde., Den Haag 1713–1714.

Moritz, Karl Philipp: Götterlehre oder mythologische Dichtungen der Alten, Berlin 1791. *Das Werk erlebte zahlreiche Neuauflagen; neuere Ausgabe z. B.: Moritz, Karl Philipp: Werke, Bd. 2: Reisen, Schriften zur Kunst und Mythologie, hg. v. Horst Günther, Frankfurt a. M. 1981.*

Geschichte der antiken Mythologie: Sekundärliteratur

Preller, Ludwig: Griechische Mythologie. 1. Bd.: Theogonie und Götter. 2. Bd. : Die Heroen. Leipzig 1854. *Letzte, stark erweiterte Ausgabe: Preller, Ludwig: Griechische Mythologie, 4. Aufl. bearb. v. Carl Robert, 3 Teile in 7 Bden., Berlin 1894–1926.*

Preller, Ludwig: Römische Mythologie, Berlin 1858. *Letzte, stark erweiterte Ausgabe: Preller, Ludwig: Römische Mythologie, 3. Aufl. bearb. v. H. Jordan, 2 Bde., Berlin 1881–83.*

Geschichte der Rezeption und Erforschung der antiken Mythologie: Sekundärliteratur

Gruppe, Otto: Geschichte der klassischen Mythologie und Religionsgeschichte während des Mittelalters im Abendland und während der Neuzeit, Leipzig 1921 (Roscher, Wilhelm Heinrich: Ausführliches Lexikon der griechischen und römischen Mythologie, Bd. 7,4).

Liebeschütz, Hans: Fulgentius Metaforalis. Ein Beitrag zur Geschichte der antiken Mythologie des Mittelalters, Leipzig/Berlin 1926 (Studien der Bibliothek Warburg, 4).

Seznec, Jean: The Survival of the Pagan Gods. The Mythological Tradition and its Place in Renaissance Humanism and Art, New York 1953.
Die erste Ausgabe erschien auf Französisch: La survivance des dieux antiques, London 1940. Die englische Erstausgabe von 1953 ist eine vom Autor überarbeitete und erweiterte Fassung; Seznecs Werk erlebte zahlreiche Neuauflagen, die 9. Aufl. erschien in Princeton 1995; deutsche Übersetzung: Jean Seznec: Das Fortleben der antiken Götter. Die mythologische Tradition im Humanismus und in der Kunst der Renaissance, München 1990.

Rahner, Hugo: Griechische Mythen in christlicher Deutung, Zürich 1957.

Kerényi, Karl: Die Eröffnung des Zugangs zum Mythos. Ein Lesebuch. Darmstadt 1967.

Horn, Hans-Jürgen (Hg.): Allegorese des antiken Mythos, Wiesbaden 1997 (Wolfenbütteler Forschungen, Bd. 75).

Kreuz, Bernhard u. a.: Bibliographie zum Nachleben des antiken Mythos, Version vom 26. 07. 2012. https://www.oeaw.ac.at/kal/mythos/bibliomythos. pdf. *Umfangreiche, an der Österreichischen Akademie der Wissenschaften erstellte Bibliographie zum Nachleben des antiken Mythos.*

Rezeption der antiken Mythologie in der nachantiken Kunst: Sekundärliteratur

Henkel, Max Dittmar: Illustrierte Ausgaben von Ovids Metamorphosen im XV., XVI. und XVII. Jahrhundert, Bibliothek Warburg, 1926–27, 58–144.

Saxl, Fritz: Antike Götter in der Spätrenaissance. Ein Freskenzyklus und ein Discorso des Jacopo Zucchi, Berlin/Leipzig 1927.

Panofsky, Erwin: Hercules am Scheidewege und andere antike Bildstoffe in der neueren Kunst, Leipzig/Berlin 1930. *Neudruck mit einem Nachwort zur Neuauflage von Dieter Wuttke, Berlin 1997.*

Warburg, Aby M.: Die Erneuerung der heidnischen Antike: Kulturwissenschaftliche Beiträge zur Geschichte der europäischen Renaissance. Repr. Ausgabe von 1932, Gesammelte Schriften: Studienausgabe, hg. v. Horst Bredekamp, Michael Diers u. a., Berlin 1998, Bd. 1.

Wind, Edgar: Pagan Mysteries in the Renaissance, New York 1958.

Keller, Harald: Tizians Poesie für König Philipp II. von Spanien, Wiesbaden 1969 (Sitzungsberichte d. Wiss., Ges. an d. Johann Wolfgang Goethe-Univ. Frankfurt/M. 7, 4.).

Panofsky, Erwin: Problems in Titian, mostly iconographic, London 1969 (Wrightsman Lectures 2).

Bernen, Santia/Bernen, Robert: Myth and Religion in European Painting 1270–1700, New York 1973.

Bardon, Françoise: Le portrait mythologique à la cour de France sous Henri IV et Louis XIII. Mythologie et politique, Paris 1974.

Wethey, Harold Edwin: The paintings of Titian, Bd. 3: The mythological and historical paintings, London 1975.

Killy, Walter (Hg.): Mythographie der frühen Neuzeit. Ihre Anwendung in den Künsten. (Vortr. anl. d. 12. Wolfenbütteler Symposions vom 5. bis 8. Dez. 1982 in der Herzog-August-Bibliothek Wolfenbüttel), Wiesbaden 1984.

Nash, Jane C.: Veiled images. Titian's mythological paintings for Philip II., Philadelphia u. a. 1985.

Sluijter, Eric Jan: De ‹Heydensche Fabulen› in de Noordnederlandse schilderkunst, ca. 1590–1670. Een proeve van beschrijving en interpretatie van schilderijen met verhalende onderwerpen uit de klassieke mythologie, Den Haag 1986.

Guthmüller, Bodo: Studien zur antiken Mythologie in der italienischen Renaissance, Weinheim 1986.

Himmelmann, Nikolaus: Antike Götter im Mittelalter, Mainz 1986 (Trierer Winckelmannprogramm 7, 1985).

Corsepius, Katharina/Rehm, Ulrich (Hg): Antiquarische Gelehrsamkeit und bildende Kunst. Die Gegenwart der Antike in der Renaissance, Köln 1996.

Cieri Via, Claudia: Le favole antiche. Produzione e committenza a Roma nel Cinquecento, Rom 1996.

Grohé, Stefan: Rembrandts mythologische Historien, Köln [u. a.] 1996.

Cappelletti, Francesca (Hg.): Der antike Mythos und Europa. Texte und Bilder von der Antike bis ins 20. Jahrhundert, Berlin 1997 (Ikonographische Repertorien zur Rezeption des antiken Mythos in Europa, Beiheft 2).

Baskins, Cristelle L.: Cassone painting, humanism, and gender in early modern Italy, Cambridge [u. a.] 1998 (Cambridge studies in new art history and criticism).

Guthmüller, Bodo/Kühlmann, Wilhelm (Hg.): Renaissancekultur und antike Mythologie, Tübingen 1999 (Frühe Neuzeit, 50).

Freedman, Luba/Huber-Rebenich, Gerlinde (Hg.): Wege zum Mythos, Berlin 2001 (Ikonographische Repertorien zur Rezeption des antiken Mythos in Europa, Beiheft 3).

Astronomie und Astrologie: Quellentexte

Aratos. Phainomena. Sternbilder u. Wetterzeichen, Gr.-dt., hg. v. Manfred Erren. Mit 23 Sternkt. von Peter Schimmel, München 1971 (Tusculum-Bücherei).

Manilius: Astronomica – Astrologie, lt.-dt., übers. und hg. v. Wolfgang Fels, Stuttgart 1990.

Picatrix. The Latin Version of the Ghayat al-Hakim edited by David Pingree 1986.

Astronomie und Astrologie: Sekundärliteratur

Warburg, Aby M., Italienische Kunst und internazionale Astrologie im Palazzo Schifanoja zu Ferrara, in: Atti del X congresso internazionale di storia dell'arte in Roma. L'Italia e l'arte straniera, Roma 1922, 179–193. Auch in: Dieter Wuttke, Aby M. Warburg: Ausgewählte Schriften und Würdigungen, Baden-Baden 1980.

Boll, Franz/Bezold, Carl/Gundel, Wilhelm: Sternglaube und Sterndeutung. Die Geschichte und das Wesen der Astrologie, Darmstadt [5]1966.

Blume, Dieter: Regenten des Himmels. Astrologische Bilder in Mittelalter und Renaissance, Berlin 2000.

Ovid-Rezeption und – Allegorese: Quellentexte

Johannes von Garland: Integumenta Ovidiae et Allegoriae super Metamorphoses, ed. F. Ghisalberti, Testi e documenti inediti o rari 2, Messina/Mailand 1933.

Dolce, Lodovico: Le Trasformationi di M. Lodovico Dolce, Venedig 1553.

Boer, Cornelis de (Hg.): Ovide moralisé: poème du commencement du quatorzième siècle, 5 Bde., Amsterdam 1915–1938 (Koninklijke Akademie van Wetenschappen «Amsterdam»/Afdeling Letterkunde: Verhandelingen/Nieuwe reeks).

Bersuire, Pierre (Hg.): Ovid, Metamorphoseos. I libri moralizati cum pulcherrimis fabularum principalium figuris, Nachdr. d. Ausg. Lyon 1518, New York 1976 (The Renaissance and the gods, 3).

Ovidius Naso, Publius und Sabinus, Georg: P. Ovidii metamorphosis, seu fabulae poeticae/earumque interpretatio ethica, physica et historica, Nachdruck d. Ausg. Frankfurt 1589, New York 1976 (The Renaissance and the gods, 14).

Bonsignori, Giovanni: Ovidio Metamorphoseos vulgare, hg. von Erminia Ardissino, Bologna 2001 (Collezione di opere inedite o rare, 157).

Ovid-Rezeption und -Allegorese: Sekundärliteratur

Henkel, Max Dittmar: Illustrierte Ausgaben von Ovids Metamorphosen im XV., XVI. und XVII. Jahrhundert, Bibliothek Warburg, 1926–27, Berlin 1930, S. 58–144.

Guthmüller, Bodo: Ovidio Metamorphoseos vulgare. Formen und Funktionen der volkssprachlichen Wiedergabe klassischer Dichtung in der italienischen Renaissance, Boppard a. Rhein 1981.

Walter, Hermann (Hg.): Die Rezeption der «Metamorphosen» des Ovid in der Neuzeit. Der antike Mythos in Text und Bild. Internationales Symposion der Werner-Reimers-Stiftung, Bad Homburg v. d. H. (22. bis 25. April 1991), Berlin 1995 (Ikonographische Repertorien zur Rezeption des antiken Mythos in Europa, Beiheft 1).

Blattner, Evamarie: Holzschnittfolgen zu den Metamorphosen des Ovid – Venedig 1497 und Mainz 1545, München 1998 (Beiträge zur Kunstwissenschaft 72).

Thimann, Michael: Jean Jacques Boissard. Ovids Metamorphosen 1556. Die Bildhandschrift 79 C 7 aus dem Berliner Kupferstichkabinett, Berlin 2005.

Mythologische Darstellungen in der Frührenaissance: Sandro Botticelli

Warburg, Aby M.: Sandro Botticellis «Geburt der Venus» und «Frühling». Eine Untersuchung über die Vorstellungen von der Antike in der italienischen Frührenaissance, Hannover/Leipzig 1893. *Reprint in: Warburg, Aby M.: Ausgewählte Schriften und Würdigungen, hg. v. Dieter Wuttke, Baden-Baden 1970.*

Gombrich, Ernst: Botticelli's Mythologies. A Study in the Neo-Platonic Symbolism of his Circle, in: Journal of the Warburg an Courtauld Institutes, Bd. 8, 1945, 7–60. *Wieder abgedruckt in: Gombrich, Ernst: Symbolic Images, London 1975, 31–81.*

Smith, Webster: On the Original Location of the «Primavera», in: Art Bulletin 57 (1975), 31–40.
Lightbown, Ronald W.: Sandro Botticelli. Life and Work, 2 Bde., London 1978.
Levi D'Ancona, Mirella: Botticelli's Primavera. A botanical interpretation including astrology, alchemy and the Medici, Florenz 1983.
Bredekamp, Horst: Botticelli, Primavera. Florenz als Garten der Venus, Frankfurt a. M. 1988 (Neuausgabe Berlin 2002, 2. veränd. Aufl. d. Neuausgabe, Berlin 2009).
Dempsey, Charles: The portrayal of love. Botticelli's Primavera and humanist culture at the time of Lorenzo the Magnificent, Princeton, New Jersey [u. a.] 1992.
Zöllner, Frank: Zu den Quellen und zur Ikonographie von Sandro Botticellis «Primavera», in: Wiener Jahrbuch für Kunstgeschichte 50 (1997), 131–158.
Zöllner, Frank: Botticelli. Toskanischer Frühling, München [u. a.] 1998.
Rubinstein, Nicolai: Youth and spring in Botticelli's Primavera, in: Journal of the Warburg and Courtauld Institutes 60 (1997), 248–251.

Mythologie und Allegorie im Barock: Peter Paul Rubens – Medici-Zyklus
Simson, Otto von: Zur Genealogie der weltlichen Apotheose im Barock besonders der Medicigalerie des P. P. Rubens, Strassburg 1936.
Warnke, Martin: Kommentare zu Rubens, Berlin 1965.
Heiden, Rüdiger an der: Die Skizzen zum Medici-Zyklus von Peter Paul Rubens in der Alten Pinakothek/Bayerische Staatsgemäldesammlungen, München 1984 (Künstler und Werke, Bd. 7).
Millen, Ronald Forsyth/Wolf, Robert Erich: Heroic deeds and mystic figures. A new reading of Rubens' «Life of Maria de' Medici», Princeton/N. J. 1989.
Warnke, Martin: Laudando praecipere. Der Medicizyklus des Peter Paul Rubens, Groningen 1993 (Gerson lecture 7).
Simson, Otto von: Peter Paul Rubens (1577–1640). Humanist, Maler und Diplomat, Mainz 1996 (Berliner Schriften zur Kunst, Bd. 8).

Mythologie und Allegorie im Barock: Luca Giordano – Die Galerie des Palazzo Medici-Riccardi in Florenz
Büttner, Frank: Die Galleria Riccardiana in Florenz, Bern [u. a.] 1972 (Kieler kunsthistorische Studien, Bd. 2).
Ferrari, Oreste/Scavizzi, Giuseppe: Luca Giordano. L'opera completa, 2 Bde., Neapel 1992.
Giannini, Cristina/Meloni Trkulja, Silvia: Stanze segrete. Gli artisti dei Riccardi. I «ricordi» di Luca Giordano e oltre (Secret rooms: the artists of the Riccardi family. The «ricordi» of Luca Giordano and beyond), Florenz 2005.

Geschichte

Quellen
Es ist unmöglich, hier die Repertorien und Publikationen der Geschichtsquellen aufzulisten. Verwiesen sei deshalb auf die einzelnen Bände der Reihe «Oldenbourg Grundriss der Geschichte», die in ihrem ausführlichen bibliographischen Anhang jeweils einen Abschnitt zur Quellenkunde bietet.

Geschichtsdarstellung: Nachschlagewerke
Heinzel, Erwin: Lexikon historischer Ereignisse und Personen in Kunst, Literatur und Musik, Wien 1956.

Geschichtsdarstellung: Allgemeine Literatur
Hager, Werner: Das geschichtliche Ereignisbild. Ein Beitrag zur Typologie des weltlichen Geschichtsbildes bis zur Aufklärung, Heidelberg 1934.
Patz, Christine: Zum Begriff der ‹Historia› in L. B. Albertis ‹De pictura›, in: Zeitschrift für Kunstgeschichte 49 (1986), 269–287.
Greenstein, Jack M.: Alberti on Historia. A Renaissance View of the Structure of Significance in Narrative Painting, in: Viator 21 (1990), 273–299.

Haskell, Francis: Die Geschichte und ihre Bilder. Die Kunst und die Deutung der Vergangenheit, München 1995 *(zuerst engl.: History and its images. Art and the interpretation of the past, New Haven [u. a.] 1993).*

Gaehtgens, Thomas W./Fleckner, Uwe: Historienmalerei, Berlin 1996 (Geschichte der klassischen Bildgattungen in Quellentexten und Kommentaren, Bd. 1).

Geschichtsdarstellung im Mittelalter: Sekundärliteratur

Rubinstein, Nicolai: Political Ideas in Sienese Art: The Frescoes by Ambrogio Lorenzetti and Taddeo di Bartolo in the Palazzo Pubblico, in: Journal of the Warburg and Courtauld Institutes 21 (1958), 179–207.

Lammers, Walther: Ein karolingisches Bildprogramm in der Aula Regia von Ingelheim, in: Festschrift für Hermann Heimpel, Göttingen 1972, Bd. 3, 226–289.

Heyen, Franz-Joseph (Hg.): Kaiser Heinrichs Romfahrt. Die Bilderchronik von Kaiser Heinrich VII. und Kurfürst Balduin von Luxemburg 1308–1313, Boppard a. Rh. 1965.

Ott, Norbert H.: Typen der Weltchronik-Ikonographie. Bemerkungen zu Illustration, Anspruch und Gebrauchssituation volkssprachlicher Chronistik aus überlieferungsgeschichtlicher Sicht, in: Jahrbuch der Oswald von Wolkenstein Gesellschaft 1 (1980/81), 29–55.

Rücker, Elisabeth: Hartmann Schedels Weltchronik. Das größte Buchunternehmen der Dürer-Zeit. Mit einem Katalog der Städteansichten, München 1988.

Füssel, Stephan (Hg.): 500 Jahre Schedelsche Weltchronik. Akten des interdisziplinären Symposions vom 23./24. April 1993 in Nürnberg, Nürnberg 1994 (Pirckheimer Jahrbuch, 9).

Meier, Claudia Annette: Chronikillustrationen im hohen Mittelalter. Zur Entstehung des Ereignisbildes im Bild-Text-Bezug, in: Goetz, Hans-Werner (Hg.): Hochmittelalterliches Geschichtsbewußtsein im Spiegel nichthistoriographischer Quellen, Berlin 1998, 357–375.

Schmid, Wolfgang: Kaiser Heinrichs Romfahrt. Zur Inszenierung von Politik in einer Trierer Bilderhandschrift des 14. Jahrhunderts, Koblenz 2000 (Mittelrheinische Hefte, 21).

Uomini illustri – Helden und Heldinnen: Sekundärliteratur

Wyss, Robert L.: Die Neun Helden. Eine ikonographische Studie, in: Zeitschrift für schweizerische Archäologie und Kunstgeschichte 17 (1957), 73–106.

Amberger, Annelies: Giordano Orsinis Uomini famosi in Rom. Helden der Weltgeschichte im Frühhumanismus, München/Berlin 2003.

Geschichte als Exemplum: Quellentexte

Valerius Maximus, Facta et dicta memorabilia. Denkwürdige Taten und Worte, übers. und hg. v. Ursula Blank-Sangmeister, Stuttgart 1991.
Textauswahl, in der viele für die Kunstgeschichte wichtige Exempla fortgelassen wurden.

Valerius Maximus, Facta et dicta memorabilia, hg. v. John Briscoe, 2 Bde., Stuttgart/Leipzig 1998 (Bibliotheca Teubneriana) *Kritische Textausgabe.*

Geschichte als Exemplum: Sekundärliteratur

Koselleck, Reinhart: Historia magistra vitae. Über die Auflösung des Topos im Horizont neuzeitlich bewegter Geschichte, in: Natur und Geschichte, Karl Löwith zum 70. Geburtstag, hg. v. G. Braun und M. Riedel, Stuttgart 1967, 196–219.

Haug, Walter (Hg.): Exempel und Exempelsammlungen, Tübingen 1991 (Fortuna vitrea, 2).

Jenkins, Marianna: The Iconography of the Hall of the Consistory in the Palazzo Pubblico, Siena, in: The Art Bulletin 54 (1972), 430–451.

Geschichtsmalerei der Frühen Neuzeit: Sekundärliteratur

Loquin, Jean: La Peinture d'Histoire en France de 1747 à 1785, Paris 1912.

Kliemann, Julian: Gesta dipinte. La grande decorazione nelle dimore italiane da Quattrocento al Seicento, Mailand 1993.

Kirchner, Thomas: Der epische Held. Historienmalerei und Kunstpolitik im Frankreich des 17. Jahrhunderts, München 2001.

Brassat, Wolfgang: Das Historienbild im Zeitalter der Eloquenz, von Raffael bis Le Brun, Berlin 2003 (Studien aus dem Warburg-Haus, 6).

Pfaffenbichler, Matthias: Historienbilder, in: Pauser, Josef [u. a.] (Hg.): Quellenkunde der Habsburgmonarchie (16.–18. Jahrhundert). Ein exemplarisches Handbuch, Wien 2004, 1031–1047 (Mitteilungen des Instituts für Österreichische Geschichtsforschung. Ergänzungsband, 44).

Vecchi, Pierluigi De/Vergani, Graziano Alfredo: La raffigurazione della storia nella pittura italiana, Mailand 2004.

Geschichtsdarstellung im 19. und 20. Jahrhundert: Sekundärliteratur

Vancsa, Eckard: Überlegungen zur politischen Rolle der Historienmalerei des 19. Jahrhunderts, in: Wiener Jahrbuch für Kunstgeschichte 28 (1975), 145–158.

Chapeaurouge, Donat de: Die deutsche Geschichtsmalerei von 1800 bis 1850 und ihre politische Signifikanz, in: Zeitschrift des deutschen Vereins für Kunstwissenschaft 31 (1977), 115–142.

Schoch, Rainer: Die Belgischen Bilder. Ein Beitrag zum deutschen Geschichtsbild des Vormärz, in: Städel-Jahrbuch, N. F. 7 (1979), 171–186.

Jenderko-Sichelschmidt, Ingrid: Profane Historienmalerei. Die großen Bilderzyklen, in: Kunst des 19. Jahrhunderts im Rheinland, Bd. 3: Malerei, hg. v. Eduard Trier, Düsseldorf 1979, 145–190.

Wappenschmidt, Heinz-Toni: Allegorie, Symbol und Historienbild im späten 19. Jahrhundert. Zum Problem von Schein und Sein, München 1984.

Wagner, Monika: Allegorie und Geschichte. Ausstattungsprogramme öffentlicher Gebäude des 19. Jahrhunderts von der Cornelius-Schule zur Malerei der wilhelminischen Ära, Tübingen 1989 (Tübinger Studien zur Archäologie und Kunstgeschichte, 9).

Hager, Werner: Geschichte in Bildern. Studien zur Historienmalerei des 19. Jahrhunderts, Hildesheim 1989.

Mai, Ekkehard/Repp-Eckert, Anke (Hg.): Historienmalerei in Europa: Paradigmen in Form, Funktion und Ideologie, Mainz 1990.

Falkenhausen, Susanne von: Italienische Monumentalmalerei im Risorgimento 1830–1890. Strategien nationaler Bildersprache, Berlin 1993.

Germer, Stefan/Zimmermann, Michael F.: Bilder der Macht – Macht der Bilder. Zeitgeschichte in Darstellungen des 19. Jahrhunderts, München [u. a.] 1997.

Flacke, Monika (Hg.): Mythen der Nationen. Ein europäisches Panorama. Begleitband zur Ausstellung im Deutschen Historischen Museum Berlin, Berlin 1998.

Ogonovszky-Steffens, Judith: La peinture monumentale d'histoire dans les édifices civils en Belgique (1830–1914), Bruxelles 1999 (Mémoire de la Classe des Beaux-Arts/Académie Royale des Sciences, des Lettres et des Beaux-Arts de Belgique, 3/16).

Green, David/Seddon, Peter: History Painting Reassessed. The representation of history in contemporary art, Manchester [u. a.] 2000.

Pochat, Götz/Wagner, Brigitte (Hg.): Kunst/Geschichte zwischen historischer Reflexion und ästhetischer Distanz, Graz 2000 (Kunsthistorisches Jahrbuch Graz, 27).

Büttner, Frank/Baumstark, Reinhold: Großer Auftritt. Piloty und die Historienmalerei. Publikation zur Ausstellung in der Neuen Pinakothek München, München/Köln 2003.

Dichtung

Das Verhältnis von Kunst und Dichtung: Allgemeine Literatur

Lee, Rensselaer W.: Ut pictura poesis: The humanistic theory of painting, New York 1967. *(Diese aufschlussreiche Einführung in die Kunsttheorie der Renaissance erschien erstmals in: The Art Bulletin 22 (1940), 197–269).*

Schapiro, Meyer: Words and Pictures. On the Literal and the Symbolic in the Illustration of a Text, Paris 1973.

Heckscher, William S.: Art and Literature. Studies in Relationship, Baden-Baden 1985 (Saecula spiritualia, 17).

Warncke, Carsten-Peter: Sprechende Bilder – sichtbare Worte. Das Bildverständnis in der frühen Neuzeit, Wiesbaden 1987.

Harms, Wolfgang: Text und Bild, Bild und Text (DFG-Symposion 1988), Stuttgart 1990. *Mit ausführlicher Bibliographie.*

Giuliani, Luca: Bild und Mythos. Geschichte der Bilderzählung in der griechischen Kunst, München 2003.

Broich, Ulrich/Pfister, Manfred (Hg.): Intertextualität. Formen, Funktionen, anglistische Fallstudien, Tübingen 1985 (Konzepte der Sprach- und Literaturwissenschaft, 35).

Geschichte der Stoffe und Motive: Nachschlagewerke

Frenzel, Elisabeth: Motive der Weltliteratur. Ein Lexikon dichtungsgeschichtlicher Längsschnitte, Stuttgart [5]1999.

Frenzel, Elisabeth: Stoffe der Weltliteratur. Ein Lexikon dichtungsgeschichtlicher Längsschnitte, Stuttgart [10]2005. *Nützliches Nachschlagewerk, das einen Überblick über die Geschichte der literarischen Bearbeitung wichtiger Stoffe bietet.*

Geschichte der Stoffe und Motive: Sekundärliteratur

Popitz, Klaus: Von Odysseus bis Felix Krull. Gestalten der Weltliteratur in der Buchillustration des 19. und 20. Jahrhunderts. Ausst. Kat. Kunstbibliothek Berlin, Berlin 1982.

Illustration im Mittelalter – Tristan und Isolde: Sekundärliteratur

Fouquet, Doris: Wort und Bild in der mittelalterlichen Tristantradition. Der älteste Tristanteppich von Kloster Wienhausen und die textile Tristanüberlieferung des Mittelalters, Berlin 1971.

Frühmorgen-Voss, Hella: Text und Illustration im Mittelalter. Aufsätze zu den Wechselbeziehungen zwischen Literatur und bildender Kunst, hg. v. Norbert Ott, München 1975 (Münchener Texte und Untersuchungen zur deutschen Literatur des Mittelalters, 50).

Falkenberg, Bettina: Die Bilder der Münchener Tristan-Handschrift, Frankfurt a. M. [u. a.] 1986.

Gottdang, Andrea: «Tristan» im Sommerhaus der Burg Runkelstein: der Zyklus, die Texte und der Betrachter, in: Lutz, Eckart Conrad (Hg.): Literatur und Wandmalerei, Bd. 1: Erscheinungsformen höfischer Kultur und ihre Träger im Mittelalter, Tübingen 2002, 435–460.

Dante Alighieris Divina Commedia: Sekundärliteratur

Malke, Lutz S. (Hg.): Dantes Göttliche Komödie. Drucke und Illustrationen aus sechs Jahrhunderten, Ausst. Kat. Staatliche Museen zu Berlin – Preußischer Kulturbesitz, Leipzig 2000.

Brieger, Peter/Meiss, Millard: Illuminated manuscripts of the Divine comedy, 2 Bde., New York 1969. *Gesamtkatalog der frühen illuminierten Handschriften.*

Schulze Altcappenberg, Hein-Th. (Hg.): Sandro Botticelli: der Bilderzyklus zu Dantes Göttlicher Komödie. Mit einer repräsentativen Auswahl von Zeichnungen Botticellis und illuminierten Commedia-Handschriften der Renaissance, Ostfildern-Ruit 2000.

Brunner, Michael: Die Illustrierung von Dantes Divina Commedia in der Zeit der Dante-Debatte (1570–1600), München [u. a.] 1999 (Kunstwissenschaftliche Studien, 80).

Salvadori, Francesca: John Flaxman. The illustrations for Dante's Divine comedy, Ausst. Kat. der Royal Academy of Arts, London 2005.

Hartmann, Wolfgang: Die Wiederentdeckung Dantes in der deutschen Kunst: J. H. Füssli, A. J. Carstens, J. A. Koch, Diss. Bonn 1969.

Soennecken, Ilka: Dantes Paolo und Francesca in der Kunst des 19. und 20. Jahrhunderts. Entstehung und Entwicklung eines «romantischen» Bildthemas, Weimar 2002.

Elsen, Albert E.: Rodin's Gates of Hell, Minneapolis 1960.

Ludovico Ariosto und Torquato Tasso: Sekundärliteratur

Rossi, Massimiliano/Gioffredi Superbi, Fiorella: L'arme e gli amori. Ariosto, Tasso e Guarini in late Renaissance Florence. (Acts of an international conference, Florence, Villa I Tatti 2001) 2 Bde., Florenz 2004.

Lee, Rensselaer W.: Names on trees. Ariosto into art, Princeton/N. J. 1977.

Gallwitz, Klaus (Hg.): Die Nazarener in Rom. Ein deutscher Künstlerbund der Romantik, Ausst. Kat. Galleria Nazionale d'Arte Moderna, Rom 1981, München 1981.

Careri, Giovanni (Hg.): La Jérusalem délivrée du Tasse. Poésie, peinture, musique, ballet (Actes du colloque au musée du Louvre 1996), Paris 1999.

Aurnhammer, Achim [u. a] (Hg.): Torquato Tasso in Deutschland. Gedenkausstellung zum 400. Todestag im Goethe-Museum Düsseldorf, Heidelberg 1995.

Shakespeare: Sekundärliteratur

Altick, Richard D.: Paintings from Books. Art and Literature in Britain, 1760–1900, Columbus: Ohio State University 1985.

Pape, Walter/Burwick, Frederick (Hg.): The Boydell Shakespeare Gallery, Ausst. Kat. Kunstmuseum Bochum und Armand Hammer Museum of Art and Cultural Center Los Angeles 1996/97, Bottrop, Essen 1996.

Young, Alan R.: Hamlet and the visual arts, 1709–1900, Newark 2002.

Hammerschmidt-Hummel, Hildegard: Die Shakespeare-Illustration (1594–2000). Bildkünstlerische Darstellungen zu den Dramen William Shakespeares. Katalog, Geschichte, Funktion und Deutung. Mit Künstlerlexikon, klassifizierter Bibliographie und Registern, 3 Bde., Wiesbaden 2003. *Erfassung des Gesamtbestandes.*

Martineau, Jane [u. a.] (Hg.): Shakespeare in Art. Ausst. Kat. Galleria Civica d'Arte Moderna, Ferrara und Dulwich Picture Gallery 2003, London [u. a.] 2003.

Goethe: Sekundärliteratur

Wegner, Wolfgang: Die Faustdarstellung vom 16. Jahrhundert bis zur Gegenwart, Amsterdam 1962.

Busch, Günther: Eugène Delacroix. Der Tod des Valentin, Frankfurt a. M. 1973.

Büttner, Frank: Peter Cornelius. Fresken und Freskenprojekte, Bd. 1, Wiesbaden 1980.

Wankmüller, Rike/Zeise, Erika: Max Beckmann. Illustrationen zu Faust II. Federzeichnungen, Bleistiftskizzen, München 1984.

Sonnabend, Martin: Peter Cornelius. Zeichnungen zu Goethes Faust aus der Graphischen Sammlung im Städel, Frankfurt am Main 1991.

Möbus, Frank/Schmidt-Möbus, Friederike/Unverfehrt, Gerd (Hg.): Faust. Annäherung an einen Mythos, Göttingen 1995.

Giesen, Sebastian: «Den Faust, dächt' ich, gäben wir ohne Holzschnitte und Bildwerk». Goethes «Faust» in der europäischen Kunst des 19. Jahrhunderts, Diss. Aachen 1998.

Diederen, Roger/Valk, Thorsten (Hg.): Du bist Faust. Goethes Drama in der Kunst. Ausst. Kat. Hypo-Kulturstiftung, München [u. a] 2018.

Die Nibelungen: Sekundärliteratur

Schulte-Wülwer, Ulrich: Das Nibelungenlied in der deutschen Kunst des 19. und 20. Jahrhunderts, Gießen 1980.

Storch, Wolfgang (Hg.): Die Nibelungen. Bilder von Liebe, Verrat und Untergang, München 1987.

Heinzle, Joachim/Klein, Klaus/Obhof, Ute (Hg.): Die Nibelungen. Sage – Epos – Mythos, Wiesbaden 2003.

Hinweise zur Internetrecherche

Die meisten Quellentexte, insbesondere zur profanen Ikonographie, sind inzwischen digitalisiert und über die OPACS mehrerer Bibliotheken abrufbar. Verwiesen sei hier auf die Bayerische Staatsbibliothek in München und die UB Heidelberg sowie archive.org und http://portal.getty.edu/.

http://www.arthistoricum.net
Umfassendes Forum zur kunstgeschichtlichen Forschung und Lehre, u. a. Angebot wichtiger Suchwerkzeuge und weiterführende Anleitungen (Tutorials) zur Bild- und Literaturrecherche.

Literaturrecherche

Bibliography of the History of Art (BHA):
Bibliographische Datenbank zur (europäischen und amerikanischen) Kunstgeschichte, erfasst sowohl Aufsätze als auch selbständige Schriften. Lizenzpflichtig. Für Benutzer von Universitätsbibliotheken meist über das jeweilige Universitätsnetz zu erreichen.

OPAC des Zentralinstituts für Kunstgeschichte, München:
http://www.zikg.eu
Keine Bibliographie, sondern Bestandskatalog der Bibliothek des Zentralinstituts, enthält also nur Schriften, die für diese Bibliothek angeschafft wurden. Wegen des umfangreichen Bestandes hervorragend für die Literaturrecherche geeignet, zumal auch Aufsätze nachgewiesen werden und die Suche auch über einen differenzierten Sachbegriff-Index möglich ist. Ständige Aktualisierung, so dass Schriften dort nachgewiesen werden, bevor sie in der BHA gemeldet werden.

Verbundkatalog des Kunstbibliotheken-Fachverbundes Florenz – München – Rom:
http://www.kubikat.org
Metakatalog, der die OPACs des Münchner Zentralinstituts und der Max-Planck-Institute für Kunstgeschichte in München und Rom zusammenfasst.

Virtueller Katalog Kunstgeschichte:
Art Discovery Group Catalogue artdiscovery.net https://artdiscovery.net/
Metakatalog, der gleichzeitigen Zugriff auf deutsche, österreichische, schweizerische und weitere internationale Verbundkataloge und Online-Bibliothekskataloge ermöglicht.

Quellentexte im Internet

Die Sammlung erhebt keinen Anspruch auf Vollständigkeit. Bei der Auswahl wurde auf freie Zugänglichkeit der Seiten und Seriosität der Urheber geachtet (gerade im Bereich christlicher Meditationstexte ist im Internet inzwischen vieles zu finden, zum Teil jedoch bei fragwürdigen Anbietern, Sekten usw.). Beim Zitieren von Quellentexten aus dem Internet sollte außerdem darauf geachtet werden, dass von einer langfristigen Internetpräsenz der jeweiligen Seite ausgegangen werden kann.

Nicht für alle Quellen können Einzelnachweise gegeben werden, verwiesen sei deshalb auf einige Linksammlungen.

Kunstliteratur

http://www.kunstliteratur-digital.uni-hd.de
Vollständige Digitalisate kunsthistorischer Quellenwerke und Literatur vom 16. bis zum frühen 20. Jahrhundert.
http://www.archiv.ub.uni-heidelberg.de/artdok/portal/fontes
FONTES stellt kommentierte und bebilderte Volltext-Versionen von frühneuzeitlicher Kunstliteratur und Dokumenten im weitesten Sinne zur Verfügung: Darunter sind nicht nur alle Textgattungen zu verstehen, die Julius von Schlosser in sein Standardwerk *Die Kunstliteratur* (1924) aufgenommen hat, sondern auch antiquarisches Schrifttum, Archivquellen, Gedichte, Passagen aus lexikalischen und enzyklopädischen Werken, aus Kommentaren sowie großenteils oder vollständig aus Bildtafeln bestehende Publikationen zu Sammlungen, Mustervorlagen oder Kunstunterricht.

Quellentexte zur christlichen Ikonographie

Bibeln:
http://www.bibel-online.de
Die Bibel nach der Übersetzung Martin Luthers in der revidierten Fassung von 1984.
http://www.intratext.com/x/lat0001.htm
Die Vulgata.
http://www.gutenbergdigital.de
Digitale Ausgabe der Göttinger Gutenberg-Bibel.
http://www.biblegateway.com
Zugriff auf Bibeln in verschiedenen Sprachen und Ausgaben.
Acta Sanctorum:
http://acta.chadwyck.co.uk
Patrologia Latina:
http://pld.chadwyck.co.uk
Die Patrologia Latina Database bietet eine komplette elektronische Version der ersten Auflage von Jacques-Paul Mignes *Patrologia Latina* (1844–1855 und 1862–1865), mit sehr guten Recherchemöglichkeiten. Lizensierter Zugang, den große Bibliotheken für ihre Benutzer anbieten.
http://setis.library.usyd.edu.au/pld
Frei zugängliche Version der University of Sydney.
Legenda Aurea:
http://www.fordham.edu/halsall/basis/goldenlegend
Vollständiger Text der Edition von Temple Classics (1900). Basiert auf einer älteren englischen Übersetzung von William Caxton.

Quellentextsammlungen (christliche und profane Ikonographie)

http://www.thelatinlibrary.com
Sehr umfangreiche Text- und Linksammlung auf der Classics Page der Ad Fontes Academy, Centreville, Virginia, USA: lateinische Texte der Antike, der Kirchenväter und des Mittelalters.
Bibliotheca latina mediaevalis:
http://www.intratext.com/latina/mediaevalis
Vielfältige Auswahl mittellateinischer Texte.
http://www.hs-augsburg.de/~harsch/a_index.html
Zahlreiche Texte von der Antike bis zur Neuzeit.
http://www.chss.montclair.edu/english/furr/mel/medievalftp.html
Bietet zahlreiche mittelalterliche Texte, meist als Images nach alten und neuen Drucken, die als PDF-Dateien heruntergeladen werden können.
Internet Medieval Sourcebook:
http://www.fordham.edu/halsall/sbook.html

Online Reference Book for Medieval Studies:
https://the-orb.arlima.net
http://gallica.bnf.fr
Digitalisierte Textausgaben der wichtigsten französischen Autoren, auch Schriften zur Kunst, Kunsttheorie etc.
http://bivio.filosofia.sns.it/
Digitalisierte Texte der italienischen Literatur- und Kulturgeschichte der Renaissance, realisiert vom Istituto di Studi sul Rinascimento und dem Centro di Ricerche Informatiche per le Discipline Umanistiche (Signum) der Scuola Normale Superiore di Pisa. Hervorragende Sammlung ikonographischer Quellentexte der Renaissance. Bietet u. a. die Texte von *Picatrix*, der lateinischen Version des *Ghayat Al-Hakim*; Boccaccio, *Genealogia Deorum*, Vincenzo Cartari, *Le imagini con la sposizione dei dei degli antichi*; Cesare Ripa, *Iconologia*; Paolo Giovio, *Dialogo dell'Imprese* und vieles mehr.
http://www.liberliber.it/biblioteca
Textausgaben italienischer Autoren und Übersetzungen, sehr umfangreich
http://www.letteraturaitaliana.net
Elektronische Bibliothek italienischer Autoren, vom Verlag Einaudi eingerichtet.
http://dinamico2.unibg.it/ripa–iconologia/
Textausgabe der Iconologia von Cesare Ripa, die ebenso die Quellen, die Ripa benutzt hat, beinhaltet. Neben der Erstausgabe sind die Texte der wichtigsten Ausgaben der Iconologia konsultierbar.

Emblem-Datenbanken

Emblembücher der frühen Neuzeit:
https://embleme.digitale-sammlungen.de/emblmaske.html
Digitalisierung von ausgewählten Emblembüchern der frühen Neuzeit; umfangreiche Datenbank mit differenzierten Abfragemöglichkeiten, die an der Bayerischen Staatsbibliothek München erarbeitet wird.
Deutsche Emblembücher:
http://emblematica.grainger.illinois.edu/
Emblem Project Utrecht:
http://emblems.let.uu.nl/
Niederländische Liebesemblematik des 17. Jh.s; bietet verschiedene Recherchemöglichkeiten.
The English Emblem Book Project:
https://libraries.psu.edu/about/collections/english-emblem-book-project
Vom Penn State University Libraries' Electronic Text Center eingerichtet, bietet eine Reihe von Emblembüchern, die komplett ins Netz gestellt wurden, sowie Literaturhinweise.
Alciato's Book of Emblems. The Memorial Web Edition in Latin and English.
http://www.mun.ca/alciato/

Quellentexte zur Mythologie

Ovid, Metamorphosen:
http://www.iconos.it/index.php?id= 1
Lateinischer Text der Metamorphosen mit Verweisen auf Vergleichsstellen bei anderen Autoren und einer Bilddatenbank zu den einzelnen Figuren und Szenen, realisiert vom Lehrstuhl «Iconografia e Iconologia» am Dipartimento di Storia dell'Arte der Università di Roma «La Sapienza».

Bilddatenbanken

Die meisten Bilddatenbanken befinden sich noch im Aufbau. Z. T. erschließen sie nicht konsequent fest umrissene Gebiete, sondern wachsen eher zufällig, nach den aktuellen Bedürfnissen ihrer Benutzer, die Bilder ins Netz stellen. Da diese nicht immer kunsthistorisch versiert sind, sind auch die Bildlegenden nicht immer zuverlässig. Grundsätzlich sind Bilddatenbanken zur schnellen Orientierung geeignet, wenn man z. B. schnell einen bestimmten ikonographischen Typus anschauen möchte. Die Bildauswahl ist dabei nicht zwangsläufig repräsentativ.

http://www.prometheus-bildarchiv.de/
: Anmeldung erforderlich. Bilder können von allen Benutzern ins Netz gestellt werden. Umfangreich, wird jedoch nicht systematisch, sondern nach Interessen der Benutzer aufgebaut.

http://www.photo.rmn.fr/cf/htm/home.aspx
: Webseite der Agence photographique der Réunion des Musées Nationaux.

http://www.culture.gouv.fr/documentation/joconde/fr/pres.htm
: Joconde. Katalog der Sammlungen der französischen Museen.

http://www.bildindex.de
: Bildindex der Kunst und Architektur des Bildarchivs Foto Marburg. Suche nach (ikongraphischen) Themen möglich.

http://www.iconclass.nl
: Iconclass (für «iconographic classification system») wurde zunächst von Henri van de Waal an der Universität Utrecht entwickelt und wird seit 2001 fortgeführt von der Royal Netherlands Academy of Arts and Sciences (KNAW). Grundlage ist ein minutiöses Klassifizierungssystem, das es erlaubt, jedem nur denkbaren Bild auf Grund seines Darstellungsgegenstandes einen bestimmten Platz zuzuweisen, der sich in einer Folge von Ziffern und Buchstaben ausdrücken lässt. Die «Iconclass-Libertas-Edition» im Internet gibt die Möglichkeit, im Iconclass-System auf ein bestimmtes Thema zu gehen und von dort aus nach zugehörigen «Illustrationen» in den angeschlossenen Bilddatenbanken zu suchen. Die Ergebnisse sind natürlich vom Bestand der Datenbanken abhängig, die ihre eigenen Schwerpunkte und Defizite haben.

http://ima.princeton.edu/
: The Index of Medieval Art. Lizenzpflichtig. Abbildungen von ca. 43 000 Kunstwerken, Schwerpunkt Mittelalter. Der Index of Christian Art wurde 1917 von Charles Rufus Morey begründet. Das analoge Bildarchiv umfasst etwa 700 000 Aufnahmen und ist damit das umfangreichste seiner Art.

Bildnachweis